教育部人文社会科学重点研究基地山东大学当代社会主义研究所组编

科学社会主义170年与新时代中国特色社会主义：

第二届全国科社与共运专业博士生学术论坛(2018年)获奖论文集

蒋　锐　主编

山东大学出版社

目　录

▷专题一　《共产党宣言》与科学社会主义

▷专题二　新时代中国特色社会主义

▷专题三　中国改革开放四十年

▷专题四　社会主义运动的经验教训

▷专题五　当代国外社会主义

专题一 《共产党宣言》与科学社会主义

《共产党宣言》:资本主义崩溃逻辑的生成与超越*

张艳萍

(北京大学马克思主义学院博士研究生)

自2008年金融危机爆发后,资本主义社会的前途命运问题再次成为关注的焦点。一些观点认为经典的马克思主义分析框架已经无法解释资本主义的新特征和新变化了,《共产党宣言》(以下简称《宣言》)中的"两个必然"论断已经过时。在《宣言》发表170周年之际,重读文本,依然可以从中找到马克思恩格斯写作时的强大推理逻辑,他们以唯物史观为基础,从封建社会的崩溃过程出发,系统分析了资本主义社会的发展机制,提出了资本主义必然崩溃的重要结论,为无产阶级的革命运动指明了前进的方向。

一、封建社会崩溃的"漏斗"模型

《宣言》中的资本主义崩溃逻辑生成于封建社会向现代资产阶级社会的转变过程中。从马克思恩格斯的早期著作来看,他们认为通过经验性分析,可以发现每一种社会形式发展的特定内在动力或"逻辑",于是他们开始对原始社会、奴隶社会以及封建社会等社会形态进行研究,以获得资本主义社会及未来社会的发展逻辑。例如,在《德意志意识形态》中,马克思恩格斯根据分工的不同,以各个社会形态中的所有制关系为线索描述了不同社会发展阶段的特征,同时概括性地论述了社会历史更替的过程,强调"历史不外是各个世代的依次交替"[①],不同社会形态之间存在着既继承又斗争的关系,新的社会形态在继承旧社会形态一些特征的同时,又在不断通过实践活动彻底改变着旧的环境。在《哲学的贫困》中,马克思更为具体地论述了封建社会崩溃和资产阶级社会的产生历史,他将这段历史分为两个阶段:一是阶级的形成阶段,这是一个在封建主义和专制君主制的统治下长期努力发展的过程;二是在"形成阶级之后,推翻封建主义和君主制度,把社会改造成资产阶级社会"的阶段,这个阶段需要不断的斗争,并

* 基金项目:国家社科基金青年项目"马克思不平等、消费不足和经济危机理论的现代化研究"(16CJL001)。

① 《马克思恩格斯文集》第1卷,人民出版社2009年版,第540页。

且是“从组织反对封建主的局部性同盟开始进行斗争的”。[①] 斗争胜利后，资产阶级掌握政权和生产力，进而“一切旧的经济形式、一切与之相适应的市民关系以及作为旧日市民社会的正式表现的政治制度都被粉碎了”[②]。因此，在《宣言》之前，封建社会崩溃的逻辑思路已经显现，即封建社会的生产关系与生产力发生矛盾，旧社会内部的革命因素不断增加并推动被压迫阶级——无产阶级——力量的壮大，“被压迫阶级的存在就是每一个以阶级对抗为基础的社会的必要条件。被压迫阶级的解放必然意味着新社会的建立”[③]。当生产力的发展能够促使革命阶级实现自我解放的时候，新的社会就产生了。

从“被压迫阶级实现自我解放”的思路出发，《宣言》开篇就提出“至今一切社会的历史都是阶级斗争的历史”[④]，不论是奴隶社会向封建社会的转变，还是现代资产阶级社会的到来，在一定意义上都是被压迫者逐渐取得胜利的过程，阶级斗争也因此成为社会发展的直接推动力。在由封建社会向现代资产阶级社会的转变过程中，资产阶级不断创造新的革命因素，并逐步形成了新的压迫条件和斗争形式，尤其1789～1848年间，英国工业革命和法国大革命形成的“双元革命”格局构成了资本主义经济和政治双向互动的关键推动力，一种致力于追求经济效益和市场规模的生产制度建立起来，资产阶级的政治统治形式也逐渐成型。

在资本扩张逻辑的影响下，工业革命以及随之而来的新航路开辟、世界市场的扩大对旧的封建生产和经营方式造成了极大冲击，刺激了资本主义经济的发展，但资本主义的破坏性特征也显现出来。封建的或行会的生产经营方式被资本主义的工场手工业和大工业生产所取代，现代资产阶级建立了全球范围内的市场化关系，成为世界经济的主导者；在获得经济主导权之后，资产阶级继续谋求政治统治权，逐渐成长为能够与封建主和贵族抗衡的一股势力，并使资产阶级政权成为“管理整个资产阶级的共同事务的委员会”[⑤]；封建社会的社会关系也被破坏，资产阶级用更为公开直接的剥削形式使人与人之间的关系变成了纯粹的金钱关系。不仅如此，资本主义还将这种破坏作用扩展到全球，资产阶级为了扩大世界市场不断对外扩张，他们所到之处不仅改变封建社会自给自足的生产状态，使其被迫采用资本主义的生产方式，资产阶级的扩张“使一切国家的生产和消费成为世界性的了”[⑥]；而且使封建社会的分散生产和管理方式被集中式的经济和政治统治所替代，统一的政治统治模式建立起来，资产阶级“按照自己的面貌为自己创造出一个世界”[⑦]，世界格局也开始发生转变，东方逐渐从属于西方。因此，马克思和恩格斯虽然对资产阶级的革命作用毫不吝惜赞美之词，称其在短

---

① 《马克思恩格斯文集》第1卷，人民出版社2009年版，第654页。
② 《马克思恩格斯文集》第1卷，人民出版社2009年版，第631页。
③ 《马克思恩格斯文集》第1卷，人民出版社2009年版，第655页。
④ 《马克思恩格斯文集》第2卷，人民出版社2009年版，第31页。
⑤ 《马克思恩格斯文集》第2卷，人民出版社2009年版，第33页。
⑥ 《马克思恩格斯文集》第2卷，人民出版社2009年版，第35页。
⑦ 《马克思恩格斯文集》第2卷，人民出版社2009年版，第36页。

暂的政治统治中“所创造的生产力，比过去一切世代所创造的全部生产力还要多，还要大”[①]，但同时也道出了封建社会崩溃的真正原因。

马克思恩格斯在《宣言》中指出，“资产阶级赖以形成的生产资料和交换手段，是在封建社会里造成的”，封建社会的崩溃是由于“封建的所有制关系，就不再适应已经发展的生产力了”。[②] 作为一种成为生产力发展桎梏的生产关系，必须被废除。显然，马克思和恩格斯通过对封建社会中不断增长的革命因素的分析，逐步阐述了封建社会的消亡过程，即封建所有制和封建贵族阶级在与资本主义生产关系和资产阶级的对抗中败下阵来，最终被资产阶级的经济和政治统治所取代。在一定意义上，可以将这一过程看作是社会形态演进的过滤过程，即“漏斗”模型，这个过程会使社会发展得到提纯净化，淘汰社会形态中的落后旧因素，使先进的新因素脱颖而出。这个模型的构建是以社会因素的不断运动为前提的，可以将漏斗中的滤液类比为社会形态，将过滤介质类比为生产力标准，滤液的不均衡决定了过滤发生的必然性，溶液中更为“纯净”因素的出现必然会与原来环境中的各种因素发生碰撞，最终相对“纯净”的因素会战胜相对“浑浊”的因素，穿过滤纸进入到新的漏斗中，进而成为更“纯净”的溶液，即新社会；而留存于原来漏斗中的杂质，即旧社会的各种因素，必然被历史所抛弃。

《宣言》从阶级斗争入手，将封建社会消亡与现代资产阶级社会发展的线索清晰展现出来，这是对1848年以前阶级斗争历史的重要总结。马克思和恩格斯以封建社会的崩溃为分析模型，又将资本主义社会放置于封建社会的位置上，生动地指出，在他们当时生活的时代“又进行着类似的运动。……这个曾经仿佛用法术创造了如此庞大的生产资料和交换手段的现代资产阶级社会，现在像一个魔法师一样不能再支配自己用法术呼唤出来的魔鬼了”[③]。由此，他们对资本主义社会的生存逻辑提出了质疑。

二、资本主义崩溃逻辑的构成

自1883年马克思逝世到20世纪二三十年代，资本主义的“崩溃”问题一直是“整个马克思主义思想领域中讨论得最广泛和最热烈的题目”[④]。其中争论的主要焦点问题便是：马克思恩格斯是否存在对资本主义最终“崩溃”趋势的判断？其逻辑依据又是什么？首先需要说明的是，资本主义的崩溃并不等同于资本主义的周期性危机问题，经济危机只是资本主义发展过程中出现的短期现象，只是表明了“资本主义生产方式的客观界限”[⑤]；而崩溃问题则侧重描绘资本主义社会的长期发展趋势，“隐含着对资本主义制度历史命运的思考”[⑥]。马克思恩格斯在《宣言》中从唯物史观的根本立场出

① 《马克思恩格斯文集》第2卷，人民出版社2009年版，第36页。

② 《马克思恩格斯文集》第2卷，人民出版社2009年版，第36页。

③ 《马克思恩格斯文集》第2卷，人民出版社2009年版，第37页。

④ [美]保罗·斯威齐：《资本主义发展论——马克思主义政治经济学原理》，陈观烈、秦亚男译，商务印书馆1962年版，第241页。

⑤ [英]西蒙·克拉克：《经济危机理论：马克思的视角》，杨建生译，北京师范大学出版社2011年版，第99页。

⑥ 顾海良：《马克思主义发展史》，中国人民大学出版社2009年版，第391页。

发，以批判性视野对现代资产阶级社会进行了深入透彻的剖析，指出：资产阶级社会在获得丰厚发展成果的同时，也逐渐显现出崩溃的征兆。因此，资本主义社会只是人类历史发展中的一个阶段，并不是“历史的终结”，《宣言》虽然总结了新兴资产阶级取得的胜利，但更重要的是预示了资本主义力量在1848年以后从扩张到收缩的历史。

如果说封建社会的崩溃主要是由于受到革命因素冲击的话，那么资本主义社会的崩溃则是一个相对复杂的过程，因为与之前的一切时代相比，在资产阶级社会中，“一切新形成的关系等不到固定下来就陈旧了”，“资产阶级除非对生产工具，从而对生产关系，从而对全部社会关系不断地进行革命，否则就不能生存下去”。① 这种对生产关系不断进行调整的能力使资本主义社会克服崩溃面临的核心障碍，这种能力与造成资本主义崩溃趋势的因素之间相互博弈，为资本主义社会的发展赢得了时间。即使如此，资本主义社会的崩溃依旧是必然的。

作为一种在资本逻辑主导下运行的社会形态，资本主义社会的发展路径和最终归宿是复杂的。就其历史特殊性而言，可以总结为两个“常态”：一是两大阶级对立成为一种常态，阶级力量的相对集中使得“整个社会日益分裂为两大敌对的阵营，分裂为两大相互直接对立的阶级：资产阶级和无产阶级”②。资产阶级原生力量的强大与无产阶级力量的弱小形成鲜明对比，但无产阶级队伍的逐步壮大及其革命性的逐渐增强也标志着资本主义内部革命因素的成长。二是周期性的商业危机成为一种常态，生产过剩的“瘟疫”破坏了既有的社会秩序，造成了生产力的大量毁灭和社会的极端混乱，这是资本主义本身弊病的集中体现。因此，对资本主义崩溃逻辑构成的分析在一定意义上也是对造成资本主义社会矛盾和问题因素的分析，用马克思和恩格斯的话来说就是“资产阶级用来推翻封建制度的武器，现在却对准资产阶级自己了”③。不仅如此，“它还产生了将要运用这种武器的人——现代的工人，即无产者”④。由此，资本主义生产关系逐渐不能满足生产力发展的需要了，同时无产阶级也在不断挑战资产阶级的统治权威，对资本运行和资产阶级结构的分析构成了资本主义崩溃逻辑的两条主线。

从生产关系的角度看，资本主义私有制造成了生产力与生产关系之间的错位，社会生产力与私有制之间的矛盾造成了生产过剩和周期性的商业危机，“社会所拥有的生产力已经不能再促进资产阶级文明和资产阶级所有制关系的发展”⑤。而资产阶级所采取的克服危机的措施并不能从根本上解决问题，只是减少解决危机办法的饮鸩止渴之法而已，资本主义所有制关系就像历史上先前存在的一切所有制关系一样必然会被消灭。

资产阶级自产生之始，便将一种个人主义哲学建立起来，它在人类历史上“第一个

① 《马克思恩格斯文集》第2卷，人民出版社2009年版，第34页。
② 《马克思恩格斯文集》第2卷，人民出版社2009年版，第32页。
③ 《马克思恩格斯文集》第2卷，人民出版社2009年版，第37页。
④ 《马克思恩格斯文集》第2卷，人民出版社2009年版，第38页。
⑤ 《马克思恩格斯文集》第2卷，人民出版社2009年版，第37页。

证明了，人的活动能够取得什么样的成就”[①]，激发了个人的创造能力，但这种个人主义也使资本主义私有制得以形成。资本主义私有制建立在资本家对工人阶级进行雇佣并对其进行剥削的基础之上，掩盖了生产活动的社会属性，雇佣劳动不断创造资本，这种资本是“只有在不断产生出新的雇佣劳动来重新加以剥削的条件下才能增殖的财产”[②]。但是雇佣劳动付给工人阶级的却是最低限度的工资，只能维持工人生活最低的生活需要，工人的存在仅仅只是为了资本增殖。然而，资本是一种社会力量，资本的创造“归根结底只有通过社会全体成员的共同活动”[③]才能实现，这样，在私有制下创造出的具有社会属性的资本与雇佣劳动之间产生了不可调和的矛盾，当这种矛盾激烈时，周期性危机就出现了。

马克思和恩格斯在《宣言》中将资本主义的周期性危机看作危及资产阶级社会生存的最明显的表现，并从宏观上指出，“社会上文明过度，生产资料太多，工业和商业太发达”[④]导致了生产过剩现象的产生。对危机的系统经济追溯工作马克思在后来的《资本论》中完成了，即危机是资本扩张超过市场的限度，无法获得足够的利润率而导致的，生产过剩的发生引起了利润率下降，进而投资率下降，劳动力失业增加，购买力下降，最终形成利润率下降的恶性循环。因此，《资本论》第三卷指出：“资本主义生产的真正限制是资本自身，这就是说：资本及其自行增殖，表现为生产的起点和终点，表现为生产的动机和目的；生产只是为资本而生产，而不是反过来生产资料只是生产者社会的生活过程不断扩大的手段。”[⑤]总而言之，资本主义生产的实质和目标就是获得资本并增殖，但也正是资本主义生产关系本身没有为生产力提供足够的空间，构成了资本主义社会发展的内在障碍，不仅如此，接连发生的经济危机还不断消耗着资本主义的发展活力。

以生产关系为基础，马克思恩格斯开始了对资本主义崩溃问题中第二条主线——阶级结构的分析。从阶级逻辑看，现代工人阶级是伴随着资本的发展成长起来的，资本主义私有制和雇佣劳动的存在使得资产阶级作为统治阶级却不能维持工人最基本的生存条件，再加上工人阶级在与资产阶级的斗争中不断实现了联合，资产阶级的存在基础不断丧失。

“阶级”这一概念在马克思主义的话语体系中处于至关重要的地位，它作为经济基础和上层建筑的联系纽带而存在，阶级关系的走向在很大程度上决定着国家政治权力的分配。马克思认为，资产阶级社会的阶级结构具有特殊性，阶级关系的普遍化和简单化使阶级之间的斗争相对以往更加激烈，因为相较于旧阶级来说，新阶级的阶级基础是不断扩大的，在这一趋势下，新旧阶级之间的矛盾必然会不断加深，阶级关系更加尖锐。也就是说，无产阶级反对资本主义制度的斗争会更加坚决和彻底，作为大工业

---

① 《马克思恩格斯文集》第 2 卷，人民出版社 2009 年版，第 34 页。
② 《马克思恩格斯文集》第 2 卷，人民出版社 2009 年版，第 46 页。
③ 《马克思恩格斯文集》第 2 卷，人民出版社 2009 年版，第 46 页。
④ 《马克思恩格斯文集》第 2 卷，人民出版社 2009 年版，第 37 页。
⑤ 《马克思恩格斯文集》第 7 卷，人民出版社 2009 年版，第 278 页。

的产物，无产阶级成为资本主义社会中与资产阶级对立和斗争的主力，其他阶级“都随着大工业的发展而日趋没落和灭亡”①。

作为被剥削阶级，与封建社会的人身依附关系不同，工人阶级被资产阶级捆绑至一种经济依附关系之中并不断受到资本家的剥削和压榨。具体来说，工人阶级陷入了这样一种处境：为了能够生存，必须获得工作，但这也是有条件的，“只有当他们的劳动增殖资本的时候才能找到工作”②。这样工人就成为一种商品而受到市场和竞争的影响，进而失去了对生产活动的主导权。不仅如此，由于机器的发展和分工的细化，工人只能变成机器的附属品和劳动工具，资本家拨付的工资只能满足工人最基本的生活和延续后代的需要，即使生产效率提高、生产总量增加，工人的工资状况也并没有改善，还要在资产阶级建立的一系列工厂制度下遭受奴役和监视。从整个社会生产环节来看，工人通过劳动创造了财富，成果却被资本家个人所占有，而工人满足自身基本需求的日常开销，例如支付房租、购买消费品等，实质上是把他们通过劳动获得的报酬又交回到了资本家的口袋里，尤其是在经济危机期间，工人的生活状况会更加不稳定，他们在社会阶级中的流动方向是向下的。与资本家财富的快速增长形成鲜明对比的是，工人阶级逐渐成为赤贫者，他们不仅不能占有生产资料，就连最基本的生存都面临问题。统治阶级与被统治阶级的阶级地位是相对的，资产阶级作为统治阶级已经无法保证被统治阶级的生存了，因而也不能再继续担当统治阶级的角色了。

无产阶级的赤贫化使他们逐渐意识觉醒，认识到要实现解放，必须与资产阶级斗争，必须“使既得的生产力和现存的社会关系不再能够继续并存”③，必须变革全部生产方式。于是，无产阶级开始了持续不断的斗争，不仅在斗争过程中逐渐获得了教育因素，斗争的方式、深度和广度也不断发展，从小范围的地方性斗争到全国范围的有组织对抗，从简单破坏生产工具到政治斗争，从单个工人的斗争到通过阶级斗争追求自身利益，革命性逐渐增强。

对应到“漏斗”模型，资本主义崩溃过程的特殊性在于当资本主义生产关系遇到“滤纸”即生产力标准时，能够进行一定的自我调节，从而使过滤过程延缓发生，但这并不意味着过滤不会发生；相反，这是一个必然的过程。只有当生产力和生产关系的矛盾运动与资产阶级和无产阶级的阶级力量对比形成一种同向合力，即无产阶级有能力“以统治阶级的资格用暴力消灭旧的生产关系”④时，才能获得过滤发生的条件。最终，“资产阶级的灭亡和无产阶级的胜利是同样不可避免的”⑤。

三、以自由人联合体实现的超越

基于对封建社会和资本主义社会崩溃逻辑的分析，马克思和恩格斯跳脱出阶级社

① 《马克思恩格斯文集》第2卷，人民出版社2009年版，第41页。
② 《马克思恩格斯文集》第2卷，人民出版社2009年版，第38页。
③ 《马克思恩格斯文集》第1卷，人民出版社2009年版，第655页。
④ 《马克思恩格斯文集》第2卷，人民出版社2009年版，第53页。
⑤ 《马克思恩格斯文集》第2卷，人民出版社2009年版，第43页。

会的分析框架，提出在资本主义社会崩溃后将会出现消灭了阶级和阶级对立的自由人的联合体，在由资本主义社会的“漏斗”过滤而来的联合体中，“每个人的自由发展是一切人的自由发展的条件”①。从根本上看，这是对社会崩溃“漏斗”模型的彻底突破，自由人联合体实现了对“滤液”内容的彻底改变。在马克思主义的语境下，在资本主义旧社会崩溃以后，不会出现一个表现为新政权的新的阶级统治，因为“劳动阶级解放的条件就是要消灭一切阶级”②。这时候，原有的市民社会被代替，共产主义社会将出现，它不再具有阶级社会的意义，而是一个具有联合体意义的新的社会形态，是阶级和阶级对抗消失了的社会形态。

早在《1844年经济学哲学手稿》中，马克思就已经对共产主义阶段的特征进行了描述，他指出，共产主义将会对私有财产也就是人的自我异化实现积极的扬弃，这种扬弃实现了对人的本质的真正占有和人性的复归，解决了人与自然、人与人之间的尖锐矛盾，是“历史之谜的解答”。在《德意志意识形态》中，马克思和恩格斯指出：“共产主义和所有过去的运动不同的地方在于：它推翻一切旧的生产关系和交往关系的基础，并且第一次自觉地把一切自发行程的前提看作是前人的创造，消除这些前提的自发性，使这些前提受联合起来的个人的支配。因此，建立共产主义实质上具有经济的性质，这就是为这种联合创造各种物质条件，把现存的条件变成联合的条件。”③在《宣言》中，他们继续对共产主义阶段进行探索，认为自由人的联合体虽然是资本主义崩溃过程的产物，但它却与在封建社会崩溃过程中产生的资本主义社会截然不同，共产主义社会实现了与传统社会的所有制关系及观念的彻底决裂。由此，共产主义社会不仅消灭了旧社会的各种矛盾，而且是超越现代资产阶级社会内在局限的更高级的社会秩序。

进一步来说，未来的共产主义社会是消灭了阶级和剥削的社会，是注重实现每个人自由发展的社会，其对资本主义社会的超越主要体现在对资产阶级及资本内在限制的超越上。这是因为资本“是一种通过生产方式在起作用的逻辑，一种盲目发展而又顽强积累的逻辑”④。资本的发展与积累直接促成了资产阶级的壮大，资本主义社会崩溃的意义就在于阶级社会的结束以及资本运行逻辑的终结，而自由人的联合体则实现了共同体意义上对社会形态演进过程的超越。

一方面，就超越阶级的内在局限而言，共产主义社会是超越了阶级存在的联合体，它达到了这样一种程度，即无产阶级不仅能够消灭资产阶级赖以存在的基础，而且能够实现对自身的消灭，这就开启了一个新的历史纪元。阶级的存在以及阶级之间的对立斗争是阶级社会的基本特征，资产阶级虽然在历史上起过十分革命的作用，但其本质还是代表和维护少数大资本家利益的，而资本积累是靠不断剥削和压榨工人阶级获得的，因而资产阶级的统治是狭隘的和具有破坏性的，因此，由无产阶级建立的共产主义社会是对旧社会的突破，代表了人类社会的真正发展和进步。那么，为什么选择无

① 《马克思恩格斯文集》第2卷，人民出版社2009年版，第53页。

② 《马克思恩格斯文集》第1卷，人民出版社2009年版，第655页。

③ 《马克思恩格斯文集》第1卷，人民出版社2009年版，第574页。

④ [法]米歇尔·博德：《资本主义史(1500～1980)》，吴艾美等译，东方出版社1986年版，第145页。

产阶级作为实现这一历史使命的主要力量呢？这是由无产阶级的阶级性质决定的，"无产者没有什么自己的东西必须加以保护，他们必须摧毁至今保护和保障私有财产的一切"，正因如此，无产阶级的阶级基础是广泛的，"过去的一切运动都是少数人的，或者为少数人谋利益的运动。无产阶级的运动是绝大多数人的，为绝大多数人谋利益的独立的运动"。①

作为无产阶级政治力量的代表，共产党人对于无产阶级运动十分了解并且始终代表全体无产阶级的利益，是各国工人政党中最坚决的一股力量。他们的最近目的是"使无产阶级形成为阶级，推翻资产阶级的统治，由无产阶级夺取政权"②。而夺取政权主要分为两步：第一步是无产阶级成为国家的统治阶级；第二步是利用统治权力不断夺取资产阶级所占有的一切资本，"把一切生产工具集中在国家即组织成为统治阶级的无产阶级手里，并尽可能快地增加生产力的总量"③。这一过程看似与资产阶级掌握国家政权的过程相似，但其中实质性的区别依然是阶级性质，无产阶级在消灭旧的资产阶级生产关系的过程中，也就逐步消灭了阶级本身和阶级对立存在的条件，自由人的联合体也就应运而生。

另一方面，作为共产党人的行动纲领和首要任务，消灭私有制体现了共产主义社会对所有制和生产关系问题的解决，也是新社会对资本运行逻辑的超越。《宣言》指出，所有制问题从始至终都是共产主义运动的基本问题，资产阶级的利己观念使他们将资产阶级私有制从一种暂时的状态变成了一种永恒的状态，在资产阶级私有制下，资本家雇佣工人进行劳动并创造可以不断进行增殖的由资本家占有的资本，因此私有制是资本产生和运行的基础，消灭了私有制也就打破了资本逻辑的运行。由于资本在时间和空间等方面的限制越来越多，资本主义盲目生产造成生产过剩的状况严重到一定程度就会爆发危机，周期性的经济危机表明资本逻辑本身就存在诸多问题。同时，由于资本的存在，"活的劳动只是增殖已经积累起来的劳动的一种手段……而活动着的个人却没有独立性和个性"④。这样，资本积累的欲望使得资本成为一种"具有指挥他人和让他人服从的力量"⑤，人的主体性地位被颠覆，资本与人之间的关系被颠倒了，而"共产主义并不剥夺任何人占有社会产品的权力，它只剥夺利用这种占有去奴役他人劳动的权力"⑥。在共产主义时代，"积累起来的劳动只是扩大、丰富和提高工人的生活的一种手段"⑦，这就恢复了人自身及劳动本身存在的价值和意义。

马克思和恩格斯还进一步提出了变革资产阶级生产方式的措施，这些措施主要集中于在社会的各个层面上消灭私有制、消灭阶级差别，其目标是"使进一步向旧的社会

---

① 《马克思恩格斯文集》第2卷，人民出版社2009年版，第42页。
② 《马克思恩格斯文集》第2卷，人民出版社2009年版，第44页。
③ 《马克思恩格斯文集》第2卷，人民出版社2009年版，第52页。
④ 《马克思恩格斯文集》第2卷，人民出版社2009年版，第46页。
⑤ [美]罗伯特·海尔布隆纳：《资本主义的本质与逻辑》，马林梅译，东方出版社2013年版，第19页。
⑥ 《马克思恩格斯文集》第2卷，人民出版社2009年版，第47页。
⑦ 《马克思恩格斯文集》第2卷，人民出版社2009年版，第46页。

制度进攻成为必要”①,这种“进攻”的范围不仅局限于个人,还上升到了民族和国家层面。共产党人致力于消灭各个民族国家范围内的剥削和压迫,因而也就担负起了引领全人类共同命运的伟大使命。

由此,共产主义社会实现了对资产阶级和资本运行逻辑的超越,这种超越是在深刻剖析资本主义社会发展历程和崩溃趋势的基础上实现的。正因为马克思和恩格斯坚信,资本主义社会的产生有其历史起点,而且由于其自身的局限性,它也必然存在历史的终结点。因此,资本主义社会必然被更高级的社会形态——共产主义社会所取代。

四、结语

作为马克思主义的纲领性文件,《宣言》系统提出了资本主义的崩溃逻辑。马克思和恩格斯从封建社会的崩溃逻辑起步,延伸出生产关系和阶级结构两条主线来分析崩溃问题,批判了以资本逻辑为首要运行准则的资产阶级社会,并在此基础上提出自由人的联合体作为对资本主义社会的伟大超越,不仅在资本主义上升时期一针见血地指出了资本主义社会的局限所在,而且认识到了资本主义发展的长期必然趋势,从中可以看出马克思和恩格斯具有的犀利眼光和宏大视野。后来在《资本论》等著作中,他们也延续了对两条主线的思考,尤其重点从政治经济学视角剖析资本主义的生产方式,系统阐述了剩余价值理论和利润率下降的原理,揭露了资本家对工人阶级的剥削实质,进一步论证了“两个必然”论断,深化和发展了资本主义崩溃逻辑。

今天我们处于21世纪的世界,在不断面临资本主义世界挑战的形势下,《宣言》的逻辑依然有效,资产阶级生存所依赖的资本的剥削性并未改变,就像霍布斯鲍姆所言,《宣言》的发表“不是描述1848年已经被资本主义改造的世界,而是预言了世界在逻辑上如何注定被资本主义改造……1848年马克思以阴郁、简洁的笔调生动描述的资本主义所改造的世界,恰恰就是21世纪初的世界”②。马克思主义发展到今天之所以依然拥有强大的生命力,最主要就是因为它内在的批判性,资本主义的整体走向依然没有脱离马克思主义的批判逻辑,而且其发展的极限逐渐显现,“我们所处的现代世界体系由于过度偏离均衡状态已经无法维系下去,也无法再让资产阶级继续无止境地积累资本了”③。因此,虽然资本主义的自我调节能力依然在发挥作用,但“资本主义不是解决问题的答案,而是问题本身”④。对于我们来说,在马克思主义的理论逻辑下,依然需要正确认识和分析资本主义社会的发展规律和未来趋向,并坚定社会主义和共产主义的理想信念。

---

① 在《共产党宣言》1888年英文版中,在这里加上了“使进一步向旧的社会制度进攻成为必要”(《马克思恩格斯文集》第2卷,人民出版社2009年版,第52页脚注)。

② [英]埃里克·霍布斯鲍姆:《如何改变世界:马克思和马克思主义的传奇》,吕增奎译,中央编译出版社2014年版,第104、105页。

③ [美]伊曼纽尔·沃勒斯坦等:《资本主义还有未来吗?》,徐曦白译,社会科学文献出版社2014年版,第34～35页。

④ [英]埃里克·霍布斯鲍姆:《如何改变世界:马克思和马克思主义的传奇》,吕增奎译,中央编译出版社2014年版,第383页。

《共产党宣言》中资本逻辑的呈现形式及其当代意义

吴　波

(北京大学马克思主义学院博士研究生)

经济全球化和市场化所带来的社会结构的复杂化和文化发展的多元化，对马克思主义理论的创新发展带来了新的挑战，同时也拓展了马克思主义理论新的出场径域。近年来，学界对于"资本逻辑"研究的兴起，为马克思主义理论研究开辟了新的场域。在马克思恩格斯的语境中，虽然没有"资本逻辑"的概念，但是却有着极为详尽的表达，并为我们超越资本逻辑提供了路径指引。资本逻辑是指资本在运行过程中所体现出来的内在规律和必然趋势，主要体现在两个方面：一方面是"物"的逻辑，主要体现资本推动社会生产力发展；另一方面是"社会"的逻辑，主要体现在资本成为社会发展的支配性力量，成为社会运行的逻辑。在《共产党宣言》中，资本逻辑以"从抽象到具体"的出场方式，呈现出资本控制的全面性、资本扩张的全球性、资本流动的高速性、资本体系的强制性等特点。但《共产党宣言》并没有止步于此，而是进一步提出重塑劳动形态、重建组织形态和重构文明形态等超越资本逻辑的思路和原则。新时代中国特色社会主义作为21世纪的科学社会主义，其在继承科学社会主义基本原则的基础之上，又紧密结合新时代发展要求，在汲取《共产党宣言》中对资本逻辑的批判精神以及社会主义的实践经验的基础上，在逻辑起点治理、实践形态和价值追求等方面实现了对资本逻辑的超越，开辟了人类历史上的一种新型的文明形态。

一、《共产党宣言》中资本逻辑的呈现形式

《共产党宣言》中，资本逻辑以一种"从抽象到具体"的呈现形式，展示出它对人类社会的深刻影响，正如《共产党宣言》中指出："它按照自己的面貌为自己创造出一个世界。"[①]这种面貌是资本依照它的逐利本性，所刻画出来的各种外像。"资本只有一种生活本能，这就是增殖本身，创造剩余价值，用自己的不变部分即生产资料吮吸尽可能多的剩余劳动。"[②]在《共产党宣言》中，马克思恩格斯对在资本逻辑支配下的社会现实加以深邃的体悟和批判，才使得我们对于资本逻辑的认识更加深刻，对于现代社会的

① 《马克思恩格斯文集》第2卷，人民出版社2009年版，第36页。
② 《马克思恩格斯文集》第5卷，人民出版社2009年版，第269页。

运行逻辑的把握更加清晰，从而对于社会主义的前途和命运的信心更加坚定，而这也是《共产党宣言》的当代价值所在。

从资本的本性来看，它在追逐创造更多的剩余价值过程中，客观上极大地推动了生产力的发展。作为资本人格化的资本家，“作为价值增殖的狂热追求者，他肆无忌惮地迫使人类去为生产而生产，从而去发展社会生产力，去创造生产的物质条件”①。《共产党宣言》对资本推动生产力的发展给予了高度的赞赏，认为资本首次证明了人的活动能够达到一种什么样的高度，能够取得什么样的成就，“它创造了完全不同于埃及金字塔、罗马水道和哥特式教堂的奇迹；它完成了完全不同于民族大迁徙和十字军征讨的远征”②，这种奇迹只不过是在资本逻辑控制之下建立的资本主义大工业对于人力的野蛮使用的基础上取得的，这种远征也不过是资本追逐利润最大化而打破生产限制的一种全球扩张。在资本逻辑的支配下，资本控制了生产、流通、分配和消费的总体运行过程，从而控制了整个经济领域。资本在引领生产方式变革的同时也逐步控制了政治领域，“资产阶级的这种发展的每一个阶段，都伴随着相应的政治上的进展”③。资本总是在一定的社会关系中运动的，并且受到各种社会关系的制约。而资本内在的逐利性又让它冲破一切束缚自己发展的障碍。因此，资本必然从经济领域越界到政治领域，拓展到对政治的控制。寻求政治权力的控制，是资本运行的重要条件。在资本发展的初期，资本的力量比较弱小，它总是借助于国家机器力量进行原始积累。当资本主义由自由竞争发展到垄断阶段时，生产资料和财产向少数人手中集中时，“由此必然产生的结果就是政治的集中”④，这种政治的集中便促成对政治权力的控制，并在政治领域中强力推行自己的意志，从而实现对政治的控制。同样，资本的控制也涉及文化、社会和生态领域。在文化领域中，资本试图将利己主义作为衡量一切价值的标准，抹去了一切受人尊敬的职业的神圣光芒。与此相适应，资本试图将自身发展过程中形成的价值观作为一种普世价值来对待，并借助资本的力量迫使其他民族推行自己的文明，从而形成了文化霸权。在社会领域，资本把人的尊严变成了一种“交换价值”，把温情脉脉的人际关系变成了纯粹的冷冰冰的利益关系。在生态领域，资本克服了人对自然力的崇拜，使人的活动范围大大扩张，使自然服从于人的需要。这种自然力的征服，一方面使人类获取了更加丰富的生产资料和生活资料，另一方面也使人与自然的关系变得更加紧张，进而演变为资本主义的生态危机。

从资本空间看，作为社会关系的资本，也只有在不断地扩大交往范围，并使这种交往普遍化，资本才能够存活。资本是天生的国际派，这是因为资本只有不断地拓展价值增殖的空间，才能够不断延续。正如列斐伏尔所言，“资本主义是通过对空间加以征服和整合来维持的”⑤。《共产党宣言》形象地刻画了资本在全球扩张的图景，资本通

---

① 《马克思恩格斯文集》第5卷，人民出版社2009年版，第683页。

② 《马克思恩格斯文集》第2卷，人民出版社2009年版，第34页。

③ 《马克思恩格斯文集》第2卷，人民出版社2009年版，第33页。

④ 《马克思恩格斯文集》第2卷，人民出版社2009年版，第36页。

⑤ [法]列斐伏尔：《空间与政治》，李春译，上海人民出版社2015年版，第104页。

过开辟新航路和建立大工业形成了世界市场，“使一切国家的生产和消费都成为世界性的了”[①]。在这里，《共产党宣言》论述了资本扩张全球性的两方面的内容：一是生产的全球化，以资本为基础建立起来的大工业消灭了古老民族的工业，“它迫使一切民族——如果它们不想灭亡的话——采用资产阶级的生产方式”[②]。资本生产的全球扩张，在客观上促进了落后民族的生产力发展的同时也从中汲取廉价的生产原料和劳动力，企图保持其生产优势。而一旦其生产优势被赶超，资本甚至不惜转向“逆全球化”，这也是与资本逐利本性密切相关的。当前，以美国为首的“逆全球化”的兴起，其本质上是资本利益受到损害的一种本能反应，而这也是资本内在的矛盾的外在表现。二是消费的全球化。资本的生产与增殖是在消费顺利进行时才可能的。为此，资本不断打破一切阻碍扩大需求的限制，“旧的、靠本国产品来满足的需要，被新的、要靠极其遥远的国家和地带的产品来满足的需要所代替了”[③]。世界范围内消费市场的确立，是资本增殖的内在逻辑和要求。在资本逻辑的支配性结构下，日常的消费活动不仅仅是满足人的需要的活动，更变为资本寻求利润最大化的活动。为此，资本一方面宣扬超前消费等观念，不断突破消费的时空限制；另一方面它也不断地制造新的消费需求，在满足人们多方面的需求的同时，将人们“献给一种神奇的经济和原封不动的物，以及作为物的其他所有东西(观点、娱乐、知识、文化)”[④]，这就是以物与物的关系掩盖了社会关系的拜物教逻辑。然而，资本在全球范围内的扩张，不仅意味着地理意义上的空间扩展，更重要的是资本内在矛盾的扩张，即资本内部蕴含的对立关系在世界范围内的扩张，而这也使得资本主义的经济危机更具全球影响力。

从资本时间看，受利润的内力驱动，资本不断寻求生产各个环节的高速运转，资本流动也日趋高速化，进而推动了整个社会处于变动的状态，“生产的不断变革，一切社会状况不停的动荡，永远的不安定和变动，这就是资产阶级时代不同于过去一切时代的地方”[⑤]。资本在世界范围内的高速流转，进一步推动了资本的不平衡发展。一方面表现为资本的时间与空间的不平衡发展，“资本越发展，从而资本借以流通的市场，构成资本流通空间道路的市场越扩大，资本同时也就越是力求在空间上更加扩大市场，力求用时间更多地消灭空间”[⑥]。资本流通时间的加速，在促进生产技术的不断更新，使资本生产的速度不断提升的同时也促进了金融资本的崛起，金融资本的崛起使资本的价值实现的时间大幅度缩短，从而也就出现了金融资本与货币资本、生产资本的分离，并逐渐形成优势，这种优势“意味着食利者和金融寡头占统治地位，意味着少数拥有金融‘实力’的国家处于和其余一切国家不同的特殊地位”[⑦]，资本的时空失序，

---

① 《马克思恩格斯文集》第2卷，人民出版社2009年版，第35页。
② 《马克思恩格斯文集》第2卷，人民出版社2009年版，第35页。
③ 《马克思恩格斯文集》第2卷，人民出版社2009年版，第35页。
④ [法]鲍德里亚：《消费社会》，刘成富等译，南京大学出版社2008年版，第39页。
⑤ 《马克思恩格斯文集》第2卷，人民出版社2009年版，第34页。
⑥ 《马克思恩格斯文集》第8卷，人民出版社2009年版，第169页。
⑦ 《列宁选集》第2卷，人民出版社2012年版，第624页。

加剧了资本世界的失衡，也使得资本主义世界的经济危机开始蔓延到金融领域，也更具破坏力。另一方面则表现为资本与劳动力的不平衡发展。资本主义社会中的雇佣劳动是劳动力与资本密切结合的产物，而且劳动力日益成为资本的附庸。资本的时空失序，使得资本可以在全球范围内寻求更加廉价的劳动力商品。而面对着资本的这种高速流动，作为劳动力商品的所有者——劳动者却由于地理空间的限制无法自由地流动，从而造成了资本与劳动力的失衡。这种失衡加剧了资本对劳动力的剥削，也使资本的剥削更加隐蔽。

从资本的有机构成来看，在资本积累中，资本的技术构成的提升是一种历史趋势。单个资本为了追求利润的最大化，在竞争中保持优势，势必会加大对研发技术的投入，使得劳动力推动生产资料的数量越来越大。伴随着生产的变革，在资本逻辑的驱动下，资本也寻求对于社会关系的变革。这种变革是基于资本逻辑的强制性的支配所产生的。因为，“资产阶级除非对生产工具，从而对生产关系，从而对全部社会关系不断地进行革命，否则就不能生存下去”[①]。在资本逻辑的驱动下，科技的发展与进步，不再是一种自发的个体行为，而是一种强制的社会行为。这种强制进步，是由资本结构和竞争所产生的双重驱动。实际上，一旦科技进入资本的生产领域，便获得了一种使命，就是科技“成为生产财富的手段，成为致富的手段”[②]。这样一来，科技便成为与劳动相对立的一种异化的力量，它一方面表现为作为靠经验传下来的知识、观察和职业秘方的集中，运用到生产领域，促进生产力发展，大大节约了生产时间，创造出可以自由支配的时间；而另一方面，资本则表现为作为服务于资本的独立力量，“表现为劳动的剥削手段，表现为占有剩余劳动的手段”[③]，从而把这些可以自由支配的时间变为剩余劳动。科技的异化表现，是资本内部对立关系所决定的。科技成为资本的附庸，使资本有了一种强制的扩张能力，它表现为，如果企业不想被淘汰就必须不断革新生产技术。这种强制进步的推动下，科技资本化了，从普遍的生产资料沦为固定资本。基于此，《共产党宣言》中对生产工具或科学技术的批判始终是在资本逻辑批判的大前提下进行的，这也是马克思主义的科技观与科技决定论或反科技决定论的根本区别所在。科技资本化的过程中，科技的发展压制了人的主体作用，遮蔽了人的主体地位，而这也是马尔库塞所说的“科学—技术的合理性和操纵一起被熔接成一种新型的社会控制形式”[④]。这种社会控制形式，是伴随着科技的发展，使无产阶级的劳动强度降低，并分化成白领等非生产性工人，而使无产阶级丧失革命性和否定性的形式。在这种形式控制之下，技术的进步渗透到人们生活的各方面，使人安享其中，而丧失了否定性和批判的能力，成为“单向度的人”。只有将科技从资本的奴役中解放出来，才能真正缩短劳动时间，延长人的自由发展的时间。社会主义的创新驱动发展战略，也正是从调

---

① 《马克思恩格斯文集》第2卷，人民出版社2009年版，第34页。

② 《马克思恩格斯文集》第8卷，人民出版社2009年版，第357页。

③ 《马克思恩格斯文集》第8卷，人民出版社2009年版，第395页。

④ [美]赫伯特·马尔库塞：《单向度的人——发达工业社会意识形态研究》，刘继译，上海译文出版社2008年版，第117页。

整时间结构上推动了人的自由全面的发展。

在《共产党宣言》中，资本逻辑以资本的本质规定、空间拓展、时间流转和技术构成等形式呈现出社会现实的各个方面，为我们描绘出资本逻辑统治世界的图景。资本逻辑在世界范围内的确立，一方面推动了生产社会化的发展，另一方面也强化了资本生产的私人控制。这种矛盾的尖锐对立，是资本本身所无法克服的。资本内部对立关系的外化，就是无产者与资产者的直接对立。于是，资本主义社会中呈现出前所未有的特点，这就是阶级对立的简单化，“整个社会日益分裂为两大敌对的阵营，分裂为两大相互直接对立的阶级：资产阶级和无产阶级”①。无产阶级特别是现代无产阶级的形成，为超越资本逻辑提供了主体支撑。但是，《共产党宣言》并没有止步于此，它进一步分析了无产阶级的发展阶段，阐明了无产阶级的历史使命，指出了无产阶级超越资本逻辑的基本路向。

二、《共产党宣言》中资本逻辑批判的基本路向

作为进步意义上的资本，是推翻封建制度的利器，推动了人类的政治解放，促进了生产力的极大发展；作为消极意义上的资本，则将人变为一种“交换价值”，将人的原则贬低到“物”的层面。资本似乎无所不能，又无处不在，人类仿佛无法挣脱资本的牢笼。然而，《共产党宣言》进一步指出，资产本身的发展已经到了无法适应它所召唤出来的生产力的发展了，“资产阶级的关系已经太狭窄了，再容纳不了它本身所造成的财富了”②，资本的最终命运只会走向灭亡。而对于人类来说，资本这种社会关系的解体过程，同时也是一种新的社会关系的确立。这就是通过重塑劳动形态，重建组织形态和重构文明形态，最终能够实现人的解放，使社会发展真正至于人的原则高度。

(一)重塑劳动形态

资本来源于劳动，其本质在于凭借生产资料的占有而形成对劳动的支配。资本支配下的劳动，一方面表征为私人劳动，另一方面又是社会劳动，因为只有在社会活动中，劳动才能得到价值实现，资本才能增殖。正如《共产党宣言》所指出：“资本是集体的产物，它只有通过社会许多成员的共同活动，而且归根到底只有通过社会全体成员的共同活动，才能运动起来。”③既然资本只有通过“社会全体成员的共同活动”才能够运作起来，那么重塑这种“共同活动”即劳动，资本逻辑才能够被破解和超越。资本主义下的劳动，对于工人来说是一种异化劳动，“这种劳动对于工人是一种伤害，是一种消耗，而它作为创造财富和增大财富的实体属于资本家”④。这种异化过程对于人类社会来说是必须经历的，任何跨越或者倒退，都会陷入空想。工人是异化过程的牺牲品，他从一开始就处于反抗的关系。因此，对于工人来说，异化劳动过程同时也是逐步

① 《马克思恩格斯文集》第2卷，人民出版社2009年版，第32页。
② 《马克思恩格斯文集》第2卷，人民出版社2009年版，第37页。
③ 《马克思恩格斯文集》第2卷，人民出版社2009年版，第46页。
④ 《马克思恩格斯文集》第8卷，人民出版社2009年版，第469页。

突破资本逻辑、重塑劳动形态的过程。

首先是重塑劳动形式。资本支配下的劳动具有双重属性，它一方面表现为创造商品自然形态的具体劳动，另一方面表现为凝结在商品中社会形态的抽象劳动。劳动的二重性体现在工人劳动上，就是劳动力成为商品，劳动是劳动力商品的使用价值，而劳动力商品的价值则表现为延续这种商品的生产和生活资料的价值。工人作为劳动力商品的所有者，为了获取生活资料，就不得不向资本家出卖自己的劳动，正是在这种情况下，劳动力表现为商品，劳动表现为雇佣劳动。随着生产社会化的深入，工人的劳动越来越表现为对资本家的依附性，“工人不是属于某一个资本家，而是属于整个资本家阶级”[①]。这种雇佣劳动，不再表现为一种生活方式，而是一种生存手段。重塑劳动形式，就是克服劳动的二重性，摆脱资本的限制，使劳动成为自己生活的一部分，而不是成为生存的手段。

其次是重塑劳动过程。劳动是人与自然的一种物质变换过程，“是人以自身的活动来中介、调整和控制人和自然之间的物质变换的过程”[②]。而在资本逻辑的控制下，劳动成为资本的一部分，表现为可变资本，整个劳动过程表现为资本家对工人的控制、资本对劳动的占有的过程，表现为工人与资本家交往的社会过程。于是，劳动过程表现为资本家对工人的统治，进而表现为物对人的统治、产品对生产者的统治的过程。劳动过程成为价值增殖过程，而不仅仅表现为人的生命活动过程。重塑劳动过程，就是要克服资本对劳动的统治，使“劳动不再能变为资本、货币、地租，一句话，不再能变为可以垄断的社会力量”[③]，恢复劳动过程的本来面目，即劳动过程是个人自我实现的过程。

最后是重塑劳动的目的。资本对劳动的占有，其目的是为了使工人的劳动服从资本逻辑的运行，劳动是为了资本增殖。《共产党宣言》明确指出：“在资产阶级社会里，活的劳动只是增殖已经积累起来的劳动的一种手段。”[④]劳动只是作为价值增殖的工具，而作为劳动人格化的工人，则沦为一种劳动工具。因此，重塑劳动目的，就是要彰显劳动中人的原则高度，使劳动不仅仅是扩大、丰富和提高人的生活的手段，而更是成为生活的第一需要，成为人的自由而全面发展的重要原则，也只有这个时候，劳动才是真正意义上的自由活动，才是人的才能的自由释放。

(二)重建组织形态

劳动形态的重新塑造，需要有一个坚强有力的组织，即共产党。这个政党与资产阶级政党有着根本的区别，它从意识形态、行为准则和目标追求上创建了一种新型的政党政治文明形态。

首先，重建政党的意识形态。意识形态构成政党的核心要件，是区别不同性质政

---

① 《马克思恩格斯文集》第 1 卷，人民出版社 2009 年版，第 717 页。

② 《马克思恩格斯文集》第 5 卷，人民出版社 2009 年版，第 207～208 页。

③ 《马克思恩格斯文集》第 2 卷，人民出版社 2009 年版，第 47 页。

④ 《马克思恩格斯文集》第 2 卷，人民出版社 2009 年版，第 46 页。

党的重要标签。重建政党的意识形态，就是要求共产党摆脱资本逻辑控制下的意识形态。“任何一个时代的统治思想始终都不过是统治阶级的思想。”①资产阶级的统治也不例外，当资产阶级在政治上取得统治地位之后，他们的意识形态也相应占据了统治地位，以维护其统治。因而共产党要摆脱资本支配下意识形态的影响，就要高度重视理论建设，保持理论上的纯洁性，提高劳动工人的觉悟。这也是为什么《共产党宣言》中专门列出一章阐述各种社会主义思潮，就是要旗帜鲜明地坚持马克思主义的纯洁性，与此同时，也要高度重视用马克思主义去教育工人，“共产党一分钟也不忽略教育工人尽可能明确地意识到资产阶级和无产阶级的敌对的对立”②。在领导俄国革命的历史进程中，列宁也高度重视理论建设的作用，认为“没有革命的理论，就不会有革命的运动”③，只有坚持科学先进理论的指导，政党才能保持先锋战士的作用。中国共产党自成立以来，就将党的理论建设放在根本位置，高度重视理论创新，在领导中国人民进行革命、建设和改革开放的进程中，逐步形成了毛泽东思想、邓小平理论、“三个代表”重要思想、科学发展观和习近平新时代中国特色社会主义思想等丰硕的思想理论成果，为中国共产党构筑了坚强的思想防线，指导中国的社会主义事业不断从胜利走向胜利。

其次，重建党的行为准则。新型的无产阶级政党在克服资本主义的意识形态之后，其在行为方式上也体现出广泛的代表性，这主要表现在共产党一方面代表着整个无产阶级的利益，另一方面代表了无产阶级同资产阶级的斗争中各个发展阶段的利益。“他们没有任何同整个无产阶级的利益不同的利益。他们不提出任何特殊的原则，用以塑造无产阶级的运动。”④共产党领导的运动是“为绝大多数人谋利益”的运动。“为绝大多数人谋利益”是共产党的政治本色，也是其行为准则。在领导俄国革命和建设的进程中，列宁也总是强调维护好人民的整体利益，指出：“党的任务就是维护工人的利益，代表整个工人运动的利益。”⑤中国共产党在领导中国革命、建设和改革的历程中确立的“为人民服务”的政治理念、“共同富裕”的价值理念和“以人民为中心”的发展理念等等，都是以大多数人的根本利益为行动准则，这也是对《共产党宣言》中确立的“为绝大多数人谋利益”的行为准则的继承和发展。

最后，重建政党的目标追求。政党是政治参与的重要主体，也是以获取国家权力为目标。资产阶级政党获取国家权力的目的，其所追求的是维护资本的统治地位。而共产党人获得国家权力的目标，是为了摆脱资本逻辑的束缚。《共产党宣言》指出，在资本支配下的社会，共产党的最近目的是“使无产阶级形成为阶级，推翻资产阶级的统治，由无产阶级夺取政权”⑥。而在现实的斗争中，特别是在巴黎公社的失败，使得马

---

① 《马克思恩格斯文集》第 2 卷，人民出版社 2009 年版，第 51 页。
② 《马克思恩格斯文集》第 2 卷，人民出版社 2009 年版，第 66 页。
③ 《列宁选集》第 1 卷，人民出版社 2012 年版，第 311 页。
④ 《马克思恩格斯文集》第 2 卷，人民出版社 2009 年版，第 44 页。
⑤ 《列宁选集》第 2 卷，人民出版社 2012 年版，第 85 页。
⑥ 《马克思恩格斯文集》第 2 卷，人民出版社 2009 年版，第 44 页。

克思深刻地认识到，“工人阶级不能简单地掌握现成的国家机器，并运用它来达到自己的目的”①。为此，共产党必须要摧毁旧的国家机器，建立新的国家机器，这个国家机器也会随着社会的发展而逐步走向消亡，走向共产主义。这也是无数共产党人孜孜以求的目标。从巴黎公社到十月革命，从苏东剧变到中国的改革开放，共产主义的实践从西方到东方、从一国到多国的发展，虽然历经曲折，但共产党人始终没有放弃，正如列宁指出：“我们不敢说我们准确地知道道路怎样走。但是我们必然会确定不移地走向共产主义。”②中国共产党自成立以来，不论在革命中还是在建设中，亦或是在改革开放中，中国共产党始终以共产主义作为理想信念，以实现共产主义作为自己的最高奋斗目标。也正是有了坚定的理想信念，才能够克服前进道路中的各种困难，带领中国的社会主义事业不断取得胜利。

(三)重构文明形态

重塑劳动形态与重建组织形态，归根结底是为了超越资本逻辑，构建新的社会发展样态，探索出与资本文明不同的新型文明形态，即站在资本逻辑的辩证法中看待资本，既要看到资本的文明性，又要看到资本的致命性，从而在利用资本发展现代文明的同时，构造出克服资本致命性的新型文明形态。

资本统治下的社会，体现的是以资本对物的占有为核心的对人的统治，其主要表现就是拜物教思维。无论是商品拜物教、货币拜物教还是资本拜物教，其本质就是物的关系掩盖和割裂了现实中人与人的关系。于是在拜物教思维的影响下，工人的劳动同资本的结合所展现出来的生产力被理解为资本的生产力，“所以劳动的社会生产力好像是资本天然具有的生产力，是资本内在的生产力”③。工人的协作，在资本主义条件下便沦为资本的一种特殊的存在方式。重构新型文明形态，首先就要重构工人的基本协作，推动生产关系的变革。在这一过程中，既不能回到人身依附性的劳动方式，也不能停滞于以物的依赖性为基础的人的独立性的劳动方式，“留恋那种原始的丰富，是可笑的，相信必须停留在那种完全的空虚化之中，也是可笑的”④，而必须站在新的文明视野中，消解阶级和阶级对立，构造一种新型的社会形态——自由人的联合体。《共产党宣言》为我们指明了方向：“代替那存在着阶级和阶级对立的资产阶级旧社会的，将是这样一个联合体，在那里，每个人的自由发展是一切人的自由发展的条件。”⑤

至此，《共产党宣言》廓清了新的文明形态的基本样态——共产主义。共产主义的基本致思方式是消除资本凭借对物的占有而实现对人的奴役，“共产主义并不剥夺任何人占有社会产品的权力，它只剥夺利用这种占有去奴役他人劳动的权力”⑥。在共

---

① 《马克思恩格斯文集》第 3 卷，人民出版社 2009 年版，第 151 页。
② 《列宁全集》第 35 卷，人民出版社 1985 年版，第 217 页。
③ 《马克思恩格斯文集》第 5 卷，人民出版社 2009 年版，第 387 页。
④ 《马克思恩格斯文集》第 8 卷，人民出版社 2009 年版，第 57 页。
⑤ 《马克思恩格斯文集》第 2 卷，人民出版社 2009 年版，第 53 页。
⑥ 《马克思恩格斯文集》第 2 卷，人民出版社 2009 年版，第 47 页。

产主义社会中，社会生产过程不再为资本所控制，而成为自由联合的人的产物，处于人有意识、有计划的控制之下，物化意识被根除，人最终成为自己的主人，实现了由必然到自由的飞跃。

《共产党宣言》勾画了资本发展史，阐明了资本的文明性和致命性，为我们在新时代建设社会主义提供了基本的思路。中国的社会主义实践从一开始的“利用资本主义发展社会主义”到社会主义市场经济的建立，都注重区分资本的文明性与致命性，走出了一条以人民为中心、以资本推动生产力发展的新型劳动组织模式。新时代中国特色社会主义在继承《共产党宣言》中资本逻辑批判的基本路向和原则的同时开辟了新型的文明形态，昭示着社会主义在世界的东方焕发出蓬勃的生命力。

三、新时代中国特色社会主义对资本逻辑的超越

《共产党宣言》的发展史也是一部工人阶级的运动史，恩格斯在《共产党宣言》1888年英文版序言中指出：“《宣言》的历史在很大程度上反映着现代工人阶级运动的历史。”①一代又一代的中国共产党人，正是在《共产党宣言》的影响下走向共产主义道路的。毛泽东曾经对斯诺谈到：“有三本书特别深刻地铭记在我的心中，建立起我对马克思主义的信仰……这三本书是：《共产党宣言》……《阶级斗争》，考茨基著；《社会主义史》，柯卡普著。”②邓小平在南方谈话中也说过：“我的入门老师是《共产党宣言》和《共产主义ABC》。”③随着中国特色社会主义进入新时代，习近平也反复强调《共产党宣言》的重要性。在他看来，“《共产党宣言》是一个内容丰富的理论宝库，值得我们反复学习、深入研究，不断从中汲取思想”④。新时代中国特色社会主义正是在继承《共产党宣言》中资本逻辑批判的基本原则上又有所发展，从逻辑起点、治理形态和目标追求上完成了对资本逻辑的超越。

一是以人民为中心的逻辑起点。与资本只关照价值增殖不同，社会主义始终将出发点立足于绝大多数人的利益。新时代中国特色社会主义也是以人民作为自己的发展中心，强调“人民对美好生活的向往，就是我们的奋斗目标”⑤。以资本为逻辑起点的资本主义现代社会所秉持的是物质主义和消费主义，认为人的自由只有在消费中才能得到完满的展现，以物的关系掩盖了人的能动作用。而以人民为逻辑起点的社会主义社会则将人的自由发展建立在摆脱物的依赖性的基础上，高扬人民群众的历史主体地位。十八大以来，伴随着经济发展的新变化，新发展理念也应运而生。这是对资本逻辑推动生产力发展的一种反思与修正，在运用资本逻辑发展生产力的同时，更加注重发展人文关怀，更加注重发展成果由人民共享，进一步探讨人的现实性本质力量的

① 《马克思恩格斯文集》第2卷，人民出版社2009年版，第13页。

② ［美］埃德加·斯诺：《红星照耀中国》，董乐山译，人民文学出版社2016年版，第146～147页。

③ 《邓小平文选》第3卷，人民出版社1993年版，第382页。

④ 习近平：《深刻感悟和把握马克思主义真理力量　谱写新时代中国特色社会主义新篇章》，载《人民日报》2018年4月25日。

⑤ 习近平：《习近平谈治国理政》，外文出版社2014年版，第4页。

实现。

二是人的原则高度的治理形态。资本逻辑支配下的治理形态,其着重考察的是人的物质性,而非人的现实本性、人的社会性。福柯曾指出:"国家治理术第一次对人类存在和共同存在的纯粹物质性感兴趣。"[①]福柯指示了资本支配下治理形态对人的物质性的关照、对人的社会性的遮蔽,实际上这也是拜物教意识在治理领域的衍生。与此相反,新时代中国特色社会主义的治理术则将人的原则高度贯彻始终,治理形态始终以满足人民不断增长的美好生活需求为出发点,"保证全体人民在共建共享发展中有更多获得感,不断促进人的全面发展"[②]。为此,在现阶段的治理形态既要促进物的依赖性的普遍发展,充分发挥市场在资源配置中的决定性作用的同时,又要摆脱物的依赖性,以实现人的独立自由发展,这也是社会主义治理形态的内在要求。

三是人的自由全面的价值追求。资本以实现价值增殖为最高要求。超越资本逻辑的共产主义则以实现人的自由全面发展为价值目标。在生产力相对落后的基础上建立起来的中国特色社会主义在继承《共产党宣言》中确立的远景目标的基础上,紧密结合中国实际提出了"共同富裕"的目标追求。共同富裕的目标追求是促进物的依赖性普遍发展的基础上追求人的独立性。这一阶段,必然要借助于资本创造文明的一面,促进生产力的发展,而又在目标追求上克服了资本的致命性。目标追求的崇高性,使得中国特色社会主义能够超越资本逻辑视野,构造出新的文明发展道路。新时代中国特色社会主义则在新的时代背景下开辟了社会主义发展的新境界,拓展了走向现代文明的新道路。

《共产党宣言》发表迄今已170周年,时间的流逝并没有消磨真理的光芒,反而愈益凌厉。科学社会主义在这170年的发展历程中,经历了从理论到实践、从一国到多国、从西方到东方的曲折历程。《共产党宣言》中资本逻辑的呈现方式及其对资本逻辑的批判,其基本理论并没有过时。在资本逻辑支配下的现代社会中,中国特色社会主义事业能够在中国共产党的领导下取得长足的发展,其根本在于坚持了《共产党宣言》中的基本原则,可以说中国共产党是《共产党宣言》精神的忠实传人和坚定的追随者,这也是《共产党宣言》的当代魅力之所在。

① [法]福柯:《安全、领土与人口1977～1978》,上海人民出版社2010年版,第303页。

② 习近平:《决胜全面建成小康社会 夺取新时代中国特色社会主义伟大胜利——在中国共产党第十九次全国代表大会上的报告》,载《人民日报》2017年10月28日。

资本逻辑与人的逻辑的较量

——对《共产党宣言》的一种新解读

谢卓芝

（北京交通大学马克思主义学院博士研究生）

《共产党宣言》（以下简称《宣言》）是标志着马克思主义诞生的纲领性文献，同时亦是号召全世界无产者联合起来反抗资产者剥削压迫的战斗檄文。正是在这一著作中，马克思恩格斯向世人宣告了“资产阶级必然灭亡，无产阶级必然胜利”的天才预言。170年后重温这一经典著作，其所散发的真理光辉依然熠熠夺目，其所内具的鲜明革命性依然令人心潮澎湃。

通常认为，《宣言》是一部科学社会主义著作，它完美呈现了资产阶级由形成、发展到灭亡的现实图景，并科学阐述了无产阶级所肩负的历史使命，科学描述了资产阶级与无产阶级两大阶级之间的力量对比及其趋向，是无产阶级的革命“圣经”。然而，对《宣言》进行深入勘察后发现，其并非只是一部“单纯的”科学社会主义著作，而是融合了马克思和恩格斯对“资本逻辑与人的逻辑”二者之间激烈交锋、较量的深层思考。对《宣言》进行多视角的解读，有利于我们深刻理解《宣言》的真髓要义，同时，亦对我们现时代如何面对和处理资本逻辑与人的逻辑的矛盾有着重要启发意义。

一、资本逻辑的基本内涵与二重性

（一）资本逻辑的基本内涵

何谓资本逻辑？就是通过获取雇佣劳动，最大化地攫取剩余价值，并将剩余价值转换为资本积累，不断扩张，从而实现自身的无限增殖。简单地说，资本逻辑就是资本追求无止境地增殖的逻辑。通俗地说，就是“以钱生钱”、赚更多钱的逻辑。马克思恩格斯在《宣言》中对资本逻辑的内涵进行了多次论述，主要可概括为以下几个方面：

首先，资本逻辑运行的根本条件是“财富在私人手里的积累”，只有通过“血与火”的残酷的原始积累，资本逻辑才获得其所谓的“启动资金”，有了启动资金，才能获得生产的两个最基本要素，即生产资料和劳动力。

其次，资本逻辑运行的必要条件是“雇佣劳动”的俘获。资本本身什么也不能生产，它必须通过购买“雇佣劳动”，才能无偿占有雇佣劳动所创造的大于其本身的价值，即剩余价值，从而实现其自身增殖。在《宣言》中，马克思和恩格斯明确指出，资本“即剥削雇佣劳动的财产，只有在不断产生出新的雇佣劳动来重新加以剥削的条件下才能增殖的财产”①。

再次，实现资本的不断增殖是资本逻辑的本性及最本质特征。“资本只有一种生活本能，这就是增殖自身，创造剩余价值。”②只有最大化地攫取剩余价值、增殖自身，资本才能由货币“晋升”为资本。如果没有剩余价值可图，资本便会转移战场。

最后，资本逻辑还具有自我扩张的本性。资本的自我扩张来自两个方面的因素：一是内部因素，即资本增殖本性所衍生出的扩张“冲动”。为了赚取更多的钱，就必须“不断扩大产品销路”，就必须“奔走于全球各地”，“到处落户，到处开发，到处建立联系”③。二是外部因素，即资本之间相互竞争所造成的巨大压力。资本家必须不断进行扩大再生产，不断增强垄断地位，才能苟延残喘而不致被外部资本所吞噬。否则，就有淘汰到无产阶级行列的危险。

（二）资本逻辑的二重性

在《宣言》中，马克思和恩格斯明确指出：“资产阶级在历史上曾经起过非常革命的作用。”④对资本逻辑在历史进程中的进步作用进行了客观指认，同时对其“野蛮”、消极的方面也进行了深度批判。

资本逻辑的积极性、进步性、文明性，主要体现在以下四个方面：

首先，在资本逻辑的助推下，社会生产力得到空前发展。正如《宣言》中所说：“资产阶级在它的不到一百年的阶级统治中所创造的生产力，比过去一切世代创造的全部生产力还要多，还要大。”⑤资本像魔法师一样，吮吸着自然界、人、社会劳动中蕴藏的巨大自然力，催引着一切社会个体为着发财美梦而不断劳作奔波，推动着社会生产力飞速发展。

其次，资本逻辑开拓了世界市场，消除了民族的片面性和局限性，推动了全球化的进程。资本逻辑的扩张本性要求在世界范围内开疆拓土，打开世界市场。而且，资本逻辑推进一切生产工具的迅速改进和交通运输的大力发展，都为开拓世界市场提供了极大的便利。这样一来，“过去那种地方的和民族的自给自足和闭关自守状态，被各民族的各方面的互相往来和各方面的互相依赖所代替了”，“一切国家的生产和消费都成为世界性的了”。⑥ 而随着这种世界工厂和世界市场的建立，“各国人民之间的民族分隔和对立日益消失”⑦，世界联结为一个统一的整体。

---

① 《马克思恩格斯选集》第1卷，人民出版社2012年版，第414～415页。

② 《马克思恩格斯文集》第5卷，人民出版社2009年版，第269页。

③ 《马克思恩格斯选集》第1卷，人民出版社2012年版，第404页。

④ 《马克思恩格斯选集》第1卷，人民出版社2012年版，第402页。

⑤ 《马克思恩格斯选集》第1卷，人民出版社2012年版，第405页。

⑥ 《马克思恩格斯选集》第1卷，人民出版社2012年版，第404页。

⑦ 《马克思恩格斯选集》第1卷，人民出版社2012年版，第419页。

再次，资本逻辑促进了封建社会内部的革命因素迅速发展，同时亦锻造了最革命的主体、自己的掘墓人——无产者，加速推动了社会历史的发展进程。一方面，资本逻辑催生了大量的新兴资产阶级，他们的力量快速增长，成为一股强大的摧毁封建社会的革命因素。另一方面，“随着资产阶级即资本的发展，无产阶级即现代工人阶级也在同一程度上得到发展”①。这样就使得阶级分野更为清晰和简单化，“整个社会日益分裂为两大敌对的阵营，分裂为两大相互直接对立的阶级：资产阶级和无产阶级”②。

最后，资本逻辑推动了全世界精神文化产品的融合与发展，促进了世界文明的形成和发展。在《宣言》中，马克思和恩格斯指出，随着资本逻辑主导下世界市场的建立和全球化的发展，各民族的物质生活条件逐渐趋于一致，与之相应的“精神产品”也成为公共的财产，“于是由许多种民族的和地方的文学形成了一种世界的文学”③。在此有必要说明的是，这里所说的“文学”并非狭义的文学，而是泛指科学、艺术、哲学、政治等方面的著作，是广义上的文学，相当于“文明”的含义。这种文明迫使一切民族甚至最野蛮的民族都卷入其中，植入资本主义的价值观念和文明形态，按照现代资本文明进行生产、生活。

固然，马克思恩格斯对资本逻辑的历史必然性和进步性作出了充分的肯定，但与此同时，他们从来没有忽视资本逻辑的历史性和局限性，从来没有忘记对资本逻辑的消极性、破坏性、野蛮性作出最为深刻的批判。其批判主要集中在以三个方面：

一是资本逻辑推演形成的资本主义生产方式有着不可调和的内在矛盾——资本的私人占有和社会化大生产的矛盾，它的生产关系不能容纳社会生产力的无限发展，它不能避免越来越严重的商业危机的产生，这就决定了其必然造成社会生产的巨大破坏和自身的灭亡。正如马克思和恩格斯在《宣言》中所指出：“资产阶级的生产关系和交换关系，资产阶级的所有制关系，这个曾经仿佛用法术创造了如此庞大的生产资料和交换手段的现代资产阶级社会，现在像一个魔法师一样不能再支配自己用法术呼唤出来的魔鬼了。”④魔法师的“咒语”为什么会失灵呢？因为，资本这个“魔鬼”在法术的支配下创造了过于庞大的物质财富，在资产阶级的生产关系中已经不能使如此庞大的物质财富转化为价值，价值得不到实现，资本就会濒临死亡。“资产阶级用什么办法来克服这种危机呢？一方面不得不消灭大量生产力，另一方面夺取新的市场，更加彻底地利用旧的市场。”⑤通过这种办法，固然可以解决资本的暂时危机，但由于其并未从资本逻辑内在矛盾出发解决问题，因而只会使这种危机发展成为更大的危机、造成更大的毁灭。

二是资本逻辑使无产阶级所受的压迫更为深重。以往的被压迫阶级，其受压迫程度往往会随着社会历史的发展、社会形态的演进而减轻，“现代的工人却相反，他们并不是随着工业的进步而上升，而是越来越降到本阶级的生存条件以下。工人变成赤贫

① 《马克思恩格斯选集》第1卷，人民出版社2012年版，第407页。
② 《马克思恩格斯选集》第1卷，人民出版社2012年版，第401页。
③ 《马克思恩格斯选集》第1卷，人民出版社2012年版，第404页。
④ 《马克思恩格斯选集》第1卷，人民出版社2012年版，第405～406页。
⑤ 《马克思恩格斯选集》第1卷，人民出版社2012年版，第406页。

者，贫困比人口和财富增长得还要快”①。一端是资本的“狂欢”，而另一端则是雇佣劳动者的堕落；一端是资本的积累，而另一端则是贫困的普遍化和深重化。无产者的生存条件甚至降到动物以下，他们为资本家生产了宫殿，却使自己栖身于棚舍。总之，在资本逻辑的统摄下，无产阶级所受的剥削和压迫已经到了无以复加的地步。

三是资本逻辑把人的尊严变成交换价值，把人与人之间的关系变成纯粹的金钱关系，使人变得狭隘、实用、精致、现实而缺少人情味。“资产阶级撕下了罩在家庭关系上的温情脉脉的面纱，把这种关系变成了纯粹的金钱关系。”“资产阶级抹去了一切向来受人尊崇和令人敬畏的职业的神圣光环。它把医生、律师、教士、诗人和学者变成了它出钱招雇的雇佣劳动者。”②总之，人的尊严、人的精神世界、人与人之间的情感等，都物化成为纯粹的价值交换关系，一切高尚的道德、炽热的情感、神圣的职责都浸没在利己主义的冰水之中。

二、资本逻辑对人的逻辑的辩证影响

所谓人的逻辑，是指人不断确证自身主体性，不断寻求自身的发展，不断增强把握和改造客观世界的能力，由必然王国向自由王国前进的逻辑。它既是人类自有历史以来的共同价值取向，又是活生生的实践过程。伴随着历史长河滚滚向前，人的逻辑也相应地缓缓延展。当时序进入到资本主义阶段，人的逻辑卷入到资本逻辑的洪流之中。在资本逻辑二重性的作用下，人的逻辑相应地发生了正反两方面的辩证影响。一方面，资本逻辑具有促进人的逻辑发展的积极本质；另一方面，资本逻辑又具有抑制、扭曲人的逻辑发展，使人的发展片面化和残缺化的消极本质。

(一)资本逻辑促进人的逻辑展开

从人类历史发展的宏阔视野来看，资本逻辑无情地斩断了“形形色色的封建羁绊”，对人的逻辑展开无疑具有促进作用。主要体现在以下几个方面：

一是资本逻辑推动了科学技术的进步和生产力的高度发展，克服了人的自然局限性，即人对自然力的神化和崇拜，“它第一个证明了，人的活动能够取得什么样的成就。它创造了完全不同于埃及金字塔、罗马水道和哥特式教堂的奇迹；它完成了完全不同于民族大迁徙和十字军征讨的远征”③。包括对“自然力的征服，机器的采用，化学在工业和农业中的应用，轮船的行驶，铁路的通行，电报的使用，整个整个大陆的开垦，河川的通航”④等。这使人进一步认识和确证自己的主体力量。

二是资本逻辑，克服了人际交往的狭隘地域性和封闭性，拓展了人的交往阈限，丰富了人的社会关系，使每一个个体冲破和超脱种族、地域等束缚，使人的普遍交往活动成为可能。一句话，使人成为世界历史的人。而世界历史的人则为无产阶级的革命联

---

① 《马克思恩格斯选集》第1卷，人民出版社2012年版，第412页。
② 《马克思恩格斯选集》第1卷，人民出版社2012年版，第403页。
③ 《马克思恩格斯选集》第1卷，人民出版社2012年版，第403页。
④ 《马克思恩格斯选集》第1卷，人民出版社2012年版，第405页。

合提供了有利条件，更是实现“自由人的联合体”的必然要求。“大工业所造成的日益发达的交通工具”，“把各地的工人彼此联系起来”，通过这种联系，就能把许多性质相同的地方性的斗争汇合成全国性乃至世界性的斗争。“中世纪的市民靠乡间小道需要几百年才能达到的联合，现代的无产者利用铁路只要几年就可以达到了。”①这就推动了社会历史形态的演进，加快了人类实现“自由联合”的历史进程。

三是资本逻辑促进了世界文明的形成、丰富和发展，为人提供了精神享受，为人类解放提供了智识策略，即从精神层面反思和抗衡权力与资本逻辑的有力武器。通过这种智识策略，我们对现实社会的批判就能被放置于更广阔的文化视野中，赋予人类解放以更广泛的意义，即将自然和人置于更广阔的文化维度内加以审视。文化解放的实质是反思和探寻：反思现实文化存在的前提与条件，探寻历史境遇下的新的可能性。

(二)资本逻辑造成人的逻辑异在

马克思和恩格斯在《宣言》中充分肯定了资本逻辑的革命作用和积极本质，但他们所要表达的主旨，无疑是资本对于人的更为残酷的奴役和更为隐蔽的剥削的揭示，是对资本逻辑造成人的逻辑异在的深刻批判。

首先，从人的精神层面来看，资本逻辑使人的独立和个性虚无化。在资本逻辑主导下的大工业机器生产，使工人成为“机器的单纯的附属品”，使无产者的劳动“失去了任何独立的性质”；产业工人“就像士兵一样被组织起来”，并且被监视起来，“他们不仅仅是资产阶级的、资产阶级国家的奴隶，他们每日每时都受机器、受监工、首先是受各个经营工厂的资产者本人的奴役”②。他们“仅仅为增殖资本而活着，只有在统治阶级的利益需要他活着的时候才能活着”，因而在资本逻辑的统摄下，只有“资本具有独立性和个性，而活动着的个人却没有独立性和个性”。③

其次，从人的社会关系层面来看，资本逻辑使人的社会伦理物化。资本逻辑使一切交往都变为交换价值，人与人之间的联系变成了一种货币联系，这就导致了社会伦理关系的资本化、物化。正如《宣言》所指出的：“资产阶级撕下了罩在家庭关系上的温情脉脉的面纱，把这种关系变成了纯粹的金钱关系。”“它使人和人之间除了赤裸裸的利害关系，除了冷酷无情的‘现金交易’，就再也没有任何别的联系了。”④

再次，从人的价值观念层面来看，资本逻辑以物、货币、资本的形式掩盖了人与人之间的关系，从而导致人们不是以人的方式对待人，而是以物的方式对待人；人的目的成为物的目的，而物的目的成为人的目的；以资本为基础的生产把“物”的价值看得高于“人”的价值。这样，人仅仅被当作没有“自我目的”却具有特殊“有用性”的物来加以使用和耗费：“生产表现为人的目的，而财富则表现为生产的目的。”⑤财富、资本好像

---

① 《马克思恩格斯选集》第1卷，人民出版社2012年版，第409页。
② 《马克思恩格斯选集》第1卷，人民出版社2012年版，第407页。
③ 《马克思恩格斯选集》第1卷，人民出版社2012年版，第415页。
④ 《马克思恩格斯选集》第1卷，人民出版社2012年版，第403页。
⑤ 《马克思恩格斯选集》第2卷，人民出版社2012年版，第739页。

具有了独立的生命,它控制和驾驭着人们的思想和行为,整个世界成为一个物化的颠倒的世界。全社会形成了一种资本拜物教——资本至上,对金钱和物质利益的追逐变成了人的主要动力和唯一目标。"一切等级的和固定的东西都烟消云散了,一切神圣的东西都被亵渎了。"[①]在这种资本拜物教下,人与人之间的伦理关系、道德观念、生活追求等都成为趋利性、非理性的了。

最后,从人的生存状况层面来看,资本逻辑使无产者的生存条件极度恶化。一方面,资本逻辑促进了机器的改良和现代工业的发展,对劳动所要求的技巧和气力越来越少,"男工也就越受到女工和童工的排挤",从而"使工资几乎到处都降到同样低的水平"。[②] 另一方面,资本逻辑的扩张悖论所引起的商业危机,"使工人的工资越来越不稳定;机器的日益迅速的和继续不断的改良,使工人的整个生活地位越来越没有保障"[③]。此外,"当厂主对工人的剥削告一段落,工人领到了用现钱支付的工资的时候,马上就有资产阶级中的另一部分人——房东、小店主、当铺老板等等向他们扑来"[④]。总而言之,工人的生存境遇"并不是随着工业的进步而上升,而是越来越降到本阶级的生存条件以下"[⑤]。他们工作越努力,造成自身的贫乏越严重;他们创造的财富越多,伴随自身的生存状况越恶化。

三、以人的逻辑实现对资本逻辑的批判、沟通与超越

贯穿《宣言》乃至整个马克思主义学说的两条鲜明逻辑主线,一是对资本逻辑的理性批判,二是对人的解放的价值追求。这两条逻辑实际上又是辩证统一的:一方面,对资本逻辑批判不是为了批判而批判,其目的和旨归在于确立人的主体性,进而实现人的解放;另一方面,只有激发人的主体性,以人的逻辑抑制资本逻辑的恣意妄为,驾驭和驯服资本逻辑,人的解放才具有现实性,每个人的自由而全面发展的共产主义社会才能最终达成。

(一)立足现实的人,推进对资本逻辑的革命批判

批判的武器不能代替武器的批判,物质力量只能诉诸物质力量加以摧毁。对资本逻辑的批判同样如此,不能仅仅停驻在思想层面对其进行哲学的、理论的批判,而必须立足现实的人,发挥人的主体能动性,找到真正的革命阶级——无产阶级,通过革命的实践,推翻资产阶级的政治统治,使无产阶级上升为统治阶级。否则,再深刻的批判也将成为毫无意义的空谈、空想。正如马克思恩格斯在《宣言》中所指出的:"德国的哲学家、半哲学家和美文学家",脱离德国的现实条件,"在法国人对货币关系的批判下面写上'人的本质的外化',在法国人对资产阶级国家的批判下面写上所谓'抽象普遍物的

---

① 《马克思恩格斯选集》第1卷,人民出版社2012年版,第403页。
② 《马克思恩格斯选集》第1卷,人民出版社2012年版,第408、409页。
③ 《马克思恩格斯选集》第1卷,人民出版社2012年版,第409页。
④ 《马克思恩格斯选集》第1卷,人民出版社2012年版,第408页。
⑤ 《马克思恩格斯选集》第1卷,人民出版社2012年版,第412页。

统治的扬弃'"，其结果“必然表现为关于真正的社会、关于实现人的本质的无谓思辨”。[①] 此外，所谓的“批判的空想共产主义者”也同样如此，他们“看到了阶级的对立，以及占统治地位的社会本身中的瓦解因素的作用。但是，他们看不到无产阶级方面的任何历史主动性，看不到它所特有的任何政治运动”[②]。不经过现实的人的革命实践，就不能推翻资产阶级的政治统治，从而也就不能驾驭其所精心维护和推行的资本逻辑。

(二)正确对待资本的二重性，加强对资本逻辑的积极沟通

如前所述，资本具有文明和野蛮的二重性，由此形成的资本逻辑对人的逻辑的发展也相应产生了正反两方面的影响。对此，马克思和恩格斯认为，在无产阶级取得政权后，应从以下两个方面加强对资本逻辑的积极沟通。

首先，“必须对所有权和资产阶级生产关系实行强制性的干涉”[③]，规避资本逻辑给人的逻辑带来的消极影响。在《宣言》中，马克思和恩格斯就一针见血地指出，资本主义的私有制是造成一切不平等和异化的根源，对于无产者而言，他们没有任何自己的东西需要加以保护，而且，“他们必须摧毁至今保护和保障私有财产的一切”，即“废除全部现存的占有方式，才能取得社会生产力”。[④] 因而，马克思和恩格斯鲜明指出，必须“同传统的所有制关系实行最彻底的决裂”[⑤]。

其次，必须充分利用资本逻辑的一切进步作用，发扬其给人的逻辑带来的积极影响。马克思和恩格斯认为，上升为统治阶级的无产阶级，并不是要毁掉资产阶级所创造的一切，而是要“一步一步地夺取资产阶级的全部资本”，利用资本逻辑所固有的增殖和扩张本能，催化科学技术和生产力向前发展，“尽可能快地增加生产力的总量”。[⑥] 因为，只有生产力的高度发展，才能为每个人的自由而全面发展提供丰盈的物质基础和充足的自由支配时间。

(三)走向“自由人的联合体”，实现对资本逻辑的终极超越

马克思恩格斯认为，资产阶级的政治解放虽然使人们挣脱了宗教束缚和封建枷锁，在一定程度上促进了人的解放，但与此同时，却又使人受限于新的资本主义私有制的羁绊之中。为此，马克思和恩格斯提出，要在政治解放的基础上，进一步扬弃其局限性，建立“真正的共同体”，即“自由人的联合体”。在这个“共同体”中，“每个人的自由发展是一切人的自由发展的条件”。[⑦] 作为自由人的联合所组成的“真正的共同体”，

---

① 《马克思恩格斯选集》第 1 卷，人民出版社 2012 年版，第 426～427 页。
② 《马克思恩格斯选集》第 1 卷，人民出版社 2012 年版，第 431 页。
③ 《马克思恩格斯选集》第 1 卷，人民出版社 2012 年版，第 421 页。
④ 《马克思恩格斯选集》第 1 卷，人民出版社 2012 年版，第 411 页。
⑤ 《马克思恩格斯选集》第 1 卷，人民出版社 2012 年版，第 421 页。
⑥ 《马克思恩格斯选集》第 1 卷，人民出版社 2012 年版，第 421 页。
⑦ 《马克思恩格斯选集》第 1 卷，人民出版社 2012 年版，第 422 页。

是一个完全区别于“虚假的共同体”的存在，它是对后者的超越，是对之前“共同体”中整个社会秩序的彻底颠覆，是社会发展规律和人类价值诉求的高度统一。它不再只为资产阶级等少数人的自由发展服务，不会使每个人作为阶级成员受到整个阶级动向的摆布，不允许有“国家”这一历史性产物持续性地在特殊利益和普遍利益的矛盾之间游离。在这个“共同体”中，“已经积累起来的劳动只是扩大、丰富和提高工人的生活的一种手段”[①]。也只有在这样的“共同体”中，每一个个人才能完全掌握和获取培育其自身才能的渠道和方式，才能全面地占有自己的本质，并取得个人的全面自由发展。正是在这一意义上，马克思和恩格斯将其视为人的逻辑对资本逻辑的终极超越形态，将其视为人类解放伟大事业的终极理想。

综上所述，我们可以清晰地看到，马克思恩格斯对资本逻辑批判的理论意向是人的自由全面发展，而不是其他的东西。马克思恩格斯对资本的历史价值的肯定更大程度上是其对人的自由全面发展、人的主体解放的促进作用的肯定，同样，对于资本的批判也主要归因于资本逻辑抑制、阻障了人的自由全面发展和人的主体解放。因而，这就要求我们充分利用资本逻辑对人的逻辑发展的积极因素，同时又预见和钳制资本逻辑对人的逻辑发展的消极因素，使资本服务于人，使其成为人的“奴隶”，而不是相反。如此，才能“真正解决人的生存境遇和发展命运问题”[②]，才能推动人的逻辑延展，才能向着真正的“自由人的联合体”——共产主义社会迈进。马克思恩格斯在170年前为人类指明的道路，对现时代我们建设社会主义市场经济，处理“劳资关系”、资本与人的关系依然具有重要的思想指导和方法启迪意义。

① 《马克思恩格斯选集》第1卷，人民出版社2012年版，第415页。

② 韩庆祥：《从资本逻辑走向人的逻辑》，载《世界社会主义研究》2017年第7期。

《共产党宣言》所意涵的三重文本指称

韩 雷

(南开大学马克思主义学院博士研究生)

《共产党宣言》不仅是马克思主义形成的重要标志，而且意味着科学社会主义的诞生。也正因如此，如何深入理解《共产党宣言》的真实意涵深受学界的普遍关注。而《共产党宣言》自身的语篇则为破解其意奠定了基础，因为经典作家通过文字的形式将自己的思想记录下来，并通过文本这一载体再现给他人，那么信息接受者在对文本的分析、理解中更能把握经典作家的原指思想。通观《共产党宣言》的文本，我们可以发现《共产党宣言》有着特殊的指称，而这一指称又恰是理解《共产党宣言》的前提。作为一种指称既可以是一个词或短语，又可以是一个句子，信息既可以通过这一指称洞悉这个词、短语或句子的实际指向，又可以对这一指称的形成发展形成认知，从而有的放矢地开展各项实践活动。如果信息接受者失去对这种指称的认知，那么势必会对其实践产生消极的影响。为了更加清晰地管窥《共产党宣言》中所隐秘的指称，本文从宏观上将《共产党宣言》的指称分为题目指称、序言指称和语篇指称，以期达到深化对《共产党宣言》真实意涵认知之效。

一、《共产党宣言》的题目指称：开启科学社会主义进行时

从题目来看，《共产党宣言》既是一个标题，也是一个专词，它所映摄的不仅是一个政党的纲领和主张，而且指称着科学社会主义的正式形成、马克思和恩格斯理论的总结以及与其他社会主义的本质区别。

(一)科学社会主义的产生及对马克思和恩格斯思想的凝聚

《共产党宣言》这一标题由两部分组成，即主词“共产党”，和谓词“宣言”。其中，作为主词的“共产党”并不是一个新兴词汇，而是有着其自身的发展脉络。马克思和恩格斯也正是通过这一称谓来区别其他共产主义。早在1834年德国政治流亡者在巴黎便成立了“流亡者同盟”，1836年同盟中的激进左翼从中分离出来，成立“正义者同盟”。但“正义者同盟”属于半密谋式的私人组织，没有详细的组织纲领和行动准则，在指导思想上深受巴贝夫、魏特林和真正社会主义的影响，导致同盟不能形成具有实效性的政治主张和具体实践。1847年春，马克思和恩格斯加入该同盟，1847年6月恩格斯在

伦敦大会上将正义者同盟改为“共产主义同盟”，并与马克思一同拟定共产主义同盟章程，也就是我们所熟识的《共产党宣言》。从这一发展脉络来看，作为《共产党宣言》中主词的“共产党”既体现出马克思和恩格斯对传统共产主义思想的继承，也体现出此之共产党的科学性，同时也昭示着科学社会主义的诞生。

相对于主词“共产党”而言，“宣言”这一谓词则指称着马克思和恩格斯所共识的思想理论。众所周知，马克思和恩格斯对共产主义理解上的共识有着不同的进路，其中，马克思通过分析黑格尔法哲学开始，逐渐形成对共产主义的认知，而恩格斯则主要通过对英国工人阶级状况的剖析开始对共产主义形成认知。但从 1844 年开始，马克思和恩格斯便开始合作如《神圣家族》(1844 年)、《德意志意识形态》(1845 年)。这无不都体现着马克思和恩格斯在思想上的一致性，而谓词“宣言”也恰是对马克思和恩格斯之间共识性理论的凝聚。

(二)区别其他社会主义学说，展现科学社会主义的主张

作为专词的“共产党宣言”还有着另一指称，即是在区别于其他社会主义思想的同时又确立了科学社会主义的思想逻辑。正如《共产党宣言》中所说：“现在是共产党人向世界公开说明自己观点、自己的目的、自己的意图并且拿党自己的宣言来反驳关于共产主义幽灵的神话的时候了。”①在这里，马克思和恩格斯有目的地使用“幽灵”一词来反衬《共产党宣言》的科学性。

首先，《共产党宣言》是对以往共产主义思想的批判性继承与创造性发展。从莫尔的《乌托邦》、康帕内拉的《太阳城》，到傅里叶、圣西门和欧文的空想社会主义，无不都体现着对共产主义的向往，甚至欧文在新拉纳克纳还进行了共产主义的实践。虽然这些理论和实践有着诸多新颖之处，但是“这些社会主义和共产主义的著作也含有批判成分。这些著作抨击现存社会的全部基础。因此，它们提供了启发工人觉悟的极为宝贵的材料”②。由此可见，马克思和恩格斯对于以往共产主义的某些理论和实践还是呈现出包容的态度，同时也反映出《共产党宣言》对传统社会主义理论的继承与发展。

其次，《共产党宣言》展现出共产党人自身的阶级立场。对于以往的共产主义理论来说，《共产党宣言》更加体现自身的阶级立场。空想社会主义者圣西门、傅里叶和欧文，将社会主义推向了一个新的认知维度，但他们的社会主义理论中缺少阶级描述，如欧文建立的新拉纳克纳工业区给予了工人很高的福利，但欧文却用“奴隶”来形容工人阶级，这也就不难看出为什么用“空想”来形容他的社会主义理论了。与之相反，马克思和恩格斯在《共产党宣言》中开宗明义地指出共产党是代表无产阶级利益的党派，并通过翔实的分析指明无产阶级的形成与发展，这就表明共产党对于工人阶级的重视程度。

最后，《共产党宣言》使共产党人的工作具体化。《共产党宣言》与其他共产主义理

① 《马克思恩格斯选集》第 1 卷，人民出版社 2012 年版，第 399 页。

② 《马克思恩格斯选集》第 1 卷，人民出版社 2012 年版，第 432 页。

论不同之处在于，它对共产党人的行动进行了宏观上的规划。在《共产党宣言》中，除序言外共分四个部分，分别对资产者和无产者、无产者和共产党人、社会主义的共产主义的文献以及共产党人对各种反对派的态度进行了详细的论述，而这一论述就为为什么建立共产党、共产党如何行动提供了指导，避免在行动上出现盲从。更为重要的是，《共产党宣言》为工人阶级的觉醒、认清自身的阶级地位提供了科学的引荐，使得工人阶级能够更加客观地看待自身的社会处境。

二、《共产党宣言》的序言指称：发展好马克思主义的应然之举

在整个马克思主义的经典著作中，《共产党宣言》是最能体现马克思主义精神品质的著作之一。这是因为该著作不仅是马克思和恩格斯共同完成的理论建构，而且该著作的七篇序言同样具有非常重要的理论和现实意义。其一，这七篇序言写于不同的时间节点，有着特殊的时间指向，避免人们在读解文本和理论运用时出现僵化套用；其二，七篇序言针对不同的国家，这就为各国共产党如何理解《共产党宣言》中的理论提供了预设；其三，七篇序言所承载的是马克思和恩格斯对理解《共产党宣言》的整体构想，是深入理解《共产党宣言》的前提条件，也是发展好马克思主义的应然之举。

那么，《共产党宣言》的七篇序言究竟有何指称？本文认为，这七篇序言的指称可以从三个方面加以论说。

第一层指称，理论的发展应随着时代的发展而不断进步，与时俱进地看待各种理论著述。马克思主义的理论是不断发展的理论，虽然它已近以文字的形式固定下来，但其所体现的思想却是理解、运用好马克思主义的关键。如何才能把握马克思主义的精神实质呢？学者们从不同角度对此进行了诠释，但作为《共产党宣言》的七篇序言却是彰显出马克思主义精神品质的最佳形式。

第一，七篇序言分别写于不同的时代背景，从1872年到1893年，时间上的间隔分别为10年、1年、7年、2年、2年和1年。时间上的间隔越来越小，足见在经典作家笔下，序言本身在《共产党宣言》中的重要地位。马克思和恩格斯之所以如此重视序言，是因为他们想通过序言本身的变化在间接中告知信息接受者要与时俱进地来看待《共产党宣言》中的内容，规避信息接受者在阅读信息时产生的思维定式的影响。如在1888年序言中写道："关于共产党人对待各种反对党派的态度的论述（第四章）虽然在原则上今天还是正确的，但是就其实际运用来说今天毕竟已经过时，因为政治形势已经完全改变，当时列举的那些党派大部分已被历史的发展彻底扫除了。"[①]第二，作为序言本身还指称着理论不是故步自封的，而是要不断丰富和发展的。如马克思和恩格斯在1872年德文版序言中指出："但是《宣言》是一个历史文件，我们已没有权利来加以修改。下次再版时也许能加上一篇论述1847年到现在这段时期的导言。"[②]

第二层指称，各国共产党应根据自身的实际情况来运用马克思主义，而不是用原

① 《马克思恩格斯选集》第1卷，人民出版社2012年版，第387页。
② 《马克思恩格斯选集》第1卷，人民出版社2012年版，第377页。

理来裁剪实际情况。恩格斯在《共产主义者和卡尔·海因岑》一文中就指出:"共产主义不是教条,而是运动。它不是从原则出发,而是从事实出发。"[①]这就预示着每一个原理都要遵从实际情况,而不是僵化的照搬,忽视实际情况在现实层面的"限制"。从《共产党宣言》的序言来看,虽然是七个不同版本的序言,但用了五种不同语言(德文、俄文、英文、波兰文和意大利文),这也不难看出马克思和恩格斯在对待各国实际情况中所持的态度。通过对《共产党宣言》的文本考察可以发现,马克思和恩格斯所指出的无产阶级革命的中心应是经济发达的西欧,但随着社会历史进程的发展,东方社会出现了资本主义链条上的薄弱环节,那么东方社会(俄国)应根据自身的现实情况来设定符合自身的革命道路,而不能受《共产党宣言》文本所限。因此,为了使人们避免对《共产党宣言》中的论述形成教条式理解,恩格斯在 1890 年德文版序言的最后说道:"假如俄国革命将成为西方工人革命的信号而双方互相补充的话,那么现今的俄国公有制便能成为共产主义发展的起点。"[②]

第三层指称,理论是发展变化的,要做到理论上的创新应遵循理论发展的规律。作为一种理论并不是一成不变的,而是随着不断变化的实际而发展,以便与实际相符合。这就需要理论在发展中要遵循一定的规律,这一规律就是理论自觉。关于理论自觉可以从两个方面来进行释解。第一方面,理论的创制者能够根据实际情况提出相关的理论,而这一理论又对人们的实践有着指导作用。第二个方面是指理论创制者应时刻根据不断变化的实际情况对理论进行完善,使之与时代发展同步。在《共产党宣言》的七篇序言中恰体现出理论自觉的这两个层面的要求。

在这七个版本的序言中虽然有着相同的所指,即《共产党宣言》的文本,但每个版本的序言所表述的内容却不尽相同,即使在三个版本的德文版序言中也有不同的指称。这就为信息接受者提供了不同的语境,使每个读者根据当时序言的语境形成对《共产党宣言》文本的前见性认知,因为"《宣言》是一个历史文件,我们已没有权利加以修改"。又如为了使读者更加精准地理解《宣言》的实意,马克思和恩格斯在 1872 年版序言中指出:"下次再版时也许能加上一篇论述 1847 年到现在这段时期的导言。"[③]

马克思和恩格斯在《共产党宣言》的最后一章《共产党人对各种反对党派的态度》中对无产阶级的描述仅在德国、法国、瑞士和波兰。而在 1848 年《共产党宣言》发表之后,随着生产力的普遍发展,一些落后国家的工业化程度也随之提高,因此无产阶级的人数也会随之增多。这就显得《宣言》中关于无产阶级的论述范围略显狭小。为了避免读者的误读,同时也提醒各国共产党人的注意,恩格斯在 1890 年版的序言中强调美国和俄国产业后备军的状况,并指出这两个国家进行社会主义运动的可能,间接中增进了人们对《共产党宣言》文本的理解。

---

① 《马克思恩格斯选集》第 1 卷,人民出版社 2012 年版,第 291 页。

② 《马克思恩格斯选集》第 1 卷,人民出版社 2012 年版,第 389 页。

③ 《马克思恩格斯选集》第 1 卷,人民出版社 2012 年版,第 377 页。

三、《共产党宣言》的语篇指称：马克思主义大众化的科学参照

马克思在《黑格尔法哲学批判》导言中指出："批判的武器当然不能代替武器的批判，物质力量只能用物质力量来摧毁；但是理论一经掌握群众，也会变成物质力量。理论只要说服人，就能掌握群众；而理论只要彻底，就能说服人。所谓彻底，就是抓住事物的根本，但人的根本就是人本身。"①在这一论述中，我们可以发现马克思对理论建构所持的态度，其主旨是如何使理论被人民群众所掌握。如果使人民群众掌握理论，那么理论建构者就应该考察构成理论的语词、语篇安排等是否能吸引人民群众，并被人民群众所熟知和接纳。确切地说，文本应体现出大众化的特点。而马克思和恩格斯合著的《共产党宣言》的语篇中便包含着大众化的指称。

《共产党宣言》的正文部分由四个部分构成，共计3万余字。但马克思和恩格斯深谙《共产党宣言》的价值，并没有刻意地使用过于专业化的语词，或充满哲学思辨的逻辑安排，而是通过浅显易懂的叙事方式将资本主义的发展、无产阶级的状况以及共产党人和无产阶级的关系等内容尽数说明，使整篇文章变得通俗易懂的同时也唤醒了工人阶级的阶级意识。

通过分析可以发现，在《共产党宣言》的正文语篇中所暗含的大众化指称，并非仅指语词的大众化，而是在坚持大众化这一原则的基础上，通过语篇的布局、历史逻辑的演进和对共产主义的预判来表现着大众化这一原则，使信息接受者在接触到语篇时就被其内容所吸引。

首先，精妙的语篇布局，使读者能够很快抓住《共产党宣言》的所指。在《共产党宣言》的正文部分，马克思和恩格斯没有直接描述共产党人的具体主张，而是采用历史叙事的手法对资本主义的形成发展和工人阶级的形成进行了分析。同时，对封建社会主义、小资产阶级的社会主义、真正社会主义、保守社会主义和空想社会主义进行了翔实的剖析，进而与科学社会主义相区别。关于此点，我们可以从正文中的四个标题中得到印证。马克思和恩格斯在进行了铺垫之后，在文末才在真正意义上阐述了共产党的主旨，这就使得《共产党宣言》的意涵更加深刻，便于读者理解和接纳。

其次，分析无产阶级的来历，说明无产阶级的地位。本文认为，《共产党宣言》的主旨有三个层面。第一层面是向世人告知共产党的成立，摒弃原有预谋式和秘密的地下组织，使共产党成为真正的政党。第二层面是宣布自身的阶级基础，提升工人阶级的阶级意识。第三层面是提出共产党人的政治主张。在这三个层面之中，以唤起工人阶级的阶级意识最为重要。因为"共产党人的最近目的是和其他一切无产阶级政党的最近目的一样的：使无产阶级形成为阶级，推翻资产阶级的统治，由无产阶级夺取政权"②。正因如此，在文本正文的开篇马克思和恩格斯以资本主义的形成和发展为线索，探讨资产者和无产者的来历，指出资产阶级时代的特点便是阶级对立简单化，整个

---

① 《马克思恩格斯选集》第1卷，人民出版社2012年版，第9～10页。

② 《马克思恩格斯选集》第1卷，人民出版社2012年版，第413页。

社会日益分裂为两大直接对立的阶级:资产阶级和无产阶级。但问题是工人阶级并不知悉自身已经处于无产阶级范围之内,为此,马克思和恩格斯对资本主义制度下机器推广和分工对无产阶级的状态进行了分析,并通过正文的第一部分"资产者和无产者"对该问题进行了系统的梳理,使得工人阶级深刻了解到无产阶级和工人阶级是同义语。[①]

最后,对共产主义进行了预期,增强读者的信心。一种理论得到人们赞同的前提是该理论能否对未来进行合理的预期,而这一预期也就成为读者认知这一理论的基础。马克思和恩格斯在《共产党宣言》中通过对共产主义运动和共产主义状态的描述向人们诠释出共产党人的预期,既体现出共产党人的理论自信,也增强了读者对共产主义的信心。在对共产主义运动描述方面,马克思和恩格斯论述了无产阶级是这一运动的主体,突出这一主体在运动中的作用,并指出:"资产阶级不仅锻造了置自身于死地的武器;它还产生了将要运用这种武器的人——现代工人,即无产者。"[②]甚至将无产阶级形象地比喻为"资产阶级的掘墓人"。为了进一步提升无产阶级在共产主义运动中的作用,马克思和恩格斯还对无产阶级的联合进行了描述,他们认为工人阶级要对暂时的胜利有所认识,工人阶级应形成越来越大的联合。在此基础上,马克思和恩格斯指出:"代替那存在着阶级和阶级对立的资产阶级旧社会的,将是这样一个联合体,在那里,每个人的自由发展是一切人的自由发展的条件。"[③]这就为工人阶级的运动预设了愿景,为工人阶级运动提供了动力。

《共产党宣言》语篇中所体现的这三种大众化指称,能够在信息接收者与信息发出者之间形成一种彼此之间共识的场域,而这一场域的最大特点就是能够使得信息接收者了解到共产党人的政治主张,使得共产主义不再是游荡于欧洲的"幽灵"。另外,工人阶级也会对自身的状况有了更加深入的了解,明确自身的阶级地位,进而认同共产党人的政治主张,能够主动、积极地参加到各种运动中去。

《共产党宣言》从发表至今已有170年的历程,但其价值却随着人们探研的深入而不断彰显。其原因在于《共产党宣言》文本自身的开放性,如七个不同版本的序言以及马克思和恩格斯在进行语篇设计中所体现出来的对工人阶级在共产主义运动中作用的首肯和对未来共产主义状态的描述,无不都为探研科学社会主义开辟了更加广阔的路径。质言之,对《共产党宣言》的探究是一项未竟的事业,探研视角越是多样,我们对《共产党宣言》所承载意义的把握越是牢靠。正如列宁所说:"马克思主义的全部精神,它的整个体系,要求对每一个原理都要(α)历史地,(β)都要同其他原理联系起来,(γ)都要同具体的历史经验联系起来加以考察。"[④]

---

① 参见《马克思恩格斯选集》第1卷,人民出版社2012年版,第406页。

② 《马克思恩格斯选集》第1卷,人民出版社2012年版,第406页。

③ 《马克思恩格斯选集》第1卷,人民出版社2012年版,第422页。

④ 《列宁专题文集·论马克思主义》,人民出版社2009年版,第163页。

《共产党宣言》中统一战线思想的逻辑架构及当代价值

——纪念《共产党宣言》发表170周年

刘　然

(山东大学政治学与公共管理学院博士研究生)

《共产党宣言》(以下简称《宣言》)作为科学社会主义的第一个纲领性文献，阐述了一系列马克思主义基本原理，同时也是无产阶级统一战线思想的重要来源，是统一战线思想走向成熟的标志。值此经典著作发表170周年之际，我们有必要深入研究统一战线思想精髓，系统剖析统一战线思想的逻辑架构，在体悟经典中挖掘《宣言》对中国共产党领导的统一战线的当代价值，为新时代中国特色社会主义的理论与实践的发展添砖加瓦。

一、《共产党宣言》中蕴含的统一战线思想的逻辑架构

统一战线的实质是政治联盟，而无产阶级统一战线是无产阶级为实现其历史使命而组织的政治联盟，其构成包括基于无产阶级历史使命而形成的政治联盟目标导向，基于凝聚力量而形成的无产阶级内部及其同其他阶级的联盟，基于确保联盟行动方向和价值导向而形成的对联盟的影响力和控制力，即塑造统一战线的目标、组织同盟军以及掌握领导权三个核心问题。《宣言》对这三个核心问题均进行了理论阐述和思想构建，基本形成了统一战线思想的逻辑架构。

(一)无产阶级的历史使命与统一战线的目标

《宣言》1883年德文版序言指出："全部历史都是阶级斗争的历史，即社会发展各个阶段上被剥削阶级和剥削阶级之间、被统治阶级和统治阶级之间斗争的历史；而这个斗争现在已经达到这样一个阶段，即被剥削被压迫的阶级(无产阶级)，如果不同时使整个社会永远摆脱剥削、压迫和阶级斗争，就不再能使自己从剥削它压迫它的那个阶级(资产阶级)下解放出来。"①这便是无产阶级的历史使命及其奋斗目标。毛泽东将其概括为：无产阶级只有解放全人类才能解放自己。在当时的历史环境和社会背景

① 《马克思恩格斯选集》第1卷，人民出版社2012年版，第380页。

下，阶级矛盾广泛而尖锐，无产阶级解放运动只能通过阶级斗争来实现。列宁曾指出："马克思主义提供了一条指导性的线索，使我们在这种看来扑朔迷离、一团混乱的状态中发现规律性。这条线索就是阶级斗争的理论。"[①]

阶级斗争的实践前提是对当时社会中所存在的各阶级进行科学准确的界定和区分。这需要两个条件予以实现，一是对社会结构大量深入的、细致的、正确的调查研究，二是基于历史唯物主义的科学的阶级分析法。前者是基础性工作，是后者的前提，后者是分析性工作，是对于前者的应用，两者共同作用以进行科学的阶级划分。这是构成统一战线的前提条件，即在准确把握不同阶级的地位、特征、利益诉求、生活方式、思想动态的基础上，才能区分敌我友，才能明确依靠谁、团结谁、打击谁，才能明晰能否构建统一战线、同谁构建统一战线、如何构建统一战线等系列问题。

马克思和恩格斯通过大量调查研究与理论分析发现，当时阶级对立呈现简单化的趋势，整个社会日益分为无产阶级和资产阶级两大对立的阶级。无产阶级需要通过阶级斗争推翻资产阶级的统治，使自身上升为统治阶级，这便需要无产阶级自觉运用统一战线，壮大自身、分化瓦解敌人，团结一切能够团结的力量。在取得政权后"利用自己的政治统治，一步一步地夺取资产阶级的全部资本，把一切生产工具集中在国家即组织成为统治阶级的无产阶级手里，并且尽可能快地增加生产力的总量"[②]，最终构建成"每个人的自由发展是一切人自由发展的条件"的联合体。这是《宣言》关于统一战线能够结成的内在动因，表明统一战线是为无产阶级目标所服务，这是统一战线存在的理论根基。

而从当时的外在因素来看，对"共产主义的幽灵"的联合围剿则说明封建势力与资产阶级等旧势力结成了反对共产主义的联盟，《共产党宣言》开篇即提出："一个幽灵，共产主义的幽灵，在欧洲游荡。为了对这个幽灵进行神圣的围剿，旧欧洲的一切势力，教皇和沙皇、梅特涅和基佐、法国的激进派和德国的警察，都联合起来了。"[③]这种围剿联盟的出现在客观上也要求无产阶级通过统一战线壮大自身、反抗围剿、实现目标。

由此可见，无产阶级统一战线是无产阶级完成其历史使命的必然要求，是实现共产主义的必由之路。同时，这也是严峻的外在环境所要求。无产阶级通过对社会的调查研究，自觉运用阶级分析方法，划分敌我友，结成无产阶级统一战线，并进一步为无产阶级的目标而奋斗。

(二)同盟者——工人阶级内部的统一战线

统一战线的根本问题是自身团结和组织同盟军，无产阶级统一战线包括工人阶级内部统一战线问题与工人阶级同其他阶级组成统一战线两个方面。马克思和恩格斯在《共产党宣言》中已经明确意识到工人阶级内部统一战线是实现工人阶级统一和团

---

① 《列宁选集》第2卷，人民出版社1995年版，第426页。

② 《马克思恩格斯选集》第1卷，人民出版社2012年版，第421页。

③ 《马克思恩格斯选集》第1卷，人民出版社2012年版，第399页。

结的一种比较好的形式。[①]

工人阶级同资本主义相伴而生，在同资产者的斗争过程中力量不断壮大，组织程度不断增强，阶级意识不断得以强化。工人最初的大规模集结是由于资产阶级的联合而被动地组织起来，“当时资产阶级为了达到自己的政治目的必须而且暂时还能够把整个无产阶级发动起来。因此，在这个阶段上，无产者不是同自己的敌人作斗争，而是同自己的敌人的敌人作斗争”[②]。另一方面，工人在特定的生产方式下被组织起来——“挤在工厂里的工人群众像士兵一样被组织起来”[③]。这体现出工人最初的组织和联合是资产阶级为实现其目标以及资本主义特定生产方式等原因而被动形成的。随着工业化的发展，无产阶级内部利益和生活状况趋于一致。而工人的生活“不是随着工业的进步而上升，而是越来越降到本阶级生存条件以下”[④]。这种共同生存条件下的共同利益逐步形成了共同目标，并转变为实际行动。当时，工人们“甚至建立了经常性的团体，以便为可能发生的反抗准备食品。有些地方，斗争爆发为起义”[⑤]。工人们不断联合起来进行斗争，规模上，工人们取得越来越大的联合；范围上，由地方斗争汇聚成全国性的斗争，这种全国性的斗争也得益于铁路等日益发达的交通工具。与此同时，工人阶级内部所结成的统一战线也暴露出不统一的问题。《宣言》中写道：“无产者组织成为阶级，从而组织成为政党这件事，不断地由于工人的自相竞争而受到破坏。”[⑥]这种不统一问题的重要原因则在于阶级意识的缺乏。“社会阶级的出现不仅需要有人数众多且利益一致的人构成一个整体，而且需要所有这些人都意识到他们之间构成了一个利益共同体，并与其他利益集团处于对立的位置上。”[⑦]在当时历史条件下，工人阶级政党要将工人组织起来，同资产阶级进行斗争，这便需要强化工人阶级的阶级意识，“工人阶级政党要唤醒工人阶级的阶级意识，使其成为一个自为的阶级”[⑧]，从而“通过结社而达到的革命联合代替了他们由于竞争而造成的分散状态”[⑨]。《宣言》对此强调，“共产党一分钟也不忽略教育工人尽可能明确地意识到资产阶级和无产阶级的敌对的对立”[⑩]，通过教育唤醒工人阶级的阶级意识。而相对于欧文、傅里叶派仅着眼于改善工人阶级生活的目标，共产党则在联合行动中要对工人阶级进行阶级意识教育和革命理论教育，引导工人阶级在民主革命中梳理共产主义目标。列宁后来评价说：“马克思和恩格斯对工人阶级的功绩，可以这样简单地来表达：他们教会了工人

① 参见赵明义、文宗瑜：《工人阶级内部统一战线与处理党际关系的四项原则》，载《东岳论丛》1991年第5期。

② 《马克思恩格斯选集》第1卷，人民出版社2012年版，第408页。

③ 《马克思恩格斯选集》第1卷，人民出版社2012年版，第407页。

④ 《马克思恩格斯选集》第1卷，人民出版社2012年版，第412页。

⑤ 《马克思恩格斯选集》第1卷，人民出版社2012年版，第409页。

⑥ 《马克思恩格斯选集》第1卷，人民出版社2012年版，第409～410页。

⑦ [法]雷蒙·阿隆：《阶级斗争：工业社会新讲》，周以光译，译林出版社2003年版，第17页。

⑧ 谢成宇、孙来斌：《革命主体与阶级意识：〈共产党宣言〉的有关思想及其当代意义》，载《江汉论坛》2011年第2期。

⑨ 《马克思恩格斯选集》第1卷，人民出版社2012年版，第412页。

⑩ 《马克思恩格斯选集》第1卷，人民出版社2012年版，第434页。

阶级自我认识和自我意识，用科学代替了幻想。”①

1864年，马克思和恩格斯组织了欧洲工人协会，即第一国际，把欧美整个战斗的工人阶级联合成一支大军，将工人阶级内部统一战线理论和思想应用于实践，1888年《宣言》的英文版序言中写道：“这个协会成立的明确目的是要把欧美正在进行战斗的整个无产阶级团结为一个整体。”②

由此可见，工人阶级内部统一战线是基于工人阶级共同生活水平即维持最低生活条件下产生的共同利益，并在共同阶级意识的唤醒和塑造下为了共同目标即推翻资产阶级统治和实现自身统治而结成的政治联盟。无产阶级的组织与联合是在资产阶级反抗其敌人的过程中不断形成并发展壮大的，由被动的组织转变为主动的联合，由“为他”转变为“自为”，由为资产阶级利益服务转变为为无产阶级的利益奋斗，最终形成工人阶级内部统一战线，成为无产阶级统一战线的基石。

（三）同盟者——工人阶级同其他阶级的联合

工人阶级是先进阶级，但工人阶级完成其历史使命不能仅依靠自身力量，还要善于团结其他阶级及其政党，构建更为广泛的统一战线。“钢铁和水泥是性质不同的物质，把它们结合起来，就变成钢骨水泥那样强有力的东西。”③这种结合既是由无产阶级为完成历史使命而需要强大的力量来源决定的，也是由无产阶级运动本身的性质与特点所决定的，即“过去的一切运动都是少数人的，或者为少数人谋利益的运动。无产阶级的运动是绝大多数人的，为绝大多数人谋利益的独立的运动”④。这表明无产阶级运动服务范围的广泛性——为绝大多数人谋利，无产阶级运动实现目标的崇高性——实现全人类的解放。这就要求无产阶级努力争取同其他阶级的联合，构建最为广泛的统一战线。

在当时欧洲，反动的制度主要有以英、法为代表的资本主义制度和以德国为代表的封建专制制度两种，这两种制度都是以广大人民群众为压迫对象从而维护阶级统治。《宣言》就此指出：“共产党人到处都支持一切反对现存的社会制度和政治制度的革命运动……共产党人到处都努力争取全世界民主政党之间的团结与协调。”⑤这表现出共产党作为工人阶级政党在反对当时反动制度的共同目标上同其他阶级及其政党进行联合的可能性。

然而，不同国家进行阶级斗争的路径又不尽相同，要根据不同国家的实际情况进行具体分析，在坚持共产主义原则的基础上进行灵活斗争与联合行动。《宣言》基于不同国情提出不同的对策。“在法国，共产党人同社会主义民主党联合起来反对保守的和激进的资产阶级，但是并不因此放弃对那些从革命的传统中承袭下来的空谈和幻想

① 《列宁选集》第1卷，人民出版社2012年版，第89页。

② 《马克思恩格斯选集》第1卷，人民出版社2012年版，第383页。

③ 《周恩来选集》下卷，人民出版社1984年版，第30页。

④ 《马克思恩格斯选集》第1卷，人民出版社2012年版，第411页。

⑤ 《马克思恩格斯选集》第1卷，人民出版社2012年版，第435页。

采取批判态度的权利。在瑞士，共产党人支持激进派，但是并不忽略这个政党是由互相矛盾的分子组成的，其中一部分是法国式的民主社会主义者，一部分是激进的资产者。在波兰人中间，共产党人支持那个把土地革命当作民族解放的条件的政党，即发动过 1846 年克拉科夫起义的政党。在德国，只要资产阶级采取革命的行动，共产党就同它一起去反对专制君主制、封建土地所有制和小资产阶级。"①

由此可见，基于无产阶级运动的目标与特质，无产阶级需要团结其他能够团结的阶级，构建更为广泛的统一战线，积聚更为强大的革命力量。这就要求，要坚持联合中的灵活性，为了扩大团结面，"甚至可以同魔鬼结成联盟"，更要坚持无产阶级原则，确保"党的无产阶级性质不发生转移"，这便涉及统一战线的核心问题，即领导权问题。

(四)统一战线中的领导权

领导权问题是统一战线的核心问题，主要体现在协调政治联盟各主体间的关系，增强统一战线的向心力与凝聚力，选择实现共同目标的最优路线以及确保联盟目标的实现。《宣言》并未明确提出坚持共产党的领导权，但描绘出共产党所具备获得领导权的若干条件。

一是由共产党所代表的工人阶级的先进性和革命性决定的。当时资本主义背景下，社会日益分割为相互对立的两大阶级——无产阶级和资产阶级，其他阶级则随着历史的进程被削弱从而被抛弃到无产阶级的队伍中来。无产阶级是先进的阶级，"这是因为它是同先进的经济形式相联系的，是先进生产力和先进生产关系的代表，是人类社会发展方向和未来的代表"②。"只有无产阶级是真正革命的阶级。其余的阶级都随着大工业的发展而日趋没落和灭亡。"③无产阶级的革命性是由于无产阶级不占有任何生产资料，除了自己的劳动力之外便一无所有所决定的。而共产党所代表的正是最具有先进性和革命性的无产阶级，这为共产党取得统一战线领导权奠定了阶级基础。

二是由共产党指导思想的科学性决定的。马克思和恩格斯生活的年代，各种社会主义思潮交相迸发，试图以自身的观点解释世界、改造世界。恩格斯在 1888 年《宣言》英文版序言中对 1848 年《宣言》正式发表时社会上形形色色的社会主义者分成了两类："一方面是指各种空想主义体系的信徒，特别是英国的欧文派和法国的傅立叶派，这两个流派当时都已经缩小成逐渐走向灭亡的纯粹的宗派。另一方面是指形形色色的社会庸医，他们想用各种万应灵丹和各种补缀办法来消除社会弊病而毫不伤及资本和利润。"而共产党人则是"确信单纯政治变革还不够而要求根本改造社会的那一部分工人"。④

三是由共产党自身特性决定的。共产党是工人阶级政党，从利益上来看，共产党

---

① 《马克思恩格斯选集》第 1 卷，人民出版社 2012 年版，第 434 页。

② 赵明义主编：《科学社会主义》，山东大学出版社 2011 年版，第 44 页。

③ 《马克思恩格斯选集》第 1 卷，人民出版社 2012 年版，第 410～411 页。

④ 《马克思恩格斯选集》第 1 卷，人民出版社 2012 年版，第 392 页。

人“没有任何同整个无产阶级的利益不同的利益”,“在无产阶级和资产阶级斗争所经历的各个发展阶段上,共产党人始终代表整个运动的利益”。[①] 这表明共产党无论处于斗争的何种阶段始终将无产阶级利益作为其奋斗的目标,这种利益的超脱性使得共产党能够在工人阶级内部的团结上协调各方利益,更好地发挥统一战线的凝聚作用,汇集更大力量,确保整个无产阶级奋斗目标的延续。

此外,共产党在整个工人运动中实践的坚决性和理论彻底性也是其取得领导权的支撑与保障。“在实践方面,共产党人是各国工人政党中最坚决的、始终起推动作用的部分;在理论方面,他们胜过其余无产阶级群众的地方在于他们了解无产阶级运动的条件、进程和一般结果。”[②]共产党人对于理论的掌握既不是凭空而来,也不是“以这个或那个世界改革家所发明或发现的思想、原则为根据的”,而是共产党人对于人类历史规律的把握,“是现存的阶级斗争、我们眼前的历史运动的真实关系的一般表述”。[③]

由此可见,共产党具备统一战线领导权的相关条件,这是共产党能够掌握领导权的基础。共产党属于先进的工人阶级,共产党受科学社会主义思想的指导以及共产党自身利益的超脱性、理论的彻底性、斗争的坚决性共同决定其能够确保统一战线的目标,优化路径,凝聚力量,协调矛盾。

二、《共产党宣言》统一战线思想的当代价值

《宣言》是无产阶级统一战线的思想源泉,是“我们组织统一战线的指导思想和理论基础”[④]。中国共产党在90多年的奋斗历程中,始终将统一战线作为党的事业胜利的重要法宝,在革命、建设、改革的各个历史阶段始终重视统一战线作用的发挥。中国共产党从弱小走向强大,带领中华民族从“站起来”“富起来”走向“强起来”的奋斗历程就是一部波澜壮阔的统一战线的历史。在《宣言》发表170周年之际,我们有必要逐本溯源,从源头上审视统一战线的思想根源和理论根基,深入挖掘《宣言》这座思想宝库对中国共产党统一战线理论与实践的当代价值。

(一)在坚持发展中坚守《宣言》的基本原理

恩格斯说过:“马克思的整个世界观不是教义,而是方法。它提供的不是现成的教条,而是进一步研究的出发点和提供这种研究使用的方法。”[⑤]马克思和恩格斯在《宣言》1872年德文版序言中写道:“不管最近25年来的情况发生了多大的变化,这个《宣言》中所阐述的一般原理整个说来直到现在还是完全正确的”,但这些实际原理的运用“随时随地都要以当时的历史条件为转移”。[⑥]

---

① 《马克思恩格斯选集》第1卷,人民出版社2012年版,第413页。
② 《马克思恩格斯选集》第1卷,人民出版社2012年版,第413页。
③ 《马克思恩格斯选集》第1卷,人民出版社2012年版,第413、414页。
④ 林远:《统一战线概论》,华东师范大学出版社1987年版,第4页。
⑤ 《马克思恩格斯文集》第10卷,人民出版社2012年版,第691页。
⑥ 《马克思恩格斯选集》第1卷,人民出版社2012年版,第376页。

统一战线是发展变化中的统一战线，历来是为党的中心任务服务的，在中国共产党领导的统一战线的历程中先后经历过民主联合战线、工农民主统一战线、抗日民族统一战线、人民民主统一战线和爱国统一战线等不同阶段。在不同的历史阶段，统一战线的中心任务、范围、特征等方面是不断发展变化的，而如何确立共同目标、如何组织同盟者、如何实现和保障领导权等核心问题和基本原则则是不变的。在变化中坚持不变，就是要坚持《宣言》的分析方法及其所归纳总结的统一战线的基本原理；在变化中顺应变化，就是要将马克思主义基本原理同本国具体国情和实践相结合，在不同的历史时期，围绕中心、服务大局，不断创新、丰富、发展和完善统一战线的理论与实践。当前，我国社会主要矛盾已经转化为人民日益增长的美好生活需要和不平衡不充分的发展之间的矛盾。这就要求中国共产党坚持以人民为中心的发展思想，领导统一战线在“所有制形式更加多样，社会阶层更加多样，社会思想观念更加多样”的发展环境中更好地扩大团结面、凝聚正能量，更好地发挥作用，更好地满足多层次、多方面、多元化的人民需要。“越是变化大，越是要把统一战线发展好、把统一战线开展好。”[①]

(二)在统合阶级阶层分析法中科学划分社会结构

结成统一战线的先决条件是准确界定各个不同的阶级。所谓“找到最大公约数，画出最大同心圆”是指探求政治联盟的各组成部分的共同利益，共同利益又是由各自特殊的利益凝结而成，而要准确把握各主体的不同利益，则要在深入调研的基础上科学、精准地界定不同主体阶级、阶层的区别，这便需要阶级、阶层分析法。

从“阶级”和“阶层”所对应的英文来看，“阶级”一般对应英文的“class”，“阶层”一般对应英文的“stratum”，但英文“class”一词既指阶级，也指阶层，“stratum”则单指阶层。通常，我们将《宣言》中对于社会的划分方法称为“阶级分析法”，而将马克斯·韦伯为代表的“功能论”观点的社会分层方法称为“阶层分析”。但事实上，《宣言》兼具了阶级分析与阶层分析两种分析法。长期以来，我们在学习宣传马克思恩格斯的阶级斗争思想、运用阶级分析方法的时候，忽略了他们的阶层分析方法。[②] 马克思和恩格斯在《宣言》中以阶级斗争的视角进行分析，对其他阶级阶层的关系描绘不多，但这并不代表马克思和恩格斯视野中只有阶级斗争，他们认为还存在着剥削和对立以外的其他关系，并进行了阶层分析。

科学合理的分析方法对于统一战线自身发展及党的事业发展有着重要作用。民主革命时期，毛泽东灵活运用《宣言》的阶级分析法在大量调研的基础上对中国问题进行了具体分析，写出了脍炙人口的《中国社会各阶级分析》，对革命统一战线的形成以及中国革命的战略、策略产生了重大影响。选用特定的阶级阶层分析方法就会造成不同的分类，在统一战线中就会呈现出不同的同盟军，因此，选用阶级分析还是阶层分

---

① 中共中央文献研究室编：《十八大以来重要文献选编》(中)，中央文献出版社 2016 年版，第 557 页。

② 郭春生：《阶级分析与阶层分析：〈共产党宣言〉的历史价值和当代价值》，载《中国特色社会主义研究》2009 年第 6 期。

析，按照什么样的标准进行分析和划分便成为构成统一战线的重大影响因素。基于此，我们应当依据统一战线的特征对分析标准作出几点原则性界定。

一是以政治经济为导向。统一战线是政治联盟，在统一战线的政治实践中阶级、阶层的划分标准应突出经济占有和政治态度而有别于社会学中的财富、权力、声望标准。应当注意的是，阶级分析法中一项重要标准是对于生产资料的占有，而并非简单地采用财富、金钱来进行划分，马克思指出："钱包的大小纯粹是数量上的差别，它可以尽情唆使统一阶级的两个人相互反对。"①

二是以巩固、扩大阶级基础，实现阶级、阶层和谐为导向。社会主义是最广大人民群众的团结与联合，这是历史发展的必然要求，也是人类社会变迁的内在规律。从历史发展来看，"历史活动是群众的事业，随着历史活动的深入，必将是群众队伍的扩大"②。群众队伍的壮大是历史的必然趋势，也是统一战线需要不断扩大联系范围和覆盖面的内在要求。从人类社会变迁规律来看，"每一个新阶级赖以实现自己统治的基础，总比它以前的统治阶级所依赖的基础要宽广一些"③。社会主义作为代替资本主义的更高的历史阶段，所依赖和倚靠的阶级基础也必将更为宽广，这就要求在社会主义制度下实现最广泛的团结，结成最广泛的爱国统一战线。在进行阶级、阶层的划分时要在科学分析的基础上按照广泛团结、突出灵活、激发活力的原则进行划分，突出团结、减小隔阂，正确处理人民内部矛盾，便于凝聚人心、汇聚力量，发挥统一战线在阶级阶层间的协调与统合作用，将万众之心汇聚成民族复兴、国家富强新征程中的千钧之力、磅礴之势。在中国特色社会主义新时代，及时将致力于中华民族伟大复兴的中国梦的爱国者联盟划入爱国统一战线的范畴无疑是对巩固、扩大统一战线的最好阐释和有力实践。

三是把握阶级、阶层的动态变化，以将新阶层有效纳入统战范围为导向。随着改革开放的不断深化，社会主义市场经济体制发生深刻变化，社会结构产生根本性改变，由单一走向多元，由封闭走向开放，由"单位人"转变为"社会人"，由此产生了不断涌现的新的社会阶层。新的社会阶层是社会主义制度与市场经济结合的产物，是由于科技进步、社会分工的变化而从过去的阶级阶层中分化出来的部分，是改革开放的受益者，具有较强的阶层意识和特殊的利益诉求。随着新的社会阶层队伍的扩大、力量的壮大，产生出较强利益表达和政治参与的意愿。与此同时，新的社会阶层内部分化特征明显，政治态度并不一致，不能一概而论。不可否认，新社会阶层"因其出身为体制外，对执政党在情感上天然较为疏离"④，这对党的社会整合以及意识形态构建产生了一定影响。要注意把握新社会阶层形成时期作为统战工作的"窗口期"和"机遇期"，将新出现并处于快速成长阶段的新阶层有效纳入统战范围，扩大统战工作的团结面与覆盖

---

① 《马克思恩格斯全集》第4卷，人民出版社1958年版，第343页。

② 《马克思恩格斯全集》第2卷，人民出版社1957年版，第104页。

③ 《马克思恩格斯选集》第1卷，人民出版社2012年版，第181页。

④ 廉思、冯丹、芦垚：《当前我国新社会阶层的特征分析、杠杆作用以及工作思考——关于新社会阶层的调研报告》，载《中国青年研究》2016年第11期。

面。一是以加强党的建设提升党对社会的整合能力和凝聚能力，将统战工作寓于党建工作中，以党建工作带动统战工作，加强在民营企业、新经济组织、新社会组织中党组织的建立和作用的发挥，形成组织化程度高、联动性效果好的党组织网络和统战网络。二是以对利益的表达、协调与整合入手，建立有序的利益表达和政治参与多元渠道，以利益为纽带增进新阶层对执政党的认可。三是及时关注新阶层的思想动态、阶层特征等方面，将社会主义核心价值观的教育引导工作寓于统战工作的联谊交友中，增进思想认同，着力解决人心问题、思想问题。

(三)在广泛团结中筑牢统一战线的根基

基础不牢，地动山摇。在构建最广泛的统一战线、吸纳新的社会力量的同时，更应注意夯实基础，加强工人阶级内部团结和巩固工农联盟的问题。《宣言》对于工人阶级内部统一战线进行了细致的描述，而在《宣言》发表几年后，马克思和恩格斯就深刻地指出农民阶级同工人阶级联合的重要性，认为农民阶级是工人阶级的天然同盟军。在《路易·波拿巴的雾月十八日》中，马克思总结欧洲革命失败的教训，认为如果获得了农民的支持，“无产阶级革命就会形成一种合唱，若没有这种合唱，它在一切农民国度中的独唱是不免要变成孤鸿哀鸣的”[①]。

民主革命时期的中国正处于半殖民地半封建社会，工人阶级受资本主义发展不完善的限制，人数较少但组织集中，具有先进性，农民阶级占全国人口的80%，且两者同样受着多重压迫与剥削，具有相同的生存境遇及相似的斗争意愿。这一时期，工农联盟是中国共产党所领导革命的主体力量，是统一战线的重要基础，也是统战工作的重要着力点。

新中国成立后，工农联盟仍是重要的阶级基础，也是统一战线的构成基础，但并非统战工作的对象。而时至今日，工农联盟从理论到实践都有被弱化甚至边缘化的趋向。随着市场经济的不断发展，阶级阶层不断分化，农民与工人也出现了两种新的变化：一是农民和工人向其他阶层分化，成为非公有制经济人士、新的社会阶层以及知识分子阶层，而原有的工人和农民群体则日益成为整个社会中的弱势群体。二是工农联盟内部的转化，随着城镇化的发展，大量农村剩余劳动力向城市转移，形成浩大的“民工潮”，成为“新产业工人”的一部分，但仍没有获得城市工人相应的待遇。应当适时将更多的基层普通产业工人劳动者代表人士纳入统战工作范围[②]，充分调动一线工人、制造业工人、农民工、农民在政治参与上的积极性，有效激发这部分群体的劳动积极性，真正确保其相应待遇和社会保障，把基础夯实、筑牢，巩固党的执政根基，稳固党的执政地位，做到本固邦宁、基业长青。

(四)在自我完善中加强党对统一战线的领导

领导权问题是统一战线的根本问题，决定着统一战线的性质和发展方向。共产党

---

① 《马克思恩格斯选集》第1卷，人民出版社2012年版，第769页。

② 参见郭士民、赵明义：《工人阶级内部统一战线的当代价值和实现路径》，载《理论学刊》2017年第2期。

的领导是统一战线的前提条件，是统一战线事业巩固和发展的根本保障。没有党的坚强领导，就没有统一战线的发展和壮大。《宣言》对于领导权思想的论述主要是通过共产党人在阶级、思想、理论与实践上的先进性和彻底性来实现的，这是共产党能够掌握统一战线领导权的根本保障。中国共产党人始终重视共产党的先进性建设，在实践中不断深化对统一战线领导权的认识，在领导权的实质、实现方式以及如何强化等方面做出了新的理论贡献和实践探索。

研究统一战线的领导权问题，首先要明晰领导权的实质。毛泽东对此有一个精辟的概括：领导就是带路的意思。他进一步指出实现领导权需要具备的条件："（甲）率领被领导者（同盟者）向着共同的敌人作坚决的斗争，并取得胜利；（乙）对被领导者给予物质福利，至少不损害其利益，同时对被领导者给以政治教育。"①可以看出，领导权的实质就是"带路"，做同盟者的领路人。这当中涉及领导者和同盟者两个主体，两个相对应的概念。只有领路人能够带领同盟者胜利，保障同盟者利益，同盟者才愿意追随，没有追随者，就没有领导者。作为领导者，一方面要加强自身的先进性建设，这是《宣言》所提出的重要方面，是马克思主义政党始终追求和一贯坚持的优势和特色所在，是能够成为统一战线领导者的内在动因。另一方面，领导者要加强对同盟者的引领，对同盟者利益予以关照，对同盟者思想予以引导。中国共产党在实践中不断深化对同盟者的关照与引导，形成了"尊重、维护和照顾同盟者利益"和"对同盟者进行教育、引导"两大原则，成为维护和保障统一战线领导权的重要原则和统战工作的重要准则。

其次，要完善领导权的实现方式。统一战线工作是党特殊的群众工作，要有特殊的方式和方法。"所谓领导权，不是要一天到晚当作口号去高喊，也不是盛气凌人地要人家服从我们"，要让人家"愿意接受我们的建议"②，并心悦诚服地执行。这就需要民主与协商的精神和方法。民主与协商不是弱化而是强化了党的领导。"各党各派无党无派的人愈是感觉到民主与自由，则我们同他们之间的关系，就会愈加密切、愈加发展。党的领导作用，也会因此愈有保证。反之，如果他们到处感觉到我们的包办与命令，则我们与他们之间的关系，反会疏远起来、恶化起来，党的领导作用因此也会减少保证。"③党对统一战线的领导是政治领导而不是组织控制，是党委领导而不是部门领导，是集体领导而不是个人领导。习近平在中央统战工作会议上对不会领导、不会做统战工作的四种方式进行了批评：官腔十足，人情味少；放任自流，不会引导；荒腔走板，动作变形；对不上话，做不进工作。要坚持人民民主，有事好商量，有事多商量，众人之事由众人来做，不断加强民主精神与协商渠道，不断完善统一战线领导权的实现方式。

再次，要进一步加强和完善党对统一战线的领导。十九大报告指出："党政军民

---

① 《毛泽东选集》第2卷，人民出版社1991年版，第1273页。

② 《毛泽东选集》第2卷，人民出版社1991年版，第742页。

③ 《张闻天选集》，人民出版社1985年版，第282页。

学，东西南北中，党是领导一切的。”[①]统一战线是党领导下的统一战线，历来是为党的中心任务服务，随着党的中心任务变化而变化，这是党建立统一战线的初衷，也是统一战线的初心和价值所在。党的十九大对所处的历史方位作出了科学判断，中国特色社会主义进入新时代，由此，“统一战线也相应进入到中国特色社会主义新时代”[②]。新时代，统一战线是治国理政之道，是安邦定国之基石；新时代，统一战线的团结范围更为广泛，凝聚力量更为多元，所面临的困难与挑战也更为复杂；新时代，统一战线为党的长期执政提供了先进性与合法性来源，为党和国家宏伟目标的实现凝聚人心、提供力量。做好新时代新形势下的统战工作，最根本的要求就是坚持党的领导。这就要求我们不断坚持和完善党对统一战线的领导，在转变思想、提供制度保障、加强统战组织建设等方面进行加强。一是要转变思想，从增强党的阶级基础、巩固党的执政地位、实现中华民族伟大复兴的高度重视统一战线，重视统战工作，种好“责任田”。二是提供制度保障，党的十八大以来，先后颁布实施了《关于加强社会主义协商民主建设的意见》《关于加强政党协商的实施意见》等统一战线方面的重要文件，特别是《中国共产党统一战线工作条例(试行)》的出台，成为第一部关于统一战线工作的党内法规，对于克服统战工作的随意性，加强统战工作的制度化、规范化、长效化建设提供了重要保障。三是加强民主党派、工商联和其他统战团体的建设。新时代统一战线具有新使命，要有新作为，这就对民主党派、工商联和其他统战团体提出了更高要求。要着力提升统战团体的思想、组织、制度建设，特别是领导班子建设，使统战团体真正成为统一战线的重要依托。要巩固已有共识，凝聚新的共识。在坚持共同思想政治基础的前提下不断提升统战工作的科学化和实效化水平。

综上所述，《宣言》虽没有使用“统一战线”或“无产阶级统一战线”这样的词语，但统一战线的思想却贯穿全文、熠熠生辉，为统一战线的产生与发展奠定了思想深邃、表述严谨、层次分明、便于实践的逻辑架构，即工人阶级在面对强大的敌对势力的情况下，需要借助统一战线来完成解放全人类的历史使命，这是无产阶级解放运动的必要选择和必由之路。统一战线的构建则包括统一战线的目标、同盟军以及领导权三大核心问题。统一战线是无产阶级为完成其历史使命而组建的，是为无产阶级解放运动而服务的。同盟军则包括两个同心圆即两个范围的同盟：由工人阶级内部的团结所组成的第一个同心圆、由工人阶级同其他阶级进行联合所组成的第二个同心圆，而联合的前提则是基于共同的利益的准确分析和不同阶级的准确界定。《宣言》应用阶级阶层分析法对不同阶级进行划分，对不同的阶级利益进行界定，从中找到“最大公约数”，提炼共同利益。在此基础上才能进行联合，才能有效建立统一战线。在工人阶级内部，由共同生存条件产生出共同利益即推翻资产阶级的统治，并通过教育产生了本阶级的阶级意识，从而能够结成工人阶级内部统一战线。工人阶级同其他非工人阶级联合的

① 习近平：《决胜全面建成小康社会 夺取新时代中国特色社会主义伟大胜利——在中国共产党第十九次全国代表大会上的报告》，载《人民日报》2017年10月28日。

② 孙信：《习近平新时代统一战线思想探析》，载《中央社会主义学院学报》2017年第6期。

共同利益在于“反对现存社会制度和政治制度”。基于共同目标和共同利益所组成的政治联盟内，领导权问题是核心，关系到整个革命运动是否能够坚持目标，关系到联盟内部关系的协调以及力量集中与否。共产党之所以能够掌握无产阶级统一战线的领导权，是由于其能够确保工人运动的前进方向，能够代表整个工人阶级的利益，能够充分协调联盟的内部关系。由此看出，马克思和恩格斯在《宣言》中勾勒出了无产阶级统一战线的基本逻辑架构。中国特色社会主义将马克思主义基本原理同中国具体实践相结合，《宣言》中关于统一战线的基本原理对中国共产党领导的统一战线的实践有很强的指导意义和应用价值。同时，中国共产党在革命、建设、改革的实践中又极大丰富和发展了统一战线的理论体系与思想内涵，这既是对《宣言》的具体应用，又是对《宣言》的丰富发展。应当坚持《宣言》中统一战线的基本思想，灵活运用阶级阶层分析法，筑牢根基、扩大范围、加强领导，让《宣言》在21世纪的中国重新绽放光芒。

从《共产党宣言》看马克思主义时代化的要义

姜永建

(辽宁师范大学马克思主义学院博士研究生)

党的十九大报告中指出："必须推进马克思主义中国化时代化大众化，建设具有强大凝聚力和引领力的社会主义意识形态。"我们看到，今天，时代变化和我国发展的广度和深度远远超出了马克思主义经典作家的想象，马克思主义面临着进一步时代化的问题。今年恰好是标志马克思主义诞生的经典文献《共产党宣言》(以下简称《宣言》)发表170周年。因此，本文尝试从《宣言》中挖掘有关马克思主义时代化的思想，希冀更好地指导和推进马克思主义时代化的历史进程。

一、马克思主义时代化要始终坚持马克思主义，牢固树立辩证唯物主义和历史唯物主义的世界观和方法论

任何一种理论都是时代的产物，都是对时代问题理性思考的结晶，都是自己时代的精神上的精华。理论能否以及能在多大程度上回应时代提出的种种问题，是判断一种理论真理性和有效性的根本标准。换言之，如果一种理论诞生的时代特征和现实需求没有发生根本性的变化，或者只是进行了一系列局部的变化或调整，那么这种理论的核心观念和方法对于这个时代而言依然具有强大的解释能力、指导能力和改造能力。《宣言》发表170年以来，尽管我们所处的时代同马克思和恩格斯所处的时代相比发生了巨大而深刻的变化，但从世界社会主义500年的大视野来看，我们依然处于马克思主义所指明的历史时代，马克思主义在全球范围内依然具有旺盛的生命力。因此，马克思主义时代化必须坚持马克思主义。

《宣言》运用历史唯物主义的观点，深入现代社会内部，从资产阶级时代生产力的演变过程入手，揭示了资本主义生产力与生产关系的矛盾运动。美洲的发现、绕过非洲的航行以及由此引发的商业、航海业和工业的空前高涨，为新兴的资产阶级开辟了新天地，使资本主义生产力得到飞速发展。封建社会内部的革命因素迅速发展，促使封建的或行会的工业经营方式被工场手工业代替。市场不断在扩大，需求不断在增加，特别是18世纪的工业革命，资本主义进入了社会化大生产时期，又使得工场手工业被现代大工业代替，形成现代资产阶级。通过生产方式和交换方式的一系列变革，

"资产阶级在它的不到一百年的阶级统治中所创造的生产力，比过去一切世代创造的全部生产力还要多，还要大"[①]。但是，随着资本主义生产力的飞速发展，引起了生产的社会化要求和生产资料私人占有之间的尖锐矛盾，资产阶级自己也感觉到"现在像一个魔法师一样不能再支配自己用法术呼唤出来的魔鬼了"，他们采取"一方面不得不消灭大量生产力，另一方面夺取新的市场，更加彻底地利用旧的市场"的"不过是资产阶级准备更全面更猛烈的危机的办法"，来弥补资产阶级"再容纳不了它本身所造成的财富"的狭窄的生产关系，由此，"资产阶级用来推翻封建制度的武器，现在却对准资产阶级自己了"。[②] 马克思和恩格斯在严密分析和全面论证资本主义社会生产力与生产关系的矛盾运动之后，得出了"两个必然"的科学思想。同时，马克思和恩格斯也辩证地看到，资产阶级时代不同于过去的一切时代的地方就是"生产的不断变革，一切社会状况不停的动荡，永远的不安定和变动"[③]。也就是说，资产阶级为了适应生产社会化的要求，会不断地对生产关系和社会关系进行自我调节，在一段时间内甚至会促进资本主义的稳定和发展，延长资本主义的寿命。因此，"两个必然"的实现将是一个漫长的、充满曲折的过程。

《宣言》发表至今已经有 170 的历史，社会发展到今天，应当说当代资本主义对生产关系和社会关系的自我调整从来没有停止过，特别是在新科技革命、全球化浪潮和社会主义运动的影响下，这种自我调整的程度要比马克思和恩格斯所处的时代更大，产生的影响也更深刻。但是资产阶级无论怎样变化和调整，只要资本主义不改变资本对剩余价值的贪婪和剥削，就不可能消除资本主义的基本矛盾，"两个必然"的历史趋势就不会改变。只要资本主义继续存在，马克思主义就不会过时。正如美国学者史蒂芬·雷斯尼克所说："今天，马克思主义的有效性如同马克思生活的时代一样强烈。"[④] 因此，马克思主义时代化就必须坚持以马克思主义为指导，坚持马克思主义的立场、观点和方法，明确我们党推进的时代化是马克思主义的而不是别的主义的时代化，要严防如伯恩施坦为代表的修正主义者以时代特征的某些局部性变化或调整为借口，打着"时代化"和"创新马克思主义"的旗号，修正、怀疑甚至否定马克思主义。要牢固树立辩证唯物主义和历史唯物主义的世界观和方法论，遵循人类社会发展的一般规律，顺应历史前进的方向，在实践的基础上把马克思主义与当今时代相结合，准确把握时代特征，及时解答时代问题，科学引领时代发展，使马克思主义成为时代精神之精华。

二、马克思主义时代化要始终坚持批判的精神和与时俱进的理论品质，敢于自我革新和自我发展

马克思主义和其他任何一种理论的最大区别之处就在于它是批判的科学，具有与

---

① 《马克思恩格斯选集》第 1 卷，人民出版社 2012 年版，第 405 页。

② 《马克思恩格斯选集》第 1 卷，人民出版社 2012 年版，第 406 页。

③ 《马克思恩格斯选集》第 1 卷，人民出版社 2012 年版，第 403 页。

④ 糕明亮：《马克思主义是解决危机的有效方案——访美国左翼学者史蒂芬·雷斯尼克》，载《中国社会科学报》2012 年 3 月 13 日。

时俱进的理论品质。正是对英国古典政治经济学、德国古典哲学和法国空想社会主义等思想体系的批判吸收，马克思主义才得以确立。马克思主义诞生之后，它坚持以批判的眼光看待自己的理论，反对任何形式的教条。马克思主义经典作家从来不把自己的理论看成是终极真理，而是自觉地依据时代条件的变化和实践的发展对自己的理论观点和理论体系进行辩证的否定。因而，马克思主义是一个开放的、发展的、科学的思想体系。正如恩格斯所说："我们的理论是发展着的理论，而不是必须背得滚瓜烂熟并机械地加以重复的教条。"①马克思主义时代化的根本目的就是为了防止马克思主义出现停顿、僵化或者封闭的危险，使其根据新的实践、新的发展不断创新，总结新经验，开拓新境界。这正契合了马克思主义与时俱进的理论品质。因此，马克思主义时代化必须坚持批判的精神和与时俱进的理论品质，敢于自我革新和自我发展。

《宣言》开门见山，指明共产党人为了批驳欧洲一切反动势力对共产主义的诽谤，使全世界人民正确了解共产主义，必须"向全世界公开说明自己的观点、自己的目的、自己的意图"②，对资产者关于资产阶级在物质产品的占有和消灭私有制、在精神产品的占有和生产方面对共产主义的诋毁进行反击和批判。同时，在《宣言》第三部分详细批判了当时流行的各种"社会主义"学说，揭示了它们的理论要害、社会根源、阶级实质及其最终被历史淘汰的必然命运，从而划清了科学社会主义和其他社会主义的界限。对于自己的理论，马克思和恩格斯从创立他们的理论开始就强调对马克思主义基本原理的运用，必须"随时随地都要以当时的历史条件为转移"③，"随时随地"中的"随时"可谓时代化思想的源头。《宣言》作为马克思主义问世的纲领性文件，是历史文献，不可能被随意修改，马克思和恩格斯根据新的实际，以科学的态度，通过写作序言和添加注释，在坚定《宣言》基本思想正确性的前提下，对马克思主义的基本思想进行了发展。特别是1872年为《宣言》德文版作序时承认，由于时代的变迁和实践的发展，《宣言》中的一些观点、一些论述和一些革命措施"根本没有特别的意义"，"有些地方已经过时了"，如果可以重写，"许多方面都会有不同的写法"。④ 根据巴黎公社的最新经验，增加了对资产阶级国家机器的论述："工人阶级不能简单地掌握现成的国家机器，并运用它来达到自己的目的。"⑤这被认为是对《共产党宣言》思想最重要的发展。1888年在《宣言》发表40周年之际，恩格斯为英文版写作序言再次提及了1872年德文版序言中关于马克思主义基本原理的运用必须"随时随地以当时的历史条件为转移"的思想，向世人展示了马克思主义与时俱进的理论品质。

"每一个时代的理论思维，从而我们时代的理论思维，都是一种历史的产物，它在不同的时代具有完全不同的形式，同时具有完全不同的内容。"⑥回顾马克思主义160

① 《马克思恩格斯选集》第4卷，人民出版社2012年版，第586页。
② 《马克思恩格斯选集》第1卷，人民出版社2012年版，第399页。
③ 《马克思恩格斯选集》第1卷，人民出版社2012年版，第376页。
④ 《马克思恩格斯选集》第1卷，人民出版社2012年版，第376～377页。
⑤ 《马克思恩格斯选集》第1卷，人民出版社2012年版，第377页。
⑥ 《马克思恩格斯选集》第3卷，人民出版社2012年版，第483页。

多年的历史，我们清楚地看到马克思主义始终是时代的产物，在不同的时代产生了具有鲜明时代特色和时代印记的不同形式和内容。中国共产党人经过40年的艰难探索，在改革开放和社会主义现代化建设的伟大实践中，把马克思主义基本原理与当代中国实际相结合，形成了当代中国的马克思主义——中国特色社会主义理论体系。尤其党的十八大以来，立足国际国内的新情况、新问题和新挑战，形成了习近平新时代中国特色社会主义思想。因为马克思主义是真理，所以我们要坚持以中国特色社会主义理论体系为指导，致力于当代中国社会发展中所遇到的一系列重大现实问题的归纳、分析和解决；同时又要明确马克思主义是时代真理而不是终极真理，我们所处的时代一如既往地变化和向前发展着，中国的世情、国情、党情和民情也在不断变换，马克思主义时代化的脚步不允许有丝毫的停滞。继续坚持马克思主义批判的精神和与时俱进的理论品质，敢于同当下各种攻击和否定马克思主义的错误思想进行斗争，彰显马克思主义的真理性，以更大的勇气进行自我革新和自我发展，不断提出新思想、新观点、新论断，把马克思主义时代化真正推进到一个新的高度是我们义不容辞的责任。“我们要突破前人，后人也必然会突破我们，这是社会前进的必然规律。”[①]

三、马克思主义时代化要坚定无产阶级立场，致力于无产阶级和全人类的解放事业

应当说，从土地公有的原始氏族社会解体以来，人类就进入了阶级社会，并产生了人类历史上第一次两大对立的阶级——奴隶和奴隶主阶级。自此以后，人类发展过程中产生的一切理论可以说都具有阶级性，都在不同程度上反映了相关阶级在那个时代条件下的一些利益诉求和现实需求，没有阶级立场的理论是不存在的。阶级立场成为任何一种理论都必须要首先正视和回答的首要问题，是这种理论体系的根基和落脚点。马克思主义从诞生之日起就宣称代表整个无产阶级的利益，坚持群众史观的基本立场，致力于全人类的解放。马克思主义时代化的进程中，由于时代条件和实践发展的不断变化，从必然王国飞跃到自由王国的时间、形式和途径等都会相应地发生变化，但无论怎么变化，马克思主义时代化必须坚定无产阶级立场，明确马克思主义是无产阶级解放运动的理论。

《宣言》通篇展现了鲜明的阶级立场。开篇就指明阶级斗争是阶级社会发展的直接动力，通过阶级分析的方法指明资产阶级的理论：“一句话，它按照自己的面貌为自己创造一个世界。”[②]同样，无产阶级的理论也可以“概括为一句话：消灭私有制”[③]。从封建社会的灭亡中产生出来的现代资产阶级社会并没有消灭阶级对立，它只是用新的阶级、新的压迫条件、新的斗争形式代替了旧的，并将整个社会分裂为两大直接对立的阶级：资产阶级和无产阶级。随着资产阶级的发展，无产阶级也在同一程度上得到发展，但这种发展却越来越呈现这样的奇异状态：“他们并不是随着工业的进步而上升，

---

① 中共中央文献研究室编：《十六大以来重要文献选编》（上），中央文献出版社2005年版，第10页。

② 《马克思恩格斯选集》第1卷，人民出版社2012年版，第404页。

③ 《马克思恩格斯选集》第1卷，人民出版社2012年版，第414页。

而是越来越降到本阶级的生存条件以下。工人变成赤贫者，贫困比人口和财富增长得还要快。”[①]资产阶级已经不能保证自己的奴隶维持奴隶的生活了。作为真正的革命的阶级，无产阶级必须开展反对资产阶级的斗争，这种斗争是和它的存在同时开始的，并且这种斗争经历了不同的发展阶段，“最初是单个的工人，然后是某一工厂的工人，然后是某一地方的某一劳动部门的工人，同直接剥削他们的单个资产者作斗争”，最后，资产阶级无意中造成而又无力抵抗的工业进步，使工人通过结社而达到的革命联合代替了他们由于竞争而造成的分散状态，无产者组织成为阶级和政党，“把许多性质相同的地方性的斗争汇合成全国性的斗争，汇合成阶级斗争”。[②] 这种斗争至今已经发展到了这样一个阶段，即“无产阶级，现今社会的最下层，如果不炸毁构成官方社会的整个上层，就不能抬起头来，挺起胸来”[③]。因此，无产阶级革命必须同传统的所有制关系实行最彻底的决裂，用暴力推翻全部现存的社会制度，使无产阶级上升为统治阶级，最终实现无产阶级和全人类的解放。马克思主义强调阶级性，但马克思主义与其他一切理论的根本区别不在于有没有阶级性，而在于它所代表的阶级的对象与别的理论根本不同。马克思主义理论代表的是有史以来最进步的阶级即无产阶级的根本利益，同时也代表了有史以来最广大的人民群众的根本利益，“过去的一切运动都是少数人的，或者为少数人谋利益的运动。无产阶级的运动是绝大多数人的，为绝大多数人谋利益的独立的运动”[④]。这一论述可谓是对马克思主义无产阶级立场的最佳诠释。

关于阶级社会中各种思想意识的阶级性的问题，马克思和恩格斯在《宣言》中提出了一个著名的论断：“任何一个时代的统治思想始终都不过是统治阶级的思想。”[⑤]列宁又指出：“在为阶级矛盾所分裂的社会中，任何时候也不可能有非阶级的或者超阶级的思想体系。”[⑥]因此，在马克思主义时代化的推进过程中，无论是面对时代的特征、主题、条件的各种变化，还是面对中国改革开放和社会主义现代化建设过程中的各种矛盾和冲突，抑或是面对由于改革而引起的各种社会思潮的冲击，我们都必须坚定不移地坚持马克思主义的无产阶级立场，把实现最广大人民的利益作为一切工作的出发点和落脚点，这是马克思主义时代化的根本前提。对于当下，西方资产阶级鼓吹抽象的自由、民主、人权等是无阶级的或超阶级的“普世价值”，要求在中国也要遵循这种价值标准的思潮，其实质就是西方资本主义的价值观，目的就是要到达“西化”“分化”中国，使中国走资本主义道路。对于此类错误思潮，我们必须保持头脑清醒，决不可掉以轻心，要坚定马克思主义的阶级观点和阶级分析的方法，坚定无产阶级的立场，决不能像苏联及东欧各国那样背弃马克思主义的阶级立场，搞所谓的“人道的民主的社会主

---

① 《马克思恩格斯选集》第1卷，人民出版社2012年版，第412页。

② 《马克思恩格斯选集》第1卷，人民出版社2012年版，第408、409页。

③ 《马克思恩格斯选集》第1卷，人民出版社2012年版，第411～412页。

④ 《马克思恩格斯选集》第1卷，人民出版社2012年版，第411页。

⑤ 《马克思恩格斯选集》第1卷，人民出版社2012年版，第420页。

⑥ 《列宁全集》第6卷，人民出版社1986年版，第338页。

义”，最终只会招致共产党的垮台、社会制度的演变以及国家解体的惨剧，马克思主义时代化也就无从谈起。

四、马克思主义时代化要始终把握人民性、主体性的历史主题，毫不动摇

马克思主义诞生以前的人类思想发展史上，历史唯心主义的哲学家们总是把各种天才和杰出个人看作是历史的创造者，忽视人民群众在历史发展中的地位和作用。马克思主义创立的历史唯物主义首次颠覆了这种英雄史观，提出了“历史活动是群众的活动”“人民群众是创造社会历史的决定力量”的群众史观。人类社会的一切变革和发展都依赖于人民群众的实践，都必须通过人民群众的实践来完成。马克思主义不是世界之外的遐想，不是少数社会精英的私有物品，马克思主义作为一种思想“本身根本不能实现什么东西，思想要得到实现，就要有使用实践力量的人”①。对于马克思主义时代化而言，马克思主义时代化的推进必须要以人民群众的实践活动为基础；马克思主义时代化的发展和创新必须要充分发挥人民群众的主观能动性，凝聚人民群众的智慧；马克思主义时代化的实现必须要牢牢把握人民性、主体性的历史主题，毫不动摇。

马克思、恩格斯在青年时期就是忠诚的民主主义者，对苦难的群众充满了同情。在某种意义上说，空想社会主义关于建立没有私有制、没有一切阶级差别的完全平等的理想社会，也是他们的理想和愿望。在《宣言》中，马克思和恩格斯写到：在资本主义剥削制度下，工人群众毫无自由、尊严和地位可言，他们被当作货物或者商品，“只有当他们的劳动增值资本的时候才能找到工作”，“他们不仅仅是资产阶级的、资产阶级国家的奴隶，他们每日每时都受机器、受监工、首先是受各个经营工厂的资产者本人的奴役”。② 他们社会地位低下，生活处境悲惨，他们只是劳动工具，是机器的单纯的附属品，仅仅为增值资本而活着，只有在统治阶级的利益需要他活着的时候才能活着，甚至连性别和年龄的差别也没有任何意义。工人除了要受到工业资产阶级的剥削之外，还要受到资产阶级中其他人的剥削，“当厂主对工人的剥削告一段落，工人领到了用现钱支付的工资的时候，马上就有资产阶级中的另一部分人——房东、小店主、当铺老板等等向他们扑来”③。这些描述表达了马克思和恩格斯对于工人群众的极大同情。但是与空想社会主义仅仅开出理想的药方、仅仅给人们一种灵魂的安慰相比，马克思和恩格斯更进一步，找到了通向理想社会的途径和依靠力量。他们在仔细研究之后发现，工人阶级是现代大工业的产物，是最先进生产力的代表。因此，工人阶级不只是一个值得同情的阶级，而且是一个真正革命的阶级，一个能自己解放自己的阶级。共产主义不再是空想社会主义者所设想的那样由天才人物发现的人类应该实现的理想。相反，它是一种运动，是一种由无产阶级领导的广大人民群众批判不合理现实的实践运动。“无产者没有什么自己的东西必须加以保护，他们必须摧毁至今保护和保障私有

---

① 《马克思恩格斯文集》第1卷，人民出版社2009年版，第320页。
② 《马克思恩格斯选集》第1卷，人民出版社2012年版，第407页。
③ 《马克思恩格斯选集》第1卷，人民出版社2012年版，第408页。

财产的一切”[①]，在改造旧世界的过程中改造自己，实现自己的解放。而无产阶级的解放运动已经到了这样一个地步：“被剥削被压迫的阶级(无产阶级)，如果不同时使整个社会永远摆脱剥削、压迫和阶级斗争，就不再能使自己从剥削它压迫它的那个阶级(资产阶级)下解放出来。”[②]无产阶级只有解放全人类才能解放自己，而实现这种解放的途径就是建立“这样一个联合体，在那里，每个人的自由发展是一切人的自由发展的条件”[③]。贯穿于《宣言》的一条主线就是把人民群众看作历史的主体，牢牢把握人民性、主体性的历史主题，毫不动摇，自觉站在人民群众的立场，通过无产阶级的暴力革命，改变资本主义制度下工人群众的地位和命运，最终建立一个联合体实现每个人自由而全面的发展。

在马克思的墓碑上，镌刻着他的一句名言：“哲学家们只是用不同的方式解释世界，而问题在于改变世界。”马克思、恩格斯创立学说，绝不是为了把它们藏之名山、束之高阁，而是为了指导实践，改造世界。人民群众是实践的主体，是认识世界和改造世界的根本力量，正是因为深深植根于人民群众创造历史的实践，马克思主义才能不断发展，才能枝繁叶茂。党的十七届四中全会上，中国共产党着眼于中国特色社会主义建设的时代背景，致力于马克思主义在当代中国的创新和发展，提出了马克思主义中国化、时代化、大众化的科学命题。在把握人民性、主体性的历史主题这一层面，马克思主义时代化永远离不开大众化，离不开人民群众的实践。没有广大人民群众对理论的理解、认同和接受作前提，理论作任何时代化的努力与尝试都无济于事。诚如马克思主义的发展一样，马克思主义时代化也必须深深植根于人民群众的实践活动之中，特别是建设中国特色社会主义的伟大事业中，尊重人民群众的首创精神，汲取人民群众的无限力量，始终坚持为人民服务，在协调推进马克思主义中国化、时代化、大众化的历史进程中使马克思主义得到持久的发展。

① 《马克思恩格斯选集》第1卷，人民出版社2012年版，第411页。
② 《马克思恩格斯选集》第1卷，人民出版社2012年版，第380页。
③ 《马克思恩格斯选集》第1卷，人民出版社2012年版，第422页。

论新时代视域下《共产党宣言》的伟大意义

刘雨萌

（武汉大学马克思主义学院博士研究生）

1848年2月《共产党宣言》的发表，标志着科学社会主义的诞生。170年来，《宣言》以其科学性、真理性、战斗性，指导国际共产主义运动在曲折中发展，实现了人类思想史和社会发展史上的革命，深刻影响了人类社会发展进程。历史和现实都充分证明，《宣言》阐述的基本原理是科学的理论，有着强大的生命力。

习近平总书记在党的十九大报告中指出："经过长期努力，中国特色社会主义进入新时代"，中国特色社会主义进入新时代，"意味着科学社会主义在二十一世纪的中国焕发出强大生机活力，在世界上高高举起了中国特色社会主义伟大旗帜"。中国特色社会主义进入新时代，是中国共产党人把马克思主义基本原理同中国实际相结合，坚持、继承、发展《宣言》科学思想的结果，也是对《宣言》基本思想科学性、真理性的实践检验。

中国特色社会主义进入新时代，中国共产党人要在新的历史条件下继续夺取中国特色社会主义伟大胜利，必须高举《宣言》的思想旗帜，践行《宣言》的时代价值，在推进中国特色社会主义伟大事业的实践中，开辟马克思主义发展的新境界。习近平总书记指出："马克思主义是我们立党立国的根本指导思想。背离或放弃马克思主义，我们党就会失去灵魂。在坚持马克思主义指导地位这一根本问题上，我们必须坚定不移，任何时候任何情况下都不能有丝毫动摇。"①

时代是思想之母，实践是理论之源。时代变化和我国发展的广度和深度已远远超出了马克思主义经典作家当时的想象。但对照《宣言》的原文原理，结合中国特色社会主义的伟大实践，依然可以找到两者的内在联系和逻辑渊源，可以找到中国特色社会主义对《宣言》基本原理的发展轨迹。新时代推进中国特色社会主义的发展，既需要我们以更加宽阔的眼界审视马克思主义在当代发展的现实基础和实践需要，更加深入地推动马克思主义同当代中国发展的具体实际相结合，也需要我们进一步深化对《宣言》基本原理的学习，努力掌握和运用《宣言》所阐释的世界观和方法论，深刻认识新时代

---

① 任仲文编：《学习贯彻习近平同志"七一"重要讲话精神：人民日报重要文章选》，人民日报出版社2016年版，第6页。

《宣言》的重大意义，自觉在中国特色社会主义实践中坚持丰富和发展马克思主义。

一、坚定理想信念的思想基础

习近平总书记指出："革命理想高于天。中国共产党之所以叫共产党，就是因为从成立之日起我们党就把共产主义确立为远大理想。我们党之所以能够经受一次次挫折而又一次次奋起，归根到底是因为我们党有远大理想和崇高追求。"[①]他特别强调，理想信念动摇是最危险的动摇，理想信念滑坡是最危险的滑坡。一个政党的衰落，往往从理想信念的丧失或缺失开始。中国共产党成立以来，共产主义远大理想激励了一代又一代共产党人英勇奋斗，成千上万的烈士为了这个理想献出了宝贵生命。共产主义理想铸造了中国共产党人的铮铮铁骨和钢铁般的革命意志，是中国共产党不断克服困难、争取一个又一个胜利的精神支柱。

中国共产党人坚定的理想信念，建立在对马克思主义的深刻理解之上，建立在对历史规律的深刻把握之上。而其思想基础则在于《宣言》对人类社会发展规律的揭示，在于资本主义必然灭亡、共产主义必然胜利的不可避免性。

19世纪三四十年代，自由资本主义已经进入末期，垄断的资本主义尚未正式形成，资本主义大工业迅速发展，生产力得以空前提高。正如马克思和恩格斯在《宣言》所指出："资产阶级在它的不到一百年的阶级统治中所创造的生产力，比过去一切世代创造的全部生产力还要多，还要大。"[②]但由资本主义的基本矛盾所决定，经济危机日益频繁，社会财富占有两极分化，资产阶级对工人的剥削更加严酷，社会矛盾日益突出，无产阶级和资本阶级的斗争不断激化。《宣言》从当时欧洲主要资本主义国家经济危机和工人运动频繁的客观现实出发，深刻剖析了资本主义经济危机的根源，揭示了资本主义必然灭亡的命运。《宣言》指出："资产阶级的生产关系和交换关系，资产阶级的所有制关系，这个曾经仿佛用法术创造了如此庞大的生产资料和交换手段的现代资产阶级社会，现在像一个魔法师一样不能再支配自己用法术呼唤出来的魔鬼了。""资产阶级用来推翻封建制度的武器，现在却对准资产阶级自己了。""资产阶级的灭亡和无产阶级的胜利是同样不可避免的。"[③]

《宣言》发表170年来的世界历史发展进程，充分证明了《宣言》所揭示的人类社会发展规律的科学性，证明了共产主义战胜资本主义的历史必然性。现阶段，中国特色社会主义进入新时代，坚持和发展中国特色社会主义的任务十分艰巨，面临的形势十分复杂，应对的挑战十分严峻。如果没有坚定的理想信念，就不可能始终保持革命战争年代那样的拼搏精神，始终保持创业阶段那样的勤俭风尚，就有可能陷入世界观人生观扭曲、精神世界坍塌、丧失理想信念、最终走上违法犯罪的境地。理论上清醒，政治上才能坚定。坚定理想信念，最根本的就是要学懂弄通《宣言》所揭示的人类社会发

① 任仲文编：《学习贯彻习近平同志"七一"重要讲话精神：人民日报重要文章选》，人民日报出版社2016年版，第7页。

② 《马克思恩格斯选集》第1卷，人民出版社2012年版，第405页。

③ 《马克思恩格斯选集》第1卷，人民出版社2012年版，第405～406、406、413页。

展的客观规律，正确认识当代资本主义的新变化和必然灭亡的历史命运，打牢理想信念的思想根基，坚定"四个自信"，保持对远大理想和奋斗目标的清醒认识和执着追求，牢牢占据推动人类社会进步、实现人类美好理想的道义制高点。

二、坚持人民立场的逻辑源头

人民是历史的制造者，群众是真正的英雄。群众路线是我们党的生命线和根本工作路线，是我们党永葆青春活力和战斗力的重要传家宝。十八大以来，习近平总书记特别强调坚持人民主体地位，坚持人民立场，肩负起党对人民的重大责任。他指出："坚持人民主体地位，充分调动人民积极性，始终是我们党立于不败之地的强大根基。""党的一切工作，必须以最广大人民根本利益为最高标准。检验我们一切工作的成效，最终都要看人民是否真正得到了实惠，人民生活是否真正得到了改善，人民权益是否真正得到了保障。"[①]在庆祝中国共产党成立 95 周年大会上的讲话中，习近平强调："坚持不忘初心、继续前进，就要坚信党的根基在人民、党的力量在人民，坚持一切为了人民、一切依靠人民，充分发挥广大人民群众积极性、主动性、创造性，不断把为人民造福事业推向前进。"[②]在纪念红军长征胜利 80 周年大会上的讲话中，他又强调："在新的长征路上，全党必须牢记，为什么人、靠什么人的问题，是检验一个政党、一个政权性质的试金石。我们要始终把人民立场作为根本政治立场，把人民利益摆在至高无上的地位。"[③]

坚持人民立场本质上体现的是马克思主义关于人民群众是历史的创造者这一基本原理，是在新时代对《宣言》所赋予的人民群众历史作用的新阐释。

19 世纪上半叶，无产阶级作为独立政治力量登上历史舞台，但力量还比较弱小；无产阶级反对资产阶级的斗争不断爆发，但由于没有一个先进的理论和组织来领导和指导，工人运动多以失败告终。马克思、恩格斯运用历史唯物主义基本原理，在《宣言》中深刻分析了无产阶级的阶级特性和历史作用，赋予无产阶级推翻资产阶级、建设未来共产主义的历史使命。《宣言》指出："资产阶级不仅锻造了置自身于死地的武器，它还产生了将要运用这一武器的人——现代的工人，即无产者。""在当前同资产阶级对立的一切阶级中，只有无产阶级是真正革命的阶级。其余的阶级都随着大工业的发展而日趋没落和灭亡，无产阶级却是大工业本身的产物。"[④]《宣言》还强调了无产阶级反对资产阶级的斗争与其他形式斗争的不同特点："过去的一切运动都是少数人的，或者为少数人谋利益的运动。无产阶级的运动是绝大多数人的，为绝大多数人谋利益的独立的运动。"[⑤]《宣言》阐述的这些思想，具有鲜明的人民性，是党的群众路线、人民立场的逻辑源头。

---

① 《习近平谈治国理政》，外文出版社 2014 年版，第 27、28 页。

② 《习近平谈治国理政》第 2 卷，外文出版社 2017 年版，第 40 页。

③ 《习近平谈治国理政》第 2 卷，外文出版社 2017 年版，第 52 页。

④ 《马克思恩格斯选集》第 1 卷，人民出版社 2012 年版，第 257、261、406、410～411 页。

⑤ 《马克思恩格斯选集》第 1 卷，人民出版社 2012 年版，第 411 页。

三、进行伟大斗争的锐利武器

中国共产党是具有顽强斗争精神，敢于斗争、善于斗争，并在斗争中不断夺取革命、建设、改革胜利的党。中国共产党成立以来，无论是弱小还是强大，无论是顺境还是逆境，都初心不改，矢志不渝，通过艰苦斗争，攻克一个又一个难关，创造一个又一个奇迹。中国特色社会主义进入新时代，实现中华民族伟大复兴的中国梦，我们党团结带领人民有效应对重大挑战、抵御重大风险、克服重大阻力、解决重大矛盾，必须进行具有许多新的历史特点的伟大斗争。面对复杂的国际国内环境和严峻的斗争形势，必须发扬斗争精神，提高斗争本领，不断夺取伟大斗争新胜利。

新时代进行伟大斗争，需要我们从《宣言》中汲取政治智慧，从学习《宣言》中凝聚敢于亮剑的精神力量，激发不畏艰难奋勇向前的昂扬斗志。

《宣言》写作之时，工人阶级作为独立政治力量登上政治舞台的时间并不长，力量也不强大；而资本主义尚处于上升时期，面对敌强我弱的形势，《宣言》公开宣布："现在是共产党人向全世界公开说明自己的观点、自己的目的、自己的意图并且拿党自己的宣言来反驳关于共产主义幽灵的神话的时候了。"①《宣言》运用生产力和生产关系矛盾运动的基本原理，揭示了人类社会发展的一般规律，认为到目前为止的一切社会的历史都是阶级斗争的历史，而从封建社会的灭亡中产生出来的现代资产阶级社会并没有消灭阶级对立，"它使阶级对立简单化了。整个社会日益分裂为两大敌对的阵营，分裂为两大相互直接对立的阶级：资产阶级和无产阶级"。"无产者没有什么自己的东西必须加以保护，他们必须摧毁至今保护和保障私有财产的一切。"②《宣言》宣告："共产党人不屑于隐瞒自己的观点和意图。他们公开宣布：他们的目的只有用暴力推翻全部全部现存的社会制度才能达到。让统治阶级在共产主义革命面前发抖吧。"③不仅如此，《宣言》还对当时存在的形形色色的社会主义思潮进行了无情揭露和深刻批判，为无产阶级反对资产阶级的斗争扫清了思想障碍。《宣言》强调："共产主义革命就是同传统的所有制关系实行最彻底的决裂；毫不奇怪，它在自己的发展进程中要同传统的观念实行最彻底的决裂。"④《宣言》所体现的斗争精神，所表现的无产阶级与资产阶级斗争到底的决心和意志，极大地激发和鼓舞了世界革命者的斗争士气，是国际共产主义不断发展的精神动力。新时代进行具有许多新的历史特点的伟大斗争，必须继承和发扬《宣言》体现的"斗争精神"，自觉用好这一锐利武器，在事关党和国家前途命运等问题上，敢于亮剑，敢于斗争，捍卫好革命、建设和改革的胜利果实。

---

① 《马克思恩格斯选集》第1卷，人民出版社2012年版，第399页。
② 《马克思恩格斯选集》第1卷，人民出版社2012年版，第401、411页。
③ 《马克思恩格斯选集》第1卷，人民出版社2012年版，第435页。
④ 《马克思恩格斯选集》第1卷，人民出版社2012年版，第421页。

四、推进伟大事业的方向引领

中国特色社会主义是改革开放以来党全部理论和实践的主题，是党和人民历经千辛万苦、付出巨大代价取得的根本成就。十八大以来，围绕新时代坚持和发展什么样的中国特色社会主义、怎样建设和发展中国特色社会主义，以习近平同志为核心的党中央进行了艰辛理论探索，取得重大理论创新成果，形成了习近平新时代中国特色社会主义思想。新时代中国特色社会主义思想，回答了新时代坚持和发展中国特色社会主义的总目标、总任务、总体布局、战略布局和发展方向、发展方式、发展动力、战略步骤、外在条件、政治保证等基本问题，并且根据新的实践对经济、政治、法律、科技、文化、教育、民生、民族、宗教、社会、生态文明、国家安全、国防和军队、"一国两制"和祖国统一、统一战线、外交、党的建设等各方面作出理论分析和政策指导，是新时代坚持和发展中国特色社会主义的政治宣言和行动纲领。

新时代推进中国特色社会主义伟大事业，必须不断有所发现、有所创造、有所前进，使中国特色社会主义永远充满蓬勃生机和活力。同时，我们党所进行的一切完善和改进，都是在既定方向上的继续前进，而不是改变方向，丢掉老祖宗，丢掉我们党、国家、人民安身立命的根本。

《宣言》发表之时，科学社会主义尚处于理论形态，对代替资本主义社会的未来社会主义的基本特征及其发展过程的论述是抽象的概括性的。恩格斯多次说道："我们的理论是发展着的理论，而不是必须背得烂熟并机械地加以重复的教条。"①但从社会主义发展的实践看，《宣言》所阐述的关于未来社会主义建设的基本原理是完全正确的，在新时代仍然具有十分重大的现实意义。如关于生产力的理论，明确了社会主义的根本任务，《宣言》提出："无产阶级将利用自己的政治统治，一步一步地夺取资产阶级的全部资本，把一切生产工具集中在国家即组织成统治阶级的无产阶级手里，并且尽可能快地增加生产力的总量。"②关于全球化的思想，蕴含了社会主义的发展方略，《宣言》指出："资产阶级，由于开拓了世界市场，使一切国家的生产和消费都成为世界性的了。""物质的生产是如此，精神的生产也是如此。"③关于人的发展的思想，阐明了未来社会主义发展的最终目标，宣言指出："代替那存在着阶级和阶级对立的资产阶级旧社会的，将是这样一个联合体，在那里，每个人的自由发展是一切人的自由发展的条件。"④这些重要思想与新时代虽有 170 年的时空间隔，但仍闪烁着马克思主义真理的灿烂光辉。习近平新时代中国特色社会主义思想与《宣言》所阐述的基本原理是一脉相承的。习近平总书记关于坚持和发展中国特色社会主义的总任务、新时代我国社会主要矛盾、中国特色社会主义事业总体布局和战略布局、全面深化改革等新思想新理

---

① 《马克思恩格斯选集》第 4 卷，人民出版社 2012 年版，第 586 页。

② 《马克思恩格斯选集》第 1 卷，人民出版社 2012 年版，第 421 页。

③ 《马克思恩格斯选集》第 1 卷，人民出版社 2012 年版，第 404 页。

④ 《马克思恩格斯选集》第 1 卷，人民出版社 2012 年版，第 422 页。

念新战略，都是围绕社会主义根本任务而展开的；习近平关于开放发展理论、构建“一带一路”倡议等体现了经济全球化发展的新要求；习近平关于实现中华民族伟大复兴中国梦、实现全体人民共同富裕目标、构建人类命运共同体等重要思想，是实现“人的自由发展”，最终建立“自由人联合体”的现实举措。

五、建设伟大工程的理论之基

中国共产党是社会主义事业的领导核心。中国特色社会主义最本质的特征是中国共产党领导，中国特色社会主义制度的最大优势是中国共产党领导，坚持和发展中国特色社会主义，实现中华民族伟大复兴的中国梦，必须深入推进党的建设新的伟大工程，把党建设得更加坚强有力。

习近平总书记在党的十九大政治报告中提出了新时代党的建设总要求，从指导方针、工作主线、工作路径、总体布局、基本要求、基本目标等方面阐述了全面加强党的建设的大思路大方略，是新时代建设伟大工程的行动指南。纵观习近平总书记关于新时代党的建设的思想，与《宣言》所阐释的关于无产阶级政党建设学说有着内在的逻辑联系，是对《宣言》基本思想的坚持、继承和发展。

《宣言》是马克思和恩格斯受共产主义者同盟第二次代表大会委托，根据同盟大会决议，为同盟撰写的党纲。尽管共产主义者同盟是国际性的政治组织，与现代政党有重大区别，但马克思和恩格斯对这个组织的性质、宗旨、斗争策略等作了明确阐释，这些阐释是《宣言》对无产阶级政党的基本定性，是马克思主义政党打底定型的原则规定。《宣言》指出：“在无产阶级和资产阶级的斗争所经历的各个发展阶段上，共产党人始终代表整个运动的利益。”“在实践方面，共产党人是各国工人政党中最坚决的、始终推动运动前进的部分；在理论方面，他们胜过其余的无产阶级群众的地方在于他们了解无产阶级运动的条件、进程和一般结果。”①这清楚表明了共产党人的性质、宗旨及其先进性。《宣言》还指出：“共产党人为工人阶级的最近的目的和利益而斗争，但是他们在当前的运动中同时代表运动的未来。”②这既指明了共产党人的斗争策略，也是要求共产党人把握工人运动方向，始终走在工人运动的前列，发挥党的领导和先锋作用。《宣言》所阐述的无产阶级政党建设的思想与新时代加强党的长期执政能力建设、先进性和纯洁性建设、坚定理想信念、始终走在时代前列、人民衷心拥护等党的建设的要求在本质上是相同的。结合新时代新形势新任务，重温《宣言》关于无产阶级政党的学说，对于建设伟大工程，确保党始终成为中国特色社会主义事业的坚强领导核心具有重要的现实意义。

习近平总书记指出：“时代在变化，社会在发展，但马克思主义基本原理依然是科学真理。尽管我们所处的时代同马克思所处的时代相比发生了巨大而深刻的变化，但

---

① 《马克思恩格斯选集》第1卷，人民出版社2012年版，第413页。

② 《马克思恩格斯选集》第1卷，人民出版社2012年版，第434页。

从世界社会主义500年的大视野来看，我们依然处在马克思主义所指明的历史时代。”[①]《宣言》是马克思主义的奠基之作，是革命导师贡献给人类社会最伟大的思想遗产。新时代学习《宣言》的基本思想，掌握其精神实质，领会其伟大意义，践行其时代价值，最根本的是要坚定理想信念，在以习近平同志为核心的党中央坚强领导下，沿着《宣言》所昭示的前进方向，坚定不移推进中国特色社会主义伟大事业，实现中华民族伟大复兴的中国梦。

---

① 《习近平谈治国理政》第2卷，外文出版社2017年版，第66页。

阅读史视角下的周恩来与《共产党宣言》

刘雨亭

(中国人民大学马克思主义学院博士研究生)

在马克思主义传播过程中，翻译、出版和阅读构成文本传播的三个基本环节。目前，学界对《共产党宣言》在中国的传播史研究，主要集中在翻译和出版两个环节：一是从文本翻译史视角阐释文本的翻译过程、辨析重要术语的翻译状况，进一步考察文本翻译者的“跨语际实践”问题；二是从文本出版史视角考察文本在不同时期、不同地域和不同群体之间的出版发行状况。相对来看，学界较为缺乏从文本阅读史视角研究《共产党宣言》在中国传播过程的论著，也就难以呈现文本传播过程的终端环节——作为阅读主体的历史人物所面临的文本与实践的张力关系。本文尝试以周恩来阅读《共产党宣言》为案例，揭示周恩来如何在接触、阅读《共产党宣言》的过程中确立共产主义信仰，阐发经典著作基本原理以及如何在文本和实践的互动中发展马克思主义，从而为深化马克思主义传播史研究提供分析案例。

一、周恩来阅读《共产党宣言》的基本历程

19世纪末20世纪初，随着世界社会主义运动的高涨，各类社会主义文献的翻译出版成为时代潮流。尤其是俄国十月革命后，《共产党宣言》《资本论》等马克思主义著作在日本、中国等地区迅速传播开来。苦寻救国之路的周恩来便是在阅读各种社会主义文献中接触到《共产党宣言》。从那时起，阅读和践行《共产党宣言》成为周恩来的毕生使命。周恩来阅读《共产党宣言》的基本历程可以大致分为两个阶段：一是旅欧期间阅读《共产党宣言》，确立共产主义信仰和加入共产党组织；二是回国领导中国革命乃至社会主义建设时期，学习、宣传和实践《共产党宣言》的基本原理。

1917年9月至1919年3月，周恩来留学日本，并在阅读报纸杂志的过程中间接地了解到《共产党宣言》的一些理论原则。留学期间，周恩来阅读了幸德秋水的《社会主义神髓》、河上肇的《贫乏物语》、约翰·里德撰写的反映俄国十月革命的《震动环球的十日》等著作，以及《解放》《社会问题研究》等杂志，从中了解到《共产党宣言》和《资本论》。其中，幸德秋水在《社会主义神髓》中介绍了《共产党宣言》，并且引用了1888年《共产党宣言》英文版序言的著名唯物史观公式。这些思想对于苦求救国之路的周

恩来而言，如同“一线阳光穿云出”，“愈见娇妍”。[①] 这一时期，虽然周恩来只是间接地、只言片语地了解到《共产党宣言》，但建立起对《共产党宣言》的初步印象，收获了独特的阅读体验。

从日本回到国内后，周恩来投身五四运动热潮，组织天津学生成立觉悟社，并通过《天津学生联合会报》“选择各种有关世界新潮流的讨论同主张，供给现在正求解放的中国”[②]。1920年2月，周恩来因宣传进步思想被逮捕入狱，直至7月释放。周恩来在狱中主办读书团，并系统讲述了马克思传记、唯物史观、阶级斗争史、剩余价值学说等理论。狱中生涯使周恩来对《共产党宣言》中所宣扬的无产阶级革命理论有了更深刻的认识，“思想是颤动于狱中”，一种革命意识的萌芽“是从这个时候开始的”。[③] 1920年8月，由陈望道参考日文和英文翻译的《共产党宣言》中文首译本公开出版，刚刚出狱的周恩来立即成为该文的热心读者。“我最早读到的陈望道翻译的《共产党宣言》，这个译本虽然有些缺点，但基本原理大体是正确的。”[④]可见，这一时期周恩来已经接触到《共产党宣言》的基本内容，并开始将之作为解答和解决中国问题的理论。

对此，周恩来回忆这段阅读经历时讲到：“在国内曾看到《共产党宣言》，在法国又开始读到《阶级斗争》（考茨基）与《共产主义宣言》，这些著作对我影响很大”，“很短时间内，即转变到马克思的唯物主义了”。[⑤] 1920年11月，周恩来赴法国勤工俭学，到马克思主义的发祥地探求“主义”的真谛。他一到欧洲，便“对于一切主义开始推求比较”[⑥]。旅欧初期，周恩来颇为推崇克鲁泡特金的无政府主义，而后很快认识到无政府主义走不通，转向读《共产党宣言》等马克思主义书籍。在不到一年的时间内，周恩来阅读了英文版的《共产党宣言》《国家与革命》等著作。周恩来还与蔡和森探讨法文版《共产党宣言》的翻译问题，并向国内购买马列主义书籍，“所买的书籍列名如下：《马克思主义的基础》、《马克思经济学》《共产党宣言》”[⑦]。周恩来亲手编定号数，并组织旅欧成员讨论学习。

这种对《共产党宣言》的精细阅读和全方位接触，促使周恩来成为马克思主义的信仰者、传播者和践行者。1921年2月，周恩来等旅欧成员创办刊物《少年》（后改名为《赤光》）。在《少年》封面上往往印有马克思、恩格斯或列宁的论述；如在第9号封面上印有马克思、恩格斯《共产党宣言》中的一段话。周恩来运用《共产党宣言》中的基本原理分析中国实际，在《少年》（《赤光》）杂志上发表了《共产主义与中国》《革命救国论》等30多篇文章，这些论著推动了马克思主义在旅欧青年学生中的传播。经过反复的推求比较，特别是对欧洲工人运动和社会情况作了实际考察后，周恩来终于选择共产主

---

① 中共中央文献研究室编：《周恩来年谱（1898～1949）》，中央文献出版社1998年版，第29页。

② 中共中央文献研究室编：《周恩来年谱（1898～1949）》，中央文献出版社1998年版，第35页。

③ 中共中央文献研究室编：《周恩来年谱（1898～1949）》，中央文献出版社1998年版，第43页。

④ 靳辉明、李瑞琴：《〈共产党宣言〉与世界社会主义》，社会科学文献出版社2013年版，第64页。

⑤ 《周恩来同志谈个人与革命的历史——和美国记者李勃曼谈话记录》，载中共中央党史研究室编：《中共党史资料》第1辑，中共中央党校出版社1982年版，第7页。

⑥ 《周恩来书信选集》，中央文献出版社1988年版，第41页。

⑦ 《河北文史资料》编辑部编：《河北文史资料》第17辑，河北人民出版社1986年版，第54页。

义为自己终生奋斗的目标，“我认的主义一定是不变了，并且很坚决地要为他宣传奔走”[①]，并在1921年春成为共产党员。

1924年回国后，周恩来出任黄埔军校政治部主任。他注重军队的思想政治工作，向学生讲授《共产党宣言》等著作，对青年进行马克思主义的启蒙教育，希望大家“虚心求学”，“努力研究主义”。[②] 在1926年，《共产党宣言》《社会主义从空想到科学的发展》被中国共产主义青年团主办的《中国青年》杂志列为“革命青年必读的书十种”，并很快风靡革命青年和知识分子群体。尤其是在北伐战争期间，“印得更多，随军散发”，很多人（如贺龙、彭德怀）就是在《共产党宣言》的指引下通过革命战争的锻炼走上共产主义道路的。[③]

进入土地革命战争时期，中国共产党认识到马克思主义理论水平低是大革命失败的重要原因，因此更加重视《共产党宣言》等著作的翻译和阅读。1929年，中共委托华岗根据1888年恩格斯校阅的英文版《共产党宣言》进行中文版《共产党宣言》的翻译和修订。华岗译本对陈望道译本作出较多修订，采取英汉对照形式出版，并附有三个德文版序言。《共产党宣言》华岗译本于1930年出版，并成为苏区军民学习马克思主义的必读书籍。不少红军战士带着《共产党宣言》走上长征之路，这本薄薄的小册子成为他们艰苦征途中珍贵的精神食粮。周恩来曾深情地说，当年长征的时候就把《共产党宣言》当作“贴身伙伴”，只要有空就会拿出来反复阅读，用来指导遇到的具体问题。[④]

抗日战争全面爆发后，阅读《共产党宣言》成为周恩来坚定革命信心和开展革命工作的重要理论资源。中共中央根据革命形势的发展，加紧出版马克思列宁主义著作。1938年，成仿吾、徐冰在延安翻译了德文版《共产党宣言》。周恩来积极参与到马列主义著作的出版发行工作之中，尤其是推动和援助生活书店、读书出版社和新知书店等出版机构发行《共产党宣言》（成、徐译本）、《资本论》等著作，推动马克思主义著作在国统区甚至是敌占区的传播。周恩来还注重发挥《共产党宣言》一书在抗日民族统一战线中的作用，“他在重庆时曾给宗教界人士吴耀宗开列学习书单，并赠送《共产党宣言》和《列宁传》等书籍”[⑤]。周恩来总是随身带着一个公文包，包内装有《共产党宣言》等马列著作和毛泽东著作。“周恩来在重庆读过的一些书，包括《共产党宣言》，书皮上有他亲自签名和注的日期都保存下来。”[⑥]

在延安整风期间，周恩来更加重视从理论与实际相结合的角度阅读《共产党宣言》和应用马克思主义的立场、观点和方法。周恩来将“宁精勿杂，宁专勿多”“习作合一，要注意时间、空间和条件，使之配合适当”[⑦]作为自我修养原则和阅读方法。可以说，

---

① 《周恩来早期文集》下卷，中央文献出版社、南开大学出版社1998年版，第453页。
② 彭雪芹编：《黄埔军校大事记（1924～1927）》，广东人民出版社2014年版，第117页。
③ 参见高放：《〈共产党宣言〉在中国的传播》，载《学习与探索》1983年第1期。
④ 参见韩振峰：《〈共产党宣言〉，每读一次都有新的启发》，载《北京日报》2017年2月27日。
⑤ 刘焱、米镇波编：《周恩来研究文选（1976～1986）》，南开大学出版社1987年版，第404页。
⑥ ［英］迪克·威尔逊：《周恩来传（1898～1976）》，李维周等译，中共中央党校出版社1989年版，第152页。
⑦ 《周恩来选集》上卷，人民出版社1980年版，第125页。

延安整风使得周恩来阅读《共产党宣言》的中国问题导向更加明确，也推动了中共对主观主义、经验主义等错误的阅读倾向的批判。在延安整风期间，中共中央规定高级干部必须学习五本马列原著，1943 年出版的《共产党宣言》(博古校正本)成为干部必读的书籍。书是白底、绿字封面，周恩来在《共产党宣言》的阅读笔记上曾有题注，上面竖写签名“周恩来，一九四三、十二、卅，延安”，周恩来在延安窑洞学习过的《共产党宣言》一书至今陈列于中国革命博物馆，1979 年华国锋一行访德期间曾专程瞻仰特里尔市马克思故居，并把周恩来 1943 年学习过的《共产党宣言》的复制品作为赠礼奉献[①]。

中华人民共和国成立后，为适应社会主义现代化建设的需要，周恩来重视对《共产党宣言》的理论学习、宣传普及和实践运用。为了筹备新中国，周恩来和毛泽东在 1949 年 3 月商议拟定把《共产党宣言》列入干部必读的十二本书，并即刻印发给七届二中全会。1951 年 11 月，周恩来在人民政协会议上提出，思想改造“要加强理论学习，精读《毛泽东选集》、马列主义的一些基本著作”[②]。1953 年 1 月，在周恩来等人的关注下，中共中央组建马恩列斯著作编译局，其任务是系统地、有计划地翻译马恩列斯的全部著作。周恩来重视发挥《共产党宣言》等著作在知识分子改造中的作用，“马克思列宁主义的学习，对于确立知识分子的革命的人生观和科学的世界观，具有决定的意义”[③]，并要求知识分子通过马列主义的阅读和学习，学好政治，做到又红又专。

面对社会主义建设新问题，周恩来保持着对《共产党宣言》等马克思主义经典作家基本著作的阅读，以从中寻求依据和获得启发。据当年在周恩来身边担任财经秘书的吴群敢回忆，周恩来办公室的书柜中放满了《新华月报》和《毛泽东选集》《马克思恩格斯全集》《列宁全集》等经典著作，还有一些辞书工具书。因为他经常需要查证核对一些著作、文件、资料、日期、数字，这样便于他随时取用，而在这些书目中布满了密密麻麻的阅读笔记。[④] 面对一些教条主义现象，周恩来指出，“马克思主义是有框子的”，“但把这个伟大的框子改变成形而上学、主观主义的小框子，是错误的”[⑤]，因此要加强对《共产党宣言》等经典著作的阅读，提高理论修养，防止对马克思主义的庸俗化理解。1963 年 11 月 16 日，周恩来在国务院 138 次全体会议上要求各部部长要多读书，“不读书不行，不然我们总结经验、继续前进就要受到阻碍。提高认识水平不是毛主席一个人或党中央几个领导人的事情，必须大家的水平提高才能前进”[⑥]。

“文化大革命”时期，针对社会上鼓吹的“读书无用”论以及对马克思主义的庸俗化理解，周恩来尽力捍卫《共产党宣言》的“必读书目”地位。周恩来重新启动教育工作，鼓励青年学生“好好学习毛主席著作，正确宣传毛泽东思想”[⑦]。他指出：“要多看点马

---

① 参见高放：《〈共产党宣言〉在中国的传播》，载《学习与探索》1983 年第 1 期。

② 中共中央文献研究室编：《周恩来年谱(1949～1976)》上卷，中央文献出版社 1997 年版，第 189 页。

③ 中共中央文献研究室编：《建国以来周恩来文稿》第 13 册，中央文献出版社 2018 年版，第 36 页。

④ 参见程华：《周恩来和他的秘书们》，中国广播电视出版社 1992 年版，第 51 页。

⑤ 中共中央文献研究室编：《建国以来重要文献选编》第 14 册，中央文献出版社 2011 年版，第 405 页。

⑥ 杨明伟：《世纪伟人周恩来》，安徽人民出版社 1995 年版，第 85～86 页。

⑦ 高永中主编：《中国共产党口述史料丛书》第 5 卷，中共党史出版社 2013 年版，第 253 页。

列的书……经验主义者由于不多读书，难于总结经验。"[①]1970年8月，在毛主席"认真看书学习，弄通马克思主义"的指示下，周恩来选出九本马列著作和五本毛泽东著作作为"读马列著作计划"的必读书目，其中排在首位的就是《共产党宣言》。[②] 1971年春，在周恩来直接关怀下召开了全国出版工作座谈会。《国务院关于出版工作座谈会的报告》明确提出"要把出版马恩列斯著作、毛主席著作放在首位"，这为编译工作的恢复创造了条件。次年，由中央编译局重新编辑并校订了译文的《马克思恩格斯选集》四卷本全部出齐，《马克思恩格斯全集》各卷也相继出版。

通过梳理周恩来阅读《共产党宣言》的历史脉络，可以发现周恩来阅读《共产党宣言》等马克思主义经典著作的过程恰是他确立并践行共产主义理想信念的过程。"周恩来同志经常对身边的工作人员讲，要活到老，学到老，改造到老。他把读书学习与加强世界观改造紧密联系起来，形成了崇高的思想品德、高尚的道德情操和特有的人格魅力。"[③]1975年1月，周恩来在四届全国人大一次会议上见到陈望道，关切地询问《共产党宣言》首译本是否找到，他深情感叹道："这是马列老祖宗在我们中国的第一本经典著作，找不到它，是中国共产党人的心病啊。"1976年秋在山东广饶发现了陈望道译本第一版的《共产党宣言》，这正是周恩来要找的首译本。[④] 可以说，周恩来通过持续地阅读各种版本的《共产党宣言》，对马克思主义主义有了全面、系统、深刻的理解。这为他认识社会主义革命和建设问题提供了理论基础，也使他能够创造性地运用马克思主义基本原理。

二、周恩来对《共产党宣言》的理解和阐发

作为阅读主体，周恩来对《共产党宣言》的研究不是单纯在书斋中完成，而是以问题为导向，结合中国实际对文本作出理解阐发。习近平总书记指出："学习的目的全在于运用。领导干部加强学习，根本目的是增强工作本领、提高解决实际问题的水平。"[⑤]周恩来便是这样的典范。他对于《共产党宣言》的阅读始终贯穿着马克思主义基本原理与中国社会基本现状之间的持续对接，不断地尝试运用《共产党宣言》的基本理论原则来分析中国革命问题和探索符合中国实际的社会主义建设道路，因而能够在文本和实践的互动中丰富和发展马克思主义。

第一，运用《共产党宣言》的社会基本矛盾运动原理论证中国实行共产主义的必然性。这主要表现在1922年周恩来撰写的《共产主义与中国》等论著中。马克思和恩格斯在《共产党宣言》第一章中分析了生产力和生产关系的矛盾运动，指出"资产阶级的灭亡和无产阶级的胜利是同样不可避免的"，周恩来将这一观点阐述为"社会上的经济

---

① 中共中央文献研究室编：《周恩来年谱(1949～1976)》下卷，中央文献出版社1997年版，第707页。

② 参见中共中央文献研究室编：《周恩来年谱(1949～1976)》下卷，中央文献出版社1997年版，第394页。

③ 习近平：《领导干部要爱读书读好书善读书》，载《学习时报》2009年5月18日。

④ 参见日一夫：《中共领袖与〈共产党宣言〉》，载《新湘评论》2011年第2期。

⑤ 习近平：《在中央党校建校80周年庆祝大会暨2013年春季学期开学典礼上的讲话》，载《人民日报》2013年3月3日。

制度多是随着生产力发达状况而变迁的"[①]。周恩来分析了西欧国家实现资本主义工业化的过程和条件，对比中国的情况，认为中国根本不具备独立发展民族资本主义的条件，"适应资本主义的方法来开发实业，其结果不仅使中国变为舶来品的销卖场，且会使中国各地布满了外国的资本家"，因此资本主义道路完全是一条使中国走向殖民化，使中国人民"困苦颠连，以致历劫难复"的"死路"。[②]

周恩来针对当时国内外流传的一种"共产主义不合乎中国国情"的论调，指出："共产主义果与中国无缘么？他能够解决世界的乱象，为什么中国不可以找他来作救时的良方？"[③]周恩来指出，由于中国在经济上受帝国主义控制，造成中国贫穷、实业不振和科学技术落后的境遇，中国只有通过"共产革命"，才能使民族振兴、国家富强。中国现在的经济形势"除去努力预备革命，实行共产革命外，实无法可解"，只此一途，才是"应着生产力发达的需要而加以顺势的变革"。[④] 因此，"我们当信共产主义的原理和阶级革命与无产阶级专政两大原则"[⑤]。在这里，周恩来实际上已经提出在资本主义时代落后国家可以不通过资本主义道路而走向社会主义的思想。这说明周恩来对马克思主义社会发展理论的理解是很深刻的。

第二，结合《共产党宣言》中阶级斗争原理和无产阶级政党理论，探寻中国革命的具体道路。马克思恩格斯认为："共产党人的最近目的是和其他一切无产阶级政党的最近目的一样的：使无产阶级形成为阶级，推翻资产阶级的统治，由无产阶级夺取政权。""共产党人为工人阶级的最近的目的和利益而斗争，但是他们在当前的运动中同时代表运动的未来。"[⑥]周恩来立足半殖民地半封建社会的国情，对中国革命基本问题作出辩证分析，这些探索主要表现在《革命救国论》《再论中国共产主义者之加入国民党问题》等论著中。比如，关于革命对象问题，周恩来认识到帝国主义是最大的仇敌，军阀是帝国主义的爪牙，"非内倒军阀，外倒国际帝国主义，不足以图存"[⑦]。关于革命动力问题，周恩来认识到无产阶级是最可靠的主力军，"要靠他携同农民、手工业工人督促小资产阶级、民族资产阶级不妥协地与敌人争斗，才能达到国民革命的真正目的——民族解放和民主政治的实现"[⑧]。关于领导力量问题，周恩来认识到共产党负有指导无产阶级、充当先驱的重要使命。

再如，关于革命前途问题，周恩来对三民主义和共产主义的关系、国民革命和阶级革命的关系、共产党和国民党的关系作了辩证分析，正确地阐述了民主革命以后还必须走社会主义革命的"两步走"策略，并强调"这些都是从马克思主义辩证法中辩证出

---

① 《周恩来早期文集》下卷，中央文献出版社、南开大学出版社 1998 年版，第 460 页。

② 《周恩来早期文集》下卷，中央文献出版社、南开大学出版社 1998 年版，第 458、459 页。

③ 《周恩来早期文集》下卷，中央文献出版社、南开大学出版社 1998 年版，第 457 页。

④ 《周恩来早期文集》下卷，中央文献出版社、南开大学出版社 1998 年版，第 461 页。

⑤ 《周恩来早期文集》下卷，中央文献出版社、南开大学出版社 1998 年版，第 451 页。

⑥ 《马克思恩格斯文集》第 2 卷，人民出版社 2009 年版，第 44、65 页。

⑦ 《周恩来早期文集》下卷，中央文献出版社、南开大学出版社 1998 年版，第 461 页。

⑧ 《周恩来选集》上卷，人民出版社 1980 年版，第 2 页。

来的”[①]。此外，周恩来特别注重革命武装的作用。他总结中国革命运动的教训和欧洲无产阶级革命的经验，提出了组织革命军队、以武装斗争夺取革命胜利的思想。在中国沦为半殖民地、列强干涉、军阀混战的局面下，“真正革命非要有极坚强有组织的革命军不可。没有革命军，军阀是打不倒的”[②]。在中国共产党成立初期，对于中国革命的这些基本问题，像周恩来这样运用马克思主义基本原理作过系统的、基本正确论述的，在党内也是十分难得的。

第三，结合《共产党宣言》中无产阶级斗争方法探求中国革命和建设的具体策略。以统一战线和思想改造为例。在《共产党宣言》中，马克思恩格斯提出组建无产阶级同盟军的思想，“共产党人到处都支持一切反对现存的社会制度和政治制度的革命运动”[③]。周恩来重视开展统一战线工作，他认为，“凡是具有革命新思想而不甘为列强奴隶军阀鹰犬的人，不论其属于何种派别，具有何种信仰，都应立即联合起来”[④]。而其中，“领导权的问题，是统一战线中最集中的一个问题”，并提出“领导权必须要用力量来争取”的著名论断。[⑤] 此外，周恩来结合革命斗争经验，创造性地运用了“又联合又斗争”思想，在新中国成立后进一步发展政治协商和多党合作等政策，丰富和发展了《共产党宣言》中无产阶级同盟军思想。

在思想改造方面，《共产党宣言》提出共产主义革命是“要同传统的观念实行最彻底的决裂”。周恩来则结合中国历史和实际指出，要对传统文化以及资产阶级文化进行辩证的否定，即“否定其反动的东西，同时吸收好的东西为我们所用”，“让这些东西像种子一样在中国土壤上扎下根，生长壮大，变为中国化的东西”。[⑥] 同时，周恩来认识到思想改造的长期性、艰巨性。“无产阶级和资产阶级生活在一个社会里，不能不受资产阶级思想意识和习惯势力的影响，而且还有封建的影响。所以，无产阶级、共产党要不断消除自己队伍中的非无产阶级思想影响，把旧的东西剔除掉”，但是“真正肃清旧思想残余，要在新的基础全部完成之后才有可能。思想问题、世界观问题要慢慢改进，不能急”。[⑦]

第四，结合《共产党宣言》中关于消灭私有制的论述，探索具有中国特色的社会改造和建设问题。马克思和恩格斯提出：“工人革命的第一步就是使无产阶级上升为统治阶级，争得民主。无产阶级将利用自己的政治统治，一步一步地夺取资产阶级的全部资本，把一切生产工具集中在国家即组织成为统治阶级的无产阶级手里，并且尽可能快地增加生产力的总量。”[⑧]这为周恩来坚持不能脱离生产力发展水平单纯地追求生产方式的变革提供了重要依据。周恩来认为，要“做到国家、集体、个人三兼顾，发挥

---

① 《周恩来早期文集》下卷，中央文献出版社、南开大学出版社 1998 年版，第 581 页。

② 《周恩来早期文集》下卷，中央文献出版社、南开大学出版社 1998 年版，第 485 页。

③ 《马克思恩格斯文集》第 2 卷，人民出版社 2009 年版，第 66 页。

④ 中共中央文献研究室编：《周恩来年谱(1898～1949)》，中央文献出版社 1998 年版，第 63 页。

⑤ 《周恩来统一战线文选》，人民出版社 1984 年版，第 105 页。

⑥ 《周恩来教育文选》，教育科学出版社 1984 年版，第 2、3 页。

⑦ 《周恩来选集》下卷，人民出版社 1984 年版，第 332 页。

⑧ 《马克思恩格斯选集》第 1 卷，人民出版社 2012 年版，第 421 页。

生产者的积极性，这样才能进一步发展生产”。“在革命未成功之前，我们只是个破坏，无所谓建设。革命成功后，生产的劳动阶级建立了强有力的政府，消灭了私有制度，集中了资本，公有了农田，重用世界上无[有]作用的科学家帮助无产者开发实业，振兴艺术，进而求生产力和消费力的均平配合。”①“要经过一个相当长的时期，使我们的国家健全地、有步骤地、不急躁地走向社会主义。”②

此外，周恩来也分析了私有者改造问题。周恩来曾提出：“在中国没有红色资产阶级，但有红色资本家。”③这不是周恩来个人的主观阐发，事实上《共产党宣言》中有这样论述：“无产阶级经历了各个不同的发展阶段”，“最后，在阶级斗争接近决战的时期……统治阶级中一小部分人脱离统治阶级而归附于革命的阶级，即掌握着未来的阶级。……现在资产阶级中也有一部分人，特别是已经提高到从理论上认识整个历史运动这一水平的一部分”。“这样，他们就不是维护他们目前的利益，而是维护他们将来的利益，他们就离开自己原来的立场，而站到无产阶级的立场上来。”④周恩来关于首先夺取政权，然后改变旧的所有制关系，进而大大发展生产力的见解以及关于“红色资本家”的设想，揭示了社会主义改造和建设的规律，体现了《共产党宣言》的基本精神，表明他对社会主义产生的历史条件和一般发展进程已经有了初步的科学理解和认识。

三、周恩来阅读《共产党宣言》的方法要点

周恩来在阅读《共产党宣言》等经典著作的过程中，强调要批判地学习和思考，要“审慎求真”，要实事求是地进行分析、评论，要坚持学用结合等，这些阅读方法对于理解和发展马克思主义具有重要的方法论意义。

第一，重视读原典、记笔记和做研讨，以加深对马克思主义文本的理解。周恩来非常重视阅读马克思主义原典，“信仰马克思学说的人，视马克思主义的著作为可重可贵，又何足怪？”⑤在旅欧期间，周恩来利用自己精通几国语言的有利条件和身处马克思主义发祥地的有利地位，比较系统地研读了包括列宁在内的经典作家的基本著作。除《共产党宣言》外，其他的著作如《法兰西内战》《国家与革命》等，在当时的中国共产党内是很少有人读过的。较之于国内许多领导人，周恩来较早较直接地接触到马克思主义原典，因此，也能系统、深入、全面地把握马克思主义的理论内容。

周恩来在阅读经典著作时注重做标注和记笔记，以便把握马克思主义的精髓。例如，在现在保存下的周恩来旅欧期间读过的英文版《卡尔·马克思的生平与教导》中，周恩来在马克思关于阶级斗争的三点新贡献下面用铅笔划了着重线；在阅读经典著作的时候，周恩来总是把要点标出，或写上眉批，有时候还记笔记，把书上的精彩段落抄下来。“总理看书是极其认真细致的……在书上逐字逐句划线还密密麻麻写了很多批

① 《周恩来早期文集》下卷，中央文献出版社、南开大学出版社1998年版，第462页。
② 《周恩来选集》下卷，人民出版社1984年版，第12页。
③ 朱晓明、甄小英：《周恩来统一战线思想与实践》，华文出版社2006年版，第190页。
④ 《马克思恩格斯文集》第2卷，人民出版社2009年版，第39、41、42页。
⑤ 《周恩来早期文集》下卷，中央文献出版社、南开大学出版社1998年版，第485页。

注。”“总理通读了苏联出版的政治经济学教科书，并结合中国实际，作了100多条读书笔记。”①做笔记和眉批的过程也是周恩来独立思考、批判接受的过程，在这一过程中，周恩来掌握住了无产阶级革命和建设的要点，领会到马克思主义的精髓。

周恩来还经常组织读书会和讨论会，在交流讨论中拓展对文本的理解。比如，在旅欧期间，周恩来组建了共产主义研究会，组织革命青年们阅读马克思主义书刊，用革命理论和十月革命的经验来武装团员和青年，并在思想教育的基础上发展团员。“党员们每星期举行三次讨论会，在马克思列宁主义思想指导下学习和讨论中国革命的各项问题。”②新中国成立后，周恩来也经常组织学习讨论活动，“总理唯一自己给自己封的‘官’就是西花厅的学习小组长……总理规定每两星期讨论一次”③。在知识分子改造问题上，周恩来也十分重视发挥研讨会的作用，要“按照自愿和联系业务的原则，规定一些必修的马克思列宁主义的基本课程，着重采取自学、夜大学、函授教学、科学研讨会等方法，来帮助知识分子学习理论”④。

第二，重视对文本的整体性阅读，以避免对马克思主义理论的肢解、误解甚至是曲解。周恩来强调对理论必须系统地学习和研究，如果只是东一点，西一点，这叫作“浮光掠影”，一知半解，算不得学问。为了达到这一点，周恩来将“加紧学习，抓住中心，宁精勿杂，宁专勿多”作为自我修养的首要准则。⑤ 从纵向上来看，这种整体性阅读表现为对文本的持续和多版本阅读。周恩来对经典著作的阅读贯穿一生，并且阅读了英文版、陈望道版、博古版等不同版本的《共产党宣言》，这种持续的对各种版本的比较阅读使得周恩来对《共产党宣言》的理解更加准确而深刻。

从横向上来看，周恩来总是把《共产党宣言》放入马克思主义经典文本群中，将不同文本联系起来进行整体式阅读，从而避免了对文本的断章取义式理解。例如，周恩来总是结合《资本论》等著作阅读《共产党宣言》，这就避免了将《共产党宣言》仅仅理解为阶级斗争学说。此外，周恩来对文本的整体性阅读还表现在始终将马克思主义视为一个整体。无论是狱中的演说还是开展革命和建设工作，周恩来始终将唯物史观、政治经济学和科学社会主义作为整体，以唯物辩证法作为方法论分析中国革命和建设的实际问题。《共产主义与中国》《革命救国论》等论著均体现了把唯物史观和阶级斗争等理论“打成一片”的整体视野。

第三，重视对文本的批判性阅读和实践运用，以丰富发展马克思主义基本原理。周恩来曾写过一副自勉联：“与有肝胆人共事，从无字句处读书。”“从无字句处读书”就是指要在学用结合上下功夫。因此，“单靠多读几本马列主义的书是不行的，问题在于实践。理论要同实践相结合才能真正解决问题，否则就是空话，于事无补”⑥。“凡理

① 程华：《周恩来和他的秘书们》，中国广播电视出版社1992年版，第51页。
② 程兆盛编：《周恩来人际交往实录》，江苏文艺出版社1993年版，第19页。
③ 程华：《周恩来和他的秘书们》，中国广播电视出版社1992年版，第52页。
④ 中央文献研究室编：《建国以来周恩来文稿》第13册，中央文献出版社2018年版，第36页。
⑤ 《周恩来选集》上卷，人民出版社1980年版，第125页。
⑥ 《周恩来统一战线文选》，人民出版社1984年版，第157页。

论上一知半解而又不懂实情的人，是易于走到反对派的。”[①]周恩来认为在阅读文本时，要“习作合一，要注意时间、空间和条件，使之配合适当，要注意检讨和整理，要有发现和创造”[②]。周恩来在认真学习马克思主义著作的同时，亲身考察西欧的工人运动，总结俄国十月革命的经验，写下了大量的革命论著，对唯物史观有了进一步深刻的认识和理解。

作为阅读主体，周恩来注重将文本中的原理运用于分析中国实际，反对教条主义地对待马克思主义。周恩来重视对文本的批判性阅读，“批判要有武器，就是要以马列主义、毛泽东思想这个武器来批判，这样才完全。……运用这个武器，要有个实践过程……要看做是一个不断学习、实践和发展的过程”[③]。正是基于这种阅读方法，周恩来提出：“我们当信共产主义的原理和阶级革命与无产阶级专政两大原则，而实行的手段则当因时制宜。”[④]“实行的手段当因时制宜”讲的就是要从中国的实际出发，从当时的时代背景着眼，就是要把马克思主义与中国的实际相结合。“周恩来同志注重把马克思主义基本原理同我国具体实际相结合……善于进行实事求是的理论思考和深刻阐释党的路线方针政策……为毛泽东思想的形成和发展作出了重要贡献，也为改革开放新时期我们党形成中国特色社会主义理论体系提供了重要思想启迪。”[⑤]事实上，周恩来对《共产党宣言》的阅读历程也是他将马克思主义运用于分析中国实际的过程。

从阅读史视角研究周恩来与《共产党宣言》，可以为分析马克思主义经典著作的传播提供纵深视角。习近平多次强调要认真研读经典著作，“读书学习是领导干部加强党性修养、坚定理想信念、提升精神境界的一个重要途径”[⑥]，要“原原本本学习和研读经典著作，努力把马克思主义哲学作为自己的看家本领”[⑦]。周恩来在对《共产党宣言》持续的、多版本阅读中，加深了对马克思主义基本原理的理解，确立并践行了共产主义理想信念，阅读《共产党宣言》是周恩来坚定理想信念的重要方法和常态机制。在阅读《共产党宣言》的过程中，周恩来总是带着问题意识，坚持有的放矢，在文本和实践结合的整体性视野中理解和运用马克思主义，避免了对文本的主观主义和教条主义理解。与此同时，周恩来重视对中国革命、改造和建设经验的系统总结，提炼出有学理性的新理论、概括出有规律性的新实践，在对实践经验理论化提升的过程中丰富发展了马克思主义基本原理，这也是马克思主义中国化的题中之义。

---

① 金冲及主编：《周恩来传》，中央文献出版社2011年版，第223页。

② 《周恩来选集》上卷，人民出版社1980年版，第125页。

③ 中央文献研究室科研部图书馆编：《周恩来人生纪实》(下)，中央文献出版社2011年版，第848页。

④ 《周恩来早期文集》下卷，中央文献出版社、南开大学出版社1998年版，第451页。

⑤ 习近平：《在纪念周恩来同志诞辰120周年座谈会上的讲话》，载《人民日报》2018年3月2日。

⑥ 习近平：《领导干部要爱读书读好书善读书》，载《学习时报》2009年5月18日。

⑦ 习近平：《推动全党学习和掌握历史唯物主义 更好认识规律更加能动地推进工作》，载《人民日报》2013年12月5日。

马克思对权力监督理论的把握、批判及超越

王天海　宋听松

(山东大学政治学与公共管理学院博士研究生)

权力是人类社会政治生活的中心，而对权力的监督与制约构成政治权力的实质性问题。马克思指出："问题就是公开的、无畏的、左右一切个人的时代声音。问题是时代的口号，是它表现自己精神状态的最实际的呼声。"①对人类政治文明发展史中的永久课题——权力监督——以马克思主义的视角展开对思想史的梳理和辨析，无疑具有理论价值和实践意义。洛克阐释了他两权分立的主张，其分权理论为卢梭深化和延展对权力的监督奠定理论基础。

在把握西方政治思想史家们关于权力监督思想的基础上，马克思深入政治权力的内部构成，在唯物史观的意义上指出权力监督体系的历史阶段性，通过对权力监督观的人民民主本质论阐释，超越性地重构了权力监督的国家学说。马克思对权力监督的批判性的发现，在现代性意义上开创了权力监督理论传统，也搭建了与现当代各种权力监督理论的对话平台。

一、理论发轫及发展：洛克、卢梭

虽然在古代希腊和古代罗马已经有权力制约的影子，比如在修昔底德、柏拉图、亚里士多德的著作中都有混合政体的思想，并且已经在古代城邦有了政治实践操作。在《伊利亚特》中，荷马阐释的正是一种类似混合政体的城邦体制：有一个君主式的首领阿伽门农，其权力受到长老们的制约，甚至还在某种程度上受到人民整体的牵制，其机构形式分别是长老议事会、军务会议和人民大会。② 但是，"以一种科学的态度和自由主义眼光来研究权力制约问题，严格说来，是从洛克开始的"③。也就是说，在现代政治哲学的视域中，洛克首先把权力监督问题提上了政治发展史的议程。洛克在其政治学名著《政府论》中经由与保王派代表人物菲尔默论战确立其分权学说。

洛克的政治理论与菲尔默南辕北辙，毫无通融之处。洛克大肆抨击菲尔默，与其

---

① 《马克思恩格斯全集》第40卷，人民出版社1982年版，第289～290页。

② 参见[英]安德鲁斯：《希腊僭主》，钟嵩译，商务印书馆1997年版，第7页。

③ [美]列奥·施特劳斯、约瑟夫·克罗波西：《政治哲学史》(下)，李润泽译，河北人民出版社1993年版，第179页。

达到势不两立的地步，在西方政治发展史上，菲尔默甚至被冠以“保守”“反动”“落后”“腐朽”之代名词（而在当时的现实政治中，洛克被保王派压迫得四处逃亡），“我把罗伯特·菲尔默爵士的〈先祖论〉一书拿到手里，怀着对一篇出版后轰动一时的论文所应有的期望，并全神贯注地把它从头到尾阅读了一遍。我不得不承认我非常惊异，因为在一本企图要为全人类设置锁链的书中……不管经过多么精心的锉磨，仍不过是一种恶劣的披戴物的人们，却不具有任何力量使他们束手就擒”①。菲尔默认为，俗世子民为表现真正基督徒的坚毅与谦逊，求得来世之赎罪与解脱，必须绝对服从君主的统治与管理，并在这殉道式的虔诚中获得超越与升华，达到甘之如饴的最高境界。

如何控制政府权力，约束掌握权力者，是人类社会普遍面临的问题。这个问题同样也困扰着洛克，接受了基督教教义的洛克反对菲尔默的“君权神授”论，认为“国家的职能并非创造或促进一种有德性的生活，而是要保护每个人的自然权利”②。政治权力的目的在于保障公民的个人权利，尤其是保障公民的生命、自由和财产权，主要通过对政治权力的分立和制约达此目的。这是弱化权力的扩张性以及维系权力之间平衡的有效方式。洛克认为：“专制者应受到抵抗。”③经验式的政治判断，对权力相对简单的分立，而非逻辑缜密的体系构建，成为洛克的标签。从这个角度看，洛克的政治理论阐释还停留在常识政治的层面，尚未达到政治逻辑圆融的境界，与中世纪神学家托马斯·阿奎那在逻辑论证上都存在明显差距，更遑论同时代因《利维坦》遭到误解的霍布斯。

洛克总体而言属于新兴的资产阶级范围，对封建主义施加于资产阶级的专制以及神权—皇权在现实政治中的结合相当不满，试图通过自己的政治努力在斯图亚特王朝的高层中谋得一席之地。然而由于自身政治力量的狭小，洛克在各大政治集团之间摇摆不定，既想从事社会活动获得巨大声望和优渥的政治地位，又担心过于激进的政治意见被归于他名下，从而导致他在现实政治中的颠沛流离和寄人篱下，甚至在波云诡谲的政治风云中丢掉性命。这似乎可以部分解释洛克在哲学上的含混以及政治理论逻辑论证上的缺陷。洛克作为政治活动家，敏锐地洞察了17世纪英国乃至欧洲大陆的诸多政治问题，“并煞费苦心地想把它们融合在一起加以解决”④。

卢梭与最负盛名的欧洲大陆的启蒙学者们之间有一条无法跨越的理论鸿沟，从独特的人生经历、衡量价值的尺度到对底层人群的独特发现和关注，再到理论建构和旨趣，无不与法国启蒙时代的政治理论家大相径庭。然而，卢梭秉持自然主义的论调，论著中流露出反现代性的倾向，与时髦的启蒙学说显得格格不入，在现实社会政治中屡遭排挤和挫折，一生艰难又坎坷。德国伟大的哲学家康德一生几乎从未离开家乡，却深受卢梭的影响，卧室中挂着一幅卢梭的画像。卢梭把对底层民众的同情和权利的吁

① [英]洛克：《政府论》上篇，瞿菊农、叶启芳译，商务印书馆2004年版，第3页。

② [美]列奥·施特劳斯：《自然权利与历史》，彭刚译，三联书店2003年版，第185页。

③ Deborah Baumgold,"Hobbes's and Locke's Contract Theries: Political not Metaphysical," *Critical Review of International Social and Political Philosophy*, Vol. 8, No. 3, 2005, p. 296.

④ [美]萨拜因：《政治学说史》，邓正来译，上海人民出版社2013年版，第223页。

求等道德和朴素的政治情感加以政治理论上的理想化努力很快就在康德的先验伦理学中得到热烈的回应。这也许是不拘一格的卢梭留给世界哲学的最大效价。

与洛克对现实政治的批驳不同,卢梭论述权力监督与制约的逻辑起点在于现代政治的政治性不足,政治秩序脆弱且险象环生,政治生态忽略爱国主义与宗教精神,听任低俗哲学和缺乏公共道德的艺术说教盛行于世。同时,卢梭"认为古代紧密结合的政治制度(他对此过于理想化)是最完美的政治形式","古代城邦,比如说斯巴达,由于其单纯、公共利益上的道德(或政治)、公民宗教、对艺术以及军事技术的合乎道德的使用,以及很少的极端个人主义与个人利益,才是真正的政治社会"。[①] 卢梭把公意(general will)作为其政治学说的核心内核,包含朴素的公民道德、传统的宗教信仰、强烈的爱国主义精神以及简单质朴的个人生活方式,在这样一种公共性的政治制度下,才能实现真实的政治、完整的社会和真正的个人。然而,卢梭秉持自然主义的论调,论著中流露出反现代性的倾向,与时髦的启蒙学说显得格格不入,在现实社会政治中屡遭排挤和挫折,一生艰难又坎坷。

政治生活的挤压和政治理想的遥不可及迫使激进的卢梭也在考虑如何制约现实政治中的强制权力。在卢梭看来,"一个政府的蜕化有两条一般的途径,即政府的收缩,或者国家的解体",而"国家解体的情况,可以通过两种方式出现。首先是君主不再按照法律管理国家而篡夺了主权权力。这时就产生了重大的变化;这时就不是政府在收缩,而是国家在收缩了"。[②] 虽然卢梭被人所熟知也是遭受误解最大的是主权者的理论(许多西方学者认为这为20世纪极权主义的肆虐提供了理论根源),但他也为主权者全能全知地位设定了限定条件,此种例外条件是因为主权者存在是得到全体人民的授权,是道德层面的优先性(在这里卢梭把道德置于法律之前),主权者只有在谋求公共善的时候才能存续,如果未根据公意通过的法律就实施的政治行为,就不是主权行为,无需得到全体民众的拥护,因而是无效的主权。

卢梭接着探讨如何制约主权者的越权行为,他认为首要的办法就是确立立法权的绝对地位,"立法权是国家的心脏……一个人可以麻木不仁地活着;但是一旦心脏停止了它的机能,则任何动物马上就会死掉"[③]。其次要确立混合政府制的更优地位,即对主权者施以行政权力的有层级的分权,有节制地弥补主权者由于绝对权威而产生的可能的失调和擅权。在卢梭看来,"人们还可以设立各种居间的行政官以防止这种不便,这些居间的行政官并不妨害政府的完整,而仅仅能起到平衡上述两种权力的作用并能维护他们相应的权利"[④]。第三,卢梭论述了保民官制的重要性,目的在于保护普通民众的私人权利不受强权力的侵害,其政治理论模型还是来自于卢梭倍加推崇的古罗马公民代表大会制度,却意外地为现代政治的权力监督体系提供了制度设计。从这个意

① [英]马克·戈尔迪、罗伯特·沃克勒主编:《剑桥十八世纪政治思想史》,刘北成、马万利、刘耀辉、唐科译,商务印书馆2017年版,第352、349页。

② [法]卢梭:《社会契约论》,何兆武译,商务印书馆2003年版,第108、110页。

③ [法]卢梭:《社会契约论》,何兆武译,商务印书馆2003年版,第113页。

④ [法]卢梭:《社会契约论》,何兆武译,商务印书馆2003年版,第99页。

义上说，政治发展史上的政治难题具有相通性，只是不同的社会和时代以不同的话语体系和表达形式表征出来，引发当代理论家新的争鸣和辨析。卢梭认为保民官制“或是在君主与人民之间，或是在君主与主权者之间，或者如果必要的话，同时是在这两方面之间，形成一种联系，也可以说是一个比例中项”①。

二、马克思的超越性：人的解放

如果权力监督体系按照洛克等人的政治设计与制度运行安排，那么政治权力制约的图景将呈现这样一种样貌：每个人将个人的权利让渡给公共社会，政府享有政治权力，并对公共性事务作出制度安排。政治架构会有专门的机构制约权力的运行。同时，道德教力也起着关键性的作用，与强制力量一同制约权力机关。应该说，西方思想家们的政治规划展现出诱人的吸引力，从表面上看解决了“绝对的权力导致绝对的腐败”的制度性难题，也为普通民众争取到了监督权力、制约权力的制度化通道和途径。但是，西方思想家们掩盖或者遮蔽了权力的真正来源与去向，而仅仅在资本主义制度内部进行权力的转换，其要旨只是针对普通民众的阶级统治。

马克思认为，洛克等人宣称近代国家为国家的普遍利益服务，同时也就是为公民服务这一论点异常荒谬。因为这个普遍利益只是统治阶级的普遍利益，国家本身已经成为被驱动的物品。这个原驱动力正是“资本”。“资本”导致了国家的异化，就导致了政治权力的异化，也就形成了异化的权力监督体系。马克思首先把异化理论运用于经济生活，尤其是对劳动概念的分析，提出了异化劳动含有四重规定性：人的劳动产品同人相异化；人的劳动活动同人相异化；人的类本质同人相异化；人同人相异化。人要重新占有自己创造和交换的物品，也就是“人的本质力量的体现”时，就必须废除私有制，建立真正的民主政治。马克思主义认为，政治生活就是经济生活的直接反映，经济生活中的异化现象同样存在于政治生活，国家作为现代性社会的必然产物，也无可避免地被资本侵蚀，从而产生异化现象。“国家是社会在一定发展阶段上的产物。国家是承认：这个社会陷入了不可解决的自我矛盾，分裂为不可调和的对立面而又无力摆脱这些对立面。而为了使这些对立面，这些经济利益互相冲突的阶级，不致在无谓的斗争中把自己和社会消灭，就需要一种表面上凌驾于社会之上的力量，这种力量应当缓冲冲突，把冲突保持在‘秩序’的范围以内；这种从社会中产生但又自居于社会之上并且日益同社会相异化的力量，就是国家。”②

在马克思看来，卢梭虽然大力宣扬古代城邦政治生活的道德优先性，否定代议制民主，强调回归古罗马的直接民主，也提出了古希腊公民大会的现代价值，提倡公民过一种道德的政治生活。但是，这些都掩盖不了公共利益和个体利益的绝对冲突性。这种矛盾来源于经济上的压迫，是资本主义政治制度根本无法解决的。任何政治制度只为占有生产资料的统治者服务，政治权力的设计就是为了保障这种压迫以强力的形式

① [法]卢梭：《社会契约论》，何兆武译，商务印书馆2003年版，第156页。

② 《马克思恩格斯选集》第4卷，人民出版社1972年版，第166页。

确立下来，而权力监督根本目的是为了保障权力更好地运行。

然而唯物史观启示我们，尽管马克思主义揭示了资产阶级民主、自由和平等诸价值的本质，并作了人类文明有史以来最深刻的政治批判，但我们无论如何不能采用一种反历史的视角看待近代西方政治思想家们政治观点以及为推动政治进步而开出的政治药方，因为相对于封建主义时期与前启蒙时代，洛克等人的政治制度设计及其对权力制约的构想已经在人类政治文明发展道路上迈出了一大步，其政治理想、政治追求和对个人权利的重视为今后的政治理论家和实践家们都提供了思想资源和思考空间。在马克思看来，资产阶级的政治权力运行架构有其历史合理性，民主制在缝合国家与社会的裂痕方面做出卓有成效的贡献。“民主制是国家制度一切形式的猜破了的哑谜。在这里，国家制度不仅就其本质说来是自在的，而且就其存在、就其现实性说来也日益趋向于自己的现实的基础、现实的人、现实的人民，并确定为人民自己的事情。”[①]马克思甚至认为，社会主义社会人民民主是在资本主义社会的政治权力体系的基础上发展而来的，“所以，在这里平等的权利按照原则仍然是资产阶级的法权”[②]。

在回答了政治权力的本源及其异化倾向的基础上，马克思主义开始深入现代性社会的内部，探究权力监督与制约的理论背景、现实途径以及实践意义。权力监督体系的理论背景和逻辑前提是国家权力体系要制度化即法治化，由符合人民根本利益的“良法”作公民权益的根本保障。这里“良法”就是马克思恩格斯曾提出的“真正的法律”。在马克思看来，真正的法律“是人民意志的自觉表现，应该同人民的意志一起产生并由人民的意志所创立”[③]，应该展示人本身的意志和力量，内在于人与人之间的关系中。马克思主张“在人民主权的基础上制定德国的宪法，消除德国现存制度中一切和人民主权的原则相抵触的东西”[④]，这表明，社会主义的权力监督首先体现的是人民的普遍意志，实现人民权利法治化，让权力监督体系在“真正的法律”框架内良性运转，展现人民权利的代表性和真实性。

在现实政治的层面，马克思认为，在代表社会全体成员共同利益的无产阶级掌握国家政权后，社会主义的人民普遍参与社会主义法律的制定和修订，并有制度化路径保证对政治权力使用的监督。政治权力要主动接受社会和人民的监督，真正地服务于社会与人民，而不是仅仅是少数人特权的“护身符”和“通行证”。马克思对《黑森宪法》大加赞赏：“没有哪一部宪法对执行机关的权限做过这样严格的限制，在更大程度上使政府从属于立法机关，并且给司法机关以如此广泛的监督权。”[⑤]马克思认为，国家的政治权力是人与人政治关系的产物，而普选制、罢免权和底薪制是人民监督政治权力运行的有效形式。普选制“把一切政治权力集中于人民代议机关之手”[⑥]。同时，人民

① 《马克思恩格斯全集》第3卷，人民出版社2002年版，第39页。
② 《马克思恩格斯选集》第3卷，人民出版社1972年版，第11页。
③ 《马克思恩格斯全集》第1卷，人民出版社1995年版，第349页。
④ 《马克思恩格斯全集》第5卷，人民出版社1958年版，第14页。
⑤ 《马克思恩格斯全集》第19卷，人民出版社2006年版，第16页。
⑥ 《马克思恩格斯选集》第4卷，人民出版社1995年版，第412页。

“应当以宣布它自己所有的代表和官吏毫无例外地可以随时撤换，来保证自己有可能防范他们”[①]。

与以往政治理论家最大的不同是，马克思主义不仅在理论上论证权力监督的可能性及可行性，而且通过政治实践对政治权力的制约予以总结并提出改进方案。马克思恩格斯结合巴黎公社的政权组织建设提出了权力监督的必要性及途径，从政治哲学的角度为以后的政治家们提供了权力监督与制约的政治镜像。为了保障政治权力始终掌握在人民手中，防止国家机关由人民公仆变为社会主人，必须要对掌握权力者进行监督，而社会对国家的监督，其本质就是人民群众通过法治化路径对公共性的政治权力和掌握权力者进行权力监督与制约。巴黎公社防止权力异化主要有两种途径：“为了防止国家和国家机关由社会公仆变成社会主人——这种现象在至今所有的国家中都是不可避免的——公社采取了两个可靠的办法。第一，它把行政、司法和国民教育方面的一切职位交给由普选选出的人担任，而且规定选举者可以随时撤换被选举者。第二，它对所有公职人员，不论职位高低，都只付给跟其他工人同样的工资。……这样，即使公社没有另外给代表机构的代表签发权限委托书，也能可靠地防止人们去追求升官发财了。”[②]在马克思看来，公社不仅仅是议会式的，而且应当是兼管立法和行政的工作机关，这样人民直接参与政治权力组织和管理，可将“公社的勤务员”纳入切实的监督之下。“公社是由巴黎各区通过普选选出的市政委员组成的。这些委员是负责任的，随时可以罢免。其中大多数自然都是工人或公认的工人阶级代表。公社是一个实干的而不是议会式的机构，它既是行政机关，同时也是立法机关。警察不再是中央政府的工具，他们立刻被免除了政治职能，而变为公社的负责任的、随时可以罢免的工作人员。所有其他各行政部门的官员也是一样……社会公职已不再是中央政府走卒们的私有物。不仅城市的管理，而且连先前由国家行使的全部创议权也都转归公社。”[③]

如果说以洛克、卢梭为代表的近代西方政治思想家将权力监督的思想纳入政治体系运行的理论坐标系，那么，马克思主义则将洛克等人的“权力监督无意识”以实践政治的面目全新出场。这一出场含有以下几个方面的理论转折和实践品格。

首先是问题根源的转换。马克思主义首次把局限在资产阶级政治体系内部的权力监督体系延伸到对政治权力的社会本源性和社会发展阶段的探究以及政治革命上。即以往的思想家只满足于“解释世界”，只满足在统治阶级内部政治改良上，仅仅是为了维护一小部分的利益而对国家机器进行权力内部角逐的政治游戏。马克思主义权力监督理论在考察人类社会历史与发展的理论厚度的基础上，深刻阐释了经济与政治的辩证关系，提出了以经济基础作为社会发展原动力的社会生产关系本体论，认为政治权力在社会要素中并不起首要作用，并有其作用的范围。“那些绝不依个人‘意志’

① 《马克思恩格斯全集》第22卷，人民出版社1965年版，第227页。

② 《马克思恩格斯全集》第22卷，人民出版社1965年版，第228页。

③ 《马克思恩格斯选集》第3卷，人民出版社1995年版，第55页。

为转移的个人的物质生活，即他们的相互的制约的生产方式和交往方式，是国家的现实基础，而且在一切还必须有分工和私有制的阶段上，都是完全不依个人的意志为转移的。这些现实的关系决不是国家政权创造出来的，相反地，它们本身就是国家政权的力量。”[①]既然政治权力有其运用限度，对权力的监督与制约也必须在限定的范围内衍生和展开。

其次，权力监督与制约的实质和目的是政治解放。近代西方政治文明的发展史是资本主义的发展史，就是资本的“释放史”，也就是人类政治文明和政治体系的“异化史”，具有贪婪性、吞噬性和毁灭性等特征。遵循洛克等人肇始的权力监督理论只能延缓资产阶级的行将就木，无法解决资本主义根本性危机，也就无法发挥权力监督的作用。但以马克思实践转向为开端的无产阶级政治权力学说，把“政治解放的逻辑”从西方权力监督理论中分离出来，确立起超越政治权力游戏的无产阶级政治解放，并将政治解放的现实意义挺立出来。未经政治解放的社会，起主导作用的是政治特权，是严苛的等级制度。洛克等人的政治工作是将神学特权改良成资本特权，延续人的抽象和异化性质，其本质还是极少数人享有对社会大多数人的物质生产资料的无偿占有权。马克思指出：“批判的武器当然不能代替武器的批判，物质的力量只能用物质力量来摧毁；但是理论一经掌握群众，也会变成物质力量。理论只要说服人，就能掌握群众。”[②]在马克思这里，只有通过暴力革命，彻底打碎资产阶级专制的国家机器，才能获得政治解放。“政治解放当然是一大进步；尽管它不是普遍的人的解放的最后形式，但在迄今为止的世界制度内，它是人的解放的最后形式。不言而喻，我们这里指的是现实的、实际的解放。”[③]在共产主义的政治理想中，国家作为社会历史发展的必经阶段必将消亡，而政治权力与其监督体系也必将消亡。

再次是唯物史观变革性地呈现社会的现代性。如果说洛克等政治思想家确立了现代性意义上权力监督的一般性观念，那么唯物史观则基于对资本主义本质的历史批判，批判性地彰显了现代性的丰富矛盾及其复杂性。政治权力的分配和分布是现代性政治社会主题之一，权力监督是政治权力体系的主题之一，而人在唯物史观意义上的自我确证以及在政治共同体中的自我实现正是现代性政治的本质所在。“任何解放都是使人的世界即各种关系回归于人自身。”[④]唯物史观把作为“类存在物”的人从等级制的桎梏中解放出来，作为公民享有各种政治权利。政治解放赋予了现代人公民权，公民对权力的监督也在法律保障的基本权利之列。政治解放当然是人类民主政治的一大飞跃性的进步，但只是作为人的解放的一个发展阶段，政治解放的目的就是人的解放。而实现人的解放才是现代性社会的最终归宿和完美形态。在实现人的解放即共产主义社会中，人从被私有财产的统治中解放出来，“现实的个人”取代了“抽象的个人”，人作为自身本质力量的确证不再受社会交往的产物(政治权力)的统治、支配和压

① 《马克思恩格斯全集》第3卷，人民出版社1960年版，第377～378页。

② 《马克思恩格斯选集》第1卷，人民出版社1972年版，第9页。

③ 《马克思恩格斯文集》第1卷，人民出版社2009年版，第32页。

④ 《马克思恩格斯文集》第1卷，人民出版社2009年版，第46页。

制，自由发展的个人与其他个体以及政治共同体的矛盾彻底消除。政治利益在政治权力运行中不起决定性作用，权力的监督与制约将失去其存在的政治和社会基础。马克思以天才般的洞察力敏锐地发现这一点，他对权力监督及其限度作出了批判性的解读，指明了其产生的根源、发展及其消亡，对权力监督理论和政治实践具有划时代的价值和意义。

三、马克思与现当代理论的批判性对话

在马克思主义政治哲学视域中有一点是很明确的，那就是将政治形态中的问题牢牢地与经济形态相勾连，将权力监督问题跳出国家与政治权力在单一的政治维度上被建构的窠臼，而是通过对商品经济发展到资本主义阶段特定情形的科学判断，揭示资本主义本质矛盾，经由破除了自我意识的政治革命主体的无产阶级，主动承担将主体意识与客观实践相统一的历史使命，从历史逻辑和现实关怀双重视角彰显了对以抽象个人权利为基础的自由的批判意义，从而达到人的政治解放及至人本身的解放，这样就实现了对启蒙时代和前现代性的彻底超越，因而把权力监督的问题带到现代性的政治中。与对马克思主义政治权力观的机械决定论解读相比较，马克思之后的思想家们围绕马克思开辟的政治权力观道路，站在现代人文社会科学的广袤视角，试图对马克思的权力监督与制约理论作出现代性的解读和延展。英国政治哲学家肯尼斯·米格诺就认为："今天我们将专制主义（连同独裁和极权）定义为一种政体。这会使古希腊人大为惊骇，因为希腊人的独特（也是他们的民族优越感）恰恰在于他们不同于那些听任专制主义统治的东方邻居。"①

作为公共选择理论创始人的美国经济学家布坎南从财政学的角度提出限制政治权力的重要性。在他看来，人类社会要约束政治权力，不仅是因为掌权者在道德上并不是高尚的，根本原因在于公权力者是贪婪的。"政府如何征税以及与此相关的政府如何花钱的问题，根本上说是个政治问题。"②布坎南坚持立宪主义传统，指出政府征税必须获得公民及其代议机构的同意，不然政府的征税就是不合法的，因为它侵犯了公民的财产权。为了确保政府的权力不被财政的方式滥用，国家的立法机构拥有像预算批准权等权力，来对政治权力进行制约，使其承担财政责任，其过程、结果和效果必须受到公民及其代议机构的控制、评价和监督。

除了权力监督权力和财政方式制约权力外，阿伦特则强调权力必须在透明的（或可见的）条件下运行。在阿伦特看来，公共性或公开性是政治领域的本质属性，而公开性就意味着透明性，要求政治权力必须在公众监督下运行。"公共意味着'向公众开放'，意味着'在观众面前运行'，与之相反，私人性意味着在有限的人际圈里说或做，极端地，就是秘密地说或做。"③然而，在现实政治中，权力往往是隐匿的，在不可见的状

---

① ［英］米诺格：《政治的历史与边界》，龚人译，译林出版社2008年版，第2～3页。

② ［美］彼得斯：《收税政治学：一种比较的视角》，郭为桂等译，江苏人民出版社2008年版，第2页。

③ Norberto Bobbio, *Democracy and Dictatorship*, Polity Press, 1988, p. 17.

态下运行。权力掌握者与其治理下的公众对权力运行存在信息不对称的现象。而不阳光的权力是神秘的、不可监督的、容易腐化的权力。为了使得权力受到监督，公共领域要和私人领域相区分，私人领域应保持其私密性，而公共领域应该为社会和公众获取政治权力信息提供便利性，在这里，古典政治哲学对阿伦特的影响显而易见。阿伦特试图从古希腊政治哲学中寻找理论资源来解决当代的政治问题。亚里士多德主义传统在阿伦特身上得到现代复活。尊重公民的隐私权就是不把人当作透明人来看待，而在公共性政治领域增加权力的透明性，正是在公开领域监督与制约权力的政治良方。

这样一些理论建构沿着西方政治思想家们开辟的分权学说，尝试从宏大的宏观政治学到以"个体"为起点的微观政治学理论视域转型，嵌入从传统政治学单一理论资源到社会学、经济学等多学科交叉视野的理论平台延展，力图从马克思主义经典作家们的经济决定论立场转向现当代政治立场。从某种角度看，的确是对马克思有关政治权力监督观点的某种僵化的理论质点和表述方式的批判，但却不足以构成对马克思主义政治权力观本身的否定。

一方面，马克思之后的西方政治思想家权力监督理论的合理之处正是注意到了唯物史观中长期被忽视的权力监督主体性视角，试图利用科学化和实证化的方法，彰显权力监督体系的复杂性和动态性，阐释监督主体和权力监督体系的张力关系。另一方面，他们无法正确区分影响权力监督的基础性和多样性要素的辩证关系，在物化层面寻找影响权力监督的决定性因素，把财政和技术因素归结为权力监督的最终动力，只能从否定经济必然性走向否定物质生产这个人类发展的一般性社会基础，并最终在本质上与唯物史观视域下的权力监督背道而驰，倒退为缺乏政治实践意义的抽象的精神鸦片。

总之，马克思主义权力监督观是对现代资本主义权力的认识、描述、分析和批判，但本质上是对现代性及后现代社会及其资本主义本质的政治批判；20世纪以来西方政治思想家话语体系中的当代社会还在马克思政治权力监督观展开政治性批判的理论视野和现实表征中，马克思主义权力监督观对现当代社会民主政治的推进依然有巨大启示作用。

“两个必然”与“两个决不会”的辩证统一

施光欣

(北京交通大学马克思主义学院博士研究生)

1848年，全世界无产阶级政党首个党纲——《共产党宣言》公开问世，标志着马克思主义的诞生。马克思、恩格斯通过对无产阶级的生活状况、资产阶级的统治基础以及资本主义社会的生产方式和交换方式的科学分析，在《共产党宣言》中鲜明提出“资产阶级的灭亡和无产阶级的胜利是同样不可避免的”①，深刻揭示资本主义灭亡和共产主义胜利的客观必然性，这就是著名的“两个必然”(或“两个不可避免”)。

1859年，马克思经过多年对政治经济学的潜心研究和对自由竞争资本主义的深入剖析，在《〈政治经济学批判〉序言》中明确提出了“两个决不会”：“无论哪一个社会形态，在它所能容纳的全部生产力发挥出来以前，是决不会灭亡的；而新的更高的生产关系，在它的物质存在条件在旧社会的胎胞里成熟以前，是决不会出现的。”②这既是对资本主义矛盾运动的深刻揭示，又是对当时欧洲工人革命斗争实践经验的科学总结。

“两个必然”(“两个不可避免”)和“两个决不会”不是彼此孤立的，两者既相互联系、相互影响，又相互区别、相互制约，应该结合起来加以把握。具体而言，要做到对“两个必然”(“两个不可避免”)和“两个决不会”两者关系的准确把握和深入理解，必须着眼于当下社会主义国家和资本主义国家的经济社会发展的实际情况，从同一性与斗争性的辩证统一、前进性与曲折性的辩证统一、普遍性与特殊性的辩证统一、现实性与可能性的辩证统一四个方面加以把握。

一、同一性与斗争性的辩证统一

一切事物、现象、事件都是对立面即矛盾的统一体，既相互肯定又相互否定，世界上绝不存在单一属性的物质。观察事物、分析问题必须坚持全局观念，坚决摒弃片面观点，既要看到同一又要看到斗争。无论是矛盾的同一性还是矛盾的斗争性，都推动着事物的运动、变化和发展，社会主义国家和资本主义国家之间的共处、协作、竞争、斗争体现着同一性与斗争性的辩证统一。

---

① 《马克思恩格斯选集》第1卷，人民出版社2012年版，第413页。

② 《马克思恩格斯选集》第2卷，人民出版社2012年版，第3页。

社会主义国家和资本主义国家之间的共处、协作、竞争、斗争具体表现在：第一，经济全球化进程加速。经济全球化是生产力高度发展的必然产物，反过来又推动了生产力的进一步发展，提供世界各国得以存在和发展的客观条件，拓展了商品、劳务、技术、资金等流动和配置的空间范围。一方面，经济全球化推动了世界范围内资源配置效率和国际分工协作水平的提高，促进了各国生产要素在全球范围内的流动，实现了国际贸易规模的迅速扩大。近年来，资本主义国家经济曲折复苏，贸易持续回暖，正在逐步走出金融危机。发展中国家尤其是中国经济表现亮眼，经济结构进一步优化，经济增长与资源环境不断协调，发展成果实行合理分配。另一方面，经济全球化背景下，各国共处、协作更加紧密，使得一国经济波动可能殃及他国，甚至影响世界经济稳定。资本主义国家依仗经济和科技上的优势，固守贸易保护主义，左右国际经济的规则制定，助推反全球化浪潮，加上全球经济治理滞后及发展失衡，使经济全球化的负面效应有所放大，对发展中国家的经济安全构成极大威胁。第二，世界多极化趋势加剧。多极化孕育于两极格局的演变之中，两极格局终结后，多极化发展趋势无论在全球或地区范围内，还是在政治、经济、文化、军事等领域都有新发展。世界正在形成若干个政治经济力量中心，美国、欧盟、英国、俄罗斯、中国、日本等大国和国际组织在国际社会中扮演着重要角色。世界出现多极化发展趋势，是时代进步的客观要求，符合各国人民的共同利益，但这并不意味着多极化格局业已形成，这一发展将是一个漫长曲折而又充满斗争的演变过程。单极与多极的矛盾、称霸与反霸的斗争，将成为相当长时期内国际竞争、斗争的焦点。美国的霸权主义和强权政治是多极化趋势发展的最大障碍，特别是特朗普上台以来，美国以单边主义挑战多边合作，围绕自身利益进行政策调整，退出《巴黎协定》、《全球移民协议》、“采掘业透明度倡议”、联合国教科文组织等，坚持军事优先并炫耀武力，抛弃“亚太再平衡”战略，刻意打造“印太战略”。第三，社会信息化领域加深。世界各国相互吸取有利于自身社会信息化进步的因素壮大和发展自己，更加关注科技含量、资源消耗、环境保护、人力资本等要素，以社会信息化的发展促进本国工业化、现代化、城镇化的发展。人工智能、清洁能源、虚拟现实、无人控制等新技术革命为世界经济与社会发展注入动力，对未来的影响不可估量。与此同时，网络安全威胁日益凸显，国家、地区、团体、个人的敏感信息存在外泄可能。世界各国为了应对这一风险，纷纷组建国家网络安全中心和信息空间作战部门。第四，文化多样化景图加强。文化多样化决定于各国的经济、政治、历史、地理等多种因素，既有内容和形式的差异，又有性质和功能的区别，具体表现为语言文字、宗教信仰、思想理论、文学艺术、民居建筑、风俗习惯等方面的各不相同。但是如果过分强调文化的差异与区别，可能导致荒谬错误的“文化冲突论”。应该遵循各国文化一律平等的原则，相互借鉴，求同存异，尊重文化多样化，共同促进人类文明的繁荣和发展。

二、前进性与曲折性的辩证统一

一切事物、现象、过程的运动、变化、发展都是前进性和曲折性的辩证统一，总趋势是前进的，道路是曲折的，在曲折中前进。新事物是旧事物的继承物、对立物、取代物、创新物，其发展不可能一帆风顺，需要经历一个曲折的发展过程。国际共产主义运动的兴起和社会主义的发展呈现出的前进性和曲折性，是符合人类社会发展规律的正常现象。

170 年前，马克思创立的唯物史观、剩余价值学说使社会主义从空想转变为科学。虽然 19 世纪末马克思主义遭遇了伯恩斯坦修正主义思潮的猛烈冲击，但是十月革命的炮声瓦解了传统的世界政治版图，使社会主义由理论转变为现实。社会主义的诞生，开辟了人类社会的新纪元。20 世纪中叶，社会主义制度越出一国的范围，形成了强大的社会主义阵营，极大地改变了二战后世界的面貌。虽然 20 世纪 80 年代末 90 年代初，东欧剧变、苏联解体的政治地震再次波及世界的每一个角落，国际共产主义运动遭受严重挫折，但是中国等社会主义国家全面实行改革开放，使社会主义迎来新的发展和辉煌。

"设想世界历史会一帆风顺、按部就班地向前发展，不会有时出现大幅度的跃退，那是不辩证、不科学的，在理论上是不正确的。"①一方面，任何社会制度都有其产生、发展和衰亡的历史，需要经历相当长的时间跨度。社会主义制度是人们创造性活动的产物，其发展不可能一帆风顺。社会主义发展中必然出现一系列新情况和新问题，人们需要进行更加艰苦的实践和探索，这一过程本身就是曲折的。另一方面，当代资本主义国家不断进行生产关系、上层建筑的自我调整，仍然能容纳其生产力的发展。20 世纪 50 年代以来，资本主义国家不断推进科技革命，大力实行凯恩斯主义，适当改善工人福利，重视加强社会保障，在一定程度上和一定范围内缓和了无产阶级和资产阶级的矛盾。但是必须认识到，"一些国家出现严重曲折，社会主义好像被削弱了，但人民经受锻炼，从中吸取教训，将促使社会主义向着更加健康的方向发展"②。一方面，社会主义国家不断克服束缚生产力发展的旧体制、旧机制和旧观念，一切从本国的资源禀赋、人力资本、产业基础和比较优势实际出发，积极促进人的自由全面发展，努力探索适合自身发展的新路径，使社会主义制度不断巩固和发展。另一方面，一直存在于资本主义国家经济、政治、文化、社会和生态领域的深刻矛盾必然导致人与人、人与自然、人与社会的激烈对抗，累积并深化资本主义的基本矛盾，不断出现诱发经济危机的可能性，影响并改变着资本主义发展的历史进程。

三、普遍性与特殊性的辩证统一

无论是自然界还是人类社会，都是以各种各样具有独一无二的、不可重复的特征的事物、现象和事件等形式而存在，但是所有的事物、现象和事件只是物质世界普遍联系的一个环节。事物、现象和事件的诸种特性和关系之间的共同性就表现在一般这个范畴之中。普遍性与特殊性的辩证统一反映着事物、现象和事件的特性、关系、联系和发展中的稳定性和变异性。

---

① 《列宁选集》第 2 卷，人民出版社 2012 年版，第 694 页。

② 《邓小平文选》第 3 卷，人民出版社 1993 年版，第 383 页。

科学社会主义基本原理同各国社会主义具体实践相结合是普遍性与特殊性的辩证统一的深刻反映。科学社会主义理论不是抽象的、僵化的教条，各国应根据本国的基本国情和所处的历史方位，把科学社会主义理论与本国社会主义实践相结合，处理好科学社会主义基本原理与本国社会主义具体实践的关系，努力探索适合本国的基本国情和适应所处的历史方位的革命、建设和改革道路。无论是十月革命的胜利和新民主主义革命的胜利，还是社会主义建设的进行和改革开放的深化，都是科学社会主义基本原理同世界各国社会主义具体实践的产物。反之，如果抽象僵化对待科学社会主义基本原理、照抄照搬他国社会主义模式或者背离抛弃科学社会主义，就可能要么走上封闭僵化的老路，要么走上改旗易帜的邪路，苏东剧变的严重挫折就是惨痛事例。

"中国特色社会主义是社会主义而不是其他什么主义"①，是科学社会主义理论普遍性和中国社会主义建设和改革特殊性的辩证统一，深刻根植中国大地，正确反映中国人民意愿，符合中国发展和时代进步的客观要求。"中国特色"，是中国与其他社会主义国家相区别的个性、特殊性，"社会主义"则是中国与其他社会主义国家相一致的共性、普遍性。一方面，不管中国的具体情况如何特殊，都必须坚持科学社会主义基本原理，坚持社会主义根本制度，坚持社会主义基本路线。"社会主义"深刻揭示了中国特色社会主义的理论渊源，准确定位了中国特色社会主义的政治性质，鲜明指出了中国特色社会主义的道路、理论、制度、文化的有机统一。另一方面，社会主义的一般存在于各国特色的个别之中，"中国特色"强调一切从中国的基本国情出发，注意把握中国的具体特点。中国是一个社会主义大国，又是一个发展中国家，当下中国最基本的国情是正处于并将长期处于社会主义初级阶段。既然社会主义初级阶段是中国最基本的国情，那么中国社会主要矛盾的演进以及中国社会主义建设和改革主要任务的确定都必须紧紧围绕着它而不是脱离它，都必须以它为依据而不是以别的什么为依据，都必须以它为前提而不是以别的什么为前提。党在社会主义初级阶段的基本路线和各项方针政策，就是把科学社会主义基本原理与中国社会主义具体实践相结合的结果。只有坚持基本路线不动摇，走自己的路，才能不断夺取中国特色社会主义伟大胜利。

四、现实性与可能性的辩证统一

事物、现象和事件的发展始终是一个现实性与可能性相互转化的过程，即在现实性基础上不断产生出可能性，可能性又不断转变为现实性的循环往复和不断前进。科学社会主义从理论到实践，从一国胜利到多国成功，从社会主义国家的改革开放探索到中国特色社会主义取得的全方位、开创性成就和实现的深层次、根本性变革，都是人类社会发展现实性与可能性相互转化的过程。

现实性与可能性相互转化的过程，在自然界中和在人类社会中是不尽相同的。在自然界中，现实性与可能性的相互转化完全是在一种无意识的过程中自发地实现的。

① 《习近平谈治国理政》，外文出版社2014年版，第22页。

而在人类社会中，现实性与可能性的相互转化既是自然历史的过程，也是人类自觉活动的过程。在社会主义制度下，具备着使建成共产主义社会可能性转变为现实性的必要条件，但是这些条件并不能自动推进共产主义的到来。“客观因素具备着这种变化的可能性，但实现这种可能性，就需要正确的方针和主观的努力。”[①]建成共产主义社会的可能性，只有在无产阶级政党的坚强领导下，通过全体人民的创造性实践活动才能实现，才能转变为现实性。

实现共产主义的远大目标为中国特色社会主义的伟大实践指明了前进方向，中国特色社会主义的伟大实践为实现共产主义的远大目标准备了必要条件。改革开放以来，特别是党的十八大以来，中国特色社会主义的伟大实践取得了全方位的、开创性的成就，实现了深层次的、根本性的变革，“解决了许多长期想解决而没有解决的难题，办成了许多过去想办而没有办成的大事”[②]。第一，中国特色社会主义的伟大实践扬弃了资本主义国家的经济运行体制机制，促进了生产力的跨越式发展，为实现“各尽所能，按需分配”的原则奠定物质技术基础。发展生产力是中国特色社会主义的伟大实践题中应有之义，生产力的高度发展能够为人的发展和社会的进步创造更加充分的物质条件。第二，中国特色社会主义的伟大实践提高了人们的科学文化素质和思想道德素质，为构建自由人联合体准备思想文化条件。中国特色社会主义的伟大实践可以让人人接受更加优质的教育，得到良好的社会训练，促进社会关系高度和谐，从而极大提高人们的思想觉悟和精神境界，使人们不断克服个人主义、拜金主义、享乐主义等错误思想，使社会主义核心价值体系真正内化于人们之心、外化于人们之行。第三，中国特色社会主义的伟大实践提倡践行不唯地域、不论出身、不求所有、不拘一格的人才理念，突出人才战略资源地位，为每个人自由全面发展提供必要前提。中国特色社会主义的伟大实践在经济、政治、文化、社会和生态领域的全面展开，使人们的各项权利不断得到保障和改善，尤其是高新技术的普及和使用大大缩短了人们的劳动时间，增加了人们的闲暇时间，为人们学习更多的科学文化知识、提高自身的综合素质和自由全面发展创造了有利条件。

“两个必然”与“两个决不会”的辩证统一，体现着鲜明的实践性、严密的科学性和彻底的革命性，是无产阶级及其政党认识世界和改造世界以及进行社会主义革命、建设和改革的强大思想武器。准确把握和深入理解“两个必然”与“两个决不会”的辩证统一，不仅有助于正确认识历史和人民选择马克思主义、选择中国共产党、选择社会主义道路、选择改革开放的深刻原因，而且有助于更加坚定社会主义必然战胜资本主义的理想信念，更有助于自觉投身到建设社会主义现代化强国、实现中华民族伟大复兴的伟大实践。

---

① 《毛泽东选集》第2卷，人民出版社1991年版，第487页。

② 习近平：《决胜全面建成小康社会 夺取新时代中国特色社会主义伟大胜利——在中国共产党第十九次全国代表大会上的报告》，载《人民日报》2017年10月28日。

准确理解列宁"社会主义"和"共产主义"的多重含义

杨贵颖　李心华

(山东大学马克思主义学院博士研究生)

值《共产党宣言》发表170周年、科学社会主义诞生一百七十周年之际，回顾学界关于"社会主义"和"共产主义"含义问题上，由于对列宁所使用的概念存有歧见而引起的争论，我们认为有必要对列宁"社会主义"和"共产主义"的多重含义，做一番认真的分析，对我们推进新时代中国特色社会主义建设事业、开启全面建设社会主义现代化强国的新征程，有重要的现实意义。

列宁区分了"社会主义"和"共产主义"，将马克思所说的"共产主义第一阶段"称为"社会主义"，共产主义高级阶段称为"共产主义"。1916年7月，列宁在《关于自决问题的争论总结》中，对"社会主义"和"共产主义"就已经作了区分。他在引用了马克思《哥达纲领批判》中提出的关于过渡时期的著名论断之后说："直到现在，这个真理对社会主义者说来，还是无可争辩的，而这个真理就包含着对国家的承认——直到胜利了的社会主义转变为完全的共产主义为止。"[①]如果说，这里的区分还不是十分清晰的话，那么，1917年4月，列宁在《无产阶级在我国革命中的任务》一文中，对"社会主义"和"共产主义"的区分则是非常明确的。他说："人类从资本主义只能直接过渡到社会主义，即过渡到生产资料公有和按每个人的劳动量分配产品。我们党看得更远些：社会主义必然会成长为共产主义，而在共产主义的旗帜上写的是：'各尽所能，按需分配。'"[②]在列宁看来，社会主义是直接从资本主义生长出来的，是新社会的初级形式和发展阶段；它的根本特征是：生产资料公有制和产品按劳分配原则。共产主义则是在社会主义的基础上发展起来的，是新社会的高级形式和发展阶段；它的根本特征是：生产资料公有制和产品按需分配原则。

应该指出的是，列宁虽然对"社会主义"和"共产主义"作了明确区分，但并不总是在固定意义上使用这两个概念。这就要求我们在阅读列宁著作时认真加以鉴别，搞清他在不同场合使用二者所赋予的不同含义，以免造成误解。

---

① 《列宁全集》第28卷，人民出版社1990年版，第19页。

② 《列宁选集》第3卷，人民出版社2012年版，第64页。

一、"社会主义"的多重含义

1."社会主义"指科学社会主义学说

1918年1月,列宁指出:"社会主义的伟大奠基人马克思和恩格斯,在几十年中考察了工人运动的发展和世界社会主义革命的成长,清楚地看到:从资本主义过渡到社会主义,需要经过长久的阵痛,经过长时期的无产阶级专政。"①1918年6月,列宁又指出:"科学社会主义的创始人马克思和恩格斯常常谈到从资本主义向社会主义的过渡必然会有的长久阵痛。"②在这两段话中,"社会主义的伟大奠基人"中的"社会主义"和"科学社会主义的创始人"中的"科学社会主义",指的都是科学社会主义学说;而"从资本主义过渡到社会主义"和"从资本主义向社会主义的过渡"中的"社会主义",指的则是社会主义社会。

2."社会主义"指社会主义社会

1920年4月,列宁指出:"要使社会主义取得胜利,只打倒资本家是不够的,还必须消灭无产阶级与农民之间的差别。……只要还存在着工人和农民,社会主义就还没有实现。"③1921年3月,列宁在会场上看见这样一条标语:"工农王国万世长存。"他批评说:"如果工农王国真的万世长存,那么也就永远不会有社会主义了,因为社会主义就是消灭阶级,而既然存在着工人和农民,也就存在着不同的阶级,因而也就不能有完全的社会主义。"④这两段话中的"社会主义",均指社会主义社会,而且从中可以看出,列宁所说的社会主义社会,是无阶级无国家的社会。

3."社会主义"指社会主义运动

1918年1月,列宁指出:"苏维埃共和国这个榜样将长期地摆在他们面前。我们的社会主义苏维埃共和国将作为国际社会主义的火炬,作为各国劳动群众的范例而稳固地屹立着。"⑤在这里,"社会主义苏维埃共和国"中的"社会主义",指的是社会主义性质;而"国际社会主义",指的则是国际社会主义运动。1920年7月,列宁指出:"有琼果主义和沙文主义情绪的英、美工人贵族是社会主义最危险的敌人,是第二国际最有力的支柱。"⑥这里的"社会主义",也是指社会主义运动。

4."社会主义"指社会主义革命

1915年8月,列宁在《论欧洲联邦口号》中指出:"经济和政治发展的不平衡是资本主义的绝对规律。由此就应得出结论:社会主义可能首先在少数甚至在单独一个资本主义国家内获得胜利。"⑦1916年8月,列宁在《无产阶级革命的军事纲领》中指出:

---

① 《列宁选集》第3卷,人民出版社2012年版,第416页。
② 《列宁选集》第3卷,人民出版社2012年版,第555页。
③ 《列宁全集》第38卷,人民出版社1986年版,第332页。
④ 《列宁全集》第41卷,人民出版社1986年版,第121页。
⑤ 《列宁选集》第3卷,人民出版社2012年版,第416页。
⑥ 《列宁选集》第4卷,人民出版社2012年版,第279页。
⑦ 《列宁选集》第2卷,人民出版社2012年版,第554页。

“在一国取得胜利的社会主义决不能一下子根本排除一切战争。”[①]这两段话中的“社会主义”指的都是社会主义革命，而且仅仅指无产阶级政治革命，即无产阶级推翻资产阶级、夺取政权的革命。因为在列宁看来，在社会主义社会里是不会有战争的，所以，“在一国取得胜利的社会主义决不能一下子根本排除一切战争”中的“社会主义”，指的不是社会主义社会，而是社会主义革命。

1916年9月，列宁指出：“没有民主，就不可能有社会主义，这包括两个意思：(1)无产阶级如果不通过争取民主的斗争为社会主义革命作好准备，它就不能实现这个革命；(2)胜利了的社会主义如果不实行充分的民主，就不能保持它所取得的胜利，并且引导人类走向国家的消亡。”[②]在这里，第一个“社会主义”指社会主义社会，第二个“社会主义”指社会主义革命。意思是说：胜利了的社会主义革命如果不实行充分的民主，就不能保持它所取得的胜利，并且引导人类走向社会主义社会。“国家的消亡”即社会主义社会的实现。

5.“社会主义”指社会主义社会的前提

1918年3月，列宁指出：“乐于吸取外国的好东西：苏维埃政权＋普鲁士的铁路秩序＋美国的技术和托拉斯组织＋美国的国民教育等等等等＋＋＝总和＝社会主义。”[③]这里的“社会主义”指的是社会主义社会的前提，包括政治前提——无产阶级专政，物质技术前提——高度发达的社会生产力和高度发达的科学技术。并不是说在社会主义社会里还有苏维埃政权和托拉斯组织等等。

1923年1月，列宁在《论合作社》中，列举了无产阶级掌握着国家政权、国家支配着一切大的生产资料等等条件之后，认为这就是通过“合作社来建成完全的社会主义社会所必需的一切”；同时，他又明确指出：“这还不是建成社会主义社会。”[④]因此，列宁所说的“这已是建成社会主义社会所必需而且足够的一切”，只是建成社会主义社会的政治前提。他在两个月后写成的《宁肯少些，但要好些》一文中明确指出：“我们的文明程度也还够不上直接向社会主义过渡，虽然我们已经具有这样做的政治前提。”[⑤]

6.“社会主义”指社会主义建设

1918年3月，列宁指出：“为了表明苏维埃政权要向社会主义过渡必须利用资产阶级知识分子的服务，我冒昧地说一句骤然听来似乎是奇谈怪论的话：学习社会主义，在很大程度上要向托拉斯的领导者学习，学习社会主义，要向资本主义最大的组织者学习。……当社会主义的组织工作提到日程上时，为了解决社会主义的实际任务，我们就必须吸收大批的资产阶级知识分子。”[⑥]在这里，除了“向社会主义过渡”中的“社会主义”指的是社会主义社会之外，其余几处的“社会主义”都是指社会主义建设。“学

① 《列宁选集》第2卷，人民出版社2012年版，第722页。
② 《列宁选集》第2卷，人民出版社2012年版，第782页。
③ 《列宁全集》第34卷，人民出版社1985年版，第520页。
④ 《列宁选集》第4卷，人民出版社2012年版，第768页。
⑤ 《列宁选集》第4卷，人民出版社2012年版，第796页。
⑥ 《列宁全集》第34卷，人民出版社1985年版，第128页。

习社会主义”，是指“学习社会主义建设”。

1922年11月，列宁说：“社会主义现在已经不是一个遥远将来，或者什么抽象图景，或者什么圣像的问题了。……我们把社会主义拖进了日常生活，我们应当弄清这一点。这就是我们当前的任务，这就是我们当今时代的任务。……不管这个任务是多么困难……只要我们大家共同努力，不是在明天，而是在几年之中，无论如何会解决这个任务，这样，新经济政策的俄国将变成社会主义的俄国。”①这里的“社会主义”也是指社会主义建设。列宁说过，新经济政策是从社会主义建设退到国家资本主义。② 他预计几年之后，实行国家资本主义的俄国将变成进行社会主义建设的俄国。并不是说在几年之中，俄国就建立了社会主义社会。

7.“社会主义”指社会主义具体制度

1918年4月，列宁在《苏维埃政权的当前任务》中指出：“一个社会主义政党能够做到大体上完成夺取政权和镇压剥削者的事业，能够做到直接着手管理任务，这在世界历史上是第一次。……这是一项最困难的任务，因为这是要用新的方式去建立千百万人生活的最深刻的经济的基础。这也是一项最能收效的任务，因为只有解决(大体上和基本上解决)这项任务以后，才可以说，俄国不仅成了苏维埃共和国，而且成了社会主义共和国。”③在这里，“社会主义共和国”指的是大体上和基本上建立起社会主义经济基础的共和国，即“用新的方式”建立起“千百万人生活的最深刻的经济的基础”的共和国。这样的共和国与只是建立了无产阶级专政的共和国——苏维埃共和国当然是有区别的，但是，不能把这里的“社会主义”理解为“社会主义社会”，而应理解为“社会主义经济制度”。因为在列宁看来，社会主义社会的建立，意味着国家的消亡，所以，只要还存在着“共和国”，就没有完全的社会主义社会。

列宁在《论合作社》中说：“在生产资料公有制的条件下，在无产阶级对资产阶级取得了阶级胜利的条件下，文明的合作社工作者的制度就是社会主义的制度。”④列宁在这里说的合作社仍然是“做买卖”的消费合作社。他将这种制度称为“社会主义的制度”，并不是说已是社会主义社会。就在此文中，列宁说：“目前我们应该特别加以支持的一种社会制度就是合作社制度，这一点我们现在必须认识到而且必须付诸行动。”⑤可见，他所说的“一种社会制度”——合作社制度只是具体制度，因为当时俄国并没有进入社会主义社会，甚至还没有全面开始社会主义改造。

8.“社会主义”指具有社会主义性质或方向的国家、政权、成分、因素、步骤等

1918年1月，列宁在《人民委员会工作报告》中说：“我并不抱幻想，我知道我们才开始进入向社会主义过渡的时期，我们还没有达到社会主义。但如果你们说我们的国家是社会主义的苏维埃共和国，那你们是正确的。”“我们甚至远没有结束从资本主义

---

① 《列宁选集》第4卷，人民出版社2012年版，第737～738页。

② 参见《列宁选集》第4卷，人民出版社2012年版，第609页。

③ 《列宁选集》第3卷，人民出版社2012年版，第477页。

④ 《列宁选集》第4卷，人民出版社2012年版，第771页。

⑤ 《列宁选集》第4卷，人民出版社2012年版，第769页。

到社会主义的过渡时期。我们从来没有幻想过，不靠国际无产阶级的帮助就能结束这个过渡时期。我们从来没有在这方面产生过错觉，我们知道，从资本主义到社会主义的这条道路，是多么艰难，但是我们必须说，我们的苏维埃共和国是社会主义的共和国，因为我们已经走上了这条道路，而这些话决不是空话。”①在这里，“向社会主义过渡”和“还没有达到社会主义”中的“社会主义”，指的是社会主义社会。而“社会主义的苏维埃共和国”和“社会主义的共和国”，指的则是走上社会主义道路的共和国，即从资本主义到社会主义的过渡时期中无产阶级专政的国家，亦即我们通常所说的社会主义国家。这是从性质和方向上而言的。列宁在一些场合说的“社会主义政党”“社会主义政权”和“社会主义军队”中的“社会主义”，也是从性质和方向上而言的。

1918年5月，列宁在《论“左派”幼稚性和小资产阶级性》中指出：“国家资本主义较之我们苏维埃共和国目前的情况，将是一个进步。如果国家资本主义在半年左右能在我国建立起来，那将是一个很大的胜利，那将极其可靠地保证社会主义一年以后在我国最终地巩固起来而立于不败之地。”②这里的“社会主义”，显然不是指社会主义社会或社会主义制度，而是指社会主义政权即苏维埃政权。1918年的“一年以后”就能在俄国最终地巩固起来而立于不败之地的“社会主义”，只能是社会主义性质的政权，而不会是社会主义经济制度，更不会是社会主义社会。就在这篇文章中，列宁列举了当时俄国社会经济结构中的五种成分：(1)农民自然经济；(2)小商品生产；(3)私人资本主义；(4)国家资本主义；(5)社会主义。③ 这里的“社会主义”，指的是社会经济结构中的社会主义成分，即公有制经济。

1921年10月，列宁指出：“不经过一个实行社会主义的计算和监督的时期，即使要走到共产主义的低级阶段也是不可能的。”④这就是说，在进入社会主义社会之前，必须有一个实行社会主义的计算和监督的时期。这里的“社会主义”，显然不是指社会主义社会，而是指具有社会主义因素。

1917年9月，列宁在《大难临头，出路何在?》中说：“社会主义无非是从国家资本主义垄断再向前跨进一步。换句话说，社会主义无非是变得有利于全体人民的国家资本主义垄断，就这一点来说，国家资本主义垄断也就不再是资本主义垄断了。”⑤这里说的“社会主义”，指的是走向社会主义的步骤。就在这段话的前面，列宁说：“真正革命民主国家中的国家垄断资本主义，必然会是走向社会主义的一个或一些步骤!”

二、理论界对列宁“社会主义”含义的诸多误解

理论界在阐述列宁社会主义思想时，对列宁著作中“社会主义”的含义存在着诸多误解。这种误解，发端于斯大林。列宁逝世以后，联共(布)党内发生了一场关于一国

---

① 《列宁选集》第3卷，人民出版社2012年版，第409页。
② 《列宁选集》第3卷，人民出版社2012年版，第521页。
③ 参见《列宁选集》第3卷，人民出版社2012年版，第522页。
④ 《列宁选集》第4卷，人民出版社2012年版，第574页。
⑤ 《列宁选集》第3卷，人民出版社2012年版，第265页。

社会主义问题的争论。在这场争论中，斯大林提出了"一国建成社会主义"论并进而提出了"一国建成共产主义"论。为了论证自己的观点，斯大林多次引用列宁的话以为佐证。1926 年 1 月，他在《论列宁主义的几个问题》中说：列宁在 1915 年 8 月《论欧洲联邦口号》中说的这句话——"'在本国组织了社会主义生产'是什么意思呢？这就是说，获得了胜利的那个国家的无产阶级，在夺得政权以后，能够而且应当在本国组织社会主义生产。'组织社会主义生产'又是什么意思呢？这就是建成社会主义社会"[①]。

此前，1924 年 5 月，斯大林在《论列宁主义基础》(第 1 版)中，就将"组织社会主义生产"理解为"建成社会主义社会"，并将其与"获得社会主义的最终胜利"等同看待，认为"为了组织社会主义生产"，"就必须有几个先进国家中无产者的共同努力"。为了建成社会主义社会，就必须有几个先进国家中无产者的共同努力，这是符合列宁思想的；但是"组织社会主义生产"就是"建成社会主义社会"，却违背了列宁的本意。列宁认为，一国可以组织社会主义生产，但是一国不能取得社会主义的最终胜利。他说："我们只有最后彻底地粉碎凭借技术和纪律的巨大力量支持的国际帝国主义，才能取得最终的胜利。而且我们只有同世界各国的工人一道才能取得胜利。"[②]那么，什么是"获得最终胜利"呢？"获得最终胜利，即完全组织起社会主义社会。"[③]实际上，列宁在《论欧洲联邦口号》中所说的在一个国家内获得胜利的无产阶级"剥夺了资本家并在本国组织了社会主义生产"，是指无产阶级利用国家政权的力量，夺取资本家的生产资料，建立国营企业，在生产资料公有制的基础上组织生产。这种生产的性质当然不是资本主义的，而是社会主义的；但这只是向社会主义社会的过渡，而不是社会主义社会的建成。斯大林将列宁所说的在过渡时期组织具有社会主义性质的生产，解释为建成完全的社会主义社会，从而误解了列宁的"一国社会主义革命胜利"论。

斯大林在批判反对派和论证自己的"一国建成"论时，引用了列宁在《论合作社》一文中所说的俄国具有"建成完全的社会主义社会所必需的一切"。然后，他说：列宁的话，"换句话说，我们能够而且应当建成完全的社会主义社会，因为我们拥有为建成这个社会所必需而且足够的一切"[④]。在这里，斯大林同样误解了列宁的思想。上文已述，列宁所说的俄国具有"建成完全的社会主义社会所必需的一切"，只是建成社会主义社会的政治前提。的确，俄国国内战争结束以后，列宁认为可以利用国际局势中出现的敌我双方都既没有取得胜利也没有遭到失败的"均势"，抓住"喘息"时机，积极发展生产，为社会主义奠定物质基础，争取建立社会主义的基本经济制度。但是，列宁并不认为俄国当时已经具备了建成社会主义社会的一切条件，俄国一国能够建成完全的社会主义社会。他认为，社会主义的真正的唯一的物质基础，就是同时也能改造农业的大机器工业，是社会化大生产。而这对于俄国来说，并不是短期内所能达到的。1921 年 3 月，列宁指出：大生产是不可能在旧的基础上恢复起来的，这至少需要几十

---

① 《斯大林选集》上卷，人民出版社 1979 年版，第 441 页。

② 《列宁全集》第 34 卷，人民出版社 1985 年版，第 219 页。

③ 《列宁选集》第 3 卷，人民出版社 2012 年版，第 793～794 页。

④ 《斯大林选集》上卷，人民出版社 1979 年版，第 442 页。

年，在我们这种遭受破坏的情况下，可能还要更长一些的时间。[①] 另外，列宁认为社会主义革命的最终胜利即完全组织起社会主义社会，至少需要几个先进国家无产者的共同努力。因此，列宁最终也未提出俄国一国能够建成社会主义社会的结论。

在我国，也不乏由于没有搞清列宁著作中“社会主义”的含义而误解列宁社会主义思想的例子。比如，有人著书批评列宁关于十月革命是社会主义革命的论断。他引用了列宁的话：“这次革命是社会主义革命。消灭土地私有制、实行工人监督和银行国有化，这一切都是导向社会主义的措施。这还不是社会主义，但这是引导我们大踏步地走向社会主义的措施。”然后，他说：“列宁所说的这次革命是社会主义革命，指这次革命是潜在意义上的社会主义革命，即认为这一革命在当时不是社会主义革命，但它具有某种潜在的作用，能够使革命进一步发展为社会主义革命。”“列宁判断当前革命的性质，着眼点在于革命潜在的作用，在于革命的‘导向’和‘引导’的意义。也就是说，他知道当时的革命不具有社会主义革命的性质，只是由于它具有潜在的作用，能‘导向’和‘引导’到社会主义革命，所以才称其为社会主义革命。”[②]在这里，该书作者明显混淆了“社会主义社会”和“社会主义革命”两个不同的概念，将列宁在这段话中所说的“社会主义”误解为社会主义革命。实际上，这里的“社会主义”是指社会主义社会。列宁认为，消灭土地私有制、实行工人监督和银行国有化，还不是建立了社会主义经济制度，进入了社会主义社会，但是，这一切都是导向社会主义社会的措施。社会主义革命胜利以后，实行导向社会主义社会的措施，这是完全符合历史规律的。而该书作者却认为，十月革命还不是社会主义革命，革命胜利后采取一系列导向社会主义革命的措施，才能走向社会主义革命。对于列宁“这次革命是社会主义革命”的明确判断，他则解释为：列宁在这里说的“社会主义革命”，不是本来意义上的、严格意义上的社会主义革命，而是“潜在的”社会主义革命，即这一革命的本身不是社会主义革命，但它具有某种潜在的作用，可以导向社会主义革命。[③] 这是对列宁社会主义思想的严重误解和曲解。

又如，有人著文批评“列宁晚年思想的局限”，列举了一系列“列宁思想的混乱”。“首先，从发展阶段看，列宁对这个问题的论述就出现了一些比较明显的混乱。例如，在《十月革命四周年》等文章中，列宁还多次正确地指出，在苏俄这样一个经济文化相当落后的小农国家里是不可能直接向社会主义过渡的，而必须采取以‘新经济政策’为内容的‘迂回过渡’的形式。……奇怪的是，列宁在共产国际第四次代表大会上却公开提出，苏俄当时已经是一个‘社会主义共和国了’。可见，列宁一方面反复强调在经济文化相当落后的俄国必须通过‘迂回方法’才能过渡到社会主义，另一方面又宣布苏俄已经是一个社会主义共和国，已经实行了社会主义，这显然是自相矛盾的。”[④]这是一个误读列宁的典型事例。

---

① 参见《列宁全集》第41卷，人民出版社1986年版，第22页。

② 俞良早：《关于列宁学说的论争》，中共中央党校出版社2006年版，第71页。

③ 参见俞良早：《关于列宁学说的论争》，中共中央党校出版社2006年版，第73页。

④ 刘文汇：《试论列宁晚年思想的局限》，载《南京师大学报(社会科学版)》2002年第2期。

上文已述，早在1918年1月，还不到“晚年”的列宁，就在《人民委员会工作报告》中对“社会主义国家”和“社会主义社会”作了区分。同年5月，他又在《论“左派”幼稚性和小资产阶级性》中说：“看来，还没有一个专心研究俄国经济问题的人否认过这种经济的过渡性质。看来，也没有一个共产主义者否认过社会主义苏维埃共和国这个名称是表明苏维埃政权有决心实现向社会主义的过渡，而决不是表明新的经济制度就是社会主义制度。”①可见，苏维埃共和国一成立列宁就认为它是社会主义共和国，并不像列宁的批评者所说的那样，列宁晚年在1922年11月的共产国际第四次代表大会上才认为苏俄是社会主义共和国。

实际上，列宁在这里使用的“社会主义国家”和“社会主义社会”是两个不同的概念。“社会主义国家”即无产阶级专政的国家。显然，十月革命胜利后建立的苏维埃共和国就是社会主义国家。而“社会主义社会”则是指建立了社会主义生产关系的社会制度。显然，当时的俄国社会还不是社会主义社会，而且离实现社会主义社会还远得很。我们如果读懂了列宁的有关著作，能够区分这两个不同的概念，就不会感到列宁“奇怪”了，更不会认为列宁思想“混乱”了。

三、“共产主义”的多重含义

1.“共产主义”指共产主义学说即马克思主义学说

1920年10月，列宁在《青年团的任务》一文中指出：“青年团和所有想走向共产主义的青年都应该学习共产主义。”②在这里，“走向共产主义”中的“共产主义”，指的是共产主义社会；而“学习共产主义”中的“共产主义”，指的则是共产主义学说即马克思主义学说。就在此文中，列宁指出：“主要由马克思创立的共产主义理论，共产主义科学，即马克思主义学说，已经……成为全世界千百万无产者的学说；他们已经运用这个学说在同资本主义作斗争。”③

1921年1月，列宁指出：“共产主义认为：无产阶级先锋队——共产党，领导非党的工人群众，启发、训练、教育、培养这些群众（共产主义的‘学校’），先是工人，然后是农民，以便使他们能够做到并且确实做到把全部国民经济的管理集中在自己手中。”④这里的“共产主义”，也是指共产主义学说和共产主义理论。

2.“共产主义”指共产主义运动

1919年11月，列宁《在全俄东部各民族共产党组织第二次代表大会上的报告》中说：“你们面临着全世界共产党人所没有遇到过的一个任务，就是你们必须以共产主义的一般理论和实践为依据，适应欧洲各国所没有的特殊条件，善于把这种理论和实践运用于主要群众是农民、需要解决的斗争任务不是反对资本而是反对中世纪残余这样

① 《列宁选集》第3卷，人民出版社2012年版，第521页。
② 《列宁选集》第4卷，人民出版社2012年版，第282页。
③ 《列宁选集》第4卷，人民出版社2012年版，第284页。
④ 《列宁全集》第40卷，人民出版社1986年版，第239页。

的条件。”[①]这里的“共产主义”，指的就是共产主义运动；落后国家共产党所依据的，必须是共产主义运动的一般理论和实践。

1921年3月，列宁说：在共产国际的影响和帮助下，各国都有了独立的、先进的政党，所以现在“共产主义已经成了工人运动的中心问题”[②]。这里的“共产主义”，指的也是共产主义运动；共产主义运动已成为国际工人运动的中心。

3.“共产主义”指整个共产主义社会(包括社会主义社会)

1917年8月，列宁在《国家与革命》中指出：“从向着共产主义发展的资本主义社会过渡到共产主义社会，非经过一个‘政治上的过渡时期’不可，而这个时期的国家只能是无产阶级的革命专政。”[③]这里的“共产主义”，就是指包括社会主义社会在内的整个共产主义社会。因为从资本主义社会只能直接向共产主义社会的第一阶段即社会主义社会过渡，而不能直接过渡到共产主义社会的高级阶段。按照马克思主义的观点，无产阶级专政的“过渡时期”，只存在于资本主义社会和社会主义社会之间；社会主义社会的完全建成，意味着无产阶级专政的消亡。

1919年10月，列宁指出：“在资本主义和共产主义之间有一个过渡时期，这在理论上是毫无疑义的。这个时期不能不兼有这两种社会经济机构的特点或特性。这个过渡时期不能不是衰亡着的资本主义与生长着的共产主义彼此斗争的时期，换句话说，就是已被打败但还未被消灭的资本主义和已经诞生但还非常幼弱的共产主义彼此斗争的时期。”[④]这里的“共产主义”，也是指整个共产主义社会；“生长着的共产主义”和“还非常幼弱的共产主义”，指的都是新生的社会主义因素。

1920年11月，列宁指出：“什么是共产主义？整个共产主义宣传归根到底要落实到实际指导国家建设。应该使工人群众把共产主义理解为自己的事业。……共产主义现在不再只是我们的纲领、理论和课题了，它已经是我们今天的实际建设事业了。”[⑤]这里的“共产主义”显然指包括社会主义社会在内的整个共产主义社会。否则，“共产主义”就不会成为当时俄国的“实际建设事业”。

4.“共产主义”即共产主义的高级阶段

1918年11月，列宁指出：“在到达完全的共产主义以前，任何形式都不是最终的。我们不敢说我们准确地知道道路怎样走。但是我们必然会确定不移地走向共产主义。”[⑥]在这里，“完全的共产主义”和“共产主义”，指的都是共产主义的高级阶段。

1919年12月，列宁指出：“所谓共产主义，是指这样一种制度，在这种制度下，人们习惯于履行社会义务而不需要特殊的强制机构，不拿报酬地为公共利益工作成为普

① 《列宁选集》第4卷，人民出版社2012年版，第79页。
② 《列宁全集》第41卷，人民出版社1986年版，第14页。
③ 《列宁选集》第3卷，人民出版社2012年版，第188页。
④ 《列宁选集》第4卷，人民出版社2012年版，第59页。
⑤ 《列宁选集》第4卷，人民出版社2012年版，第309页。
⑥ 《列宁全集》第35卷，人民出版社1985年版，第217页。

遍现象。”[①]这里的“共产主义”，显然指共产主义的高级阶段。

1921 年 10 月，列宁指出：“为了作好向共产主义过渡的准备(通过多年的工作来准备)，需要经过国家资本主义和社会主义这些过渡阶段。……在这个小农国家里先建立起牢固的桥梁，通过国家资本主义走向社会主义；否则你们就不能到达共产主义，否则你们就不能把千百万人引导到共产主义。”[②]这里的“共产主义”也是指共产主义的高级阶段。从中可以看出，列宁将无产阶级夺取政权后的社会发展分为三个阶段，即过渡时期、社会主义、共产主义。

5.“共产主义”指共产主义的第一阶段即社会主义

1919 年 3 月，列宁指出：“如果认为我们只用清白的共产党人的双手，不要资产阶级专家帮助，就能建成共产主义，那是一种幼稚的想法。”“我们现在需要实际地进行建设，而且不得不用敌人的手来建立共产主义社会。……我们应当把他们当作技术和文化人才来安排工作，以便保存他们，并使一个没有文化的野蛮的资本主义国家变为一个有文化的共产主义国家。”[③]这里所说的“共产主义”和“共产主义社会”，指的都是社会主义社会；“共产主义国家”，指的则是社会主义国家。建成作为共产主义高级阶段的“共产主义社会”，是不能也无须依靠资产阶级专家的。

1921 年 3 月，列宁指出：“毫无疑问，从资本主义向社会主义过渡可以有各种不同的形式，这要取决于国内是大资本主义关系占优势，还是小经济占优势。……如果一个国家大工业占优势，或者即使不占优势，但是十分发达，而且农业中的大生产也很发达，那么直接向共产主义过渡是可能的。没有这种条件，向共产主义过渡在经济上是不可能的。”[④]在这里，“共产主义”和“社会主义”是同一所指，即共产主义的第一阶段。因为从资本主义社会只能直接向社会主义社会过渡，而不能直接向共产主义社会过渡，即使这个国家的大工业和大农业都很发达。

1922 年 11 月，列宁指出：“这是可能的，因为向共产主义的过渡也可以通过国家资本主义，只要国家政权掌握在工人阶级手中。这正是‘我们现在的情况’。”[⑤]这里的“共产主义”也是指社会主义。因为通过国家资本主义只能过渡到社会主义而不能直接过渡到共产主义，即使国家政权掌握在工人阶级手中也是如此。

6.“共产主义”指社会主义的具体制度

1920 年 6 月，日本记者布施胜治问列宁：“您说过，从封建主义过渡到资本主义曾用了很多年，因而从资本主义过渡到社会主义也要用很多年。请问，这大约需要多长时间?”列宁答道：“确定期限是困难的；推翻旧制度要不了多少时间，但是，建立新制度，短时间内是不可能的。我们已着手实施工业和农业的电气化计划，没有电气化，共产主义制度是不可能实现的；而我们的电气化计划预定 10 年完成，如果情况非常顺利

---

① 《列宁选集》第 4 卷，人民出版社 2012 年版，第 91 页。

② 《列宁选集》第 4 卷，人民出版社 2012 年版，第 570 页。

③ 《列宁全集》第 36 卷，人民出版社 1985 年版，第 128～129 页。

④ 《列宁选集》第 4 卷，人民出版社 2012 年版，第 464 页。

⑤ 《列宁选集》第 4 卷，人民出版社 2012 年版，第 709 页。

的话。这就是我们建立新制度的最短期限。"[①]这里说的"建立新制度"，是指建立社会主义的基本经济制度即以公有制为基础的经济制度，而不是社会主义社会制度，更不是共产主义社会制度。列宁并不指望1920年以后的10年间，俄国就能建立共产主义制度。

1921年10月，列宁指出："你们要跟他们(指资本家)学会做经济工作。只有这样，你们才能够建成共产主义共和国。"[②]这里的"共产主义共和国"与上文提到的列宁在《苏维埃政权的当前任务》中所说的"社会主义共和国"是同一含义。它是指建立起社会主义经济基础的共和国，但没有建成社会主义社会，更没有建成共产主义社会。因为在列宁看来，社会主义社会的完全建成意味着国家的消亡；共产主义社会是不会存在"共和国"的。

7. "共产主义"指社会主义社会的前提

1920年12月，列宁指出："共产主义就是苏维埃政权加全国电气化。……只有当国家实现了电气化，为工业、农业和运输业打下了现代大工业的技术基础的时候，我们才能得到最后的胜利。"[③]这里的"共产主义"，既不是共产主义社会，也不是社会主义社会，而是社会主义社会的前提。

此前，1920年11月，列宁就指出："共产主义是以苏维埃政权这一能使被压迫群众完成各项事业的政治机构为前提的，否则共产主义便是不可想象的。……这是政治方面的保证，但是经济方面，只有当建立在现代技术基础上的大工业机器的一切脉络真正布满无产阶级的俄国时，才算有了保证，而这就意味着电气化。"[④]这里的"共产主义"是指社会主义；列宁在这里讲的实际上是社会主义社会的政治前提和经济前提——无产阶级政权和机器大工业。1922年3月，列宁在俄共(布)十一大的政治报告中指出：旧书本里"写的是资本主义制度下的国家资本主义，而没有一本书写到过共产主义制度下的国家资本主义。连马克思也没有想到要就这个问题写下片言只语，他没有留下任何明确的可供引用的文字和无可反驳的指示就去世了。因此现在我们必须自己来找出路"[⑤]。列宁在这里说的"共产主义制度下的国家资本主义"，既不是共产主义社会的国家资本主义，也不是社会主义社会的国家资本主义，而是社会主义社会的政治前提——无产阶级专政下的国家资本主义。就在这段话的下面，列宁指出："照所有经济著作解释，国家资本主义就是资本主义制度下由国家政权直接控制这些或那些资本主义企业的一种资本主义。但是我国是一个无产阶级国家……而我们的社会虽已脱离资本主义轨道，但还没有走上新轨道，不过领导这个国家的已不是资产阶级，而是无产阶级。……国家资本主义，就是我们能够加以限制、能够规定其范围的

---

① 《列宁全集》第39卷，人民出版社1986年版，第124～125页。
② 《列宁选集》第4卷，人民出版社2012年版，第584页。
③ 《列宁选集》第4卷，人民出版社2012年版，第364页。
④ 《列宁全集》第40卷，人民出版社1986年版，第31页。
⑤ 《列宁选集》第4卷，人民出版社2012年版，第670页。

资本主义。"[①]可见,列宁所说的"这种国家资本主义",就是"无产阶级国家"的"国家资本主义",即过渡时期的国家资本主义。列宁明确指出,俄国社会还没有走上社会主义轨道。学界有人据此认为列宁主张在社会主义社会发展国家资本主义,是一种严重的误解。

四、列宁对"共产主义社会"的认识与斯大林的误解

列宁使用的"共产主义"一词,其含义是灵活多变的。但是,列宁对于共产主义社会的认识,却始终坚持了马克思的基本观点。马克思在《哥达纲领批判》中,将共产主义社会分为"第一阶段"和"高级阶段"。"在共产主义社会高级阶段,在迫使个人奴隶般地服从分工的情形已经消失,从而脑力劳动和体力劳动的对立也随之消失之后;在劳动已经不仅仅是谋生的手段,而且本身成了生活的第一需要之后;在随着个人的全面发展,他们的生产力也增长起来,而集体财富的一切源泉都充分涌流之后——只有在那个时候,才能完全超出资产阶级权利的狭隘眼界,社会才能在自己的旗帜上写上:各尽所能,按需分配!"[②]在这里,马克思明确指出,在社会主义社会个人的全面发展得到一定程度的实现以后,社会才能进入共产主义阶段。而"个人的全面发展,只有到了外部世界对个人才能的实际发展所起的推动作用为个人本身所驾驭的时候,才不再是理想、职责等等"[③]。可见,共产主义社会,只有在社会主义社会充分发展的基础上才能得以实现。列宁十分清楚这一点。1920 年 4 月,他在《共产主义运动中的"左派"幼稚病》中指出:实现人的全面发展,是共产主义的目标,不过,要达到这个目标"需要经过许多岁月。如果目前就企图提前实现将来共产主义充分发展、完全巩固和形成、完全展开和成熟的时候才能实现的东西,这无异于叫四岁的小孩去学高等数学"[④]。对于俄国当时的国情,列宁认为:"我们在剥夺了地主和资本家以后,只获得了建立社会主义那些最初级形式的可能,但是这里还丝毫没有共产主义的东西。……这里社会主义的幼芽还很嫩弱。"[⑤]共产主义则是非常遥远的事情。因此,列宁非常谨慎地谈论共产主义的问题。1918 年 3 月,在俄共(布)第七次(紧急)代表大会上,列宁《就布哈林对关于党纲的决议的修正所作的发言》中说:"他希望论述一下充分发展了的社会主义社会,即共产主义。这里他有一些不确切的地方。我们目前是绝对主张要有国家的,至于说要论述国家不复存在的、充分发展了的社会主义,那只能谈谈那时将实现各尽所能、按需分配的原则,别的就什么也想不出来了。……要论述一下社会主义,我们办不到;达到完备形式的社会主义会是个什么样子——这我们不知道,也无法说。……要我们现在就知道完全建成的社会主义将是个什么样子,这我们不知道。……建设社

---

① 《列宁选集》第 4 卷,人民出版社 2012 年版,第 670 页。

② 《马克思恩格斯选集》第 3 卷,人民出版社 2012 年版,第 364～365 页。

③ 《马克思恩格斯全集》第 3 卷,人民出版社 1960 年版,第 330 页。

④ 《列宁选集》第 4 卷,人民出版社 2012 年版,第 159 页。

⑤ 《列宁选集》第 4 卷,人民出版社 2012 年版,第 92 页。

会主义的砖头现在还没有烧好。”[①]列宁认为：消灭阶级是社会主义的最终目的，但是“为了完全消灭阶级，不仅要推翻剥削者即地主和资本家，不仅要废除他们的所有制，而且要废除任何生产资料私有制，要消灭城乡之间、体力劳动者和脑力劳动者之间的差别。这是很长时期才能实现的事业”[②]。

总之，在列宁看来，要实现无阶级无国家，个人获得全面发展，物质财富和精神财富都充分涌流，实行各尽所能、按需分配原则的共产主义社会，是世界性的事业，要经过长期的多级的发展过程。列宁在《共产主义运动中的“左派”幼稚病》中指出：“从共产主义的观点来看，否定政党就意味着从资本主义崩溃的前夜（在德国）跳到共产主义的最高阶段而不是进到它的低级阶段和中级阶段。我们在俄国（推翻资产阶级后的第三年）还刚处在从资本主义向社会主义即向共产主义低级阶段过渡的最初阶段。”[③]在这里，他认为，在共产主义低级阶段和高级阶段之间，还有一个共产主义的中级阶段。可见，在列宁那里，社会主义是一个漫长的历史时期，而共产主义则需要社会主义的充分发展才能建立。因此，他最终也未提出共产主义的实际建设任务。但是，斯大林及其继承人却背离了列宁的思想，提出了“苏联一国共产主义”的理论。

1936年，斯大林在苏联刚刚基本完成生产资料所有制的社会主义改造之后，就在《关于苏联宪法草案》的报告中宣布：“我们苏联社会已经做到在基本上实现了社会主义，建立了社会主义制度，即实现了马克思主义者又称为共产主义第一阶段或低级阶段的制度。这就是说，我们已经基本上实现了共产主义第一阶段，即社会主义。”[④]他号召苏联工人阶级、农民阶级和知识分子，“去进行新的斗争，争取共产主义的新胜利”[⑤]。他把社会主义社会的起点当作社会主义社会的终点，提出了向共产主义社会过渡的任务。这就违背了列宁思想。1920年2月，列宁说：“怎样设想一个发达的社会主义社会，这也不困难。这也已经解决了。但是，怎样实际地从旧的、习惯了的、大家都熟悉的资本主义向新的、还没有产生的、没有牢固基础的社会主义过渡，却是一个最困难的任务。这一过渡搞得好也需要许多年。”[⑥]这就是说，列宁认为俄国完成社会主义改造，无论如何也是一个长期的过程。而苏联在生产力水平相对低下和民主制度尚不健全的情况下，违背列宁意愿，过早废除新经济政策，通过强制集体化和超速工业化的道路，基本完成了生产资料所有制的社会主义改造，这本来就犯了急躁冒进的错误。再加上斯大林并未认识到，这只是完成了建立社会主义的一小部分任务，而且是比较容易完成的任务。而社会主义的主要任务是消灭阶级包括工人阶级和农民阶级，实现人的全面发展。这个主要任务的完成，对于苏联来说，还是遥遥无期的事情。在这种情况下，提出建设共产主义社会的任务，显然是错误的。

---

① 《列宁全集》第34卷，人民出版社1985年版，第60～61页。

② 《列宁选集》第4卷，人民出版社2012年版，第11页。

③ 《列宁选集》第4卷，人民出版社2012年版，第154页。

④ 《斯大林选集》下卷，人民出版社1979年版，第399页。

⑤ 《斯大林选集》下卷，人民出版社1979年版，第419～420页。

⑥ 《列宁全集》第38卷，人民出版社1986年版，第113页。

1939年，斯大林在联共(布)十八大上说："我国现在是一个全新的社会主义国家，是历史上从未有过的国家……但是，发展过程不能就此停止。我们还要前进，向共产主义前进。那么我们的国家是不是在共产主义时期也要保存下来呢？是的，要保存下来，假如那时资本主义的包围尚未消灭，假如那时外来的武装侵犯危险尚未消除的话。"①在这里，斯大林提出了在资本主义的包围中苏联一国建成共产主义的问题，将马克思列宁主义关于社会主义胜利的理论推向了极端。"二战"结束以后，斯大林又提出，苏联一国的共产主义是完全可能的。1946年9月，他在《答亚历山大·沃斯先生问》中认为，"新战争"的实际危险并不存在，英、美等国已不能对苏联造成"资本主义包围"。他"无条件地相信"苏联和西方民主国家能够建立长期友好的合作，开展两种制度间的"友好竞赛"。他说：当苏联继续向共产主义迈进时，它同外部世界和平合作的可能性不仅不会减少，甚至能够增加，"'一个国家内的共产主义'，特别是在苏联这样的国家内，是完全可能的"。② 1952年，斯大林主持召开的苏共十九大又提出：建成共产主义社会已成为苏联各族人民的实际任务了。

斯大林的"一国共产主义"论，给国际共产主义运动造成了相当消极的影响。由于它否定马克思列宁主义关于"共产主义的胜利只能是世界性的胜利"的正确结论，陷入乌托邦式的空想，所以导致苏联和其他社会主义国家出现一系列左倾冒进的错误。1961年，赫鲁晓夫在苏共二十二大上宣称，苏联将在20年内基本建成共产主义社会。还在1958年，《中共中央关于在农村建立人民公社问题的决议》就指出："共产主义在我国的实现，已经不是什么遥远将来的事情了。"这些错误带来了严重后果，不仅未能加速共产主义的到来，反而阻碍甚至破坏了社会的进步。这是一个极其沉痛的历史教训。

五、结语

列宁使用的"社会主义"一词，其含义是灵活多变的。但是，列宁关于社会主义的基本原则却是始终不变的。对于社会主义社会，他认为，社会主义社会就是实现全部生产资料社会所有制，实行按劳分配的产品分配原则，无阶级、无国家的社会。对于社会主义的前提，他认为，社会主义的政治前提是建立在民主制度基础上的无产阶级专政，社会主义的物质技术前提是同时也能改造农业的大机器工业和高度发达的科学技术。对于社会主义的进程，他认为，无产阶级政治革命可以在一国首先取得胜利，建立无产阶级专政，并在此基础上开始社会革命，进行社会主义改造，开展社会主义建设，建立社会主义的基本经济制度和基本政治制度，但是，一国不能建成完全的社会主义社会；要取得社会主义的最终胜利即完全组织起社会主义社会，则至少需要几个先进国家无产者的共同努力。对于社会主义道路，他认为，一切民族都将走向社会主义，这是不可避免的，但是一切民族的走法却不会完全一样；世界上不存在同一的、固定的社

① 《斯大林选集》下卷，人民出版社1979年版，第471页。

② 《斯大林文集》，人民出版社1985年版，第510页。

会主义模式。对于社会主义的前途，他认为，随着社会主义民主的充分发展，随着社会物质财富的极大丰富和人们精神觉悟的极大提高，社会主义社会终将进入"各尽所能，按需分配"的共产主义社会，这是历史发展的客观规律，是任何人都抗拒不了的。

我们应该准确理解列宁"共产主义"的多重含义，明确共产主义社会是人类最高级最美好的社会制度，是我们的最高理想，是我们的初心和使命。同时，我们还要清醒地认识到，共产主义是在社会主义充分发展的基础上建立起来的，它的实现是一个漫长的艰难的历史过程，需要整个人类为之共同奋斗。1992年，邓小平在南方谈话中指出："我们搞社会主义才几十年，还处在初级阶段。巩固和发展社会主义制度，还需要一个很长的历史阶段，需要我们几代人、十几代人，甚至几十代人坚持不懈地努力奋斗，决不能掉以轻心。"①

在21世纪，世界社会主义运动处于低潮行进中，"科学社会主义在二十一世纪的中国焕发出强大生机活力，在世界上高高举起了中国特色社会主义伟大旗帜"②。中国共产党人在世界东方的大国另辟蹊径，开创了一条中国特色社会主义道路，为世界人民描绘出一幅科学社会主义的壮丽图景。"对马克思主义的信仰，对社会主义和共产主义的信念，是共产党人的政治灵魂，是共产党人经受住任何考验的精神支柱。"③党的十九大确立了习近平新时代中国特色社会主义思想的指导地位，开辟了马克思主义新境界，为发展中国家探索合乎自身实际的发展道路提供了中国智慧和中国方案。

但是，我们也要牢记："我国仍处于并将长期处于社会主义初级阶段的基本国情没有变，我国是世界最大发展中国家的国际地位没有变。"④离建成社会主义社会还要走更长的路，我们要立足中国特色社会主义进入新时代的新的历史方位，解决好"人民日益增长的美好生活需要和不平衡不充分的发展之间的矛盾"，克服浮躁冒进情绪，再不可重犯"跑步进入共产主义"的错误。"全党要牢牢把握社会主义初级阶段这个基本国情，牢牢立足社会主义初级阶段这个最大实际，牢牢坚持党的基本路线这个党和国家的生命线、人民的幸福线，领导和团结全国各族人民，以经济建设为中心，坚持四项基本原则，坚持改革开放，自力更生，艰苦创业，为把我国建设成为富强民主文明和谐美丽的社会主义现代化强国而奋斗。"⑤让中国特色社会主义在21世纪为人类展现独特的东方魅力！

---

① 《邓小平文选》第3卷，人民出版社1993年版，第379～380页。

② 习近平：《决胜全面建成小康社会　夺取新时代中国特色社会主义伟大胜利——在中国共产党第十九次全国代表大会上的报告》，载《人民日报》2017年10月28日。

③ 胡锦涛：《坚定不移沿着中国特色社会主义道路前进　为全面建成小康社会而奋斗——在中国共产党第十八次全国代表大会上的报告》，载《人民日报》2012年11月8日。

④ 习近平：《决胜全面建成小康社会　夺取新时代中国特色社会主义伟大胜利——在中国共产党第十九次全国代表大会上的报告》，载《人民日报》2017年10月28日。

⑤ 习近平：《决胜全面建成小康社会　夺取新时代中国特色社会主义伟大胜利——在中国共产党第十九次全国代表大会上的报告》，载《人民日报》2017年10月28日。

专题二　新时代中国特色社会主义

习近平新时代中国特色社会主义思想对马克思主义的创造性运用

贾鹏飞

（上海交通大学马克思主义学院博士研究生）

党的十九大将习近平新时代中国特色社会主义思想确立为党必须长期坚持的指导思想。坚定不移推进全面从严治党，必须把思想建设作为党的基础性建设，坚持用习近平新时代中国特色社会主义思想武装全党。作为马克思主义中国化的最新理论成果，习近平新时代中国特色社会主义思想创造性地运用、丰富了马克思主义的立场观点方法。当前，把握习近平新时代中国特色社会主义思想的核心要义、精神实质和实践要求，最重要的是要理解其中蕴含的马克思主义立场观点方法。

一、习近平新时代中国特色社会主义思想对马克思主义基本立场的创造性运用

所谓立场，指的是人们认识事物和处理问题时所选择的出发点和所服务的对象。对于具有鲜明意识形态底蕴的理论体系而言，立场通常可以概括为理论立场与政治立场，前者揭示的是理论的起始点，即理论从何而起、如何形成的问题；后者直接回答的是理论为什么人服务的问题。对于马克思主义而言，由于解放无产阶级与解放全人类是同一个过程的两个方面，因而追求全人类解放的价值追求可归结为马克思主义的价值立场。这意味着，马克思主义基本立场是理论立场、政治立场、价值立场的统一。其中，政治立场是最根本的立场，它规定着理论立场的服务对象，价值立场作为政治立场的逻辑延伸，从属于政治立场。习近平新时代中国特色社会主义思想在坚持马克思主义基本立场的基础上，与时俱进地对其进行了发展。

习近平新时代中国特色社会主义思想的形成始于问题，坚持问题导向是其根本的理论立场。习近平指出，中国特色社会主义是改革开放以来党的全部理论和实践的主题。党的十八大以来，围绕新时代坚持和发展什么样的中国特色社会主义、怎样坚持和发展中国特色社会主义的时代课题，习近平始终坚持问题导向，直面制约我国长远发展的重大现实问题，通过艰辛的理论探索，形成了习近平新时代中国特色社会主义思想。具体来看，对社会主要矛盾的新判断既是基于我国发展不平衡不充分问题的考

虑，又是对人民群众渴望美好生活需要的回应；建立现代化经济体系，旨在适应经济增速放缓、经济结构优化升级、发展动力转换的经济新常态；强调党对一切工作的领导，目的在于夯实和巩固中国共产党的领导这一中国特色社会主义制度的最大优势；而把党的政治建设摆在首位，坚持党中央的权威和集中统一领导，是营造良好政治生态和增强党内团结的内在要求。

那么，坚持问题导向与马克思主义的理论立场有何联系呢？对这一问题的理解需要明确马克思主义的理论起点。马克思主义的理论起点并非自然界的物质，其理论逻辑也并非从物质出发发现了整个宇宙的规律，进而推演出社会历史领域的规律。实际上，马克思主义是将人的"物质活动"即实践作为观察世界的理论起点。从这一理论立场出发，客观世界是人们感性的对象性活动的产物，人的思维及其真理性只能由实践决定并加以检验，人们的物质活动与物质交往决定了人的本质的社会属性并实现了人的改变与环境改变的辩证统一。

事实上，坚持问题导向正是对实践观点的运用和发展。一方面，问题是由实践产生的。马克思认为："问题就是公开的、无畏的、左右一切个人的时代声音"，因而"真正的批判要分析的不是答案，而是问题"。[①] 而问题之所以能够成为"左右一切个人的时代声音"，原因在于问题的产生不是主观随意的，而是根植于人们客观实践活动中产生的各种矛盾，通过特定形式呈现出来的矛盾就是问题。这意味着，坚持实践就必须正视矛盾，而正视矛盾就必须正视问题。另一方面，坚持问题导向符合一切从实际出发的方法论要求。坚持实践的观点要求以事实为依据，一切从实际出发，立足于实践认识世界和改造世界。而"一切从实际出发"的"实际"，既包括对客观事实外显的情况状态的科学研判和自觉遵循，也包括对客观事实内在的矛盾关系及其运动规律的准确把握和积极作为。从根本上讲，一切从实际出发的核心要义就是从决定事情发展方向的关键问题、牵一发而动全身的问题出发。以问题作为开展一切工作的出发点，正是抓住了一切从实际出发的精髓。可见，坚持问题导向是坚持科学实践观的必然结果。[②]

人民立场是习近平新时代中国特色社会主义思想的根本政治立场，这与服务于无产阶级的马克思主义政治立场在本质上是一致的。在考察人类历史的起源时，马克思主义将现实的人视为历史的起点。从现实的人的物质生产实践出发，必然看到从事劳动生产的无产阶级的巨大力量。作为最先进和最革命的阶级，无产阶级既代表先进的生产力，又受剥削最为严重，只有通过暴力革命的形式夺取国家政权，消灭私有制，无产阶级才能实现真正解放。而共产党作为领导整个革命运动的先进政党，必须始终坚持"没有任何同整个无产阶级的利益不同的利益"[③]的政治原则，即坚持无产阶级的政治立场。

那么，人民立场究竟是如何继承与发展无产阶级政治立场的呢？马克思和恩格斯

---

① 《马克思恩格斯全集》第40卷，人民出版社1982年版，第289页。

② 参见李国泉：《习近平治国理政思想四题》，载《湖北社会科学》2017年第6期。

③ 《马克思恩格斯选集》第1卷，人民出版社2012年版，第413页。

认为无产阶级是人民的绝大多数，人民不仅包括无产阶级，还包括小农和小资产者等，但在使用"人民"这一概念时，马克思和恩格斯并没有抹杀它们之间的阶级差别。近代中国不同于西欧社会阶级关系的状况，决定了共产党人对无产阶级政治立场拓展的必要性和可能性。毛泽东立足于中国革命进程中的阶段性历史任务，在不同的时期赋予"人民"具体的历史的内涵，并将是否支持无产阶级的政治立场作为划分"人民"与否的共同依据，强调"我们是站在无产阶级的和人民大众的立场"①。然而，共产党成为执政党后，社会的主要矛盾已非阶级斗争。在社会主义市场经济的社会背景下，马克思主义语境中作为无产阶级主体的产业工人已非社会的主要成分，面对阶级构成更为繁多、阶级关系更为复杂的社会状况，习近平新时代中国特色社会主义思想以人民立场作为中国共产党的根本政治立场，能够更好地凝聚人心，扩大党执政的群众基础，保证共产党始终成为马克思主义执政党。但是，这并不意味着党不再站在无产阶级的政治立场，习近平多次援引党章强调："党除了工人阶级和最广大人民群众的利益，没有自己特殊的利益。"②

习近平新时代中国特色社会主义思想的人民立场不是抽象的，而是体现在各个方面。习近平反复强调要坚持、践行、落实好以人民为中心的发展思想。首先，立足于新时代社会主要矛盾的新判断，习近平强调必须以满足人民群众的新需求，作为党全部工作的出发点和落脚点。其次，人民指的是全部人民，必须坚持全民共享、全面共享，全面建成小康社会一个都不能少。再次，必须下大力气解决好发展不平衡不充分的问题，提高发展质量和效益，不断促进每一个人的全面发展。可见，习近平新时代中国特色社会主义思想的人民立场重在"全面"，强调将所有工作聚焦到涉及全体人民的全部领域，即以一种战略的眼光，从全局、长远和整体层面解决"民心是最大的政治"这个大问题。

在价值立场方面，这一思想仍然坚持人的解放的马克思主义价值追求，并在新的历史条件下推进了这一进程。马克思主义科学的实践观和无产阶级的政治立场，引导出其解放全人类的价值立场。在生产资料方面，资产阶级拥有绝对占有权而无产阶级一无所有；在阶级关系方面，资产阶级与无产阶级构成社会的两大阶级，二者呈现剥削与被剥削、压迫与被压迫的状况；在地域方面，不同民族、不同国家的无产阶级忍受着同样的资本压迫，无产阶级之间并无地域差异。正是由于无产阶级的阶级处境与一切民族的一切劳动人民相关联，因而无产阶级在解放自己的同时必然要解放全人类，无产阶级不实现全人类的解放就无法彻底解放自己。

然而，资本主义的持续发展与社会主义运动力量的相对弱小，使得人的解放进程更加曲折艰难，但这并不意味着解放全人类遥不可及。社会主义国家首先做好自己的事情，同样可以推动人的解放。习近平认为，共产主义并非看不到的未来，社会主义初级阶段与共产主义本质上是统一的，尽管时代条件和历史条件发生了深刻巨变，但如

① 《毛泽东选集》第3卷，人民出版社1991年版，第848页。

② 习近平：《在庆祝中国人民政治协商会议成立65周年大会上的讲话》，载《人民日报》2014年9月22日。

果从大跨度的历史视野来看，我们依然处在马克思主义所指明的历史时代。十九大报告中提出的“为人类进步事业而奋斗”，充分反映了党解放全人类的价值追求。可以说，习近平新时代中国特色社会主义思想起码在三个方面致力于新的时代背景下的人的解放：一是中国特色社会主义进入新时代，意味着科学社会主义在21世纪的中国焕发出强大生机活力。党的十八大以来，以习近平同志为核心的党中央始终坚持中国特色社会主义道路自信、制度自信、理论自信、文化自信，从战略层面整体推进中国特色社会主义纵深发展，充分彰显了中国特色社会主义的比较优势，对世界社会主义的发展产生巨大影响。二是在理论层面提出了发展21世纪马克思主义的新课题，旨在回答什么是人类社会发展规律及其如何实现这样的规律问题。改革开放以来中国特色社会主义取得的历史性成就，与当代资本主义暴露的深层次矛盾的强烈反差，为发展21世纪马克思主义提供了可能；而中国发展与世界的紧密联系、当代世界格局的快速演变所产生的一系列重大现实问题，迫切需要新的理论来更好地指导中国特色社会主义和人类社会的长远发展。三是“人类命运共同体”理念的提出及其实践，与马克思主义“自由人联合体”具有紧密联系。“人类命运共同体”提出要尊重不同国家的发展模式，推进全球治理体系的加速变革；在价值观层面则倡导“和平、发展、公平、正义、民主、自由”的共同价值，这说明“人类命运共同体”是对资本主义主导的传统不公正不合理国际秩序的纠偏，是对资本主义“普世价值”话语霸权的颠覆，就此而言，“人类命运共同体”是在新的时代条件下推进人类解放进程的必经阶段。①

二、习近平新时代中国特色社会主义思想对马克思主义核心观点的创造性运用

所谓观点，指的是人们在认识事物时形成的系统看法和理念。对于理论体系而言，它既包括核心观点，也包括基于核心观点形成的一系列相应的基本观点。核心观点是理论体系的硬核，它是对理论所要回答问题的根本性回应。马克思主义作为博大精深的理论体系，在其涉及的每一方面都有贡献，基于对“资本主义向何处去，工人运动向何处去”这一历史课题的根本解释，可以得出其核心观点，即生产力和生产关系、经济基础和上层建筑的矛盾运动，构成社会历史发展的动力。事实上，马克思主义揭示的历史规律，就是社会发展动力的规律。围绕这一核心观点，马克思主义揭示了社会存在决定社会意识、生产力在历史发展过程中起基础性作用等观点。习近平新时代中国特色社会主义思想在坚持运用马克思主义核心观点的基础上对其进行了拓展和深化，丰富了马克思主义核心观点的时代内涵。

习近平新时代中国特色社会主义思想阐发了对我国社会存在现状的新认识，作出了“中国特色社会主义进入新时代”的重大论断，明确了党和国家发展的新的历史方位。恩格斯曾经指出：“我们的理论不是教条，而是对包含着一连串互相衔接的阶段的

① 参见陈锡喜：《“人类命运共同体”视域下中国道路世界意义的再审视》，载《毛泽东邓小平理论研究》2017年第2期。

发展过程的阐明。”[①]这就是说，共产主义理想社会的实现不可能一蹴而就，必然要经历不同但前后联系紧密的历史阶段，而对社会发展阶段及其特点的准确历史定位决定了能否制定出符合这一阶段实际状况的发展战略。中国特色社会主义之所以能取得巨大的成就，一个重要的原因就在于党立足于社会主义初级阶段的基本国情和最大实际，走出了一条适合本国特点的中国特色社会主义道路。然而，社会主义初级阶段作为一个长时期的历史发展阶段，必然也会因发展程度、发展问题的差异呈现不同的阶段性特征。经过长时期的发展积累，我国在经济、科技、国防以及综合国力等方面取得了巨大成就，党和国家、人民、中华民族的面貌发生了深刻变化，中国特色社会主义进入了新时代。但是，这并不意味着我们已经超越了社会主义初级阶段的历史时期，因为我国总体上仍处于不发达的发展状态。实际上，“新时代”是对社会主义初级阶段不断发展变化的新特点的准确把握与精辟概括，对“新时代”的把握，关键是要深刻认识中国特色社会主义进入新的发展阶段。就此而言，习近平关于“中国特色社会主义进入新时代”的重大论断是对马克思主义的社会阶段理论和社会主义初级阶段理论的发展深化，其在现实层面提供了我国制定发展战略的总体依据。

同时，这一思想对社会存在的深化认识还体现在对我国社会主要矛盾的新判断。十九大报告指出，中国特色社会主义进入新时代，我国社会主要矛盾已经转化为人民日益增长的美好生活需要和不平衡不充分的发展之间的矛盾。在阐述社会存在的基本要素时，马克思主义揭示了“需要”的实践性和社会历史性。物质生活资料的再生产之所以是必然的，原因在于“已经得到满足的第一个需要本身、满足需要的活动和已经获得的为满足需要而用的工具又引起新的需要”[②]。这意味着，“新的需要”的产生是物质生产实践发展的结果，同时这种“新的需要”又是促成生产力发展的重要动力，因而“人类本性的发展规律”是“一旦满足了某一范围的需要，又会游离出、创造出新的需要”[③]。以往我国生产力很不发达的情况决定了人民群众的需要局限于物质生活层面，其所要解决的主要矛盾是改变社会生产的落后状态以满足这一需要。然而，中国特色社会主义进入了新时代，社会生产力水平的显著提高催生着人民群众美好生活需要的多样性，而制约满足新的需要的矛盾也由落后的社会生产转化为不平衡不充分的发展。可以说，关于社会主要矛盾转化的新论断是在中国特色社会主义进入新时代的历史背景下，对我国社会存在新情况新问题的精准定位，它为中国未来发展方向的选择、发展目标的制定奠定了科学具体的理论基础和实践基础。

坚持物质生产在社会生活中的基础性作用，习近平新时代中国特色社会主义思想从纵向和横向两个维度对此进行了发展。纵向地看，一定时期的生产力水平决定了一定时期的发展方式，一定时期的发展方式要适应新的生产力发展需要。从大的历史跨度来看，解放和发展生产力仍是社会主义初级阶段的主要任务，但新时代生产力水平

---

① 《马克思恩格斯选集》第4卷，人民出版社2012年版，第586页。

② 《马克思恩格斯选集》第1卷，人民出版社2012年版，第159页。

③ 《马克思恩格斯全集》第32卷，人民出版社1998年版，第223页。

的显著提升，迫切需要新的更为科学的发展方式。正如马克思所言："各种经济时代的区别，不在于生产什么，而在于怎样生产，用什么劳动资料生产。"①在坚持解放和发展生产力的前提下，习近平指出，制约当前我国生产力进一步发展的问题在于发展的不平衡性、不充分性，即我国发展的质量和效益有待提高，发展的动力有待增强，因此，必须坚持质量第一、效益优先，推动经济发展质量变革、效率变革、动力变革。这实际回答了新时代坚持和发展什么样的生产力、以怎样的方式更好地发展生产力的问题，使得解放和发展生产力的问题更加聚焦、深入。

横向地看，习近平关于"保护生态环境就是保护生产力，改善生态环境就是发展生产力"的重要论述同样深化了对生产力发展问题的认识。以往讲到生产力发展时，主要强调解放生产力和发展生产力，尽管我国生产力水平已经获得大幅提升，但由于长期未能认识和处理好经济发展与生态环境的关系，致使生态环境问题日益突出。针对这一问题，习近平在解放生产力、发展生产力的基础上提出了保护生产力的重要观点，强调"宁要绿水青山，不要金山银山，而且绿水青山就是金山银山"②。生产力之所以需要保护，有着深刻的原因。从自然界与人的关系来看，"自然界是人为了不致死亡而必须与之处于持续不断的交互作用过程的、人的身体"③，因而人与自然是生命共同体，对自然的破坏就是对生产力的破坏；从新时代人民群众对美好生活的需要来看，人民渴望更优美的生态环境，因而必须把不损害生态环境作为发展的底线。实际上，破坏生态环境对生态效益、社会效益的损害反过来会制约生产力的发展，而保护生产力的观念的提出从根本上说是对生产力发展方式反思和创新的结果。

习近平新时代中国特色社会主义思想强调从整体上考察社会基本矛盾及其运动，集中体现在全面深化改革的提出和推进当中。经济体制改革与生产关系的调整最为紧密，其核心问题是处理好政府和市场的关系，即"使市场在资源配置中起决定性作用和更好发挥政府作用"。之所以强调市场在资源配置中的决定性作用，原因在于政府对市场的不当干预制约了经济发展的活力。地方保护主义意味着统一的市场规则尚未建立、以不正当手段获取经济利益损害公平竞争的情况时有发生、市场壁垒的存在降低了资源配置的效率性和公平性。因此，健全社会主义市场经济体制必须遵循价值规律、竞争规律和供求规律决定资源配置这一市场经济的一般规律。在此前提下，习近平指出，中国经济发展面临的问题存在于供给和需求两侧，但问题的主要方面在供给侧。在供给侧一方，低端供给有余而中高端供给不足，无效供给有余而有效供给不足，这使得供给结构无法适应需求的灵活变化。不仅如此，供给侧还在一定程度上限制了土地、资本、技术等资源要素的自由流动，牵制了生产效率的进一步提升，为此，习近平强调，深化供给侧结构性改革必须把提高供给体系质量作为主攻方向，增强我国经济质量优势，提高全要素生产率。

---

① 马克思：《资本论》第1卷，人民出版社2004年版，第210页。

② 中共中央宣传部：《习近平总书记系列重要讲话读本》，学习出版社、人民出版社2016年版，第230页。

③ 《马克思恩格斯文集》第1卷，人民出版社2009年版，第161页。

在上层建筑的完善方面，习近平新时代中国特色社会主义思想不仅重视政治上层建筑的与时俱进，而且全方位推进意识形态工作的革新。全面深化改革涉及社会生活的各个领域，直接关涉人民群众的切身利益，这就要求在各项政策的决策之前和实施当中开展广泛协商，有效促进决策科学化和民主化，更好地回应人民群众的利益诉求。不仅如此，我国对各种所有制经济组织产权保护制度的进一步完善，保证了非公有制经济与公有制经济的平等地位，奠定了民主协商的稳固经济基础。为此，必须把推进协商民主广泛多层制度化发展作为政治体制改革的重要内容，构建程序合理、环节完整的协商民主体系，拓宽不同组织协商渠道，拓展不同领域协商形式。全面深化改革，必须坚持中国特色社会主义道路的正确方向，不能在根本性问题上犯颠覆性错误，同时也要最大限度地凝聚共识，形成全面推进改革的合力。正是基于这样的战略判断，习近平强调意识形态工作是党的一项极端重要的工作，意识形态工作的任务就是要巩固马克思主义在意识形态领域的指导地位，巩固全党全国人民团结奋斗的共同思想基础。针对所谓的“普世价值”，习近平强调中国自己的路不是由所谓的“普世”标准决定的；针对割裂改革开放前后30年的历史虚无主义，习近平辩证地言明二者在本质上的根本一致性。通过加强宣传工作领域、新闻舆论领域、网络空间领域、文艺工作领域以及哲学社会科学领域的意识形态工作，通过理想信念教育、中国梦宣传教育和社会主义核心价值观的培育践行，极大增强了社会主义意识形态的凝聚力。

三、习近平新时代中国特色社会主义思想对马克思主义根本方法的创造性运用

所谓方法，一般是指人们为了达成某种目的而采取的手段或方式，但哲学意义上的方法揭示的是人类思维的一般规律，提供的是如何认识自然界、人类社会和人的思维的普遍意义上的方法。马克思主义从科学的实践观出发，形成了认识世界的根本方法——唯物辩证法。习近平新时代中国特色社会主义思想结合唯物辩证法的三大规律和基本范畴，强调运用辩证思维、战略思维、历史思维、创新思维、底线思维，丰富拓展了马克思主义唯物辩证法的时代内容。

重视和运用辩证思维。习近平之所以多次强调要增强辩证思维能力，有着三方面的根据。从主观方面看，以形而上学的思维方式看待问题、以形而上学的工作方式处理问题的现象仍然不同程度地存在。从客观方面看，坚持和发展中国特色社会主义是一个涵盖政治经济文化社会生态党建各个领域的复杂系统工程，不可能仅仅依靠某一领域某一方面的改革就可实现，必须统一部署、突出重点、协调推进各方面的工作。从辩证思维自身的特点来看，它要求历史地、客观地、全面地看问题，可有效避免主观化、片面化、极端化的思维倾向。因此，必须坚持矛盾的普遍性和客观性原理，正视我们面临的许多重大挑战、重大风险、重大阻力、重大矛盾。必须科学把握主要矛盾和次要矛盾的关系，在抓主要矛盾的同时统筹全局，以“四个全面”战略布局带动“五位一体”总体布局；统筹伟大斗争、伟大事业、伟大梦想、伟大工程，并突显伟大工程的决定性作用；以党的政治建设为统领，全面推进思想建设、组织建设、作风建设、纪律建设。必须正确处理矛盾的主要方面和次要方面，做到两点论和重点论的统一，在市场经济改革

中坚持市场在资源配置中的决定性作用和更好地发挥政府作用；坚持以深化供给侧结构改革为主线，同时妥善处理需求侧的问题；在推进“两学一做”学习教育中以县处级领导干部为重点；等等。

强调和重视运用战略思维，从根本上、全局上、长远上把握事物发展的总体趋势和方向。战略思维主要体现在习近平关于战略定力、战略布局、战略安排、战略目标等重要观点的论述当中，而这是对唯物辩证法涉及的现象和本质、当前和长远、局部和全局基本范畴的当代运用和发展。唯物辩证法认为，现象和本质是辩证统一的，现象具有表面性、不确定性，本质具有相对稳定性，现象由本质所规定，在认识事物时应透过纷繁复杂的现象以把握事物的本质。这就要求在复杂深刻的国内外形势和艰巨繁重的改革发展任务中保持战略定力和战略自信。对此，习近平指出，全党要增强“四个自信”，保持政治定力，毫不动摇地坚持和发展中国特色社会主义；要提高党把方向、谋大局、定政策、促改革的能力和定力；要统筹国际国内两个大局，始终不渝地走和平发展道路。同时，战略思维要求着眼大局、放眼长远，站在时代发展的前沿和战略全局的高度、从时间和空间两个维度统领全局，谋划未来。习近平不仅明确了中国特色社会主义事业的战略布局是“四个全面”，而且在综合分析国内外发展形势和我国发展条件的基础上，提出新时代中国特色社会主义的战略安排，即从全面建成小康社会到基本实现现代化，再到全面建成社会主义现代化强国，这就从战略总体的层面规划了坚持和发展新时代中国特色社会主义的战略重点和战略步骤。

重视和运用历史思维。唯物辩证法揭示了联系的普遍性和客观性，认为联系既包括横向的与不同事物的空间联系，也包括纵向的与历史、未来的时间联系，这意味着，历史、现实、未来是相通的。历史是过去的现实，现实是未来的历史。因而以历史思维客观审视历史发展的进程，能够更好地把握历史规律，认清历史发展的趋势。习近平从社会主义发展史、中国历史和党史三个维度的交集中，论证了坚持和发展中国特色社会主义的历史必然性、坚持党的领导的历史必然性。从500年的世界社会主义发展史来看，尽管过程曲折坎坷，但这一历史性的运动并未沉寂，相反，中国特色社会主义进入新时代，有力地促进了社会主义的新发展。从近代以来的历史来看，实现中华民族的伟大复兴始终是国人的共同期盼，中国共产党领导中华民族实现了从站起来、富起来到强起来的伟大飞跃，使得我们今天比任何历史时期都更接近实现中华民族伟大复兴的目标。从中国共产党的历史来看，改革开放前后的两个历史时期尽管在建设社会主义的路线方针政策方面存在差异，但二者在本质上都是我们党领导人民进行社会主义建设的实践探索，都坚持社会主义方向和党的领导。总之，坚持历史思维，可以发现历史发展的进程是必然性和偶然性的辩证统一，必然性从总体上决定了历史发展的主题和方向，而偶然性则使历史呈现出丰富性。中国特色社会主义是实现国家富强、民族振兴、人民幸福的必由之路，而“历史已经并将继续证明，没有中国共产党的领导，民族复兴必然是空想”[①]。

高度重视并科学运用创新思维。习近平指出，面对复杂深刻的国内外形势，身处发展的重要战略机遇期，必须勇于变革、勇于创新，永不僵化、永不停滞。正如列宁所言：“马克思主义者必须考虑生动的实际生活，必须考虑现实的确切事实，而不应当抱住昨天的理论不放。”[②]习近平运用创新思维，来思考和部署建设现代化经济体系的问题。理念决定行动，创新居于五大发展理念的首要位置，是引领经济长远发展的核心理念。当前，要突破我国经济社会发展的瓶颈，解决经济发展中的深层次问题，根本的出路在于将创新理念贯穿到发展方向、发展方式和发展动力各个层面。建设现代化经济体系，还需要立足于我国经济发展方式转变、经济结构转型升级、增长动力转换同新一轮世界科技革命形成的历史交汇期，将创新这个引领发展的第一动力作为战略支撑，加快建设创新型国家，不断加强科技基础研究、基础应用研究和国家创新体系建设，充分激发科技创新的潜力和活力，培育经济发展新动力。进一步讲，建设现代化经济体系也要求不断加强创新能力开放与合作，推动形成海内外联动、东西双向互济的全面开放新格局。实际上，抓创新就是抓发展，谋创新就是谋未来。在新时代的历史条件下，唯有不断推进理论创新、实践创新、制度创新、文化创新以及其他各方面创新，才能紧跟时代，继往开来。

重视和运用底线思维。唯物辩证法指出，事物具有质和量两个属性，当量变积累到一定程度，事物就会发生根本的质变，而底线正是事物由量变到质变的边界。习近平多次强调，要善于运用底线思维，凡事从坏处准备，努力争取最好的结果。底线思维在不同的领域有不同的要求。在事关国家大局的政治问题上，必须划清底线、坚守底线，中国特色社会主义是社会主义而不是其他的什么主义，决不能在坚持社会主义方向这一根本性问题上出现颠覆性错误；发展和安全是党治国理政的一个重大原则，为了更好地维护国家主权利益、安全利益和发展利益，必须坚持总体国家安全观，坚决维护我国的政治安全、文化安全和意识形态安全。在坚持和完善党的领导问题上，必须把政治建设摆在首位，坚决维护党中央的权威，坚决服从党中央的集中统一领导，对于腐败问题，则要坚持无禁区、全覆盖和零容忍的态度加以惩治。在事关人民切身利益的问题上，必须兜住底线，大力推进精准扶贫、精准脱贫，坚持在发展中保障和改善民生；对于污染防治问题，则要完成生态保护红线划定工作，实行最严格的生态环境保护制度。实际上，唯物辩证法还揭示了现实性与可能性的对立统一，即事物一般包含相互矛盾的诸多可能性，在遵循客观条件的前提下，人的主观能动性能够在克服事物矛盾斗争中的消极可能性转化为现实性的过程中发挥重要作用，这意味着，底线思维从坏处准备着眼，并在此基础上对事物发展的诸多可能性和趋势进行预判，推动事物内部矛盾向积极的方面发展，不是被动应付，而是积极主动地作为。

---

① 习近平：《决胜全面建成小康社会　夺取新时代中国特色社会主义伟大胜利——在中国共产党第十九次全国代表大会上的报告》，载《人民日报》2017 年 10 月 28 日。

② 《列宁选集》第 3 卷，人民出版社 2012 年版，第 26 页。

新时代中国特色社会主义内涵的三重维度

李振东

（山东大学当代社会主义研究所博士研究生）

十九大报告相比于改革开放以来我们党的历次全国代表大会报告来说，有一个鲜明的特点，这就是它的积极外向的世界眼光。通过对1982年以来的八次代表大会报告进行词汇统计，可以发现，报告中“世界”的使用频次变化不大，但是“全球”“人类”的使用频次却呈直线上升趋势，从十二大报告中的0处到十九大报告中的40处，变动不可谓不大。而且，即便是单从报告内容来看，佐证这一特点的表述也是不一而足。比如“中国经济对世界经济增长贡献率”超过多少的提法，比如报告提出要“倡导构建人类命运共同体，促进全球治理体系变革”，又比如说中国特色社会主义进入新时代“为解决人类问题贡献了中国智慧和中国方案”，等等。应该说，我们学习领会十九大报告精神要关注到这种世界眼光，以此作为抓手，开拓认知视野，夯实理解厚度。

十九大报告彰显世界眼光的一个重要标志和视角就体现在，它首次在报告中指出了中国特色社会主义对世界社会主义的历史性意义，它也直白地总结到，中国特色社会主义进入新时代“意味着科学社会主义在二十一世纪的中国焕发出强大生机活力，在世界上高高举起了中国特色社会主义伟大旗帜”①。毋庸置疑，中国社会主义道路的选择、制度的确立、运动的发展，不论从理论还是从实践来说都是与世界社会主义紧密联系着。2013年1月5日，中共中央总书记习近平在新进中央委员会的委员、候补委员学习贯彻党的十八大精神研讨班上，就深刻阐明了世界社会主义500年发展的曲折历史，强调要把中国特色社会主义置于更广阔的世界社会主义视野，以此坚定理想信念，理解中国特色社会主义的发展。今天，我们学习领会党的十九大报告精神，无论如何也应该把握住世界社会主义这样一个视野。

不同的视野会有不同的收获。十九大报告明确地提出了“新时代中国特色社会主义”的概念，并从思想、基本方略、战略安排等方面进行了定位，回答了新时代我们坚持和发展什么样的中国特色社会主义，怎样坚持和发展中国特色社会主义。那

① 习近平：《决胜全面建成小康社会　夺取新时代中国特色社会主义伟大胜利——在中国共产党第十九次全国代表大会上的报告》，载《人民日报》2017年10月28日。

么试问：站在世界社会主义的高度，从这样一种宏观视野出发，新时代中国特色社会主义的定位是不是会更加清晰、更加深刻？事物的时空存在赋予了事物的三重面向，也即过去的面向、现时的面向、还有未来的面向。只有把握好这三重面向才能全面理解事物。世界社会主义视野下，新时代中国特色社会主义的定位也可以从这三个面向展开。

一、新时代中国特色社会主义的大时代定位

世界社会主义视野下新时代中国特色社会主义的现时面向要求我们对新时代中国特色社会主义有一个从微观到宏观的横向认知。也就是，新时代中国特色社会主义在当下的内涵外延如何。十九大报告对此主要从两个层面进行了阐释。

一是它指出“新时代中国特色社会主义”是指导实践的行动指南。在报告第二部分开篇便提出这样一个时代课题，即面临国内外形势变化和我国各项事业发展，必须从理论和实践结合上系统回答新时代坚持和发展什么样的中国特色社会主义、怎样坚持和发展中国特色社会主义，包括新时代坚持和发展中国特色社会主义的总目标、总任务、总体布局、战略布局和发展方向、发展方式、发展动力、战略步骤、外部条件、政治保证等基本问题。紧接着报告用八个“明确”和十四个基本方略详尽解答了新时代中国特色社会主义的总目标、总任务、总体布局等。

二是它指出“新时代中国特色社会主义”是中国特色社会主义理论体系的组成部分。报告以“习近平新时代中国特色社会主义思想”为内涵外延的表现形式，并从五个方面进行了思想的定位，即“新时代中国特色社会主义思想，是对马克思列宁主义、毛泽东思想、邓小平理论、‘三个代表’重要思想、科学发展观的继承和发展，是马克思主义中国化最新成果，是党和人民实践经验和集体智慧的结晶，是中国特色社会主义理论体系的重要组成部分，是全党全国人民为实现中华民族伟大复兴而奋斗的行动指南，必须长期坚持并不断发展”。其中，第一个“是”指的是它属于马克思开启的这样一个科学社会主义传统，第二个“是”指的是它属于毛泽东开启的这样一个马克思主义中国化传统，第三个“是”指的是它属于理论与实践相结合、逻辑与历史相统一的唯物史观传统，第四个“是”指的是它属于邓小平开启的改革开放传统，第五个“是”指的是它属于民族复兴中国梦这样一个传统。五个思想定位看似松散，但由远及近，实际上构成了一个延续的理论体系。

应该说，十九大报告的这两层定位意旨深远，只是还没有延展开来。从世界社会主义的视野来看，我们可以对新时代中国特色社会主义进行更宏观的定位。

（一）新时代中国特色社会主义在世界社会主义思想谱系中的定位

这就需要把握两点：一是新时代中国特色社会主义是社会主义，而不是资本主义。资本主义倾向于个人主义，偏爱个体自由；而社会主义倾向于集体主义，偏爱社会公平。两种不同的意识形态区隔决定了国家在制定与施行政策时的差异。比如资本主义强调土地的私有化，强调政府尽量避免对市场的干预，强调意识形态的多元；而社会

主义则与之相对。二是新时代中国特色社会主义是科学社会主义，而不是其他什么社会主义。科学社会主义在社会主义思想谱系中占据重要地位。它的思想基本特征可以概括为以下几点：目标上，坚持消灭剥削，达到共同富裕；经济上，坚持生产资料公有制(为主体)；政治上，坚持共产党的领导，以目标为导向；意识形态上，坚持集体主义，社会利益优先。新时代中国特色社会主义也秉持这些特征，这在十九大报告中也有所彰显。

(二)新时代中国特色社会主义在世界社会主义制度谱系中的定位

社会主义的制度类型是多样的。如果将声称或宪法明确规定为社会主义的国家包括在内，社会主义国家也算是枝繁叶茂。但是就我们国家对社会主义国家的认定标准(执政党是否为信奉科学社会主义的共产党，是否建立了一套公有制为基础的政治经济制度)来看，社会主义国家的制度谱系仍显单薄。目前，全世界共有130多个共产党，党员总数1亿有余。其中的社会主义国家“一大四小”，中国8900多万党员，越南400万，朝鲜300万，古巴100万，老挝10万，总计约9700万；资本主义世界近200个国家中大约一半没有共产党，现有的120多个共产党，党员总数约800万，党员超过10万人的共产党只有7个，即印度共产党、印度共产党(马)、法国共产党、日本共产党、巴西共产党、俄罗斯联邦共产党和尼泊尔共产党(联合马列)。新时代的中国共产党坚持民族复兴的历史使命，以新时代中国特色社会主义思想为行动指南，正是处于这样的社会主义制度谱系中。

(三)新时代中国特色社会主义在世界社会主义改革谱系中的定位

共产党执政国家的改革从没有中断，时代的发展要求改革的推进。中国共产党的十八大以来，“解决了许多长期想解决而没有解决的难题，办成了许多过去想办而没有办成的大事，推动党和国家事业发生历史性变革”[①]，中国特色社会主义进入新时代也算是如期而至。但是有一点需要注意，就是社会主义中国的改革并不是孤立的。1978年中国改革开放之前，不是没有国家进行社会主义改革，但是真正说改革进入快车道并能在苏东剧变之后还能够撑起社会主义一片蓝天的，就只有中国了。当前社会主义改革谱系中，“一大四小”的格局下，中国是改革的领航者。越南的改革举措被英国《经济学家》杂志认为是“中国模式”在南亚的翻版。自1986年越共六大提出“革新开放”以来，经济社会快速发展。2001年越共九大提出了发展“社会主义定向的市场经济”，到2015年11月越南国会通过了《全民公投法》，改革的力度之大不免让人担忧。老挝的革新政策在越南之后，老挝党七大也提出了以经济建设为中心，发展国家管理的市场经济。朝鲜的改革较晚，直到2012年才出台以农业改革为中心的“新经济改革措施”，开始下放经营管理权到企业，增设经济特区。古巴共产党的改革也有了一定效

---

① 习近平：《决胜全面建成小康社会　夺取新时代中国特色社会主义伟大胜利——在中国共产党第十九次全国代表大会上的报告》，载《人民日报》2017年10月28日。

果。2012 年古巴结束了领导干部终身制，实现了正常权力交接。

中国"新时代中国特色社会主义"的产生有着深刻的时代背景。这一背景不仅要着眼于我们自身，而且要关注到世界社会主义思想的、制度的、改革的谱系。只有如此，才能更深刻定位新时代中国特色社会主义，也才能够从更宏观的视野中汲取资源。

二、新时代中国特色社会主义的大历史定位

中国特色社会主义进入新时代不是一蹴而就的，它有历史的沉淀。所谓"观今宜鉴古，无古不成今"。而当我们把鉴古的视野推及科学社会主义的源头，将更能够体味新时代中国特色社会主义的来由与意义，这是一种大历史定位。在我们党的十九大报告中至少有三处判断为我们从历史的纵轴开启了定位新时代中国特色社会主义的大视野。

(一)新时代中国特色社会主义在民族复兴历史使命中的定位

报告的第二部分"新时代中国共产党的历史使命"以中华民族的伟大复兴为主线，讲述了一个伟大民族在鸦片战争后的悲惨命运，讲述了中国共产党人怎样临危受命从马克思列宁主义的科学真理中找出路，谱写复兴诗篇。这里，有两点要注意：一是理解新时代中国特色社会主义的历史背景要有使命意识。而这个使命意识延续了有一个多世纪。今天我们把它唤作"中国梦"。这是 2012 年习近平总书记正式提出的一个概念。中国共产党人不仅倡导共产主义的远大理想，更倡导中国特色社会主义的共同理想。"行百里者半九十"，其意在凝聚人心，艰苦奋斗，团结一致向前看。二是新时代中国特色社会主义的民族复兴历史背景与科学社会主义的发展同步。1840 年鸦片战争紧跟着就是 1848 年《共产党宣言》的发表，1905 年孙中山访问第二国际书记处之后又有了 1911 年的辛亥革命，1917 年十月革命一声炮响为中国带来了马克思列宁主义，1956 年的苏共二十大间接地催动了中国的反右运动及其扩大化，1989 年开始的苏东剧变则坚定了中国的社会主义市场经济道路。

(二)新时代中国特色社会主义在社会矛盾历史变化中的定位

十九大报告在第一部分除了总结过去五年的工作，还作出了一个"历史性变革"的判断。而这一判断的依据则是我国社会主要矛盾的"历史性变化"，也即"中国特色社会主义进入新时代，我国社会主要矛盾已经转化为人民日益增长的美好生活需要和不平衡不充分的发展之间的矛盾"。纵观科学社会主义的发展史，共产党人一直是以对社会矛盾的分析、判断得出革命、建设和改革依据的。在马克思主义经典创始人那里，自由资本主义的历史背景下，生产社会化与生产资料资本主义私人所有制之间的矛盾成为指导工人阶级与资本家阶级进行斗争的革命依据。在列宁等第二国际理论家那里，垄断资本主义的历史背景下，帝国主义侵略与民族主义解放之间的矛盾成为指导无产阶级革命的一个重要依据。这也是中国共产党为什么致力于新民主主义革命的一个重要原因。中国共产党继承了马克思主义矛盾分析方法，毛泽东更是专著《矛盾

论》进一步完善、发展了唯物辩证法。1956年的中共八大得出“国内主要矛盾已经不再是无产阶级和资产阶级的矛盾，而是人民对于经济文化迅速发展的需要同当前经济文化不能满足人民需要的状况之间的矛盾”，也是旨在以此作为建设社会主义的依据。还有党的十一届六中全会关于“我国所要解决的主要矛盾是人民日益增长的物质文化需要同落后的社会生产之间的矛盾”的论断，都是我们党根据社会发展现实与人民群众诉求的历史性变化得出的科学判断。

(三)新时代中国特色社会主义在伟大梦想历史工程中的定位

“历史已经并将继续证明，没有中国共产党的领导，民族复兴必然是空想。”“党政军民学，东西南北中，党是领导一切的。”[①]改革开放以来，中国共产党从没有像今天这样把党的领导提得如此之高。“全面”二字或许可以作为今天党的建设与众不同的重要特征。当然，这种高调也是有的放矢。十九大报告深刻地指出，“今天，我们比历史上任何时期都更接近、更有信心和能力实现中华民族伟大复兴的目标”的根本原因，那就是坚持社会主义道路，坚持共产党的领导。中国复兴之路历经社会主义革命、建设和改革，党的领导与党的建设必须坚持。“实现伟大梦想，必须建设伟大工程。”这个工程不仅是我们党当前正在深入推进的，而且是我们党建党以来一直践行的。党建设得不好、不能坚持党的领导，都会导致复兴之路上的挫折。另外，我们说坚持中国共产党的领导、坚持党的建设是一项历史工程还有理论的依据：科学社会主义视野下，马克思主义政党有一个鲜明的特征，那就是牢牢抓紧意识形态的领导权，坚持共产党的领导地位。早在《共产党宣言》中，马克思、恩格斯就指出：“共产党一分钟也不忽略教育工人尽可能明确地意识到资产阶级和无产阶级的敌对的对立。”[②]《哥达纲领批判》更是对德国共产党(社会民主工党)向拉萨尔主义(机会主义派别)妥协进行批判的成果。所以，从本质上来看，共产党就是目标导向型的政党，对领导权的坚守是必然的历史诉求。

结合十九大报告对新时代中国特色社会主义思想形成依据的认识，应该说，新时代中国特色社会主义的这三个大历史定位实际上正对应了我们党对人类社会发展规律的认识、对社会主义建设规律的认识、对共产党执政规律的认识。伟大复兴历史使命的追索，呈现的是新时代中国特色社会主义的梦想指引，诠释的是“人民群众是历史的主体与创造者”的真理；社会矛盾历史变化的追索，呈现的是新时代中国特色社会主义的矛盾管窥，诠释的是辩证唯物主义与历史唯物主义的方法；伟大梦想历史工程的追索，呈现的是新时代中国特色社会主义的执政坚守，诠释的是共产党领导地位的根本特征。

三、新时代中国特色社会主义的大前景定位

中国特色社会主义进入新时代，这个新时代开启在当下，蓝图却在远方。所以，新

---

① 习近平：《决胜全面建成小康社会　夺取新时代中国特色社会主义伟大胜利——在中国共产党第十九次全国代表大会上的报告》，载《人民日报》2017年10月28日。

② 马克思、恩格斯：《共产党宣言》，人民出版社1997年版，第62页。

时代中国特色社会主义实际还有一个大前景定位。这个大前景可以分为三个层次。十九大报告对此有一个清晰的阐述，即"中国特色社会主义进入新时代，意味着近代以来久经磨难的中华民族迎来了从站起来、富起来到强起来的伟大飞跃，迎来了实现中华民族伟大复兴的光明前景；意味着科学社会主义在二十一世纪的中国焕发出强大生机活力，在世界上高高举起了中国特色社会主义伟大旗帜；意味着中国特色社会主义道路、理论、制度、文化不断发展，拓展了发展中国家走向现代化的途径，给世界上那些既希望加快发展又希望保持自身独立性的国家和民族提供了全新选择，为解决人类问题贡献了中国智慧和中国方案"。

（一）新时代中国特色社会主义在中华民族发展前景中的定位

第一个"意味着"是从中华民族发展的大视野展望的，既有历史回眸，又有未来畅想。改革开放后，我们党对我国社会主义现代化建设作出战略安排，提出了"三步走"战略目标。到1997年十五大，江泽民同志把"三步走"战略的第三步又进一步细化形成了"新三步走"。步步为营、稳扎稳打是我们党的传统。新时代中国特色社会主义延续了这一传统，实际上也形成了一个新的"三步走"战略。在十九大报告的第四部分，第一步走是从现在到2020年，这是全面建成小康社会决胜期。"要按照十六大、十七大、十八大提出的全面建成小康社会各项要求，紧扣我国社会主要矛盾变化……使全面建成小康社会得到人民认可、经得起历史检验。"第二步走是从2020年到2035年，在全面建成小康社会的基础上，再奋斗十五年，基本实现社会主义现代化。也就是说，新时代中国特色社会主义将邓小平、江泽民那里的基本实现社会主义现代化提前了十五年。"到那时，我国经济实力、科技实力将大幅跃升，跻身创新型国家前列；人民平等参与……生态环境根本好转，美丽中国目标基本实现。"第三步是从2035年到本世纪中叶，在基本实现现代化的基础上，再奋斗十五年，把我国建成富强民主文明和谐美丽的社会主义现代化强国。"到那时，我国物质文明、政治文明、精神文明、社会文明、生态文明将全面提升……中华民族将以更加昂扬的姿态屹立于世界民族之林。"

（二）新时代中国特色社会主义在科学社会主义发展前景中的定位

第二个"意味着"是从科学社会主义发展的大视野展望的，前鉴苏东剧变，后领主义风骚。正如山东大学当代社会主义研究所崔桂田教授总结出的，新时代中国特色社会主义主要从三个方面展现出强大生机活力，为科学社会主义摇旗呐喊。一是改变了苏联解体后世界社会主义的颓废面貌，同时使得世界共产主义运动的中心东移中国。20个世纪80年代以来，世界社会主义发展一路走低，风波不断。尽管期间也能看到俄罗斯共产党在国家杜马的一度"独占鳌头"、社会民主党的一度"走红"、拉美新左翼的暂时"兴起"、尼泊尔各派共产党的"轮流执政"，但大都昙花一现。就在此踉跄蹒跚之时，中国特色社会主义引领风骚，用40年改革开放和社会主义现代化建设的辉煌成就实现蜕变。如今，新时代中国特色社会主义崛起，更可以说成为世界社会主义的中流砥柱。新时代中国特色社会主义客观上也成为世界社会主义和国际共产主义运动的中心。二是习近平新时代中国特色社会主义思想的形成，促进了世界社会主义由外延发展向内涵提高的转变，开辟了社会主义理论与实践的新境界和新局面。科学社会主义170年的历史，实现了由空想到科学的发展、由理论到实践的飞跃、由一国到多国的扩散、由一种模式向多种模式的演进。到今天，习近平在经济全球化、世界多极化、文化多样化、社会信息化的时代背景下，把“坚持和发展什么样的中国特色社会主义，怎样坚持和发展中国特色社会主义”的战略思考与世界社会主义复兴和人类文明进步的大逻辑紧密相连，第一次解决了在经济文化落后国家坚持走具有本国特色的社会主义道路，实现社会主义现代化的时代课题，推动了国际共产主义运动由外延发展向内涵提高的转变。三是新时代中国特色社会主义彰显了中国共产党“不忘初心，牢记使命”的先进性和纯洁性，既重塑和提升世界共产党的形象又提振着世界共产党人的信心。习近平同志在十九大报告中明确指出：“中国共产党是为中国人民谋幸福的政党，也是为人类进步事业而奋斗的政党。中国共产党始终把为人类作出新的更大的贡献作为自己的使命。”

(三)新时代中国特色社会主义在人类社会发展前景中的定位

第三个“意味着”是从人类社会发展的大视野展望的，是对社会主义大视野的进一步提升。一个值得注意的现象是，在十九大报告中，尽管世界社会主义的意义受到了很大关切，但是它也仅仅是回应人类社会发展模式、途径的一种；十九大报告将中国作为文明主体中的一个、将社会主义模式作为人类社会发展实践的一种选择，指出了当今世界多极化、全球化、信息化和多样化特征背景下，通过全球治理体系和国际秩序变革、构建人类命运共同体以达至某种文明公约。新时代中国特色社会主义并不自居最优，也没有打算终结历史，它只是站在曾经的屈辱史之上，以一种区别于西方国家崛起的方式推进了自身的现代化。这种方式或许不是最好，但它给世界上那些既希望加快发展又希望保持自身独立性的国家和民族提供了全新选择，为解决人类问题再次向世界发出了中国的声音，提供着中国的智慧和方案。

新时代中国特色社会主义的重大意义

——以世界社会主义运动为视角

李　丹

(中共中央党校科社教研部博士研究生)

中国特色社会主义作为科学社会主义在中国的发展,极大地促进了世界社会主义运动的发展。在党的十九大报告中,习近平总书记明确指出,中国特色社会主义已经进入新时代,这将“意味着科学社会主义在二十一世纪的中国焕发出强大生机活力,在世界上高高举起了中国特色社会主义伟大旗帜”①。这就要求我们从世界社会主义运动角度来认识和理解中国特色社会主义进入新时代的重要意义。

一、创新和发展了科学社会主义理论

马克思恩格斯要求人们以发展的眼光来对待科学社会主义理论,“随时随地都要以当时的历史条件为转移”②。也正因为此,中国特色社会主义道路的自信不断增强。十八大以来,以习近平同志为核心的党中央在实践中推进理论创新,形成了习近平新时代中国特色社会主义思想,创新和发展了科学社会主义理论。

(一)创新和发展了社会主义本质理论

社会主义本质的问题,是建设社会主义的理论前提。马克思恩格斯在描述未来社会中并没有对这一问题作直接说明,而是设想了一些特征。中国共产党进行了不断的探索,提高了对社会主义本质的认识。

十八大以来,习近平同志创造性地提出了“中国特色社会主义最本质的特征是中国共产党领导”这一论断,这是对社会主义本质的最新概括,更加符合社会主义发展的实际。同时也是对中国共产党和中国特色社会主义两者之间关系作出的正确判断,表明了党领导一切的重要性和必要性。相比于西方资本主义国家出现的问题,中国特色

---

① 习近平:《决胜全面建成小康社会　夺取新时代中国特色社会主义伟大胜利——在中国共产党第十九次全国代表大会上的报告》,载《人民日报》2017 年 10 月 28 日。

② 《马克思恩格斯选集》第 1 卷,人民出版社 2012 年版,第 376 页。

社会主义在世界上不断发展，归根到底是因为有中国共产党的正确领导作为力量保证。把党的领导提升到社会主义的高度来认识，不仅丰富了科学社会主义关于无产阶级政党的理论，而且在实际中能够体现党在中国特色社会主义中的核心地位。

(二)创新和发展了社会主义价值理论

科学社会主义理论内在地包含着“实现人的解放”“人的自由全面发展”和“人的个性的充分实现”等价值意蕴。马克思恩格斯在对未来社会的描述中也体现了公平正义、自由平等、团结友爱、富裕和谐等不同于资本主义的价值原则。这里的“人”是指现实的、对社会历史发展起推动作用的人。

以人民为中心的发展思想是贯穿以习近平同志为核心的党中央治国理政的主线。十九大报告将坚持以人民为中心作为践行新时代中国特色社会主义思想的重要原则之一，为科学社会主义理论增添了新的内容。习近平特别强调“人民”的重要性，他认为，作为历史和社会的主体，人民决定着党是否一直处于执政地位，关乎着中国梦能否实现。要坚持人民主体地位，始终坚持“把人民对美好生活的向往当作奋斗目标”这一要求，要想民之所想，做民之想做，解决人民在生活和发展中遇到的问题。这些重要论断不仅强调了共产党为人民服务的根本性质和根本宗旨，也为发展新时代中国特色社会主义提供了根本价值遵循。

(三)创新和发展了社会主义发展动力的理论

受“阶级斗争是阶级社会发展的根本动力”影响，我们曾经犯过“左”的错误，在建设社会主义过程中遭到了很大的挫折。中国特色社会主义冲破了传统观念的束缚，坚持解放思想，在改革中促进社会主义制度的完善和发展。事实证明，改革是社会主义在发展中保持自身优势的动力。

十八大以来，党中央审时度势，提出了“全面深化改革”的重大战略，全方位、系统、协调地推进改革，取得了很大的成果。在改革的目标上，党中央提出了推进国家治理体系和治理能力现代化是我国全面深化改革的总目标；在改革的方法上，先从简单的问题着手，坚持协调性、系统性有机结合，敢于突破利益固化的藩篱，打破不合理的利益关系；在改革的重点上，以经济体制改革为主要抓手，以此带动其他方面的改革；在改革的保障上，加强法治，在完善法治体系的过程中使全面深化改革有章可循、有序可行。这些理论和论断是科学社会主义关于社会发展动力理论在新的实践条件下的发展，为新时代中国特色社会主义的发展找到了可循路径，也为21世纪其他国家的发展提供了参考思路，扩大了社会主义在世界范围内的影响力。

(四)创新和发展了社会主义政治经济学理论

马克思和恩格斯认为未来社会实行计划经济。由于教条地理解马克思和恩格斯对于这些特征的论述，传统社会主义建设遭到了很大的挫折。中国特色社会主义在总结这些失败经验的基础上逐渐形成了社会主义市场经济理论，丰富了科学社会主义关于计划和市场关系的理论。

十八大以来,以习近平同志为核心的党中央继续坚持实行并不断完善社会主义市场经济体制。十八届三中全会作出“使市场在资源配置中起决定作用和更好发挥政府作用”的重要论断,更加突出了市场配置资源的有效性,明确了市场和政府的关系。这一论断是对市场作用认知的重大突破,符合市场经济发展规律,提高了科学社会主义的现实意义。另外,在我国经济发展进入新时代和我国社会主要矛盾发生转化的基础上,产生了习近平新时代中国特色社会主义经济思想。这个理论体系以坚持加强党的领导作为首要原则,将人民作为经济发展的主体,坚持新的发展理念和社会主义市场经济方向。这些理论和思想的提出,不仅能够成为指导我国新时代经济工作的科学理论,而且是马克思主义政治经济学理论的最新发展,使科学社会主义在21世纪充满生机和活力。

(五)创新和发展了马克思主义全球化思想

资本主义“使一切国家的生产和消费都成为世界性的了”①,对资本主义生产所作的判断是马克思主义全球化思想的基础。对此,马克思恩格斯认为实现共产主义的伟大事业需要全世界的力量,由此发出“全世界无产者联合起来”的呼吁。中国特色社会主义继承和发展了这一思想,积极参与经济全球化,勇于承担全球责任。

中国共产党具有世界眼光,关心的是整个人类的发展。十八大以来,以习近平同志为核心的党中央从促进人类社会发展的角度出发,提出了推进构建人类命运共同体等倡议,并积极进行实践,成为促进人类进步、世界发展的重要力量。十九大报告从持久和平、普遍安全、共同繁荣、开放包容、清洁美丽五个方面概括了构建人类命运共同体思想的主要特征,得到了许多国家的一致认可,既指明了今后的努力方向,又回应了时代发展的诉求。构建人类命运共同体思想是新时代条件下对科学社会主义关于全球化思想的最新诠释,反映了社会主义和人类社会的发展走向,体现了人类共同的价值共识。

二、解答了世界社会主义运动中的历史性难题

20世纪的世界社会主义运动并没有按照马克思恩格斯所设想的“欧美发达国家首先取得胜利”那样进行,而是经济文化比较落后的东方国家首先实现社会主义。社会主义事业的发展就更加复杂、困难。那么,落后国家应该如何继续坚持和发展社会主义就成为世界社会主义运动中的历史性难题。改革开放以来,邓小平进行了“什么是社会主义,怎样建设社会主义”的思考,带领全党探索出了一条建设和发展社会主义的中国特色社会主义道路,给出了这一难题的答案。

十八大以来,以习近平同志为核心的党中央在新的形势下创造性地解决和回答了“坚持和发展什么样的中国特色社会主义,怎样坚持和发展中国特色社会主义”的问

---

① 《马克思恩格斯选集》第1卷,人民出版社2012年版,第404页。

题，进一步回答了落后国家怎样建设和发展社会主义这一难题。不仅如此，党在执政中辩证地看待发展，针对发展带来的一系列问题，也作出了正确的认识和妥善的处理。

(一)进一步回答了落后国家应该如何建设和发展社会主义的难题

社会主义革命取得成功后，首先要建立社会主义制度，经过一段时间的发展后，再通过有效的途径来促进制度的完善和健全。这是建设和发展社会主义一贯的路径。经过新中国成立以来的探索尤其是改革开放以来中国特色社会主义的伟大实践，我国社会主义制度的基础已经巩固。那么，接下来的任务就应该是保持社会主义制度的稳定性，并使之在发展中不断完善。以习近平同志为核心的党中央对如何巩固、完善社会主义制度作了深入的思考，在治国理政中体现了我国社会主义制度的优越性，为落后国家应该如何建设和发展社会主义提供了新的答案。

1.社会主义社会必须加强和改进党的领导

共产党的领导是建设和发展社会主义、实现共产主义远大理想的政治保证。十八大报告指出，要“坚持和发展中国特色社会主义，坚持和巩固党的领导地位和执政地位”①，旗帜鲜明地指明了党的领导的重要作用。五年来，党中央以极大的政治魄力全面从严治党，勇于“革自己的命”，通过开展党的群众路线教育实践活动等活动，将对党员的教育常态化，提高了党的执政能力和领导能力。只有不断加强自身建设，党才能永远保持先进性，领导人民在发展新时代中国特色社会主义中取得更大的胜利。

2.社会主义社会必须全面发展

社会主义社会注重的是人和社会的全面发展。十八大以来，党中央更加重视这一点，在理论上强调人的全面发展，在实践中为人的自由全面发展创造条件。在经济上，以新的发展理念加强经济建设，实施以“精准扶贫”为主要内容的惠民政策，不断提高人民的物质生活；在政治上，确保人民真正当家作主，保证人民的政治权利；文化上，践行和培育社会主义核心价值观，保持文化多样性；社会上，进行社会治理的不断探索，在事关人民重大利益的方面补短板，维护社会和谐稳定，坚持共享共建原则；在生态上，加强生态文明建设，实行有史以来最严格的生态环境保护制度，促进人与自然的和谐共生。

3.社会主义社会必须不断创新

社会主义社会必须顺应时代的发展而不断创新。十八大以来，习近平带领全党推进理论创新，形成了指导新时代中国特色社会主义发展的思想——习近平新时代中国特色社会主义思想。理论创新是社会变革的先导。在习近平新时代中国特色社会主义思想的引领下，我们党通过实行新的举措不断推动制度创新、科技创新、文化创新以及其他各方面的创新，使中国特色社会主义更具活力和生命力。

---

① 胡锦涛：《坚定不移沿着中国特色社会主义道路前进，为全面建成小康社会而奋斗——在中国共产党第十八次全国代表大会上的报告》，载《人民日报》2012年11月8日。

(二)破解了“发展起来以后的问题不比不发展时少”的难题

中国社会主义实践成功破解了“落后国家应该如何建设和发展社会主义”这一世纪难题，但是，我们仍然面临一个很重要的问题，那就是如何认识和解决发展起来以后带来的问题。正如邓小平所说：“过去我们讲先发展起来。现在看，发展起来以后的问题不比不发展时少。”[①]邓小平的论断具有强烈的理论意义和现实意义。面对改革开放带来的问题，十八大以来，习近平同志带领全党认真反思、总结改革开放以来的成功经验和教训，并通过新的思想指导实践来解决这些问题，面向全世界回答了“如何解决发展起来以后带来的问题”这又一难题。

1. 正确认识发展起来以后的问题

正确认识问题是解决问题的首要前提。以习近平同志为核心的党中央在执政过程中表现出了鲜明的坚持问题导向的特色。从国内来看，我国存在的问题比较多，面临着巨大的困难和挑战，十九大报告对我国在经济、政治、文化、社会、生态、党的建设等方面面临的问题作了详细的论述。其中对于“我国社会主要矛盾已经转化为人民日益增长的美好生活需要和不平衡不充分的发展之间的矛盾”的重要论断准确地把握了我国现阶段发展的实际情况，定下了新时代党和政府工作的总基调。改革开放后出现的利益固化等弊端，影响了社会公平正义和人民的幸福感。在这种情况下，充分调动全面深化改革的积极性和政策的灵活性，就成为亟须解决的问题。从国际来看，随着我国不断进入世界舞台的中央，拥有越来越多的话语权，如何应对资本主义国家对我国在言论上的攻击和实际上的阻挠，也是一个重要的问题；另外，从世界范围内来看，现在仍然处于“资”强“社”弱的阶段，社会主义要成为世界上被普遍认可的意识形态，仍然需要很长的时间才能够实现。

2. 妥善处理发展起来以后的问题

对于我国发展起来以后存在的问题，十九大报告明确指出，这些问题，必须着力加以解决。十八大以来，党中央在实践中形成了新思想，提出了新战略，完善了体制机制，取得了重大的历史性成就，中国特色社会主义进入到了新时代。首先，新的思想理念为解决发展以后的问题提供正确的理论指导。习近平新时代中国特色社会主义思想深刻分析了我国经济社会发展中存在的问题，掌握了党治国理政的根本方法，为我国在新的历史条件下进一步发展中少走弯路、不走老路提供了根本的遵循。其次，强有力的战略举措在实践中真正解决了发展以后的问题。党中央采取了新的战略举措，在国内推进“五位一体”总体布局和“四个全面”战略布局等；在国际上，积极构建人类命运共同体，推动实施“一带一路”倡议。再次，体制机制的不断完善、改革为解决发展以后的问题提供了制度保障。十八大以来，党中央明确全面深化改革的目标是实现国家治理体系和治理能力现代化，通过科学完备、有效规范的制度来解决我国发展以后面临的问题。

---

① 《邓小平年谱(1975～1997)》(下)，人民出版社2004年版，第1364页。

三、推动世界社会主义运动的发展

十八大以来，以习近平同志为核心的党中央继续坚持社会主义方向，在创新发展中取得了全方位、开创性的成就，开启了中国特色社会主义发展的新时代。这不仅仅是中国特色社会主义发展的历史方位，也是世界社会主义的“新方位”，开辟了世界社会主义新的发展境界，促使整个世界开始重新思考、认识社会主义。

(一)宣告“历史终结论”“中国崩溃论”的破灭

20世纪末发生的苏联解体和东欧剧变给世界社会主义运动带来了前所未有的挑战和打击。“社会主义向何处去”成为社会主义者面临的一个重要问题。很多西方学者将苏联解体、东欧剧变看成是共产主义失败的标志，全世界范围内都在宣称“历史终结论”，认为人类社会最终还是要走向资本主义。虽然当时中国没有受到苏东剧变的直接影响，并且已经踏上了改革开放的进程，但是西方仍然认为在这种情况下，中国再搞社会主义也不会成功，由此产生了“中国崩溃论”。社会主义真的不可行吗？面对这一质疑，中国在汲取世界社会主义运动经验和自身经验教训的过程中，走出了一条社会主义发展的出路——中国特色社会主义道路。这条道路既不同于传统社会主义模式，又根本不同于资本主义道路，扭转了世界社会主义发展的格局和态势。

40年的改革开放带来的是中国经济、社会的巨大发展，而不是像西方有些国家一直预测的中国最后也会走向资本主义道路。尤其是中国特色社会主义进入了新的时代，更加证明了中国特色社会主义道路的正确性，证明了科学社会主义理论的真理性，使“历史终结论”“中国崩溃论”的言论真正破灭。社会主义是符合人类社会发展规律的社会形态，个别国家社会主义建设的失败并不代表社会主义制度的失败。在以习近平同志为核心的党中央的带领下，中国特色社会主义会在世界产生巨大的影响，社会主义的前途也会越来越光明。

(二)显示了社会主义制度的优越性

社会主义制度具有很大的优越性。从马克思、恩格斯对未来社会特征的描述中就可以看出其相对于资本主义的优越性，即：在经济上实行生产资料公有制，在政治上由无产阶级上升为统治阶级，最后目标是实现每个人的自由全面发展。社会主义这种优越性是通过成功的实践检验和证明的。

随着我国不断取得的成就，党的十八大以来，世界已经逐步接受和认可中国作为社会主义国家所显示的优越性。很多国家已经开始研究和思考中国道路，学习中国经验。和资本主义国家相比，我国社会主义制度的优势主要体现在：第一，有一个坚强的领导核心能够确保集中力量办大事。我国实行多党合作制，党领导一切工作，这样有利于最大限度地整合社会资源、集中力量办大事。在全面从严治党的战略部署下，党在总揽全局、制定决策、全面推进改革方面的能力会不断提高，为新时代下发展中国特色社会主义提供政治保障。第二，社会主义市场经济体制的不断完善确保经济发展活力。党提出并坚持和完善社会主义市场经济体制，处理好政府和市场的关系，使二者之间互相协调、互相补充，在促使经济稳定发展的同时又能保证经济活力，继续推动社会主义现代化进程。第三，在坚持人民主体地位中调动人民群众的积极性。党执政的出发点和立足点是维护人民群众的根本利益。我国实行的政治、经济制度以及相应的体制机制都是为了保证人民的主体地位。在实际的工作中则是从人民的根本利益出发，及时解决人民群众在发展中遇到的问题，最大限度地调动起人民群众的积极性，使人与社会全面发展。

(三)为其他发展中国家探索自身发展道路提供了全新选择

苏联解体、东欧剧变之后，世界上很多国家尤其是东欧国家开始重新效仿资本主义国家的制度、体制进行本国的现代化建设。一时间，发展资本主义似乎成为了唯一、正确的出路。但是，由于没有结合本国的实际情况，一味教条化地模仿、借鉴，这些国家并没有实现现代化，反而出现了更多的困惑。另外，资本主义国家本身就面临着制度上带来的问题，无法为那些发展中国家提供很好的经验和方法。相比之下，中国这个社会主义国家在独自探索中走出了一条不同于资本主义的崭新的道路，震惊了全世界尤其是西方资本主义国家。改革开放 40 年来，中国已经成为世界上第二大经济体，对世界经济增长率的贡献超过 30%。不仅如此，中国积极履行世界责任，为人类的和平发展、长久发展贡献出自己的力量。面对当今世界发展的大变革大转型，党的十九大坚持和平、发展、合作、共赢的理念，提出了对于坚持和发展全球化、构建人类命运共同体的政策和倡议，体现了人类社会发展的必然要求和方向。

习近平总书记在十九大报告中认为中国特色社会主义进入新时代不仅对中国来说意义重大，也拓宽了一条不同于资本主义的实现现代化的路径，给世界上很多发展中国家选择新的发展道路带来了中国的经验和智慧。其中最重要的一条是解放思想，实事求是。不坚持解放思想，实事求是，中国特色社会主义就不会取得今天的成就。其他发展中国家在谋求本国发展道路的过程中，也要坚持解放思想，实事求是，走资本主义道路也好，社会主义道路也罢，都要充分地吸收和借鉴符合本国实情、促进本国发展的优秀文明和成果，将先进的道路、理论、制度、文化合理地运用到自身的发展中。这样才能在世界发展的洪流中，既能保持自身独立性，又能实现现代化。

马克思主义中国化的新结晶
——论新时代习近平人民观的发展逻辑与科学内涵

马　丽

(厦门大学马克思主义学院博士研究生)

人民是历史的创造者，是决定党和国家前途命运的根本力量。坚持全心全意为人民服务历来是我们中国共产党的根本宗旨。习近平坚持以人民为中心，坚持执政为民，时刻把维护人民的根本利益放在首位，习近平人民观也在逐步形成与发展。坚持人民的主体地位不仅是中国共产党的基本立场，也是习近平人民观的重要内容。在新的历史条件下，深入学习、研究和贯彻习近平人民观，对于深入理解习近平新时代中国特色社会主义思想，继续推动中国特色社会主义的伟大实践、实现中华民族伟大复兴的中国梦具有重要的指导价值。

一、什么是人民观

在马克思的人学思想中，“人”的含义十分广泛，他认为人是有意识的，可以思考，是比较高等的生物群体。人类的活动更是有意识的活动。如果将人放在一定的社会关系中，那么人的本质就会具有现实性的意义。“人的本质是从现实的人中抽象出来的，它是对现实的人的本质的揭示。”①马克思曾说过：“全部人类历史的第一个前提无疑是有生命的个人的存在。”②

中国现代“人民”理念的形成，明显受到了西方近代革命思想的影响，特别是与马克思主义唯物史观的传入有关。马克思主义所说的“人民”中，从来都包含了许多现实的阶级和阶层。我们党的话语中“人民”概念的内涵，无疑也是与马克思主义所界定“人民”的内涵一脉相承。在《辞海》中“人民”定义为：“人民，在不同的国家和各个国家的不同历史时期有不同的内容。如在社会主义现代化建设时期，一些赞成、拥护和参加中国特色社会主义建设事业的阶级、阶层、社会集团成员和爱国者，都属于人民的范

① 王锐生、景天魁：《论马克思关于人的学说》，辽宁人民出版社1984年版，第260页。

② 《马克思恩格斯文集》第1卷，人民出版社2009年版，第519页。

畴。”[①]新中国的宪法规定：“中华人民共和国的一切权力属于人民。”就是说，包括各民族、各阶级和阶层在内的全体中国人民，是我们国家唯一的最高主体。人民要成为国家全部权力和责任统一的切实担当者。毛泽东曾指出，人民一词在不同的国家和不同国家的不同时期，表示的内容也不尽相同。毛泽东在提出要正确处理人民内部矛盾问题的时候，也已明确意识到，要用“人民”这个概念来覆盖新中国的各个阶级。“人民”与“群众”“大众”等名词有一定的相通之处，但是“人民”更具代表性。现有的学术研究中存在着三种“人民”：主权意义上的人民、治理意义上的人民和责任意义上的人民。在不同的语境中有所侧重。在社会主义的中国，“人民”不仅是主权者，也是被治理者。人民不是一成不变的，人民的内涵与外延取决于对人民的想象，对人民的界定、分类，也非常依赖如何发现人民，人民在不同的时期有着不同的形象。[②] 人民的三种形象重塑了人民，再造了人民，人民的主体性得到彰显。本文中“人民”一词的含义是宽泛意义上的解释。

关于人民观的含义界定，纵观学术界的相关研究，概括起来主要是：怎样看待人民的地位以及如何保障其地位，怎样看待人民的作用以及如何发挥其作用等。习近平人民观贯穿于习近平新时代中国特色社会主义思想的各个组成部分，主要包括人民主体观、人民中心观、人民利益观、人民价值观和人民代表观等。习近平人民观在新的历史时期呈现出新的科学内涵。

二、习近平人民观的生成逻辑

一种执政理念的形成代表着一个国家和一个时代的发展趋势。它深受诸多因素的影响，例如国家性质、领导者的执政经历以及受教育水平等。习近平人民观的形成不仅是其个人长期工作经验的结晶，也是马克思主义中国化的重要产物，这是一个长期的历史过程。习近平人民观是对中华民族传统文化精髓的继承，是对马克思主义人民观的吸纳，更是对中国共产党全心全意为人民服务宗旨的新探索。

（一）理论支撑

1.深受中国传统孔孟等民本思想的影响

我国关于重视人民的地位和作用的优秀传统源远流长。中国传统政治思想中的民本思想是习近平人民观的来源之一。它为习近平人民观的形成提供了文化给养。然而由于当时的历史环境所困，传统民本思想始终带有一定的阶级局限性，并且它也成为维护和巩固阶级统治的治国思想，但其中以“民为贵”、爱护人民等内容还是在国家治理中体现出来，这是人民对于国家治理而提出的基本要求。传统民本思想中积极的部分体现在：一是民为邦本。《尚书·五子之歌》云：“民为邦本，本固邦宁。”贾谊在《新书·大政上》中讲道：“闻之于政也，民无不为本也。国以为本，君以为本，吏以为

① 王邦佐：《大辞海》（政治学·社会学卷），上海辞书出版社2010年版，第40页。

② 参见欧树军：《必须发现人民：共和国六十年来对人民的想象、界定与分类》，载《学海》2012年第4期。

本。”二是民贵君轻。孟子曰:“民为贵,社稷次之,君为轻。”虽然有超越当时的现实成分,但是这也给传统的统治观念带来冲击。三是道在不扰。孔子主张“使民以义”,孟子进一步深化认识,主张“使民以时”,力求按照自然规律进行农业生产,保持人与自然的和谐发展。四是阜民之财。孟子在《孟子·梁惠王上》也讲道,要注重人民生活水平的提升,解决温饱等基本问题后,需要注重教育的加强。中国传统政治思想中民本思想的优秀成果,为习近平人民观的形成提供了历史文化和思想理论素材,习近平人民观批判地继承和发展了中国传统民本思想,借鉴和吸取了治国安邦的历史经验教训,形成了新的科学内涵。

2.坚持马克思主义理论的指导地位

习近平人民观的价值取向与马克思主义群众观的价值理念一脉相承,是马克思主义理论中国化的成果之一。“人民群众是创造社会历史的主体。马克思恩格斯创立了唯物史观,同时也创立了科学的人民群众观,他们揭示了直接生产物质生活资料进而构成民族和社会经济发展基础的广大劳动群众的社会历史主体角色。”①人民群众是认识和实践的主体,是社会历史的创造者。改造客观世界与改造主观世界是同步的,相互推动,共同作用。马克思的唯物史观不仅科学地论证了“人民主体”地位,而且确立了以人的解放和每个人自由全面发展为最终目标的根本价值观念。列宁也认为人民群众是“自觉的历史活动家”和“独立的历史活动家”。人民性是马克思主义区别于其他主义的重要标志,习近平指出:“人民群众是我们力量的源泉。”我们所制定的正确的路线方针政策和每一项重大改革决策措施都是从人民群众的实践经验中总结出来的。“人民在国家中作主、决定国家制度,是国家或国家制度的本质属性。”②马克思的许多著作中已经表明,人是社会的主体,必须时刻将人的发展放在首位。

(二)认识来源

1.源于对中国特色社会主义的深刻理解

《中华人民共和国宪法》第1条规定:“中华人民共和国是工人阶级领导的、以工农联盟为基础的人民民主专政的社会主义国家。社会主义制度是中华人民共和国的根本制度。禁止任何组织或者个人破坏社会主义制度。”人民是国家的主人。“人民”话语不仅关涉社会主义的政治理想,也关涉社会主义道统的来源。我们不能把“以人为本”仅仅停留在价值理念的层面,必须将“以人为本”切实落到人的工作和生活当中,即将“以人为本”现实化——人性化。“以人为本”的深层意义,首先体现在对社会主义基本价值的重新认识和理解上。如果要实现“以人为本”,首先必须创造实现“以人为本”的社会物质条件,尤其是对经济文化相对落后的中国来讲,更是如此。③ 这也是对社会主义的本质共同富裕的回应。

---

① 杜鸿林、王其辉:《马克思恩格斯人民群众观述论》,载《天津社会科学》2013年第3期。

② 林尚立:《论以人民为本位的民主及其在中国的实践》,载《政治学研究》2016年第3期。

③ 参见张艳涛:《“以人为本”是社会主义的基本价值》,载《北京师范大学学报》2009年第3期。

2.源于习近平自身成长与从政阅历

习近平的博士专业是马克思主义理论与思想政治教育专业，在高等院校的学习经历使他具备了良好的政治理论素养，为他的人民观的形成奠定了一定理论基础。与基层群众的交往实践也促进习近平人民观的形成。1969～1975 年，习近平在陕西省延川县文安驿公社梁家河大队当知青，任村党支部书记。对人民群众的情感源自与人民群众的密切接触联系。习近平丰富的工作实践促成其人民观的成熟。习近平从下乡去梁家河村到当上村党支部书记，从正定县到厦门市，历任宁德、福建省等地区的一把手，对各级官员的工作作风以及对待群众的态度和方式方法都十分了解，这对习近平人民观的形成产生深刻的影响。习近平曾指出："服务群众、造福百姓是我们的责任，执政为民、为民用权是正确使用权力的基本准则。"①

(三)继承发展

1.坚持中国共产党的根本宗旨

共产党是无产阶级政党。无产阶级只有解放全人类才能最后解放自己，因此共产党必须为解放全人类、实现全体人民的根本利益而不断地奋斗。中国共产党党章规定：中国共产党是中国工人阶级先锋队，同时也是中国人民和中华民族的先锋队，是中国社会主义事业的领导核心，代表中国先进生产力发展要求，代表中国先进文化的前进方向，代表中国最广大人民的根本利益。

习近平指出：在中国，中国共产党是执政党，一切权力属于人民，一切权力服务于人民。执政的中国共产党人时刻把人民放在心中最高位置，顺应民心、尊重民意、凝聚民智，争取早日全面建成小康社会，基本实现现代化，实现中华民族伟大复兴的宏伟蓝图。中国共产党自成立之初就坚持把人民群众作为党的胜利之本、力量之源。十九大报告中指出：坚持立党为公、执政为民，践行全心全意为人民服务的根本宗旨，把党的群众路线贯彻到治国理政全部活动之中，把人民对美好生活的向往作为奋斗目标，依靠人民创造历史伟业。人民观的确立正反映了坚持以人民为中心是习近平人民观的核心思想。

2.传承新中国成立后历代领导人的人民观

新中国成立后，历代领导人对人民都十分重视，并且根据不同的历史条件对人民观作出不同的阐释。毛泽东说："要做个顶天立地的人，顶天就是能掌握马列主义，站得高，看得远，立地就是有坚实的群众基础，和群众打成一片。"毛泽东还指出："人民，只有人民，才是创造世界历史的动力。"②邓小平提出的"三个有利于"中的是否有利于提高人民的生活水平深刻体现了坚持"以人为本"。江泽民提出代表最广大人民的根本利益等"三个代表"。胡锦涛针对权力提出：权为民所有，情为民所系，利为民所谋。

---

① 习近平：《深入学习中国特色社会主义理论体系，努力掌握马克思主义立场观点方法》，载《求是》2010 年第 7 期。

② 《毛泽东选集》第 3 卷，人民出版社 1991 年版，第 1031 页。

习近平在纪念邓小平诞辰110周年座谈会上也曾指出："热爱人民，是邓小平同志一生最深厚的情感寄托，也永远是中国共产党人应该坚守的力量源泉。"不同历史时期的四位领导人对人民的重视和爱护也给习近平做了很好的榜样。作为国家的最高领导人理应时刻将人民的根本利益放在心间。习近平曾说道："我的执政理念，概括起来说就是为人民服务，担当起该担当的责任。"①

三、习近平人民观的实践逻辑

习近平人民观蕴含着深刻的实践逻辑。以"五位一体"为施政方略的战略布局深刻体现了习近平人民观的建构，这不仅仅是从理论到理论的逻辑过程，也是理论和实践相统一的科学思想体系。综观习近平人民观形成的历史逻辑、理论基础等，我们可以发现这一思想体系有着很强的实践逻辑，这些逻辑可从五个基本维度加以把握。具体来看，经济建设是为创造人民美好生活奠定物质基础，政治建设是更好地支持和保障人民当家作主，文化建设是为了不断提高人民精神文明水平，社会建设是保障和改善民生的重要途径，生态文明建设是要为人民的生活创造优质的自然环境。十八大以来，以习近平同志为核心的党中央多途径激发民生红利，以全面建成小康社会为总抓手，不断优化顶层设计，正在织就一张关乎全体人民幸福康乐的民生网，践行着"不让一个人掉队"的诺言。

(一)政治上重民，充分发扬人民民主

人民当家作主是社会主义民主政治的本质特征。习近平曾指出，必须通过制度的完善来保障人民当家作主的实现。人民当家作主是人民民主的本质和核心。发展社会主义民主政治就是要体现人民的意志，保障人民的权益。扩大人民有序政治参与，保证人民依法实行民主选举、民主协商、民主决策、民主管理、民主监督。发挥社会主义协商民主重要作用，推动我国的协商民主广泛地、多层次地、制度化地发展。习近平在庆祝中国人民政治协商会议成立65周年大会上发表重要讲话中强调："在中国社会主义制度下，有事好商量，众人的事情由众人商量，找到全社会意愿和要求的最大公约数，是人民民主的真谛。"②有关人民群众利益的许多工作大多发生在基层，必须通过各种形式，在各个层级、各个方面进行民主协商，人民群众是社会主义协商民主的重点。与此同时，要发扬民主，还必须进行政治体制改革。人民民主是社会主义政治文明的本质要求。人民当家作主是社会主义本质在政治上的具体体现，是社会主义政治文明的内在要求和价值尺度。

---

① 《习近平谈执政理念：为人民服务，担当起该担当的责任》，人民网，http://politics.people.com.cn/n/2014/0209/c70731-24303863.html。

② 习近平：《找到全社会意愿和要求的最大公约数是人民民主的真谛》，http://www.xinhuanet.com/politics/2014-09/21/c_1112564688.htm，2014年9月21日。

(二)经济上兴民,保障人民的根本利益

坚持以人民为中心,这是习近平新时代中国特色社会主义经济思想主要内容中新发展理念的具体体现。在十八大刚刚结束时,习近平就曾就庄严宣布:"我们的责任,就是要团结带领全党全国各族人民,继续解放思想,坚持改革开放,不断解放和发展生产力,努力解决群众的生产和生活困难,坚定不移走共同富裕的道路。"[①]在新的历史时期,经济的发展必须适应新常态,保持在适当的速度范围内。同时通过全面深化改革推动经济发展再次迈进新阶段。"蛋糕"不仅要做大,还要分好。全面深化改革可以更好地统筹和协调不同利益群体之间的矛盾,为利益的合理分配提供制度的保障,让人民切实感受到改革带来的成果。全面深化改革的准绳是人民利益,与以往的所有改革相比较,本次改革的最大优势就是将社会主义改革与人民利益融合在一起。全面深化改革的巨大作用就是,它可以为人民利益的发展保驾护航。十八大以来,以习近平同志为核心的党中央坚持人民的主体地位,强调全面深化改革的总目标就是完善和发展中国特色社会主义制度,彻底清除人民利益实现的众多障碍的同时,还大力推动国家重点行业的改革,打破原有的利益格局,通过制度的大力创新将矛盾和问题转化为经济发展的巨大潜力和优势。

(三)文化上安民,满足人民的生活期许

在文化建设这一层面,习近平曾指出,满足人民过上美好生活的新期待,必须提供丰富的精神食粮。因此要把重点放在文化发展过程中的不均衡现象,逐步加快深化文化体制改革的步伐,不断完善公共文化服务体系,大力推进文化惠民工程,丰富群众性文化活动,推进文化的共创共享等。人民的精神文化生活需要各种文化产品来供给。要坚持以人民为中心的文化产品创作导向,把不断满足人民精神文化的需求作为文化创作的准绳,在深入研究生活、扎根于人民的实际需求中进行文艺创造。文艺创作的主体是人民,文艺创作者应该把为人民服务作为天职,不断地促进社会主义文艺的繁荣与发展。党的十八大报告曾指出,坚持先进文化前进方向,树立高度文化自觉和文化自信,向着建设社会主义文化强国前进。十九大报告中再次强调,要"坚定文化自信,推动社会主义文化繁荣兴盛"。中华文化的当代形态就是中国特色社会主义文化,社会主义是其性质,其宗旨和"初心"是为人民服务。坚持"双百"方针,要不断创新中国特色社会主义的文化发展体制和文化制度,对于那些阻碍其健康发展的旧机制要摒弃,不断增强文化的创造活力,使一切文化创作的要素流动起来。加强网络文化建设,净化网络环境。人民是历史的创造者,一切文化发展的归宿都是为人民提供精神产品,以满足中国特色社会主义新时代人民对美好生活的精神需要。

---

① 《习近平谈治国理政》,外文出版社 2014 年版,第 4 页。

(四)社会上惠民,增进人民的福祉

新时代要有新举措,增进人民福祉是实施新举措的关键之举,新一届党中央提出的五大发展理念的出发点就是人民。支撑发展的重要资源就是人才,创新发展可以激发亿万群众的创造活力,提高发展的效益,造福人民。协调发展旨在解决现存的区域发展不平衡、城乡差距过大、一二三产业结构失衡等问题。共享发展目的在于使人民在共建共享的发展过程中获得归属感,实现共同富裕的目标。共享发展理念也是"以人民为中心"发展思想的具体表现,社会建设方面必须以保障和改善民生、加强和创新社会治理为重点。为此,要抓住人民最关心最直接最现实的利益问题,扎密扎牢民生保障网。习近平在2017年新年贺词中深情强调:"小康路上一个都不能掉队!"保障民生是一项长期工程,扶贫开发是跑赢共享发展的最后一公里。"精准扶贫"的目标就是在2020年消灭贫困人口,建立更加公平的医疗、养老等制度保障民生,施行社会福利等兜底政策。需要注意的是在发展中要更加注重社会公平问题。注重发展的整体性,否则"木桶效应"就会愈演愈烈,引发社会矛盾。"我们必须牢牢把握中国特色社会主义事业总体布局,正确处理发展中的重大关系,不断增强发展整体性。"[①]中国特色社会主义制度具有促进公平正义、维护和谐稳定、增进人民福祉的特殊优势。与此同时,实施健康中国战略,为人民群众提供健全的健康服务。通过推动社会治理重心向基层下移,发挥社会组织的作用,打造共建、共治、共享的社会治理新格局。

(五)生态上利民,增加人民的福利

良好而优美的生态环境应该是人类共享的产品。生态文明建设方面,将构建生态文明作为国家的远期目标,并且以改善生态民生为现实抓手,将生态民生建设融入构建生态文明的宏伟蓝图之中,制定长远的战略规划,为生态民生建设提供理论支撑。"习近平的生态民生思想立足'国内'、放眼'全球',立足'当代'、放眼'未来'……用行动全面诠释了良好生态环境是'最公平'的公共产品和'最普惠'的民生福祉。"[②]习近平不仅强调通过政策激发人民参与生态保护的热情,也非常重视通过"面对面"的交流引导百姓加入环保大军。生态建设惠及民生,民众不仅是受益者,更应该是责任者。绿色发展和可持续发展的根本目的是改善人民生存环境和生活水平,推动人的全面发展。"绿色化"是将绿色发展理念转变为实践,实现绿色惠民、绿色富国的必经阶段和关键环节。要"形成绿色发展方式和生活方式",需要"绿化"生产、生活方式和价值追求。倡导绿化生产方式,着力推广绿色发展、循环发展、低碳发展,要绿化生活方式,绿化思维方式和价值取向,形成绿色理念、绿色追求、绿色文化、绿色信仰。"我们既要绿水青山,也要金山银山。宁要绿水青山,不要金山银山,而且绿水青山就是金山银

① 中共中央文献研究室编:《十八大以来重要文献选编》(中),中央文献出版社2016年版,第825～826页。
② 张永红:《习近平生态民生思想探析》,载《马克思主义研究》2017年第3期。

山。”[①]必须依靠制度、法治来保护生态环境。“只有实行最严格的制度、最严密的法治，才能为生态文明建设提供可靠保障。”[②]通过充分调动民众的积极性与创造性，让民众自觉、全面参与生态环境保护，我国的生态民生建设才有强大的根基。

四、习近平人民观的科学内涵

人民观是以习近平同志为核心的党中央在新的历史条件下治国理政的思想基石，人民群众也是党中央治国理政的出发点和落脚点，更是坚持和发展习近平新时代中国特色社会主义思想的行动指南。习近平人民观随着时代的进步表现为不同的方面。

(一)人民主体观:坚持人民主体地位

十八大报告中曾指出:唯有人民至上、执政为民，夙夜在公、勤勉工作，我们才能向历史、向人民交一份合格的答卷。十九大报告中再次强调:人民是历史的创造者，是决定党和国家前途命运的根本力量。必须坚持人民主体地位。“人民至上、执政为民，是检验党的一切执政活动的最高标准。”我们要始终坚持“人民主体地位”不动摇。党的十八大明确提出了“三个倡导”，积极培育和践行社会主义核心价值观的战略任务。为统一思想、凝聚力量，实现中国梦提供了强大精神动力。通过充分发挥人民群众的积极性、主动性和创造性，可以使人民群众不断获得经济、政治、文化、社会和生态利益，这也是由马克思主义执政党的本质决定的。党十八大报告中的“人民”两个字总共用了145次，十九大报告中也出现了203次，“人民”贯穿始终。在党的十八届五中全会上提出了五大发展理念，即“创新、协调、绿色、开放、共享”。其中“共享”强调要让人民享受到改革与发展的红利。人民是党的根基、血脉和力量。作为中国特色社会主义事业的领导核心的中国共产党自诞生之日起就把人民利益放在首位。

(二)人民中心观:坚持以人民为中心

民生连着民心，民心关系国运。以习近平为核心的领导集体的执政理念鲜明地体现了“以人为本”理念，其中还包含大量具体的加强民生建设、保障人民福利的举措。解决人民密切相关的实际问题，更好满足人民需求。2012年习近平当选为中共中央总书记后，在同中外记者见面讲话中，就鲜明表达了新一届中共中央“以人为本”的执政理念。他说:“我们的人民热爱美好的生活，期盼有更好的教育、更稳定的工作、更满意的收入、更可靠的社会保障、更高水平的医疗卫生服务、更舒适的居住条件、更优美的环境”，我们要充分发挥最广大人民群众的积极性、主动性、创造性，不断把为人民造福的伟大事业推向前进。中国特色社会主义是亿万人民自己的事业，我们必须始终坚持“以人为本”不动摇。习近平在2017年的新年贺词中说道:“我最牵挂的还是困难群众。”寥寥数字，却彰显出习近平对人民的深厚感情。理念的提出是执政的第一步，关

---

① 中共中央宣传部:《习近平总书记系列重要讲话读本》，学习出版社2016年版，第230页。

② 中共中央文献研究室编:《习近平关于全面深化改革论述摘编》，中央文献出版社2014年版，第104页。

键在于将以人民为中心的政策落到实处。想群众之所想、急群众之所急、解群众之所困，在学有所教、劳有所得、病有所医、老有所养、住有所居上持续取得新进展。

(三)人民利益观：维护人民的根本利益

中国共产党带领人民创造幸福生活，是我们的奋斗目标。习近平在2014年新春贺词中提到，让老百姓过上更加幸福的生活，还有大量工作要做。“人民当家作主不是泛泛而谈的空洞理论，它应该融入到我们每个人生活的方方面面。”我们要顺应人民群众对美好生活的美好向往，坚持“人民至上”的执政理念，以保障和改善民生为工作的重点，加大对不同行业间的收入分配差距的调节力度，尽快打赢脱贫攻坚战，保证人民平等参与社会事务和自由全面发展的权利，使改革与发展成果更多、更公平地惠及全体人民，确保我们国家朝着实现全体人民共同富裕的目标稳步迈进。同时，要加大反腐力度，坚持老虎、苍蝇一起打确保队伍的纯洁性。习近平曾说过：“不得罪成百上千的腐败分子，就要得罪13亿人民。这是一笔再明白不过的政治账，人心向背的账。”①人心是最大的政治，得民心者得天下。

(四)人民价值观：全心全意为人民服务

2012年11月15日，刚刚当选党的总书记首次会见记者，习近平就向世界庄严宣告了他的“人民目标观”。他说：“人民对美好生活的向往，就是我们的奋斗目标。”并据此提出了一系列治国方略：“四个全面”“五大发展”“中国梦”“两个百年目标”等。坚持全心全意为人民服务的根本宗旨，实现好、维护好、发展好最广大人民根本利益，把人民拥护不拥护、赞成不赞成、高兴不高兴、答应不答应作为衡量我们党一切工作得失的根本标准。“走群众路线，首先要有一个群众观点：诚于中者，形于外，有了群众观点，密切联系群众才会成为自觉的行动。”②同时，中国共产党发布的《中国共产党十八届六中全会公报》中也指出：“必须把坚持全心全意为人民服务的根本宗旨、保持党同人民群众的血肉联系作为加强和规范党内政治生活的根本要求。”2016年的新春贺词提出，对所有的困难群众，我们都要关爱。2017年更是强调“小康路上一个都不能掉队”。对于任何一个执政党来说，“民心”都是根本的问题。人民是我们党的坚强后盾和力量源泉。也正因为如此，我们党才得到了人民的充分信赖和拥护，能够始终发挥领导核心的作用。

(五)人民代表观：为人民履职

习近平在担任福建省省长时，在一次接受采访中曾提到：“我们要始终牢记政府面

---

① 《历史的选择，人民的期待——党的十八大以来以习近平同志为核心的党中央治国理政评述》，http://news.xinhuanet.com/poli-tics/2017-01/02/c_1120230862_2.htm，新华网，2017年1月2日。

② 习近平：《摆脱贫困》，福建人民出版社2014年版，第18页。

前的'人民'二字,对群众的悲欢冷暖感同身受。"[①]习近平在庆祝全国人民代表大会成立60周年大会上的讲话中强调:"我们国家的名称,我们各级国家机关的名称,都冠以'人民'的称号,这是我们对中国社会主义政权的基本定位。中国260多万各级人大代表,都要忠实代表人民利益和意志,依法参加行使国家权力。各级国家机关及其工作人员,不论做何种工作,说到底都是为人民服务。"[②]"人视水见形,视民知治不。"2018年"两会"召开期间,习近平多次下团组,与代表委员了解基层的情况。习近平的人民情怀不仅有着丰富的政治内涵,也为广大领导干部指明了行动方向。

理论在一个国家实现的程度,总是取决于理论满足这个国家的需要的程度。坚持人民利益至上是科学社会主义的基本原则和中国共产党的优良传统。习近平人民观是对中国共产党人民理论的完善,是习近平新时代中国特色社会主义思想的组成部分,是实现中华民族伟大复兴的重要武器。在全面建设小康社会的进程中,我们要自觉践行习近平人民观的根本立场、观点和方法,坚持人民是历史的主体,坚持让人民当家作主,坚持全心全意为人民服务。崇高信仰始终是我们党的强大精神支柱,人民群众始终是我们党的坚实执政基础。与此同时,随着我国社会主义现代化建设的推进,习近平人民观也必将会得到不断的丰富与发展。

---

① 《特稿:"人民代表"习近平》,http://news.cnr.cn/native/gd/20170315/t20170315_523659452.shtml,人民网,2017年3月15日。

② 习近平:《在庆祝全国人民代表大会成立60周年大会上的讲话》,http://cpc.people.com.cn/n/2014/0906/c64093-25615123.html,人民网,2014年9月6日。

习近平新时代改革开放方法论特征

高　君

(武汉大学马克思主义学院博士研究生)

2018年,是中国改革开放40周年。自1978年改革开放事业在中华大地上浩浩推进以来,中华民族的面貌、社会主义中国的面貌、人民群众生产生活的面貌都发生了翻天覆地的变化,中国正前所未有地靠近世界舞台的中心。现在,中国特色社会主义进入了新时代,中国的改革开放理论与实践正蹄疾步稳地逐步推进。习近平总书记在改革开放问题上有许多重要论述,形成了极富时代特征和实践意义的新时代改革开放观,展现出了巨大的政治勇气和智慧。习近平新时代改革开放观立足于时代,扎根于中国特色社会主义实践,具有十分鲜明的特征,是当下中国改革开放事业的重要指导思想。

一、方向坚定:强调要坚定不移走中国特色社会主义道路

方向问题是个大问题,决定着改革开放的成败。“改革开放是一场深刻革命,必须坚持正确方向,沿着正确道路推进。”[①]2012年12月31日,习近平总书记在主持十八届中央政治局第二次集体学习时明确指出,在改革开放的方向问题上必须保持十分清醒的头脑,“不断推动社会主义制度自我完善和发展,坚定不移走中国特色社会主义道路”[②]。

中国共产党领导的革命、建设和改革,一路走来,薪火相传,接力探索,从新民主主义革命的胜利到社会主义制度的确立,从改革开放前的历史时期到改革开放后的历史时期,无论是成功的经验还是挫折的反思,都充分证明了一个真理:只有社会主义才能救中国,只有中国特色社会主义才能发展中国。改革开放前的历史时期,中国在怎样建设社会主义的问题上有过探索,有过成就,有过错误,也有过偏差,这些历史是社会主义中国的进一步建设和发展的珍贵基础和宝贵经验。改革开放前,党领导中国人民结束内忧外患,取得了民族独立,实现了从新民主主义制度向社会主义制度的转变,建立了社会主义的新中国,使中华民族从此站起来了。经过以毛泽东为核心的党的第一

---

① 《习近平谈治国理政》,外文出版社2014年版,第67页。

② 《习近平谈治国理政》,外文出版社2014年版,第67页。

代领导集体对中国社会主义建设的实践摸索和理论准备，1978 年 12 月，党的十一届三中全会召开，标志着中国开启了改革开放的新时期。邓小平顺应时代要求，以超乎寻常的勇气和智慧开创性地回答了“什么是社会主义，怎样建设社会主义”这个重大的理论与实践问题，创立了系统、完整的改革开放理论，回答了在经济、文化等各方面都比较落后的东方大国怎样建设和发展社会主义等一系列关键性问题，开创了中国特色社会主义，推动了中国的改革开放。而后，以江泽民为核心的第三代领导集体和以胡锦涛为总书记的党中央坚持和发展了中国特色社会主义，把改革开放推向了 21 世纪，使中华民族富起来了。现在，中国特色社会主义进入了新时代，中国的改革开放也进入了新时代。以习近平同志为核心的党中央不忘初心，继续前进，真刀真枪地全面深化改革，形成了新时代中国特色社会主义思想，正在逐步实现中华民族强起来的中国梦。习近平新时代中国特色社会主义思想是马克思主义中国化的最新理论成果，在共产党执政规律、社会主义建设规律和人类社会发展规律方面都取得了重大突破，指引着当今中国改革开放事业推进。

中国特色社会主义好与不好，是否要坚持，要由历史事实说话，由中国人民自己来作判断。正如习近平总书记提到的，鞋子合不合脚，自己穿着才知道。一个国家的发展道路合不合适，只有这个国家的人民才最有发言权。中国特色社会主义不仅使中华民族实现了从站起来、富起来到强起来的历史飞跃，使社会主义中国在 21 世纪焕发强大的生机活力，更为人类对美好社会制度的探索提供了中国智慧和中国方案。可以看出，“中国特色社会主义是改革开放以来党的全部理论和实践的主题，是党和人民历尽千辛万苦、付出巨大代价取得的根本成就。中国特色社会主义道路是实现社会主义现代化、创造人民美好生活的必由之路”①，是新时代中国改革开放必须坚持的正确方向。

二、落脚踏实：强调要紧紧依靠人民推动改革

“人民”在习近平总书记的系列讲话中出现的频率非常高。2017 年 10 月 18 日，习近平总书记代表第十八届中央委员会所作的十九大报告中，“人民”二字共出现了 203 次，位列十九大报告全文高频词排名第二名，仅次于“发展”。其实，早在 2012 年 11 月 15 日，习近平总书记在十八届中央政治局常委同中外记者见面的讲话中，就指出新一届中央领导机构的重大历史责任是对人民的责任，人民是历史的创造者，群众是真正的英雄。2012 年 12 月 31 日，习近平总书记在主持十八届中央政治局第二次集体学习时的讲话中指出，“改革开放是亿万人民自己的事业，必须坚持尊重人民首创精神”②，肯定改革开放的发展和推进都来自亿万人民的实践和智慧。2013 年 11 月 12 日，党的十八届三中全会审议通过了《中共中央关于全面深化改革若干重大问题的

---

① 习近平：《决胜全面建成小康社会 夺取新时代中国特色社会主义伟大胜利——在中国共产党第十九次全国代表大会上的报告》，载《人民日报》2017 年 10 月 28 日。

② 《习近平谈治国理政》，外文出版社 2014 年版，第 68 页。

决定》。习近平总书记在中共十八届三中全会第二次全体会议上的讲话中明确指出，改革开放积累的非常重要的一条宝贵经验就是“强调必须坚持以人为本，尊重人民主体地位，发挥群众首创精神，紧紧依靠人民推动改革”①。2013年12月26日，习近平总书记在纪念毛泽东同志诞辰120周年座谈会上的讲话中指出，要坚持和运用好毛泽东思想活的灵魂，坚持群众路线，就是把人民作为决定党的前途命运的根本力量。要做到“在人民面前，我们永远是小学生，必须自觉拜人民为师，向能者求教，向智者问策；必须充分尊重人民所表达的意愿、所创造的经验、所拥有的权利、所发挥的作用”②。在十九大报告中，习近平总书记强调，要坚持全面深化改革，坚持以人民为中心，指出：“人民是历史的创造者，是决定党和国家前途命运的根本力量”，“把党的群众路线贯彻到治国理政全部活动之中，把人民对美好生活的向往作为奋斗目标，依靠人民创造历史伟业”。③ 可以看出，强调人民的历史主体地位，紧紧依靠人民推动改革，尊重人民的首创精神非常鲜明地蕴藏在习近平总书记的系列讲话中。这不仅反映了以习近平为代表的中国共产党人在长期的革命、建设和改革中始终坚持的人民性特质，更彰显了习近平新时代改革开放观的显著特征和优良品质，是我国改革开放过程中积累的宝贵经验。

当然，强调紧紧依靠人民推动改革，不仅仅是要保持党和人民的血肉联系，紧紧依靠人民推动改革，更为重要的是要通过改革给人民群众带来实实在在的利益，使人民群众感受到更多获得感，充分调动人民群众的改革积极性、主动性和创造性。中国是人民当家作主的国家，中国要飞得高、跑得快，就得依靠全体人民的力量。没有人民的支持和参与，任何改革都不可能进行并取得成功；不能使人民共享改革开放的伟大成就，得到改革的获得感，任何改革都不可能进行并取得成功。习近平总书记多次在讲话中明确指出：改革要做到人民有所呼、改革有所应，“把以人民为中心的发展思想体现在经济社会发展各个环节，做到老百姓关心什么、期盼什么，改革就要抓住什么、推进什么，通过改革给人民群众带来更多获得感”④，“把最广大人民智慧和力量凝聚到改革上来，同人民一道把改革推向前进”⑤，使人民生活更加幸福美满。

三、系统完整：强调要注重全面深化改革的系统性整体性协同性

2013年11月12日，中国共产党十八届三中全会通过了《中共中央关于全面深化改革若干重大问题的决定》（以下简称《决定》）。《决定》从深化经济体制改革、政治体制改革、文化体制改革、社会体制改革、生态文明体制改革、党的建设制度改革六个方面提出了全面深化改革的路线图——“六个紧紧围绕”，指出改革总是从易到难地改，

---

① 《习近平谈治国理政》，外文出版社2014年版，第97页。

② 《习近平谈治国理政》，外文出版社2014年版，第27页。

③ 习近平：《决胜全面建成小康社会 夺取新时代中国特色社会主义伟大胜利——在中国共产党第十九次全国代表大会上的报告》，载《人民日报》2017年10月28日。

④ 《习近平谈治国理政》第2卷，外文出版社2017年版，第103页。

⑤ 《习近平谈治国理政》，外文出版社2014年版，第98页。

改革已经进入攻坚期和深水区，必须更加注重改革的系统性、整体性、协同性。就这个问题，习近平总书记在十八届三中全会第二次全体会议上的讲话中强调了这“六个紧紧围绕”，指出要发挥经济体制改革的牵引作用，带动其他领域的改革，使各个方面的改革协同推进，形成合力。2017年6月26日，习近平总书记在中央全面深化改革领导小组第三十六次会议上的讲话中指出：“注重系统性、整体性和协同性是全面深化改革的内在要求，也是推进改革的重要方法。”①另外，他还进一步强调了协同的重要性，指出从改革方案到改革落实再到改革效果都需要抓协同性。

中国特色社会主义开创于改革开放新时期，习近平新时代中国特色社会主义思想也形成于中国改革开放的新时代，与生俱来地带着中国改革开放的烙印。中国特色社会主义与中国的改革开放关系亲密，犹如合抱共生的两棵大树：中国特色社会主义的完善和发展需要通过改革开放来实现，改革开放过程中形成中国特色社会主义，并始终以中国特色社会主义道路为前进方向。

习近平新时代中国特色社会主义思想体系完整、内容丰富，回答了新时代坚持和发展什么样的中国特色社会主义、怎样坚持和发展中国特色社会主义这一重大时代课题。具体说来，以“八个明确”和“十四个坚持”为核心内容的习近平新时代中国特色社会主义思想涵盖了经济、政治、社会、文化、生态文明、党的建设、外交、民族、宗教、国家安全、国防和军队等方面内容。这些内容自成一体、相对独立，又联系紧密构成一个统一而不可分割的整体，它们从本质上讲，都是为中国特色社会主义建设和发展，尤其是新时代全面深化改革开放作理论支撑和实践指引的。

四、目标明确：强调要不断提高运用中国特色社会主义制度有效治理国家的能力

改革开放40年来，中国取得了举世瞩目的成就，也在不断迎接重大挑战，解决重大矛盾，抵御重大风险。十八大以来，为进一步深化改革开放，坚持和发展中国特色社会主义，党中央在治国理政方面提出了许多新理念新思想新战略。2013年11月12日，中国共产党十八届三中全会通过的《中共中央关于全面深化改革若干重大问题的决定》第一次明确提出：全面深化改革的总目标是完善和发展中国特色社会主义制度，推进国家治理体系和治理能力现代化。全面深化改革总目标的确立，明确了继续深化改革的目标，也体现了进一步深化改革的全面性和整体性问题。2014年2月17日，习近平总书记在省部级主要领导干部学习贯彻十八届三中全会精神全面深化改革专题研讨班上明确指出，要不断提高运用中国特色社会主义制度有效治理国家的能力，这是发展中国特色社会主义和实现社会主义现代化的必然要求和应有之义。其后，他又多次强调，要坚持、弄清、弄懂、落实全面深化改革的总目标。

新目标呼唤新理论，需要新实践。对于社会主义的中国来说，怎样治理国家、怎样治理社会主义社会是一个重要的、始终在摸索回答的一个重大战略问题。哪一个答案是最优解，世界上、历史上、书本里并没有现成的答案。马克思主义中蕴含着许多有益

---

① 《习近平谈治国理政》第2卷，外文出版社2017年版，第109页。

的治理思想，比如唯物史观、社会发展理论、国家与市民社会理论、社会管理思想、人的自由全面发展思想、社会公平思想、法治思想、群众观、矛盾观等。这些思想为推进中国国家治理体系和治理能力现代化提供了强有力的理论指导。但是由于时代和历史的限制，马克思、恩格斯没有经历过社会主义国家的治理实践，他们的理论只是指导性和预测性的。苏联曾经是世界上最大的社会主义国家，在社会主义国家治理问题上进行了一定的探索，取得了一定的成果，最后以失败而告终，为中国国家治理问题提供了珍贵的实践经验。中国共产党在新中国成立后，尤其是改革开放以后，始终坚持不懈地探索在经济文化相对落后的社会主义大国如何治理国家的问题，取得了极富中国特色的治理经验和治理智慧。习近平总书记指出，要把中国特色社会主义制度的完善发展与推进国家治理体系和治理能力现代化紧密结合在一起。一方面，通过全面系统的改革，在改革的过程中不断解决问题、化解矛盾，在总体效果上提高国家治理体系和治理能力现代化水平，进而推动中国特色社会主义制度更加成熟、定型；另一方面，以坚定的制度自信，运用中国特色社会主义制度的独特优势，不固步自封、不妄自菲薄，稳扎稳打实现全面深化改革的目标，推进国家治理体系和治理能力现代化，最终实现党和国家兴旺发达和长治久安。

尽管在全面深化改革的进程中我国社会仍然存在着各种深层次、复杂交织的矛盾和问题，但总体上讲，中国作为世界第二大经济体，政治稳定、社会和谐、发展迅速、吏治清明，这就证明了我国的国家治理体系和治理能力总体上是适应国情和社会主义发展需要的。另外，习近平总书记还提出，在治理问题上，中国共产党和中国人民都期待着为人类不断做出新的贡献，中国将与世界人民一道，积极参与全球治理体系建设，为完善全球治理和维护公正合理的国际秩序贡献中国智慧和中国经验。

五、情怀远大：强调要构建人类命运共同体

实现“两个一百年”奋斗目标进而实现中华民族的伟大复兴，是中华民族近代最伟大的梦想。中国人民的梦想与世界各国人民的梦想又是息息相通的。2017年1月18日，他在联合国日内瓦总部的演讲中，以《共同构建人类命运共同体》为题，就“世界怎么了，我们怎么办？”明确给出了中国方案：构建人类命运共同体，实现共赢共享。在这次演讲中，他还明确阐述了中国为何要构建人类命运共同体、构建什么样的人类命运共同体和怎样构建人类命运共同体三大基本问题，引起了全世界的普遍关注。同年10月，党的十九大报告明确指出，要坚持推动构建人类命运共同体，并把其纳入到习近平新时代中国特色社会主义思想和基本方略中。2013～2017年，“构建人类命运共同体”多次出现在习近平总书记的系列讲话和党的重要文献中，不仅成为中国发展的核心热门词汇，也产生了广泛的世界影响。不仅联合国、安理会将构建人类命运共同体的理念写入其决议中，世界经济论坛更是将其2018年的论坛主题定为“在分化的世界中打造共同命运”，处处彰显着国际社会对构建人类命运共同体的认同。

在谈到中国的改革开放、发展和构建人类命运共同体时，习近平总书记有许多相关的论述，使其新时代改革开放思想具有了极为远大的情怀。他的主要观点有：第一，

中国的对外开放，“不是要一家唱独角戏，而是要欢迎各方共同参与；不是要谋求势力范围，而是要支持各国共同发展；不是要营造自己的后花园，而是要建设各国共享的百花园”[①]。“中国坚持对外开放基本国策，奉行互利共赢的开放战略，不断提升发展的内外联动性，在实现自身发展的同时更多惠及其他国家和人民。”[②]第二，中国的发展道路立足本国国情，把人民利益放在首位，是一条改革创新的道路，也是一条在开放中谋求共同发展的道路。和平和发展是全人类的共同愿望，中国不会改变促进共同发展的决心，对世界其他国家的发展成就都点赞祝福，欢迎世界各国人民搭中国发展的快车、便车。第三，中国的发展和改革开放成就是中国人民勤劳实干得到的，这对中国好，对世界也好。中国不仅是经济全球化的受益者，更是贡献者。“中国改革开放持续推进，为开放型世界经济发展提供了重要动力。”[③]中国将通过推动自身的发展给世界创造更多机遇，做全球发展的贡献者、国际秩序的维护者。

可以看出，习近平总书记的这些思想饱含着大国的自信、担当、责任和使命。他不再局限于一隅，而是将中国的改革开放与世界各国的发展紧紧联系在一起，打开了中国改革开放的视野，拔高了中国改革开放的格局，切实地、超越性地深化中国的改革和开放；他情怀远大，提倡共赢共享，认为中国的改革开放搞得好，世界才会发展得更好，并且真诚地与世界人民一道谋发展、促和平，构建人类命运共同体；他谨慎分析了国情、世情，认为构建人类命运共同体需要各国人民普遍参与，不可能一蹴而就，也不可能一帆风顺，需要锲而不舍、驰而不息的长期艰苦的努力。

经过了 40 年的风风雨雨、努力奋斗，中国的发展和成就与 1978 年改革开放之初早已不能同日而语。与前人的改革开放理论和思想相比，习近平新时代改革开放观特征鲜明，集科学性、整体性、创新性和时代性于一体，是中国共产党关于改革开放理论的创新典范。他的这一理论不仅有力地指导了中国继续深化改革和扩大对外开放的伟大事业，更体现了中华民族和中国共产党前所未有的道路自信、理论自信、制度自信、文化自信。

① 《习近平谈治国理政》第 2 卷，外文出版社 2017 年版，第 42 页。

② 《习近平谈治国理政》第 2 卷，外文出版社 2017 年版，第 483 页。

③ 《习近平谈治国理政》第 2 卷，外文出版社 2017 年版，第 484 页。

新时代中国共产党形象建设的基本经验

田启战

（山东大学当代社会主义研究所博士研究生）

在视觉主义张扬、价值主体选择多元化的时代，政党形象的价值和魅力愈发彰显，成为民众评判、选择一个政党的重要依据，也是反映政党影响力强弱的重要指标。作为一种关系性范畴，政党形象是在政党与党内外以及国内外各类行为体之间关系的认识不断深化的基础上产生的，具有主体性、客体性和主客体性的特征，是政党的内在本质(如政党性质、政党符号、政党精神等)和外在表现(如政党行为、政治能力、党员队伍等)在政党政治的实践过程中给人们所留下的相对稳定的综合性印象。作为政党的“面子”，良好的政党形象是增强政党生命力的重要资源，对内既能提升党员的组织认同感，增强组织的凝聚力，对外亦可吸引民众，提升政党的影响力。对一个执政党来说，政党形象的重要性更是自不待言，不仅有助于强化民众的政党认同，降低执政成本，也有利于赢得国际认可，提升政党外交的话语权。十八大以来，以习近平同志为核心的党中央围绕新时代党的建设新的伟大工程的新理念新举措，推动党的形象建设进入新的发展阶段。梳理总结新时代党的改革形象、为民形象、廉洁形象的基本做法，一方面有利于及时地将党建工作的有益经验升华为理论，实现党建理论的有效供给，进而构建起中国特色党建理论体系；另一方面，也为其他政党加强形象建设提供一定的借鉴与启示。

一、改革形象：坚持全面深化改革，不断推进国家治理能力和治理体系现代化

改革是当代中国的时代特征，也是中国共产党的鲜明旗帜。改革开放以来的40年，我国保持了年近10%的高速增长，取得了举世瞩目的成就，但也面临着发展不平衡、居民收入差距加大、社会矛盾增多等问题。问题倒逼着改革，改革也在解决问题的过程中得以深化。十八大以来，我们党以高度的历史责任感和使命感带领人民进行新的伟大革命，解决了许多长期想解决而没有解决的难题，生动地向世人展示出中国共产党勇于追梦、锐意创新、开拓进取的新时代形象。

首先，坚持正确的改革方向，坚定“四个自信”。方向决定道路，道路决定成败。从国际共运史上看，苏东国家由于改革方向错误而导致“国家变色”的教训惨痛深刻，需引以为戒。习近平总书记以深邃的历史眼光指出，改革开放必须高举社会主义的旗

帜，坚持“以我为主”，从我国社会经济发展的客观实际和所处的历史方位出发，在“改什么，不改什么”问题上保持政治定力，坚定不移地走中国特色社会主义道路。这就为我国全面深化改革指明了方向，避免步入“邪路”和陷入“西方话语陷阱”。

其次，坚持正确的改革方法论，精确推进改革。改革是一场全民利益格局大调整的社会变革，事关13多亿人的切身利益，不是“敲敲锣打打鼓”就能轻易完成的。深入推进新时代改革事业，必须准确把握改革的内在规律，善于运用科学的改革方法。(1)用系统的方法统筹改革全局。改革作为一项系统工程，既“涉及党和国家工作全局、经济社会发展各领域”，又“涉及许多重大理论问题和实际问题”①，必须用联系和全面的观点来统筹谋划各领域改革，增强各项改革举措的关联性、协同性与耦合性，避免单兵突进、顾此失彼，切实提升改革的整体效果。十八大以来，我们党非常重视改革的顶层设计和整体谋划，成立了以习近平总书记为组长的中央全面深化改革小组，统筹部署经济、政治、文化、社会、生态、军队等领域的重大改革。据统计，中央深改领导小组先后召开了38次会议，审议通过了365个重要改革文件，确定了357个重点改革任务，出台了1500多项改革举措。国有企业、农村土地制度、户籍制度、教育体制、国防和军队、司法体制、群团组织、住房制度、医药卫生体制等重要领域的改革稳步向前，党和国家机构改革、国家监察体制改革等正在扎实推进……(2)坚持马克思主义群众史观的指导地位。改革为了人民，改革依靠人民，这是我国改革开放40年的成功经验，也是新时代继续深化改革的根本遵循。作为一项前无古人的崭新事业和亿万人民的自身事业，全面深化改革只有始终坚持以人民为中心的政治立场，让人民群众成为改革的参与者和受益者，才能实现新突破和取得历史性成就。正如习近平总书记所强调的，要把增进人民福祉作为改革的出发点和落脚点。从医药分开、考试招生制度改革，到全面实施居住证制度、行政审批便民化……一大批惠民措施落地见效，人民群众切身享受到了深化改革带来的红利，极大提升了改革获得感。

二、为民形象：坚持以人为本，不断满足人民日益增长的美好生活需要

一切为了人民、一切依靠人民是马克思主义政党最鲜明的政治品格，也是党的执政之基、血脉所在。新时代，我们党在着力发展经济、做大蛋糕的同时，更加注重民生建设、分好蛋糕，让人民共享改革发展红利，人民群众的获得感和幸福感不断提升，展现出“为人民服务”的新时代形象。

1.加大公共产品供给力度，让人民共享改革发展成果

“我们的人民热爱生活，期盼有更好的教育、更稳定的工作、更满意的收入、更可靠的社会保障、更高水平的医疗卫生服务、更舒适的居住条件、更优美的环境。”②民之所望，政之所向。如果改革不能够给群众带来实质性的好处，就会失去本来意义，自然也得不到群众的支持和拥护。十八大以来，我们党积极顺应人民对美好生活的新期待，

① 中共中央文献研究室编：《习近平关于全面深化改革论述摘编》，中央文献出版社2014年版，第43页。

② 中共中央文献研究室编：《十八大以来重要文献选编》(上)，中央文献出版社2014年版，第70页。

着力解决群众最关心最直接最现实的"看病难、住房难、上学难、就业难"等民生问题。

第一，促进教育公平，办好人民满意的教育。(1)改善教育资源分配不均状况，推动城乡教育一体化发展。一是实施"乡村教师支持计划"，加强教师队伍建设。该计划始于2015年，主要从生活待遇、师资来源、职称评比、编制标准、荣誉制度等八个方面"力挺"乡村教师，以期解决当前乡村教师队伍中存在的结构不合理、整体素质不高、优质资源配置不足等问题。据一项数据显示，截至2016年底，在实施该计划的22个省份中，已有684个县实行了乡村教师生活补助政策，惠及8.1万所学校的近130万名乡村教师。[①] 二是多重并举，加快农村教育发展。十八大以来，我们党高度重视教育公平，针对农村地区教育资源匮乏、教育发展滞后等状况，先后实施了"全面改薄"工程、"定向招生专项计划""营养改善计划"以及留守儿童关爱计划等一批惠民项目，极大改善了农村地区的教学、生活和管理条件，基本消除了农村地区学生"饿着肚子上学"的现象，同时也让更多的农村和贫困地区学生有了接受良好教育的机会。(2)持续推进教育改革，构建现代教育体系。一是深入推进考试招生制度改革。如何更科学、更公正地"选好人才"是新时代我国教育事业面临的主要问题。十八大以来，我国启动了自恢复高考以来最广泛最深刻的考试招生制度改革。一方面，摒弃传统的"一考定终身"的单一做法和选才模式，探索实施"两依据一参考"的招生录取模式，为每位学生的全面发展提供了良好的发展空间；另一方面，系统清理、规范高考加分项目，全部取消全国鼓励性加分项目，大幅度缩减地方性加分项目，促进高考招生录取更加公平正义。二是加快构建现代教育治理体系。办好世界上规模最大的教育，构建世界一流的现代教育体系是党面临的时代课题。十八大以来，我们党一方面加快完善教育法律体系，先后修订了《民办教育促进法》《高等教育法》和《教育法》等法律法规，使我国在依法治教的进程中迈出了更加坚实的步伐；另一方面在高等教育领域实施简政放权和"放管服"改革，不断扩大高校在专业设置、选人用人、薪酬分配、职称评审和经费管理等方面的自主权，鼓励高校积极构建现代治理体系。

第二，加快社会保障体系建设，不断提升群众改革获得感。作为一对永恒性的矛盾，如何处理好效率和公平之间的关系，这是衡量党的执政能力高低的一把标尺。在过去"唯GDP主义"政绩观的主导下，我国民生建设被经济建设所遮蔽，存在着明显的"重经济轻民生"的"短腿现象"。而社会保障作为民生的"安全网"，不仅影响着群众的生活质量和改革获得感，也关系着社会的和谐稳定与发展活力。十八大以来，我们党多谋民生之利、多解民生之忧，从群众反映最强烈、呼声最高的"上学难、就业难、看病难、养老难、住房难"等问题着手，一件事情接着一件事情办，一年接着一年干，不断弥补民生历史欠账，让人民群众在教育、医疗、就业、住房、养老等方面获得了更加充实的幸福感和获得感。据某研究机构发布的2015年数据显示：62.7%的受访者认为自己生活水平比5年前有所上升。

---

① 参见赵婀娜：《努力让十三亿人民享有更好更公平的教育——党的十八大以来中国教育改革发展取得显著成就》，载《人民日报》2017年10月17日。

第三，打好污染防治攻坚战，建设美丽中国。生态保护既是一个世界性难题，也是我国社会发展面临的主要问题之一。过去几十年，虽然我国取得了令人瞩目的“经济奇迹”，但也为此付出了沉重的生态环境代价。江河水系70%受到污染，3亿多农民喝不到干净水，4亿多城市居民呼吸不到新鲜空气。[①] 严重的生态环境问题已成为民生之患和民心之痛。面对自然资源日趋紧张、环境污染日渐严重、生态系统日益恶化的严峻形势，新时代共产党人以“我国生态环境不能在我们手里变得越来越坏”[②]的胸怀和意志，着力解决突出的环境问题。一是积极引导社会树立正确的生态文明观。理念是行动的先导，生态环境问题归根到底是由人类社会不当的生产生活方式所引发的。唯有树立正确的发展观、消费观和生态观，才能实现人与自然的和谐共生。十八大以来，作为我国最大的“宣传员”，习近平总书记无论是在国内考察调研，还是在国际重要场合，他都积极倡导保护生态环境理念。近年来，“美丽中国”“生命共同体”“像保护眼睛一样保护生态环境”“绿水青山就是金山银山”等通俗易懂的“习式生态词汇”深入人心，绿色发展、低碳生活已成为全社会的共识：开展“光盘行动”，购买新能源汽车，减少使用一次性物品……二是加强顶层设计，推动生态文明体制改革。生态建设是一项复杂的系统性工程，具有长期性、艰巨性、高投入等特点。由于地方主义、部门利益、治理机制和治理方式等多种因素的影响，我国生态环境保护往往出现“说起来重要，做起来次要”和因人而异、因时而异等现象。实践充分证明，只有“实行最严格的制度、最严密的法治，才能为生态文明建设提供可靠保障”[③]。十八大以后，我们党密集出台了《关于加快推进生态文明建设的意见》《生态文明体制改革总体方案》《关于改进地方党政领导班子和领导干部政绩考核工作的通知》和《党政领导干部生态环境损害责任追究办法（试行）》等系列文件，设计出我国生态文明建设的改革路线图，为深入推进生态建设指明了方向。其次，加快完善环保法治体系，为生态保护“保驾护航”。十八大以来，我国先后修订了《大气污染防治法》《水污染防治法》，出台了“史上最严”的新环保法，不断为绿色发展织起从密从严的“法网”。再则，积极开展环保督察巡视，提升环保制度的执行力。运用巡视方式开展环保督察，是新时代我们党推进生态建设的一大创举。“高配”的中央环保督察组，雷厉风行、勇于“亮剑”，掀起了一场场“环保风暴”，通过约谈、问责、通报等方式，传递出强有力的环保压力，着实提升了各级政府的环保责任意识，切实推动了新发展理念的贯彻落实和一大批突出环境问题的有效解决。据环保部发布的数据显示，第一轮督察直接推动解决群众身边环境问题8万余个，纳入整改方案的1532项突出环境问题近半已得到解决。[④]

---

① 参见《中国经济5年成功艰辛：我们付出了巨大的发展代价》，安徽发展研究网，2008年8月31日，http://www.dss.gov.cn/News_wenzhang.asp? ArticleID=281024。

② 《为了中华民族永续发展——习近平总书记关心生态文明建设纪实》，新华网，2015年3月9日，http://www.xinhuanet.com/politics/2015-03/09/c_1114578189.htm。

③ 中共中央文献研究室编：《习近平关于全面深化改革论述摘编》，中央文献出版社2014年版，第104页。

④ 参见张尼：《首轮中央环保督察全反馈31省份有这些通病》，中国新闻网，2018年1月4日，http://www.chinanews.com/gn/2018/01-04/8415677.shtml。

2. 打赢脱贫攻坚战，实现共同富裕

社会主义的本质要求是实现共同富裕，“让贫困人口和贫困地区同全国一道进入全面小康社会”[①]是中国共产党的庄严承诺。新时代，我们党主要围绕“扶持谁”“谁来扶”“怎么扶”等问题精准发力，取得了令世人赞叹不已的扶贫成就。在扶持对象上，构建了科学的识别体系和动态的管理机制。精准识别贫困人口是做好扶贫工作的第一步，只有摸清贫困人口的分布范围、致贫原因以及贫困程度等，才能有效做到精准施策、精准扶贫。为此，2014年我国组织了80万人进村入户，通过入户调查、建档立卡等程序，共识别出12.8万个贫困村和8962万贫困人口。随后又在2015年和2016年认真开展了“回头看”工作，补录807万贫困人口，剔除929万不准人口，进一步提高了贫困人口的识别精准度，为真正做到扶真贫打下坚实基础。在力量主体上，形成了“党员冲锋陷阵，全民协同作战”的局面。一是选派党员干部开展驻村帮扶，充实基层扶贫力量。作为党的“形象大使”，党员干部的言行举止直接影响着群众对党的形象的感观。在脱贫攻坚这场战役中，我们党共选派了19.5万名第一书记和77.5万名驻村干部。他们时刻奋斗在扶贫前线，以实干的精神、踏实的作风和骄人的成绩赢得了群众的普遍赞赏，并涌现出王晓阳、时圣宇、吴树兰等一大批先进党员干部。二是积极开展社会动员，汇成脱贫攻坚的磅礴力量。脱贫是一项系统性工程，也是全民族的共同事业。通过设立扶贫日、表彰模范、强化区域协作和动员企业参与扶贫等举措，唱响了全民参与脱贫攻坚的“大合唱”。在扶贫方式上，坚持因地制宜和“靶向治疗”。十八大以来，我们党不断调整扶贫思路、完善扶贫策略、转换扶贫方式，由过去的救济式、“大水漫灌”式扶贫向开发式、“精准滴灌”式扶贫转变，做到因村因户因人施策，形成了产业扶贫、科技扶贫、教育扶贫、劳务输出扶贫、金融扶贫、生态扶贫、健康扶贫等诸多各具特色的新型扶贫模式。2013～2016年，我国农村贫困人口每年减少超过1000万人，累计脱贫5564万人，贫困发生率也由2012年的10.2%下降到2016年的4.5%。[②] 创造了人类反贫史上的神话，也充分彰显了社会主义制度的优越性。新时代，我们党更加注重民生建设和促进社会公平正义，以更加积极务实的姿态主动回应群众诉求，着力解决群众重大关切，续写了民生建设的新篇章。

三、廉洁形象：深入推进反腐倡廉建设，永葆共产党人政治本色

腐败从实质上讲就是滥用公权以谋求个人的不正当利益，对于一个立党为公、执政为民且长期执政的马克思主义政党来说，必须始终重视自身的先进性和纯洁性建设。这不仅影响着党的执政安全，也关系到政治系统的健康运作。作为“政治之癌”，腐败不仅严重侵蚀着党的健康肌体，败坏了党的廉洁形象，也大大加重了群众的相对

① 习近平：《决胜全面建成小康社会　夺取新时代中国特色社会主义伟大胜利——在中国共产党第十九次全国代表大会上的报告》，人民出版社2017年版，第47页。

② 参见陈二厚、董峻、侯雪静：《十八大以来党中央引领脱贫攻坚纪实》，新华网，2017年5月22日，http://www.xinhuanet.com/politics/2017-05/22/c_129612970.htm。

剥夺感和对党的离心力。“如果任凭腐败问题愈演愈烈，最终必然亡党亡国。”[①]面对严峻的腐败形势，新时代我们党以壮士断腕的决心和刮骨疗毒的勇气，勇于自我革命、自我净化，开展了一场史无前例的重拳反腐斗争，重塑了风清气正的政治生态，有力地维护和巩固了党的廉洁形象。

1.反腐败零容忍，坚持“老虎苍蝇”一起打

这是新时代我们党开展反腐败斗争的鲜明亮点。唯有为政清廉才能赢得民心，腐败影响着人民群众对党执政合法性的认同，对党的执政基础最具有杀伤力。十八大之后，我们党以“零容忍，无禁区，全覆盖”为原则导向，坚持凡腐必反、除恶务尽，既重点查处了中央机构的涉腐“老虎”，也严厉惩治了基层机关的贪污“苍蝇”，更是着力抓捕了逍遥法外的“红通人员”，形成了强有力的警示和震慑作用，有效遏制了腐败蔓延势头。人民群众为之拍手称赞，党风政风民风为之一新。据一项调查显示：2017 年，群众对我国反腐工作的满意度上升较快，超九成的党政干部（领导干部 96.1%，普通干部 95.5%）和七成的社会公众（企业管理人员 74.6%，城乡居民 79.2%）对当前反腐工作表示“满意”或“比较满意”，近九成的城乡居民对反腐“有信心”和“比较有信心”，比 2012 年提高了 29.2%。[②]

2.加强反腐倡廉制度化建设，完善权力运行和监督机制

腐败作为一种“政治顽症”，具有长期性、顽固性和反复性。只有加强反腐倡廉的制度化建设，运用法治方式开展反腐斗争，才能防止出现“运动式反腐”“选择性反腐”等现象，才能有效降低反腐成本以及从源头上防治腐败。注重党内法规制度的系统性、权威性和操作性是新时代我们党推进反腐倡廉工作的显著特点。一方面，重视制度治党，进一步完善党内法规体系。制度治党是新时代深入推进反腐倡廉建设的重要保障和有力抓手，也是我们党从严治党的宝贵经验。为了满足新形势反腐斗争的需要，我们党不断加大制度供给力度，密集出台了《党政机关厉行节约反对浪费条例》《党政机关国内公务接待管理规定》《中国共产党巡视工作条例》《中国共产党廉洁自律准则》《中国共产党纪律处分条例》《关于领导干部报告个人有关事项的规定》《党政领导干部选拔任用工作条例》等一系列前后衔接、左右配套的党内法规，大大加快了新时代全面从严治党的制度化和规范化进程。另一方面，注重制度的操作性和执行力。在总结党的建设经验教训时，习近平总书记指出了以往问题的症结：“有的制度过于原则，缺乏具体的量化标准，形同虚设；有的过于笼统、弹性空间大，牛栏关猫，很多腐败问题不仅没有遏制住，反而愈演愈烈。”[③]因此，新时代我们党对强化制度的实用性和执行力进行了生动探索。比如，《党政机关国内公务接待管理规定》不仅明确了适用范围、接待原则、接待标准、监督机制等，而且对住宿、用车、用餐甚至陪餐人数等都提出了严

---

① 中共中央纪律检查委员会、中共中央文献研究室编：《习近平关于党风廉政建设和反腐败斗争论述摘编》，中央文献出版社 2015 年版，第 5 页。

② 参见《反腐倡廉蓝皮书：中国反腐倡廉建设报告 No.7》，中国皮书网，2018 年 1 月 23 日，http://www.pishu.cn/zxzx/xwdt/516014.shtml。

③ 《习近平在十八届中央政治局第 24 次集体学习时的讲话》，载《时事报告》2016 年第 7 期。

格细致的规定：接待对象在10人以内的，陪餐人数不得超过3人；超过10人的，不得超过接待对象人数的1/3。再如，具有“反腐利剑”之称的党内巡视，便是我们党重在执行的治党设计的有力体现。作为中央的“千里眼”和“侦察兵”，巡视组紧紧围绕“四个着力”，有针对性、不定期地自上而下巡视，发现问题线索，提出限期整改意见，明确主体责任，确保巡视成果落到实处。据资料显示，十八大以来中纪委立案审查的中管干部案件中，超过60%的问题线索来自巡视，充分发挥了“反腐尖兵”作用。

3.加强作风建设，厚植党执政的群众基础

党风正、民心顺则人心齐。党的作风是党的本质规定和成员行为在政治生活中的外在表现，是反映党的形象的一面镜子，折射出党群关系的和谐度和亲密度。在市场经济大潮的冲击下，等价交换、功利主义等负面思想逐渐渗透到党内生活，让党的健康肌体染上一些病菌，如形式主义、官僚主义、享乐主义和奢靡之风等。“如果不坚决纠正不良风气，任其发展下去，就会像一座无形的墙把我们党和人民群众隔开，我们党就会失去根基。”①十八大以来，我们党以强烈的忧患意识和政治担当，从群众反映最强烈、深恶痛绝的“四风”问题入手，以“中央八项规定”为切入点，持续不断地正风肃纪，营造风清气正的社会环境。一是盯紧关键少数，从严治吏。党风影响社风，党员干部尤其是高级领导干部的作风具有很强的示范效应，其作风如何将直接影响到党风政风社风的好坏。“子帅以正，孰敢不正？”作为党的“大管家”，习近平总书记以身作则，率先垂范。外出考察调研轻车简从，简化接待，不清场，少扰民，见真群众，摸真情况；在河北阜平，住16平方米房间，跟工作人员吃同样简单的饭菜；在武汉码头，卷起裤腿，打着雨伞，趟着积水……习近平总书记朴实无华的形象令人耳目一新，赢得了人民群众的广泛好评。据2013年国家统计局的调查数据显示，超九成的受访者对新一届中央领导集体制定和执行“八项规定”表示满意，八成的受访者认为，身边党员干部的工作作风有所改进。② 二是加强党员自身修养，增强自我净化能力。作为党的形象的体现者，党员干部“如果失去律己之心，随波逐流，趋利媚俗，放纵自己，就会混淆是非，走上邪路”③。近年来，我们党不断探索新时代条件下加强党员自身修养的有效机制，通过开展党的群众路线教育实践、“三严三实”专题教育、“两学一做”学习教育和“不忘初心，牢记使命”主题教育等活动，着力解决党员干部队伍中存在的思想不纯、作风不正、先进性不足等问题，大大改善了党员的个体形象和组织的整体形象，极大提升了党的政治威望。三是抓早抓小，防微杜渐。党的良好形象的形成是广大党员干部一点一滴长期积累的结果。如果任凭个别党员干部不良作风的侵蚀，则会造成“千里之堤毁于蚁穴”的恶果。因此，加强党的形象建设必须发扬“钉钉子”精神，从小事着手，从细节抓起，做到早发现、早处理，有效防止小错酿成大错，维护好党的光辉形象。这也是总

① 《习近平谈治国理政》，外文出版社2014年版，第387页。

② 参见朱基钗、罗沙、荣启涵、李亚红：《八项规定，激浊扬清之剑——党的十八大以来以习近平同志为核心的党中央贯彻执行八项规定、推动作风建设综述》，新华网，2017年9月29日，http://www.xinhuanet.com/politics/2017-09/29/c_1121741709.htm。

③ 习近平：《之江新语》，浙江人民出版社2007年版，第176页。

结以往党建经验教训得出的基本结论。十八大以来，我们党注重构建抓早抓小机制，看住一件件小事，管住一个个节点，在抓常抓细上下功夫，对反映党员干部的苗头性倾向性问题，及时谈话提醒、诫勉、函询、教育。据统计，2017 年全国共查处违反“中央八项规定”问题 51008 起，处理 71644 人，给予党纪政纪处分 50069 人[①]，及时有效地教育保护了党员干部，为构建新时代党的廉洁形象奠定良好基础。

十八大以来，中国特色社会主义进入新时代的发展车道。新时代新起点新征程，作为中国特色社会主义事业的领导核心，中国共产党以“赶考”的心态，以壮士断腕的政治勇气，坚持问题导向和以人为本的执政理念，深入推进全面深化改革和全面从严治党，有效解决了党和国家发展面临的体制性障碍、结构性矛盾和政策性问题，人民群众的获得感、幸福感不断持续上升，展示了新时代党的改革形象、为民形象和廉洁形象。同时，也向其他政党提供了一份可供参考的样本。在政党变革上，必须要坚持正确的方向和方法。如果政党改革尤其是执政党改革偏离正确的轨道，不仅会加大改革成本，也会削弱政党的生命力甚至出现亡党亡国的惨剧，苏共的改革便是明证。同样，改革方法也决定着改革成败，政党变革要以科学的方法论为指引，兼顾改革的力度和组织的承受度，稳步提升自身的现代化水平。在党群关系上，要密切联系人民群众，不断夯实群众基础。人民群众是政党的安身立命之本，只有始终立足于人民群众，时刻关心群众冷暖，做人民群众利益的捍卫者，政党才能赢得民众的信任和支持，进而迸发出旺盛的生命力。在廉政建设上，必须要勇于自我净化和自我革命。物必先腐，而后虫生。任何一个组织尤其是执政党，如果不重视自身的纯洁性建设，不能有效遏制贪污腐化，就会逐渐丧失先进性甚至是执政资格。因此，任何政党都应“像珍惜生命一样重视纯洁性建设”，不断加强“自我体检”，摸清制约自身先进性建设的各种病理，找准病灶，对症下药，确保政党永葆旺盛的生命力。

---

① 参见尉承栋：《2017 年 12 月全国查处违反中央八项规定精神问题 7594 起查处地厅级干部问题数比上月增长 92%》，载《中国纪检监察报》2018 年 1 月 18 日。

论中国特色社会主义制度自信的现实条件

——基于制度环境因素的分析

张 多

(厦门大学马克思主义学院博士研究生)

环境通常是指制约和影响某一中心事物周围的事物或条件。在西方学界,制度环境本是一个经济学概念,指的是“一系列用来建立生产、交换与分配基础的基本的政治、社会基础规则”①。在本文中,我们讨论的是制度环境的广义概念,指的是影响和作用于制度运行的背景和事物,不仅限于影响生产力的范畴。因此,制度环境又可以称作非正式制度。“非正式制度包括行为准则、伦理规范、风俗习惯和惯例等,它构成了一个社会文化遗产的一部分并具有强大的生命力。非正式制度是正式制度的延伸、阐释或修正,它是得到社会认可的行为规范和内心行为准则。”②正式制度正是基于非正式的习俗和准则而设计和创立的,而价值理念、社会环境、传统文化、意识形态等社会成员自律的软约束是正式制度运行基础和环境。任何制度的安排、运行都有赖于特定的制度环境,制度体系与环境的耦合性决定着制度的成败。中国特色社会主义制度的运行同样也不例外,需要一系列长期内化于社会群体的生活习惯和思想意识中、影响人们在长期交往中自发形成并被人们无意识接受的非文本的行为规范,使得人们能够在追求自身利益的过程中受到制度环境的特定限制。

中国特色社会主义是共性和个性的统一,社会主义是共性,中国特色是个性。习近平指出:“一个国家选择什么样的治理体系,是由这个国家的历史传承、文化传统、经济社会发展水平决定的,是由这个国家的人民决定的。我国今天的国家治理体系,是在我国历史传承、文化传统、经济社会发展的基础上长期发展、渐进改进、内生性演化的结果。”③中国传统的制度精神、社会主义的意识形态与改革开放40年来社会制度一系列重大的变革和创新,共同塑造了中国特色社会主义现代化建设的外部制度环

---

① [美]科斯等:《财产权利与制度变迁:产权学派与新制度学派译文集》,胡庄君、陈剑波等译,上海人民出版社1994年版,第270页。

② [美]道格拉斯·诺斯:《制度、制度变迁与经济绩效》,刘守英译,上海三联书店1994年版,第64页。

③ 《习近平:完善和发展中国特色社会主义制度 推进国家治理体系和治理能力现代化》,载《人民日报》2014年2月18日。

境。当前,中国初步建构形成了一个社会激励有效、运行稳定、大众认同的制度环境,较好地解决了后发国家社会发展的秩序和动力衔接互动的问题。研究制度环境问题,能够让一些西方舆论误读中国缺乏契约精神、“人治多于法治”“官本位”意识等言论不攻自破,并从我国的现实条件彰显中国特色社会主义制度的成熟和自信。

一、中国特色社会主义制度的文化环境因素

文化是人类面对生存境况而积累的经验总和,而经验中最核心的部分就是对行为的肯定性的指导,这就是广义的制度,集中体现在习惯、道德等约定俗成的行为指南。制度与文化具有同一本质性,二者是人类文明中相辅相成的两个方面。一方面,文化是制度的内化,即制度选择文化。文化是组织化的群体依照对共同价值观的认同,并遵循着制度规范而共同行动的过程中形成的包括人们内心的心理原则、价值取向、理念追求、道德标准和利益调整等的观念体系。另一方面,制度是文化的凝固,即文化孕育制度。哈耶克认为,制度无非是文化进化的结果,是各个小群体、个人的规则被更多的人接受而上升为社会规则。① 作为制度体系的重要组成部分,在制度安排、制度选择和制度变迁中呈现的“基本倾向”通常被称为“制度文化”或“制度精神”。制度文化即人之内心的有关制度的观念系统,制度文化是制度的“内核”“灵魂”②,在中国特色社会主义制度体系中发挥从深层次上维护制度的运行和提供基本价值支撑的作用。

党的十九大报告指出:“中国特色社会主义文化,源自于中华民族五千多年文明历史所孕育的中华优秀传统文化,熔铸于党领导人民在革命、建设、改革中创造的革命文化和社会主义先进文化。”这一论断,体现了对中华优秀传统文化、革命文化、社会主义先进文化发展的历史和生命力有强烈的认同感、自豪感,并指引我们需要从历史、现实、未来三个方面理解中国特色社会主义制度的文化环境因素。

其一,中华优秀传统文化。中华优秀传统文化源远流长、灿烂辉煌,是中华民族的“根”和“魂”,在世界文明史上都占有重要的一席之地。追根溯源,中国特色社会主义制度精神的逻辑起点应该从中华传统文化中去探寻。“中国优秀传统文化的丰富哲学思想、人文精神、教化思想、道德理念等,可以为人们认识和改造世界提供有益启迪,可以为治国理政提供有益启示,也可以为道德建设提供有益启发……在带领中国人民进行革命、建设、改革的长期历史实践中,中国共产党人始终是中国优秀传统文化的忠实继承者和弘扬者。”③

在众多中华优秀传统文化的分支中,儒家庞大的哲学体系对中国道德、礼治、习惯等因素影响最为深刻。儒家学说经历代统治者的推崇,以及孔子后学的发展和传承,使其对中国文化的发展起了决定性的作用,在中国文化的深层观念中,无不打着儒家思想的烙印。“在儒家眼里,礼节仪式一直是主要的考虑……儒家对待人处世各方面

---

① 邓正来编译:《哈耶克论文集》,首都经济贸易大学出版社 2001 年版,第 671～690 页。

② 车洪波、郑俊田:《中国当代制度文化建设》,中国商务出版社 2004 年版,第 6 页。

③ 习近平:《在纪念孔子诞辰 2565 周年国际学术研讨会暨国际儒学联合会第五届会员大会开幕会上的讲话》,载《人民日报》2014 年 9 月 25 日。

的细微之处，都规定下礼仪规则，它们教导庶民，尊重中国传统的社会义务原则，使顺从不仅作为单纯的理性信念，亦成为习惯性的天性。这使得儒家的世俗伦理在缺乏宗教制裁的情况之下绵延传承，作为政治与社会的力量达两千年之久。”①

儒家追求的小康社会、大同社会，其政治前提在于它是一个制度社会。在当代，儒家文化积极方面对巩固我国治国理政的制度环境主要有以下两个方面：一是维系稳定的社会秩序，为改革发展提供稳定的社会基础。法国思想家孟德斯鸠指出：“中国人把整个青年时代用在学习这种礼教上，并把整个一生用在实现这种礼教上。文人用之以施教，官吏用之以宣传；生活上的一切细微的行动都包罗在这些礼教之内，所以当人们找到使它们获得严格遵守的方法的时候，中国便治理得很好了。”②儒家思想正是运用了由“个人的守礼”到“国家的有序”这一紧连的纽带将人们对“礼”的遵奉和敬畏深深嵌入了具体的礼节和国家的规范当中。儒家的“礼”为轴心的对君臣、夫妇、父子、兄弟等某一特定社会角色提出的各种道德要求，维系了社会的纲常伦理与秩序，培养民众遵守制度、践行制度所必需的价值体系，也是现实生活中中国特色社会主义制度得到社会和民众持续认同的关键观念基础。二是中国特色社会主义制度在某些内容上也借鉴了一定的儒家文化精神。比如，我国实行的中国共产党领导的多党合作和政治协商制度，是中国共产党和各民主党派智慧的结晶。各民主党派通过合法渠道向共产党和国家机关提出不同意见和建议，体现了“和而不同”的品格。再比如，社会主义市场经济的推行，需要有与之相适应的法律作为保障，更需要有诚信作为支撑。儒家道德规范中的“仁、义、礼、智、信”，在一定程度上抑制了如“拜金主义”等道德滑坡现象，避免了诚信缺失给社会秩序造成巨大的破坏。

其二，革命文化。近代中国，面对空前深重的民族危机，中国共产党勇敢地担负起了民族独立和国家解放的历史重任。在团结带领人民进行伟大斗争的过程中，涌现出了一批又一批先进集体和英雄人物，孕育形成了“井冈山精神”“长征精神”“延安精神”等各具地方特色的红色革命文化。

传统文化、革命文化、社会主义先进文化是承上启下、一脉相承的关系。革命文化虽然诞生于五四运动时期，但革命文化植根于中华优秀传统文化，充分“剔除其封建性的糟粕，吸取其民主性的精华”③。有“自强不息”的奋斗精神、“精忠报国”的爱国情怀、“天下兴亡，匹夫有责”的担当意识、“舍生取义”的牺牲精神、“革故鼎新”的创新精神、“国而忘家，公而忘私”的奉献精神等。另一方面，革命文化是社会主义先进文化的源头。“在长期革命战争中，我们在正确的政治方向指导下，从分析实际情况出发，发扬革命和拼命精神，严守纪律和自我牺牲精神，大公无私和先人后己精神，压倒一切敌人、压倒一切困难的精神，坚持革命乐观主义、排除万难去争取胜利的精神，取得了伟大的胜利。搞社会主义建设，实现四个现代化，同样要在党中央的正确领导下，大大发

---

① [美]弗里德里希·沃特金斯：《西方政治传统：现代自由主义发展研究》，黄辉译，吉林人民出版社2001年版，第219页。

② [法]孟德斯鸠：《论法的精神》上册，张雁深译，商务印书馆2005年版，第374页。

③ 《毛泽东选集》第2卷，人民出版社1991年版，第707页。

扬这些精神。”①

革命文化蕴含着丰富的当代价值，为中国特色社会主义制度的有效运行提供不竭的精神动力。革命文化内蕴的革命理想主义和爱国主义精神，把实现共产主义事业作为坚定的理想信念和价值追求，把民主独立、国家富强作为奋斗目标。坚持制度自信，必须自觉地把中国特色社会主义作为真理来信仰，作为原则来遵循。否则，离开国家制度讲理想信念和爱国主义是抽象的。革命文化贯穿始终的艰苦奋斗精神，是发展中国特色社会主义制度的关键支撑。革命文化诞生于艰苦的革命战争年代，艰苦奋斗的精神早已在中国人从站起来到富起来再到强起来的全过程中打下深深的烙印。当前，经过 90 多年党领导人民的艰苦奋斗，中国特色社会主义制度已经确立，但是这一制度仍然面临着来自国内外严峻的挑战，因此，还需要发扬吃苦耐劳、艰苦奋斗、攻坚克难的优良革命传统去坚持和完善。革命文化内蕴的变革创新精神，是发展中国特色社会主义制度的决定因素。革命文化是在革命事业中开拓创造出来的新式文化，具有十足的变革创新特质。一方面，中国社会的急遽变革呼唤着现代新文化的创生；另一方面，马克思主义具有革命性的理论品质，其指导下中国革命文化成果也是充满革命性的。改革开放是中国的第二次革命，还需要弘扬革命文化的革新精神以及改革创新的时代精神，与时俱进地不断破解时代提出的新课题，不断丰富和发展中国特色社会主义制度，以极大的文化自信推进中国特色社会主义伟大事业。②

其三，社会主义先进文化。根据马克斯·韦伯的观点，新教伦理与资本主义精神的契合构成了西方崛起的文化密码。那么，中国发展的文化密码又是什么呢？当今中国的文化旗帜是“以马克思主义为指导，以培养有理想、有文化、有道德、有纪律的公民为目标，面向现代化、面向世界、面向未来的，民族的、科学的、大众的社会主义文化”③。

社会主义先进文化建设是一个庞大的体系，其中，社会主义核心价值体系是社会主义先进文化的精髓，包括马克思主义的指导地位、中国特色社会主义共同理想、以爱国主义为核心的民族精神与以改革创新为核心的时代精神、社会主义荣辱观。价值观是社会主义先进文化的核心，新时代我们倡导富强、民主、文明、和谐，倡导自由、平等、公正、法治，倡导爱国、敬业、诚信、友善，积极培育和践行社会主义核心价值观。“人类社会发展的历史表明，对一个民族、一个国家来说，最持久、最深层的力量是全社会共同认可的核心价值观。核心价值观，承载着一个民族、一个国家的精神追求，体现着一个社会评判是非曲直的价值标准。”“我国是一个有着 13 亿多人口、56 个民族的大国，确立反映全国各族人民共同认同的价值观‘最大公约数’使全体人民同心同德、团结奋进，关乎国家前途命运，关乎人民幸福安康。”④核心价值观与核心价值体系方向一致，

---

① 《邓小平文选》第 2 卷，人民出版社 1994 年版，第 367 页。

② 参见张健彪、田克勤：《革命文化的历史地位及当代价值》，载《中国延安干部学院学报》2017 年第 5 期。

③ 江泽民：《高举邓小平理论伟大旗帜　把建设有中国特色社会主义事业全面推向二十一世纪——在中国共产党第十五次全国代表大会上的报告》，载《人民日报》1997 年 9 月 22 日。

④ 《习近平谈治国理政》，外文出版社 2014 年版，第 168 页。

都体现了社会主义意识形态的本质要求,体现了社会主义制度在思想和精神层面的质的规定性,凝结着社会主义先进文化的精髓,是中国特色社会主义道路、理论体系和制度的价值表达,是实现中华民族伟大复兴的中国梦的价值引领。①

一个价值观、一个价值体系回答了我们要建立什么样的制度,为什么要选择中国特色社会主义制度。任何制度都有着其指向的价值理念。共同的价值观念和一致的价值取向是制度产生并被认同的前提。一个国家一个社会如果对现行制度的价值缺乏认同度和归属感,必然会引起现实中的矛盾和问题的产生。因此,制度实际上建立一套价值观的外化、硬化、规范化和法律化的体系,人们的价值观不仅影响到制度建设的目标和方向,影响到制度的选择,往往也决定着制度运行的状况,决定着制度是否具有活力。社会主义核心价值观既是中国特色社会主义制度建设的价值基础,也是一种制度软实力,规范着人们的行为,并在国家层面、社会层面、个人层面倡导这些核心价值。与西方所倡导的"普世价值"的落脚点是"个人自由"不同,社会主义核心价值观的逻辑起点是"集体主义",为了全体人民的幸福和根本利益。因此,社会主义核心价值得到了广大人民的拥护,发挥了对社会领域中多元价值立场的引导和整合功能,为中国特色社会主义制度运行创造良好的条件,减少制度阻抗带来的行政成本。

二、中国特色社会主义制度的社会环境因素

人是制度的主体,"因为任何制度、任何改革最终都要由人去落实和操作,任何意义上的人性假定,都离不开具体人的具体行为"②。而根据辩证唯物主义的观点,"人的本质不是单个人所固有的抽象物,在其现实性上,它是一切社会关系的总和"③。在由单个个体所组成的社会中,社会环境对个体的行为表现和思维取向具有反作用。当个体与社会环境融合在一起时,个体往往受到社会环境的有效制约而表现出一定程度的合社会性,即人的行为与社会的发展趋向存在一定程度的兼容性,也就是说个体行为的表现会比较符合社会发展的要求,进而有助于社会秩序的构建与维系。

中国特色社会主义制度运行依赖稳定的社会环境。邓小平指出:"中国的问题,压倒一切的是需要稳定。没有稳定的环境,什么都搞不成,已经取得的成果也会失掉。"④党的十六大报告,将"稳定"升华为构建社会主义和谐社会,从根本上来维护社会长久稳定。有学者总结出当代中国社会稳定状况定位——包含着诸多不稳定因素的社会基本稳定状态。⑤

首先,自改革开放以来,中国经济呈腾飞状发展,人民生活水平不断得到改善。我国的发展理念、思想从"以经济建设为中心",到"发展是党执政兴国的第一要务",到坚持科学发展观,再到坚持贯彻"五大发展理念"。我国不断加大对内改革与对外开放的

---

① 参见刘云山:《着力践行和培育社会主义核心价值观》,载《求是》2014年第2期。

② 苏东斌:《人与制度》,中国经济出版社2006年版,第3页。

③ 《马克思恩格斯选集》第1卷,人民出版社2012年版,第135页。

④ 《邓小平文选》第3卷,人民出版社1993年版,第284页。

⑤ 参见张恒山:《从文明转型看当代中国社会稳定状态》,载《中共中央党校学报》2014年第3期。

力度和深度，取得了举世瞩目的伟大成就。根据国家统计局的数据统计，我国人均国内生产总值由1978年的385元上升到2016年的53980元。[①] 1979～2012年，中国经济年均增速达9.8%，同期世界经济年均增速只有2.8%。目前，国内生产总值稳居世界第二，对世界经济增长贡献率超30%。在第十二届全国人民代表大会第一次会议的政府工作报告中，李克强总理指出，我国已经形成世界上人口最多的中等收入群体。“中间阶层与稳定的关系，颇似富裕与稳定的关系一样，一支庞大的中间阶级犹如普遍富裕一样，是政治上一支节制力量。”[②]人民群众在中国经济飞速发展中整体上受益，多数人安居乐业，人民生活总体达到小康水平。物质财富的增加、人民生活水平的提高，能够让人民群众思稳、思定，认可既有的制度，并希望在渐进式的改革中使既有的制度持续运行下去。从国际上看，发生政变、动乱、内战等政治动荡问题的国家普遍都存在人民生活水平落后、国内经济增长乏力的症结。

其次，中国的社会规范逐渐加强，即从“人治社会”“伦理社会”向法治社会转变。一个国家是否已经成为法治国家，不仅要看这个国家是否已经建立起一套完备的法律体系，更重要的是法律是否已经铭刻在人们的内心。人们对遵守制度产生了一定的敬畏心理，“不留‘暗门’、不开‘天窗’，坚决维护制度的严肃性和权威性，坚决纠正有令不行、有禁不止的行为，使制度成为硬约束而不是‘橡皮筋’”[③]，这种对制度的敬畏心理具有一定的长期性和稳定性，才能够培养出人民相对规范的行为模式。随着中国法治化进程的不断深入，我国人民的法律意识和法律自觉不断提高，社会上那种遇事不是找法而是找人的现象逐渐减少。在权利与义务方面，我国公民对自己在国家中法定身份与社会角色的主观认识强烈，对政治参与显示出了足够的热情和兴趣。责任意识方面，自古以来我国就重视公民责任意识的培养，社会上各种自觉维护制度权威、带头履行制度的现象屡见不鲜。

最后，中国的社会治理体制不断完善，最大限度增加和谐因素。党的十八届三中全会提出“创新社会治理体制”的新概念，目的是维护国家安全，确保人民安居乐业、社会安定有序。当前，我国处于发展的重要战略机遇期，又处于社会矛盾凸显期。社会主义基本制度和市场经济有机结合，公有制经济和非公有制经济共同发展，导致经济成分和资源分配方式愈加丰富。社会政治架构呈现多元化态势，越来越多的人从“单位人”转变为“社会人”，新的社会阶层人士不断涌现。有学者将我国现阶段的社会阶层划分为普通工人阶层、农民阶层、知识分子阶层、公务人员阶层、公有企事业管理者阶层、非公企事业主阶层、个体户阶层等7个阶层。[④] 同时，信息网络管理任务日益繁重，中国互联网络信息中心(CNNIC)发布的第41次《中国互联网络发展状况统计报告》显示，截至2017年12月，我国网民规模达7.72亿，普及率达到55.8%，超过全球

---

① 参见《中华人民共和国2016年国民经济和社会发展统计公报》，http://www.stats.gov.cn/tjsj/zxfb/201702/t20170228_1467424.html。

② [美]塞缪尔·亨廷顿：《变化社会中的政治秩序》，王冠华等译，上海人民出版社2008年版，第239页。

③ 习近平：《在党的群众路线教育实践活动总结大会上的讲话》，载《人民日报》2014年10月9日。

④ 参见苏伟：《当前中国社会各阶层分析》，载《马克思主义研究》2016年第7期。

平均水平（51.7%）4.1个百分点。[①] 需要特别指出的是，我们不能把社会多元化本身视为不稳定因素。不同于其他国家民众不断地通过游行、示威、罢工等方式顽强地表达自己的利益要求，面对如此纷繁复杂的社会，中国大众在不断的政治参与训练和政府的有效管理中，公平意识、民主意识、权利意识、法治意识、监督意识不断增强，从而促进社会的稳定。

三、中国特色社会主义的政治环境因素

政治环境是指某一特定政治主体所处的，并对该政治主体产生重大影响作用的背景和周围事物等各个因素的总和。这些环境因素按照特定的体制、结构、功能和运行机制结成一个整体，是一个复杂的网络系统。这些环境因素直接影响到统治阶级政治决策的整个过程以及国家政权的结构和运行，反过来说，政治的存在和运行也影响着这些环境。当前，中国的政治环境因素主要有以下三部分：

一是以马克思主义为指导的政治意识形态。意识形态是与一定社会的经济和政治直接相联系的观念、观点、概念的总和，包括政治法律思想、道德、文学艺术、宗教、哲学和其他社会科学等意识形式。意识形态“首先是一个政治术语”[②]。政治不仅是意识形态中的一个领域，更是意识形态概念范畴中的一个基本领域。当代中国，以马克思主义为指导的政治意识形态又可以称之为“体制内意识形态”。所谓体制内意识形态，是指以政党、政府等权威力量为依托，通过有组织的资源系统向社会传输和倡导的意识形态。[③] 马克思主义的基本原理为中国特色社会主义制度的安排提供义理性辩护和精神支持，凝聚了人民群众对制度的信念和对社会未来的信心，从而成为社会发展的强大精神动力。

首先，马克思主义的科学性为中国特色社会主义制度的形成提供科学依据。之所以认为马克思主义是科学的，最根本是因为马克思主义确立了科学的实践观，“从前的一切唯物主义（包括费尔巴哈的唯物主义）的主要缺点是：对对象、现实、感性，只是从客体的或者直观的形式去理解，而不是把它们当作感性的人的活动，当作实践去理解，不是从主体方面去理解”[④]。中国共产党人利用马克思主义哲学这一特征，在马克思主义中国化的道路上诞生了一个又一个的丰硕成果，并将这些成果最终“凝结”成为中国特色社会主义制度，成为指导中国经济社会前行的根本指针。

其次，马克思主义的人民性是中国特色社会主义制度的逻辑起点。“过去的一切运动都是少数人的，或者为少数人谋利益的运动。无产阶级的运动是绝大多数人的，为绝大多数人谋利益的独立的运动。”[⑤]社会主义制度从构想到建立，再到中国特色社

① 参见《第41次中国互联网络发展状况统计报告》，http://www.cnnic.net.cn/hlwfzyj/hlwxzbg/hlwtjbg/201801/t20180131_70190.htm。

② ［美］利昂·巴拉达特：《意识形态起源和影响》，张慧芝、张露璐译，世界图书出版公司2010年版，第9页。

③ 参见马宝成：《新制度经济学中的意识形态理论》，载《新视野》2001年第3期。

④ 《马克思恩格斯选集》第1卷，人民出版社2012年版，第137页。

⑤ 《马克思恩格斯文集》第2卷，人民出版社2009年版，第42页。

会主义制度的不断完善，其最初始、最直接、最现实的价值追求就是“人民主体”，并消灭一切剥削，实现全体社会成员的共同富裕，体现了合目的性与合规律性的统一。

最后，马克思主义的批判性是中国特色社会主义制度创新的活力。彻底的批判精神加上马克思主义者艰辛的理论探索与理论建构，是马克思主义理论得以生成的基础和前提。批判是一种符合社会发展规律和人们权利、价值、文化观念的调整甚至扬弃，社会制度层面的创新也是同样的原理。马克思主义与时俱进的精神特质使中国特色社会主义制度不断焕发出新的生命力。

二是开放包容的稳定模式。当今世界，和平与发展是时代的主题。世界多极化、经济全球化、文化多元化持续深入，各种社会制度相互开放、相互影响趋势不可阻挡。任何一个国家，任何一种社会制度，都必须认清这种发展趋势，赶上时代潮流。“中国历史上的政治制度具有多元包容的特性。我们历史上有朝贡制度、藩属制度、将军都护府制度、改土归流制度、郡县制等等，这种制度多样性和包容性在西方现代‘民族国家’的理念下是难以想象的，但在中国这个‘文明型国家’中，各种制度可以相处得非常自然。”[①]然而我国上世纪50年代的制度建设盲目追求“一大二公、纯而又纯”的社会主义，仿效“苏联模式”，把许多具有实用性、合理性和有效性的制度因素作为社会主义异己力量加以排斥和否定，使不少制度、体制逐步趋向封闭僵化，窒息了社会主义制度应有的生命力。这一深刻历史教训，对中国特色社会主义制度的创设和安排具有警示作用。改革开放后，中国共产党人不断探索共产党执政规律、社会主义建设规律和人类社会发展规律，深刻认识到学习和借鉴包括资本主义制度在内的人类一切文明成果的重大价值和意义。作为发展中社会主义大国和新兴市场国家，在中国特色社会主义制度形成发展的过程中，不断学习、消化、吸收、借鉴人类文明进程中的制度成果，以制度体制的对外开放促进制度的自我改革和完善，包容借鉴其他制度优势，更加充分发挥自己制度优势。

邓小平曾指出：“我们现在所干的事业是一项新事业，马克思没有讲过，我们的前人没有做过，其他社会主义国家也没有干过，所以，没有现成的经验可学。我们只能在干中学，在实践中摸索……还要看到我们的路是漫长的，还会遇到许多困难，错误也是难免的。”[②]这一论断指出了中国特色社会主义事业的特殊性和艰巨性。“中国特色社会主义”的“特色”二字蕴含着复杂探索过程，在探索中必然会产生失误，有失误就要纠正。中国政治环境的包容性还体现在其稳定的自我纠错能力。中国特色社会主义制度体系内在包含的纠错机制主要体现两个方面：第一，执政党形成了强大的自我纠错能力。中国共产党作为推进社会主义制度完善发展的主导力量，在长期发展中形成了强大的自我纠错的能力和机制，这一能力机制成为制度演化始终保持正确方向的保障条件。第二，中国特色社会主义制度的人民性特征。人民性是社会主义民主的实质和核心，内在决定了这一制度框架将社会大众力量纳入权力运行系统，打破政治权力和

---

① 张维为：《中国震撼：一个“文明型国家”的崛起》，上海人民出版社2011年版，第73页。

② 《邓小平文选》第3卷，人民出版社1993年版，第258页。

利益集团对于规则的垄断，并且能及时纠正权力系统失范的全部可能性。一个制度系统的人民性和保障真正的民主是其拥有的最大的纠错机制。①

三是民主集中二元结构。在中国，中国共产党作为国家的组织者，其时间顺序和组织路径是：建党—建军—革命—国家制度。这样一套独特的建国路径决定了，只有把党和国家有效连接在一起的理论才是有效的政治理论。民主集中制正是这样一种政治理论，它从党的组织原则（可以称为"党体"）演变为国家政权的组织原则（即"政体"），并同时是党和国家的本体论性质的组织原则②，也是整个制度模式的构成部分和衔接机制。作为中国模式本身或者是最核心的制度，民主集中制不是一个制度文本，没有办法能够准确表述进而执行，而是一种组织秩序、权力均衡的动态平衡和决策的一般过程。毛泽东曾给民主集中制下的一个基本定义是："民主集中制，它是民主的，又是集中的，将民主和集中两个似乎冲突的东西，在一定形式上统一起来。"③

人民民主是社会主义的生命，但与西方国家历来重视独立自主的个人民主制不同，中国的民主集中制是在共产党集体领导制度原则下，基于社会主义协商形式而运行的一种统合性民主，其兼合了集中与多元、秩序与活力的多元诉求，给中国特色社会主义制度体系提供了一个拥有强大包容性的制度利器。特别是中央层面的必要集中与主导能够因势利导，迸发出巨大的潜能与社会影响力，为我国政治发展提供了极大的便利。比如，改革开放总设计师邓小平率先打破人们思想上的误区，并发动了一次全国范围内的思想解放运动。再比如，中央"八项规定"的制定和实施，中央领导人率先垂范，身体力行，以身作则，发挥了良好的表率作用，使十八大以来的党风、政风、民风得到了极大好转。

① 参见张艳娥：《论中国特色社会主义制度自我完善能力的四维构成》，载《湖北社会科学》2016年第11期。

② 参见杨光斌、乔哲青：《论作为"中国模式"的民主集中制政体》，载《政治学研究》2015年第5期。

③ 《毛泽东选集》第2卷，人民出版社1991年版，第383页。

专题三　中国改革开放四十年

改革开放以来我党对社会主义本质的认识与发展

马　蒙

（中共中央党校马克思主义学院博士研究生）

一、社会主义500年与社会主义本质的发展历程回顾

社会主义500年是社会主义本质基础上思潮、运动和制度的历史发展进程。作为空想社会主义诞生标志，莫尔的《乌托邦》于1516年发表，通过“乌托邦”式的文学描述，展现了社会主义最初的价值理念。尔后到了19世纪30～40年代，出现了三大空想社会主义思想家傅立叶、圣西门和欧文，把空想社会主义推向顶峰。他们在批判资本主义、预测未来社会的过程中，高举起社会主义旗帜，弘扬了社会主义的本质，为社会主义变革提供了思想文化源泉材料，但是这种社会主义还具有空想的性质。

19世纪初，在资本主义发展的基础上，随着资本主义矛盾的凸显，工人阶级作为一支独立的政治力量登上历史舞台，急需科学的理论体系和文化价值理念作指导。马克思恩格斯在实践和理论研究基础上，通过“唯物史观”和“剩余价值学说”两大发现，揭示了人类社会发展规律、资本主义运动规律，把社会主义的理论和本质建立在现实的基础之上，使社会主义从空想变为科学。在这一进程中，社会主义本质在与各种各样的社会主义流派、无政府主义等错误思潮的斗争中逐步凸显，马克思恩格斯从多个角度阐述了社会主义本质思想。

在《共产党宣言》里共产主义最为根本的本质规定是：每个人的自由全面发展。共产主义的本质规定奠定了科学社会主义思想的基调，也提供了判断现实社会主义建设与发展成效的根本尺度。现实的社会主义虽然无法企及共产主义的理想之境，但是，在历史情势所提供的可能性范围内，朝着社会主义的本质出发，并不断实现。

列宁领导俄国十月革命的胜利，社会主义从理论变为现实，为实现社会主义本质开辟了道路。面对军事共产主义在和平时期所暴露出来的与社会主义本质的严重冲突，列宁认识到“我们的文明程度也还够不上直接向社会主义过渡”①，从战时共产主

① 《列宁选集》第4卷，人民出版社1995年版，第796页。

义转向新经济政策，就是列宁在经济文化落后这一现实基础上追求实现社会主义本质的努力。列宁从理论与实践上探索了一条经济文化落后国家建设和发展社会主义的道路，使社会主义进入了制度建设和本质实现的新阶段。但是后来的列宁继任者在社会主义本质实现上并没有找到一条正道，而是在背离社会主义本质的路上越走越远，最终脱离了社会主义轨道。

二战后亚欧建立起一系列社会主义国家，使社会主义革命从一国胜利发展为多国胜利，使社会主义理论与本质有了更广泛的实践空间。但是，“凯歌行进”的社会主义却由于照搬苏联模式而出了问题。于是，自上世纪 50 年代起，社会主义国家便掀起了一股改革的浪潮，各国党和人民力求通过改革实现社会主义本质的回归与实现。

社会主义改革大大深化了人们对社会主义本质的认识，但在复杂的历史背景下出现了两种不同的结果：一是以苏联为代表，这些国家在改革的道路上逐步偏离，以致改弦更张，最终背离了社会主义本质和制度。二是以中国为代表的一些社会主义国家，在共产党的领导下，改革开放，开辟了社会主义新的发展道路，取得了社会主义现代化建设的积极成果。

社会主义 500 年的发展历程，展现了从空想到科学、从思想到实践的波澜壮阔的历史画卷，在社会主义发展进程中既有成功也有挫折。与之相适应，社会主义的本质，伴随社会主义建设不断被认清，并将继续以社会主义实践为基础，不断丰富和发展。

新中国成立后，以毛泽东为核心的中国共产党人在探索社会主义建设道路的同时，也探讨了什么是社会主义这个问题。尽管毛泽东始终没有使用过“社会主义本质”这一概念，也没有完整地揭示社会主义的本质，但这些探索和思考无疑是一笔极为宝贵的财富。新中国的前 30 年，我们对什么是社会主义这个基本问题没有完全搞清楚，主要是没有抓住社会主义本质问题。当时对社会主义本质的认识主要是限于社会主义制度的优越性，侧重于讲社会主义本质特征。而且最初我们把社会主义制度或社会主义特征主要理解为公有制、按劳分配，有些认识还加上了“计划经济”。

二、改革开放以来我们党对社会主义本质的认识发展历程

中国共产党自诞生起就将社会主义价值鲜明地书写在自己的旗帜上，在此旗帜引领下，已经走过 96 年光辉历程，创造出诸多人类奇迹。新中国成立后，党领导人民开启了社会主义道路的探索，开辟了实现社会主义本质的制度基础和现实条件，但由于主观和客观方面的原因，在社会主义建设过程中未能准确认识社会主义本质。新中国效仿的苏联模式，本质上是高度集中的经济政治文化体制。因此，新中国以苏为师形成的社会主义制度，制度的优越性未能发挥。

1. 邓小平社会主义本质论的提出

改革开放是决定当代中国命运的抉择，也是社会主义本质的认识和社会主义本质的回归。社会主义本质是对“什么是社会主义”这一首要的基本问题的回答。在改革开放以来的社会主义建设实践中，邓小平总结历史经验，反复追问“什么是社会主义”：“问题是什么是社会主义，如何建设社会主义。我们的经验教训有许多条，最重要的一

条，就是要搞清楚这个问题。”①他又说：“社会主义是一个很好的名词，但是如果搞不好，不能正确理解，不能采取正确的政策，那就体现不出社会主义的本质。”②这个论断一方面指出了苏联模式和我国改革开放前对社会主义本质认识的偏差，另一方面也为正确认识社会主义本质指明了方向。1990年12月，邓小平在同江泽民、杨尚昆、李鹏谈话时指出：“社会主义最大的优越性是共同富裕，这是体现社会主义本质的一个东西。”③在这里提出的“体现社会主义本质的一个东西”实际上就是社会主义共同富裕。1992年，他在“南方谈话”中完整提出了社会主义本质的概念，即“社会主义的本质，是解放生产力，发展生产力，消灭剥削，消除两极分化，最终达到共同富裕”④。社会主义本质论的提出，纠正了过去把纯而又纯的所有制、“以阶级斗争为纲”等手段作为本质特征的历史教训，突显了共同富裕的目标，克服了平均主义和共同贫穷的传统观念。社会主义本质论坚持了科学社会主义的基本原理，体现了马克思恩格斯关于社会主义的本质要求，将社会主义价值鲜明地引入社会主义的本质规定之中，科学地回答了“什么是社会主义”这一基本理论问题，其影响重大而深远。

2.江泽民从人的全面发展认识社会主义本质

党的十四大以后，国际国内形势发生了深刻变化，对中国特色社会主义提出了新挑战。以江泽民同志为核心的党中央解放思想，与时俱进，继续抓住社会主义本质这个根本问题，大胆进行理论创新，提出了“三个代表”重要思想。“三个代表”重要思想从党的建设、社会主义建设和人类社会发展的内在联系中把握社会主义本质。它集中体现了以促进人的发展为核心的本质要求，发展了邓小平社会主义本质理论，加深了对社会主义本质的认识。2001年，江泽民在“七一”讲话中指出：共产主义社会，将是物质财富极大丰富，人民精神境界极大提高，每个人自由而全面发展的社会；社会主义社会是共产主义社会的低级阶段，因此，社会主义社会要努力促进人的全面发展。“我们建设有中国特色社会主义的各项事业，我们进行的一切工作，既要着眼于人民现实的物质文化生活需要，同时又要着眼于促进人民素质的提高，也就是要努力促进人的全面发展。这是马克思主义关于建设社会主义新社会的本质要求。”⑤“人的自由全面发展”是社会主义的终极本质，只有到了共产主义社会才能实现人的自由全面发展。社会主义社会是共产主义社会的低级阶段，因此，社会主义社会也要努力促进人的全面发展，这是社会主义社会的本质所在。因为“推进人的全面发展，同推进经济、文化的发展和改善人民物质文化生活，是互为前提和基础的。人越全面发展，社会的物质文化财富就会创造得越多，人民的生活就越能得到改善，而物质文化条件越充分，又越能推进人的全面发展”，为此“我们要在发展社会主义社会物质文明和精神文明的基础

① 《邓小平文选》第3卷，人民出版社1993年版，第116页。
② 《邓小平文选》第2卷，人民出版社1994年版，第313页。
③ 《邓小平文选》第3卷，人民出版社1993年版，第364页。
④ 《邓小平文选》第3卷，人民出版社1993年版，第373页。
⑤ 江泽民：《论党的建设》，中央文献出版社2001年版，第523页。

上，不断推进人的全面发展”。[①] “三个代表”重要思想是对社会主义本质认识的深化，党的十六大确立了“三个代表”重要思想在党和国家工作中的指导地位，实现了党的指导思想的与时俱进。

3. 胡锦涛从以人为本的科学发展观认识社会主义本质

进入新世纪，经过20多年改革开放，我国经济实力和综合国力大幅度跃升，人民生活显著改善，我国开始全面建设小康社会。但也面临很多深层次矛盾，社会前进中呈现出新的阶段性特征。以胡锦涛同志为总书记的党中央坚持中国特色社会主义旗帜，求真务实，创新发展理念，紧紧围绕实现什么样的发展、怎样发展这个基本问题，创造性地提出了科学发展观。科学发展观，第一要义是发展，核心是以人为本，基本要求是全面协调可持续，根本方法是统筹兼顾。从社会主义本质的实践来看，科学发展观在邓小平理论和“三个代表”重要思想的基础上，围绕着“发展”这个主题再一次深化了我们党对社会主义本质的认识，并赋予社会主义本质以新的内涵。科学发展观强调以人为本，进一步明确了社会主义发展的目标。“以人为本”的“人”，是指人民群众。2004年9月，胡锦涛在党的十六届四中全会上指出：“维护和实现社会公平，涉及最广大人民的根本利益，是我们党坚持立党为公、执政为民的必然要求，也是我国社会主义制度的本质要求。”[②]以人为本的提出，突出了社会主义本质的主体性，体现了人的自由而全面发展的要求。应该说，党的十六大以来，随着对社会主义与人的全面发展的关系以及以人为本的认识不断拓展和深化，我们对社会主义本质和社会主义价值的认识也不断升华。

三、十八大以来我们党对社会主义本质论的新发展

在新的历史时期，在全面深化改革和为全面建成小康社会而奋斗的新的历史条件下，尤其是党的十八大以来，习近平总书记提出了一系列治国理政的新思想、新观点、新论断，更是提出了党的领导是中国特色社会主义最本质特征的重大论断，进一步深刻揭示了社会主义本质，丰富和发展了中国特色社会主义的理论和实践，开拓了中国特色社会主义的新境界。

这一重大论断，是对社会主义本质认识的深化和发展，也是对中国特色社会主义实践的新概括，彰显了我们党推进理论创新的巨大政治勇气。这一重大论断，体现了中国特色社会主义本质和中国共产党根本宗旨的高度统一。中国共产党自诞生之日起，就把实现共产主义作为奋斗目标。习近平总书记指出：“人民立场是中国共产党的根本政治立场，是马克思主义政党区别于其他政党的显著标志。”[③]坚持全心全意为人民服务的宗旨，是我们党的最高价值取向。是否实现人民的利益，得到广大人民群众的拥护，是衡量我们党的路线、方针和政策是否正确的最高标准。全心全意为人民服

---

① 江泽民：《论党的建设》，中央文献出版社2001年版，第523页。

② 中共中央文献研究室编：《十六大以来重要文献选编》（中），中央文献出版社2006年版，第125页。

③ 《习近平在庆祝中国共产党成立95周年大会上的讲话》，http://news.xinhuanet.com/politics/2016-07/01/c_1119150660.htm。

务的宗旨，要求共产党员把党和人民的利益摆在高于一切的位置上，任何时候、任何情况下都应当首先想到党和人民群众的整体利益。“以人民为中心”思想是贯穿于习近平治国理政思想的一条主线，进一步揭示了中国共产党的执政理念和价值追求。习近平总书记指出：“人民对美好生活的向往，就是我们的奋斗目标。”①“中国梦，归根到底是人民的梦，必须紧紧依靠人民来实现，必须不断为人民造福。”②“我们要随时随刻倾听人民呼声，回应人民期待。”③这些朴实、生动、真切的语言，始终体现了中国共产党“以人民为中心”的社会主义本质观。2015 年 10 月 12 日，中共中央政治局召开会议，研究制定国民经济和社会发展第十三个五年规划重大问题，提出“必须坚持以人民为中心的发展思想，把增进人民福祉、促进人的全面发展作为发展的出发点和落脚点”④。把“以人民为中心”和“促进人的全面发展”联结起来，不过是新时期中国共产党对社会主义本质的一脉相承的新的表述，突出地表达了中国共产党坚持中国特色会主义本质的根本立场。因此，只有坚持中国共产党的领导才能实现社会主义本质，实现最广大人民的根本利益，所以，中国共产党的领导是中国特色社会主义最本质特征。

世界社会主义 500 年是社会主义本质基础上思想、运动和制度的发展。中国改革开放和中国特色社会主义 40 年是社会主义本质回归和不断实现，是中国共产党对社会主义本质认识的不断深化，是共同富裕、人的全面发展、以人为本和以人民为中心等社会主义本质的不断提出。我们需要从什么是社会主义的维度去认识社会主义本质问题。正是从这个意义上，习近平总书记提出了党的领导是中国特色社会主义最本质特征的重大论断。对于我们党认识和回答什么是社会主义、怎么建设社会主义，建设什么样的党、怎样建设党，实现什么样的发展、怎样发展，实现什么样的治国埋政、怎么治国理政等重大问题具有重要的理论和实践意义。

---

① 《习近平谈治国理政》，外文出版社 2014 年版，第 3 页。

② 《习近平：中国梦归根到底是人民的梦　必须紧紧依靠人民来实现》，http://news.xinhuanet.com/politics/2013-03/17/c_115053330.htm。

③ 《习近平：随时随刻倾听人民呼声，回应人民期待》，http://news.xinhuanet.com/politics/2013-03/17/c_115052834.htm。

④ 《中共中央关于制定国民经济和社会发展第十三个五年规划的建议》，http://www.moa.gov.cn/zwllm/zcfg/flfg/201511/t20151103_4888538.htm。

改革开放以来我党统一战线理论的创新发展

韩志宏

(山东大学政治学与公共管理学院博士研究生)

统一战线作为我党总路线、总政策和总任务的重要组成部分，在我国革命、建设和改革开放的伟大实践中发挥着重大作用。党的统一战线理论源远流长、内涵丰富，既与马克思主义一脉相承，又与我国现实国情密切相连，是与时俱进、不断发展的科学理论。改革开放以来，随着时代的发展要求，我党对统一战线理论不断进行创新，全面阐述了统一战线的性质、任务、方针、范围等基本问题，健全了中国共产党领导的多党合作和政治协商制度、中国人民政治协商会议制度以及社会主义协商民主制度，完善了有关民主党派与无党派人士、党外知识分子、民族问题、宗教问题、非公有制经济人士、新的社会阶层、海内外同胞等各领域的方针政策，形成了更加全面科学且具有显著时代特征的爱国统一战线理论。特别是党的十八大以来，以习近平同志为核心的党中央从“四个全面”战略布局和“五大发展理念”等大局出发，围绕统一战线工作提出了一系列新思想、新观点、新要求，使统一战线的时代特征更加鲜明，成为凝心聚力建设中国特色社会主义、实现中华民族伟大复兴中国梦的重要理论指南和根本行动遵循。

一、统一战线的性质发生转变

以改革开放为分水岭，统一战线的性质从“革命的统一战线”发展为“爱国统一战线”。改革开放之后，党和国家工作重心转移到经济建设上来，“以阶级斗争为纲”已经不能适应我国新时期发展的迫切需要。以邓小平为核心的党的第二代中央领导集体审时度势，及时将统一战线的性质由革命的统一战线转变为爱国统一战线，满足了新时期调动一切积极因素搞好经济建设的重大战略转移需求。1979年6月，邓小平在全国政协五届二次会议开幕式上指出，我国新时期的统一战线“已经发展为全体社会主义劳动者、拥护社会主义的爱国者和拥护祖国统一的爱国者的最广泛的联盟”①，第一次提出“革命的爱国统一战线”概念，将统一战线由阶级联盟转变为政治联盟，为新时期制定统一战线方针、政策和指导原则奠定了理论基础。在第十四次全国统战工作会议期间，邓小平提出要建立“革命的爱国统一战线”，对于那些只热爱祖国的人也要

① 《邓小平文选》第2卷，人民出版社1994年版，第187页。

团结进来,为“爱国统一战线”概念的提出奠定了基础。1981 年,中共十一届六中全会通过《关于建国以来党的若干历史问题的决议》,将新时期统一战线的性质明确确定为“爱国统一战线”。“爱国统一战线”概念的提出,有利于促进全国人民团结奋斗,为促进祖国的统一和“四化”建设服务,是新时期统一战线理论的重要创新和发展。该性质与改革开放前统一战线的性质有着本质区别。这不仅是对毛泽东有关思想的继承,但更多的是超越。新性质确定之后,因党情、世情、国情没有改变,不论是江泽民、胡锦涛还是习近平为总书记的党中央的统一战线理论,都是对爱国统一战线理论的继承和发展。因此,对统一战线性质的及时重新界定,更好地使统一战线服务党和国家中心工作,是极其重要而必要的。

二、统一战线的任务增多,时代性更强

“以经济建设为中心”的确立和统一战线性质的彻底变化,使爱国统一战线的任务根据不同时代的要求也逐步发生重大转变,并随着实践的深入而日益增多,解决了新时期不断出现的诸多新情况新问题。改革开放以来,其任务由“维护安定团结的政治局面”“建设社会主义现代化强国”“为祖国统一和振兴中华服务”,逐步增加“维持港澳繁荣稳定”“促进‘五大关系’和谐”“实现‘两个一百年’奋斗目标”以及“维护世界和平”等。邓小平指出:“新时期统一战线和人民政协的任务,就是要调动一切积极因素,努力化消极因素为积极因素,团结一切可以团结的力量,同心同德,群策群力,维护和发展安定团结的政治局面,为把我国建设成为现代化的社会主义强国而奋斗。”“实现台湾回归祖国,完成统一大业,是全中国人民包括台湾广大骨肉同胞在内的共同愿望,也是我们革命的爱国的统一战线所面临的一项光荣的神圣的任务。”①可见,新时期统一战线的任务是为改革开放和社会主义现代化建设服务,为祖国统一大业和振兴中华服务,开启了统一战线为经济建设和改革开放大局服务新的历史时期。江泽民提出:“统一战线工作的根本任务就是争取人心、凝聚力量,为实现党和国家的宏伟目标而团结奋斗。”②党对统一战线的基本要求,是为建设有中国特色社会主义的经济、政治、文化服务,为维护安定团结的政治局面服务,为实现祖国完全统一服务,为维护世界和平服务。在此,江泽民鉴于世界局部动荡不止,将其任务增加了“为维护世界和平服务”。胡锦涛充分总结党中央以往对统一战线任务的认识,在党的十八大报告中创造性地指出,统一战线就是为促进社会主义经济建设、政治建设、文化建设、社会建设服务,为促进香港、澳门长期繁荣稳定和祖国和平统一服务,为维护世界和平、促进共同发展服务。在此,主要鉴于大陆对社会建设重要性的突出以及香港、澳门回归后的经济政治发展形势,增加了“为促进社会主义社会建设服务”和“促进香港、澳门长期繁荣稳定服务”。③ 党的十八大以来,习近平指出新形势下统一战线的任务是促进“五大关系”和

---

① 《邓小平文选》第 2 卷,人民出版社 1994 年版,第 187、205 页。

② 《江泽民文选》第 3 卷,人民出版社 2006 年版,第 139 页。

③ 《胡锦涛文选》第 3 卷,人民出版社 2016 年版,第 636 页。

谐，巩固和发展最广泛的爱国统一战线，为实现“两个一百年”奋斗目标、实现中华民族伟大复兴的中国梦服务，为维护社会和谐稳定、维护国家主权安全发展利益服务，为保持香港澳门长期繁荣稳定、实现祖国完全统一服务。这是新形势下对统一战线所面临时代任务的高度概括，增加了“促进‘五大关系’和谐”“实现‘两个一百年’奋斗目标”“实现中华民族伟大复兴的中国梦”等内容。可知，改革开放以来，随着党和国家工作重心的转变，统一战线工作的任务越来越多，时代性越来越强，责任也越来越重大。

三、统一战线的范围逐步扩大

随着中国特色社会主义建设任务的加重和新的社会阶层的不断出现，客观上需要统一战线扩大范围，实现大团结大联合的生动政治局面。爱国统一战线由“两个范围”的联盟明确为“三者”联盟，发展为“四者”联盟，再到“四者”联盟基础上增加“致力于中华民族伟大复兴”的最广泛的联盟。新时期，邓小平认为：“统一战线的对象，清楚得很，顾名思义，是把一切能够联合的都联合起来，范围以宽为宜，宽有利，不是窄有利。”①在第十六次全国统战工作会议上，他指出爱国统一战线范围与规模进一步扩大，形成了两个范围的联盟：一个是在大陆范围内以社会主义为政治基础的全体社会主义劳动者和爱国者的联盟，另一个是在大陆范围外以爱国主义和拥护祖国统一为政治基础的团结台湾同胞、港澳同胞和海外侨胞的联盟。并将两个范围的联盟明确为“全体社会主义劳动者、拥护社会主义的爱国者和拥护祖国统一的爱国者的联盟”，即“三者”的联盟。这是对毛泽东“两个联盟”思想的继承与超越。胡锦涛根据新世纪新阶段的新情况，立足构建社会主义和谐社会的重要性和非公有制经济人士的重大贡献，在继承原有范围的基础上，增加了“社会主义事业的建设者”，指出统一战线已经发展成为“全体社会主义劳动者、社会主义事业的建设者、拥护社会主义的爱国者和拥护祖国统一的爱国者的最广泛的联盟”，即“四者”的联盟，使党的统一战线范围进一步扩大。新形势下，为了团结和调动一切致力于中华民族伟大复兴爱国者的积极性，习近平把“四者”联盟中的“拥护祖国统一的爱国者”丰富为“拥护祖国统一和致力于中华民族伟大复兴的爱国者”，扩展了统一战线的范围。至此，中国共产党统一战线的范围具有空前的广泛性和巨大的包容性，为推进凝心聚力谋发展奠定了坚实基础。

四、统一战线工作方针得以确立

“一致性”与“多样性”是一对辩证概念。一致性是指事物之间的统一性，而多样性是指事物之间的差异性。在事物发展过程中，一致性与多样性既各有表现，又相互影响。统一战线中强调的一致性，是团结和凝聚各种政治力量结成政治同盟的主导方面，是引领和感召各方面共同合作的最基本因素。② 新时期以来，中共中央对社会主

① 《邓小平论统一战线》，中央文献出版社1991年版，第158～159页。

② 参见罗一民：《正确认识和处理统一战线中一致性与多样性的关系》，载《中央社会主义学院学报》2013年第4期。

义社会一致性与多样性的关系尤为重视，逐步将其上升到统战工作方针的高度。2000年《中共中央关于加强统一战线工作的决定》中提出，社会主义社会一致性基础上的多样性是统一战线存在的客观依据。强调了多样性对统一战线存在的必要性。胡锦涛进一步指出："要高举爱国主义、社会主义旗帜，巩固统一战线的思想政治基础，正确处理一致性与多样性的关系。"[①]在此，强调要正确认识一致性与多样性的辩证关系，比单纯强调多样性的重要性更进一步。新形势下，在我国所有制形式更加多样、社会阶层更加多样、社会思想观念更加多样的背景下，习近平明确将正确处理一致性与多样性的关系提升为统一战线工作方针，表明对这一对辩证概念的重视程度更加深刻。《中国共产党统一战线工作条例（试行）》提出"坚持正确处理一致性和多样性关系的方针"，是以党内法规的形式正式将"正确处理一致性和多样性关系"提升到统战工作方针的高度。可见，中共中央对一致性与多样性辩证关系的认识逐步深化，地位愈发重视，体现了我党对不同时期一致性与多样性辩证关系的正确把握与持续发展。

五、统战工作各领域理论、政策的新发展

1.我国的政党制度逐步走上制度化、规范化、程序化轨道

新时期以来，党中央将民主党派的性质由"政治力量""政治联盟"发展到"致力于中国特色社会主义事业的参政党"，再到"中国特色社会主义参政党"。根据民主党派社会基础发生的深刻变化，邓小平指出，我国民主党派"已经成为各自所联系的一部分社会主义劳动者和一部分拥护社会主义的爱国者的政治联盟，都是在中国共产党领导下为社会主义服务的政治力量"，"是接受中国共产党领导，同中共通力合作、共同致力于社会主义事业的亲密友党，是参政党"。[②] 对民主党派定位为参政党，丰富了马克思主义政党学说。胡锦涛根据新世纪新阶段的深刻变化，指出民主党派是接受中国共产党领导并同中国共产党通力合作的亲密友党，是"致力于中国特色社会主义事业的参政党"[③]，把民主党派与中国特色社会主义事业初步联系起来。党的十八大以来，习近平首次提出各民主党派是"中国特色社会主义参政党"的科学判断，使民主党派与中国特色社会主义的联系更加紧密。2013 年 2 月 6 日，习近平在同党外人士共迎新春时，首次明确提出各民主党派是同中国共产党通力合作的"中国特色社会主义参政党"[④]。习近平从政党关系、政党地位和政党性质三重角度加以认识，解决了在中国特色社会主义建设的历史条件下多党合作，民主党派存在、发展和建设的合法性问题。[⑤] 这是在新的历史条件和时代背景下，对参政党性质、地位和作用等认识的全面深化。

中国共产党领导的多党合作和政治协商制度，是我国的基本政治制度，也是我国

---

① 胡锦涛：《坚定不移沿着中国特色社会主义前进，为全面建成小康社会而奋斗——在中国共产党第十八次全国代表大会上的报告》，载《人民日报》2012 年 11 月 8 日。

② 《邓小平文选》第 2 卷，人民出版社 1994 年版，第 186 页。

③ 中共中央文献研究室编：《十六大以来重要文献选编》（中），中央文献出版社 2006 年版，第 674 页。

④ 张烁：《习近平同党外人士共迎新春》，载《人民日报》2013 年 2 月 8 日。

⑤ 参见孙瑞华：《再论民主党派的性质》，载《重庆社会主义学院学报》2014 年第 2 期。

独具特色和优势的政党制度，其发展日益制度化、规范化和程序化。邓小平强调："在中国共产党领导下，实行多党派的合作，这是我国具体历史条件和现实条件所决定的，也是我国政治制度的一个优点和特点。"[①]他指导制定了《中共中央关于坚持和完善中国共产党领导的多党合作和政治协商制度的意见》，将该制度作为我国的一项基本政治制度。江泽民在第十九次全国统战工作会议上强调："要建立健全配套措施，使多党合作进一步规范化、制度化。"[②]这是他继承邓小平关于多党合作制度建设的有关思想。另外，他还强调要加强多党合作的"程序化"建设。全国人大八届一次会议通过的《中华人民共和国宪法修正案》，明确把"中国共产党领导的多党合作和政治协商制度将长期存在和发展"载入宪法，表明我国的政党制度建设已经走上了法制化轨道，从而明确了多党合作制度的基本特征：共产党领导、多党派合作，共产党执政、多党派参政。新世纪新阶段，胡锦涛对多党合作制度作了理论上的发展。特别是在《中共中央关于进一步加强中国共产党领导的多党合作和政治协商制度建设的意见》中，创新了中国共产党领导的多党合作和政治协商理论，明确"把政治协商纳入决策程序，就重大问题在决策前和决策执行中进行协商"[③]，首次提出健全社会主义协商民主制度，推进协商民主广泛、多层、制度化发展。中共十八大正式提出"要建设社会主义协商民主制度"，将协商民主从一种政治理念和政治实践上升到了国家民主制度的高度。为推进协商民主广泛、多层、制度化发展，中共中央和中共中央办公厅、国务院办公厅先后印发了《关于加强社会主义协商民主建设的意见》《关于加强人民政协协商民主建设的实施意见》《关于加强城乡社区协商的意见》《关于加强政党协商的实施意见》等关于协商民主建设和实施的重要文件，成为指导我国社会主义协商民主建设的纲领性文献，为推进我国多党合作和政治协商制度，特别是社会主义协商民主制度建设提供了政策依据。

2. 对民族问题的认识由"发展经济，维护团结"，到"共同团结奋斗，共同繁荣发展"，再到"加强民族共同体"思想和"嵌入式"管理理念

邓小平强调民族平等，通过发展民族地区经济，来维护民族团结、社会稳定和国家统一。他指出，要"从政治上、经济上、文化上诚心诚意地帮助他们"[④]。江泽民在继承邓小平关于加强民族团结、实现各民族共同发展思想的基础上，提出要进一步明确新的历史条件下民族工作的基本政策。那就是：一是加快少数民族和民族地区经济发展，使之逐步与全国的发展相适应；二是大力发展少数民族和民族地区的社会事业，促进各民族全面进步；三是坚持改革开放，不断增强少数民族和民族地区的自我发展活力；四是坚持和完善民族区域自治制度，全面贯彻落实民族区域自治法；五是进一步加强各民族的大团结，坚决维护祖国统一。[⑤] 这些对加强民族工作实践，提供了正确理论指导。新世纪新阶段，胡锦涛对党的民族工作理论和政策进行深刻总结，对指导民

① 《邓小平文选》第2卷，人民出版社1994年版，第205页。
② 《江泽民文选》第3卷，人民出版社2006年版，第146页。
③ 中共中央文献研究室编：《十六大以来重要文献选编》(中)，中央文献出版社2006年版，第675页。
④ 《邓小平文选》第1卷，人民出版社1994年版，第163页。
⑤ 参见《江泽民文选》第1卷，人民出版社2006年版，第183～189页。

族工作的开展更加有的放矢。他指出,“各民族共同团结奋斗、共同繁荣发展是新世纪新阶段民族工作的主题”[①],平等、团结、互助、和谐是我国社会主义民族关系的本质特征,把加快少数民族和民族地区经济社会发展作为解决我国民族问题的根本途径。中共十八大以来,习近平创造性地提出了“民族共同体”思想和“嵌入式”管理理念等重大理论和实践问题。他指出,加强“民族共同体”思想认识,依法处理民族矛盾问题。对少数民族的管理采取“嵌入式”的方式,让城市更好地接纳少数民族群众,也让少数民族群众更好地融入城市。可见,党和国家对民族问题的认识更加深刻,解决方式也发生了重要改变,从“另眼相看”“格外关照”逐渐转变为“一视同仁”“相融共生”。

3.对宗教工作从“尊重保护宗教信仰自由”到“积极引导宗教与社会主义社会相适应”,再到“坚持独立自主自办原则”,发展到用“导”的方式“坚持我国宗教的中国化方向”

一直以来,党和国家尊重宗教信仰自由,依法管理宗教事务,积极引导其与社会主义社会相适应。邓小平提出了在不与社会主义、人民利益相悖的前提下,加强与宗教界人士团结,保护其信仰自由的思想。他指出:“对于宗教,不能用行政命令办法,但宗教方面也不能搞狂热,否则同社会主义、同人民的利益相违背。”[②]江泽民正式提出“积极引导宗教与社会主义社会相适应”的重大命题,提出了著名的“三句话”,即全面、正确地贯彻执行党的宗教政策,依法加强对宗教事务的管理,积极引导宗教与社会主义社会相适应。他指出,宗教具有“五性”,也即“长期性、复杂性、群众性、民族性、国际性”等特点。胡锦涛在继承宗教“五性”和宗教信仰自由等理论的基础上,又对宗教工作理论有了新发展。他在江泽民“三句话”的基础上,增加为“四句话”。即“全面贯彻党的宗教信仰自由政策,依法管理宗教事务,积极引导宗教与社会主义社会相适应,坚持独立自主自办的原则”[③],并在2004年十六届四中全会被正式确定为党的宗教工作基本方针。中共十八大以来,习近平从党和国家事业发展全局的战略高度,明确提出中国特色社会主义宗教理论,深刻阐述了宗教工作的特殊重要性和一系列重大理论与实践问题,使中国共产党对宗教问题和宗教工作的认识达到了新高度。第一,要支持我国宗教的中国化方向,以社会主义核心价值观为引领,支持各宗教在保持基本信仰、核心教义、礼仪制度的同时,对教规教义作出符合当代中国发展进步要求、符合中华优秀传统文化的阐释。第二,提出处理宗教问题的基本原则,在原来十六字基础上,增加“遏制极端”,发展为“保护合法,制止非法,遏制极端,抵御渗透,打击犯罪”二十字基本原则。第三,关于党的宗教工作,必须提高法治化水平,关键要注重“导”,重视互联网宗教问题,牢牢掌握宗教工作的主动权。

4.新的社会阶层的范围不断变化

新世纪新阶段,新的社会阶层主要由非公有制经济人士和自由择业的知识分子组成。党的十六大报告指出,在改革开放和发展社会主义市场经济过程中产生的新的社

---

① 中共中央文献研究室编:《十六大以来重要文献选编》(中),中央文献出版社2006年版,第903页。

② 《邓小平新时期统一战线理论学习纲要》,华文出版社1998年版,第68页。

③ 中共中央文献研究室编:《十六大以来重要文献选编》(上),中央文献出版社2006年版,第188页。

会阶层包括六方面人员：民营科技企业的创业人员和技术人员、受聘于外资企业的管理技术人员、个体户、私营企业主、中介组织从业人员和自由职业人员。中央统战工作会议召开以来，新的社会阶层的内涵发生了变化，将原来的“个体户、私营企业主”合并为“非公有制经济人士”，而将“民营企业、外资企业的管理人员和技术人员”“中介组织从业人员”“自由职业人员”合并为“新的社会阶层人士”，另外包括新产生的“新媒体从业人员”。这些人员是改革开放以来快速成长的社会群体，要引导他们发挥积极作用。改革开放以来，党和国家对非公有制经济人士作用的认识逐步深刻，提出要促进其健康发展的思想。邓小平提出，非公有制经济人士统战工作成为新时期统一战线工作的新领域，标志着我党关于非公有制经济人士统战工作的基本思路初步形成。江泽民首次提出，非公有制经济人士是中国特色社会主义事业的建设者，深化了党对非公有制经济人士的认识。新世纪新阶段，胡锦涛强调要把包括非公有制经济人士在内的新的社会阶层作为统一战线工作新的着力点。中央统战工作会议召开后，“非公有制经济人士”从“新的社会阶层”中分离出来。习近平提出要促进非公有制经济人士健康成长的重要思想，强调党政领导干部要和非公有制经济人士建立“亲”“清”的健康政商关系。针对新媒体从业人员大量涌现、网络影响力逐步增强的趋势，习近平指出要努力与其中的代表性人士保持经常联系，加强线上线下沟通互动，引导其发挥净化网络空间、弘扬社会主旋律等作用。另外，2000 年被列为统战工作对象的出国和归国留学人员，在中央统战工作会议上被作为统战工作新的着力点。要坚持支持留学、鼓励回国、来去自由、发挥作用的方针，鼓励他们回国工作或以多种形式为国服务。

5. 对台湾问题从提出“和平统一，一国两制”到“反独”与“促统”相分开，再到树立“两岸一家亲”理念

邓小平为解决台湾问题，创造性地提出了“和平统一，一国两制”的构想，极大地丰富了马克思主义国家学说和统一战线理论。江泽民提出要在爱国主义旗帜下实现中华儿女的大团结。坚持“一国两制”，在一个中国原则基础上，发展两岸关系，坚决遏制“台独”。该理论在许多方面创新了邓小平“一国两制”的构想，增大了“一国两制”构想的弹性和张力。新世纪新阶段，胡锦涛指出要全面认识和把握“一国”与“两制”的关系，强调在承认“九二共识”的前提下，愿同台湾地区一切政党进行对话[①]；制定了《反分裂国家法》，提出将“反独”与“促统”两大工作分解开来的新思维，使“一国两制”构想在新世纪新阶段有了全新发展。习近平以“和平统一，一国两制”为方针，以“两岸一家亲”为理念，以争取人心为重点，全面提出和平统一祖国的方针和政策，是在新形势下对“和平统一，一国两制”方针的创造性发展。党和国家针对台湾问题的理论，有坚持，更有发展。坚持的是“一个中国”原则和“九二共识”，发展的是“反独”与“促统”相分开解决台湾问题的方式和对“两岸一家亲”理念的培植与倡导。

6. 人民政协的性质得到固定，其职能的发挥进一步程序化、规范化

中共中央高度重视人民政协工作，不断对人民政协理论进行完善。邓小平为新时

① 参见《胡锦涛文选》第 2 卷，人民出版社 2016 年版，第 648 页。

期人民政协的恢复和发展做了许多开创性的理论工作，明确了人民政协的性质、主题和职能。他指出："人民政协是巩固和扩大我国革命的爱国的统一战线的重要组织，也是我国政治体制中发扬社会主义民主和实行互相监督的重要形式。"[①]他认为，人民政协是中国特色社会主义民主形式，协商和监督是其职能，强调"不要把政协搞成权力机构"[②]。江泽民深化了人民政协的性质：人民政协是最广泛的爱国统一战线组织，是中国共产党领导的多党合作和政治协商的机构，是发扬社会主义民主的重要形式。明确人民政协的两大主题是"团结和民主"[③]，将其基本职能发展为政治协商、民主监督、参政议政。这不仅丰富了人民政协理论，也为新时期人民政协事业的发展指明了方向。胡锦涛在坚持既有理论的基础上，创新发展了人民政协诸多理论：第一，规范了人民政协性质的提法，指出中国人民政治协商会议是中国人民爱国统一战线的组织，是中国共产党领导的多党合作和政治协商的重要机构，是我国政治生活中发扬社会主义民主的重要形式。第二，规范了人民政协履行职能的内容、形式和程序，对人民政协履职的程序化、规范化提出了明确要求。第三，首次提出社会主义民主具有两种重要形式，要善于利用人民政协这一政治组织和民主形式，就人民内部各方面在重大决策之前进行充分协商，尽可能就共同性问题取得一致意见。这些为人民政协工作的制度化建设和理论创新打下了坚实的理论基础。习近平高度重视人民政协理论建设，不断推动人民政协理论创新、实践创新、制度创新，坚持发挥人民政协在发展社会主义协商民主中的重要渠道和专门机构作用。可见，关于人民政协性质的提法得到统一，其职能得到固定，且履职更加程序化和规范化。

总之，在中国共产党统一战线理论特别是改革开放以来爱国统一战线理论的形成、创新和发展过程之中，中共中央根据国内外形势的发展变化以及党和国家工作重心的转移，坚持解放思想、实事求是、与时俱进、求真务实、开拓创新，在继承的基础上不断发展，在发展中加以创新，提出了许多新思想、新观点和新论断，不仅具有鲜明的时代特征，而且一脉相承，为指导中国共产党领导的各项事业，提供了科学、系统的理论指导。新时代爱国统一战线理论正在紧密结合中国特色社会主义建设伟大实践，强化道路自信、理论自信、制度自信、文化自信，为实现中华民族伟大复兴的中国梦不断做出新贡献。

① 《邓小平论统一战线》，中央文献出版社 1991 年版，第 241～242 页。

② 《邓小平思想年谱(1975～1997)》，中央文献出版社 1998 年版，第 169 页。

③ 江泽民：《在庆祝中国人民政治协商会议成立五十周年大会上的讲话》，载《人民日报》1999 年 9 月 22 日。

改革开放以来党的纪律建设演进的回顾与思考

——基于党章文本的考察

王国龙

（山东大学马克思主义学院博士研究生）

纪律建设始终是中国共产党自身建设的重要组成部分。改革开放以来40年的历史进程中，正是由于党高度重视纪律建设，才取得了巨大的经济社会发展，创造了一个又一个的奇迹，带领全国人民不断走近中华民族伟大复兴中国梦的实现。关于改革开放以来成就的取得，目前学术界进行了广泛且深入的研究。然而，从执政党的纪律建设角度，尤其是以历届党代会党章文本而进行的研究还比较少见。基于此，本文拟以相关文本为研究依据，围绕改革开放以来党的纪律建设的历史演进及内在根源作一些初步探讨，以明晰其形成的基本脉络，窥视其中的一贯继承性、发展性和创新性。

一、改革开放以来党的纪律建设的历史演进

1978年，邓小平在中共中央工作会议讲话中谈到“解放思想是当前一个重大政治问题”时指出，官僚主义致使民主集中制遭到破坏，而这种官僚主义恰恰是以“党的纪律”“党的指示”等面貌出现。① 巩固和加强纪律，必须解放思想，必须发展党内民主。邓小平强调，党的领导干部应是守纪的模范，各级领导干部，特别是高级干部，“必须严格遵守党的纪律，保守党的秘密，不要搞那些小道消息和手抄本之类的东西”②。改革开放后，党面临着新情况，邓小平说，“我们这么大一个国家，怎样才能团结起来、组织起来呢？一靠理想，二靠纪律”③，把纪律建设放在十分重要的位置。作为邓小平理论的重要内容，这一思想一直贯穿于改革开放之中。

1982年，十二大作为党在改革开放新时期召开的第一次全国代表大会备受关注，十二大党章之前有很大变化。十二大党章恢复“党的纪律”独立一章，有5条组成，内容丰富，规定明确。其中，第一条就强调“共产党员必须自觉接受党的纪律的约束”，并

① 参见《邓小平文选》第2卷，人民出版社1994年版，第141～142页。
② 《邓小平文选》第2卷，人民出版社1994年版，第145页。
③ 《邓小平文选》第3卷，人民出版社1993年版，第111页。

明确规定不同程度违反党纪的党员所应受的处分，严重触犯党纪的党员“必须开除党籍”[①]，以保证党的纯洁。对党章中“党的纪律”部分的恢复，不仅是对党优秀传统的继承发展，而且是适应改革开放新形势的时代需要。与此同时，理论界、学术界就党的纪律问题展开了激烈讨论，形成了广泛共识。

十三大党章“党的纪律”部分沿袭了十二大党章的表达。

直至十四大党章，“党的纪律”部分有了较大改动。形式上较之前增加了1条，扩展为6条。内容上有7处变动：(1)增加党的纪律概念，“党的纪律是党的各级组织和全体党员必须遵守的行为规则，是维护党团结统一、完成党的任务的保证”，“党组织必须严格执行和维护党的纪律”；(2)去掉关于“违犯政纪国法的官员，必须受到行政机关或司法机关依据政纪或法律的处理”的表述，体现了“党政分工”的思想；(3)把“党内严格禁止用违反党章和国家法律的手段对待党员……必须受到党的纪律和国家法律的追究”自第3条“处理种类”规定调整至第2条“党组织对违犯党纪党员处分”规定中；(4)调整党的纪律处分之一“撤销党内职务和向党外组织建议撤销党外职务”为“撤销党内职务”，彰显“党政分开”思想；(5)增加了对党的中央委员会和地方各级委员会成员纪律处分的规定，“在特殊情况下……待召开委员会全体会议时予以追认”；(6)调整“党组织对党员作出处分决定”的相关文字表述，将“所要作出的”去掉，将“他”调整为“本人”，将“决定后如果本人不服”调整为“如果本人对处分决定不服”，从表达逻辑和事实逻辑上更加严谨；(7)去掉“坚决维护党的纪律，是党的每个组织的重要责任”的表述。[②] 此次关于党的纪律的概念概括、纪律处分表述的调整、特殊情况的增加、文字表达的简洁等方面的变动，体现了党对纪律建设的重视，体现了党对自身建设实事求是的态度，体现了党对改革开放新形势的适应和把握。

十五大党章、十六大党章、十七大党章、十八大党章“党的纪律”部分沿袭了十四大党章的表述。

十八大以来，以习近平同志为核心的党中央更加重视从严治党、依规治党，在党的建设方面出台了一系列法规，制定了一系列具体规定，对管党治党起到了良好的效果。2017年，十九大作为党在中国特色社会主义进入新时代召开的第一次全国代表大会备受国内外关注。十九大党章在原来的基础上作了诸多调整，确定习近平新时代中国特色社会主义思想在党内的指导地位。其中，“党的纪律”部分也进行了调整。具体为以下8处：(1)增加“党的纪律主要包括政治纪律、组织纪律、廉洁纪律、群众纪律、工作纪律、生活纪律”，去掉“党组织对违犯党的纪律的党员”这一表述；(2)在原则表述方面增加“执纪必严、违纪必究，抓早抓小、防微杜渐”；(3)增加监督执纪形态的表述，明确“党纪处分、组织调整成为管党治党的重要手段”；(4)将“党的纪律处分”客体明确是“党员”，调整为“对党员的纪律处分”；(5)增加对领导干部纪律处分的具体规定，“对党的中央委员会委员、候补委员……报党中央批准。对地方各级党的委员会委员、候补

---

① 《中国共产党章程》，载《人民日报》1982年9月9日。

② 《中国共产党章程》，载《人民日报》1992年10月22日。

委员……并报它的同级党的委员会备案”，更加注重执纪程序，突出纪委的职能作用；(6)对各级党委成员纪律处分的“特殊情况”进行明确，指的是“全体会议闭会期间”；(7)明确给地方领导干部纪律处分“必须经过上级纪律检查委员会常务委员会审议，由这一级纪律检查委员会报同级党的委员会批准”；(8)关于党组织在维护党纪方面的失职行为，由“必须受到追究”调整为“必须问责”。[①]

从十二大党章到十九大党章，党关于纪律建设的主导思想是一脉相承的。在原来的基础上，十四大党章对党的纪律内涵作出了清晰界定，十九大党章将党的纪律主要组成部分予以明确，党的纪律理论不断丰富和创新。根据党的政治纲领和民主集中制原则，党的纪律形成并不断发展，其基本要求就是，各级党组织和全体党员必须把党的意志和行动融合在一起，达到全党行动的一致。党章规定，党纪面前人人平等，党员必须“自觉遵守党的纪律，首先是党的政治纪律和政治规矩”[②]。这些基本内涵、主要内容及相关因素，贯穿于改革开放以来历次党章中，继承性和一贯性显而易见。当然，在这个框架内，每次党章都会依据国内外具体形势和党最新的具体情况进行调整，使得内容更加丰富。

二、改革开放以来党的纪律建设历史演进的深层根源

纵观十二大到十九大的党章，可以看到党在纪律建设理念上与时俱进和不断创新的明显特征，党的纪律思想在不断进步。准确把握和科学理解改革开放以来历次党章对党的纪律建设历史演进的深层根源，探求党的纪律建设不断创新显著特点的历史因素，必须深刻认识改革开放40年来国际国内形势的变化以及党自身情况的变化。

1.党的纪律建设历史演进的国际因素

中国是世界的一部分，中国的发展离不开世界。作为中国特色社会主义的领导核心，中国共产党推动国内的发展，必须深刻把握国际形势的变化。

第一，准确判断和平与发展的时代主题，确定党以经济建设为中心的基本路线，用纪律建设保障党作用的发挥。自十一届三中全会以来，中国结束了“文化大革命”十年历史，进入改革开放新时期。中国共产党审时度势，认真分析国际情况变化，科学判断大规模战争短期内不会发生，和平与发展是当今世界主题。中国积极拓展同其他国家间的关系，同世界联系越来越密切。1978年8月，中国和日本签订了《中日和平友好条约》，标志着中日两国长期友好合作新时期的到来。翌年1月，同美国正式建交，这不仅标志着中美关系进入了一个新阶段，而且标志着中国同西方国家关系进入了新时期，一定程度上突破了美苏冷战对峙带来的不利影响。和平形势下，邓小平提出“四个现代化，集中起来讲就是经济建设”[③]，加紧经济建设，大力发展生产，努力提高中国的经济社会发展水平，提高国际话语权。党的十三大正式把“一个中心，两个基本点”确

① 参见《中国共产党章程》，人民出版社2017年版，第49～53页。

② 《中国共产党章程》，人民出版社2017年版，第24页。

③ 《邓小平文选》第2卷，人民出版社1994年版，第240页。

立为党的基本路线。发展社会生产离不开坚持党的领导。这一过程需要党不断完善自身建设，加强党的纪律在建设过程中的作用。

第二，积极回应“共产主义终结说”，加强纪律建设，积极提升中国共产党执政能力。随着20世纪80年代末90年代初苏东剧变的发生，社会主义一度被唱衰，以福山为代表的“历史终结论”认为共产主义已经终结，历史的发展只有西方的市场经济和民主政治这一条路。在他看来，自由民主制度是人类社会的发展方向，是“人类意识形态发展的终点”“人类最后一种统治形式”①。自斯大林到戈尔巴乔夫，共产主义意识形态在苏联社会中日益退化，直至各行精英把“官方的意识形态看作是一种外在的仪式，与他们自己真正的思想倾向完全是两码事”②，实际上沦为追求特殊利益的工具，逐渐在民众中失去了合法性地位。苏东剧变之痛不得不引起社会主义中国的深刻反思。中国特色社会主义何去何从，如何发展，成为摆在中国共产党面前亟须厘清的一项重大课题。邓小平明确指出：“不坚持社会主义，不改革开放，不发展经济，不改善人民生活，只能是死路一条。”③

第三，科学分析新时代国际形势，通过纪律建设带动政党整体建设，积极应对来自外界的各种挑战。冷战结束后，西方国家并没有放弃对中国的打压，采取更加隐蔽的意识形态战、渗透的方式展开。十八大以来，中国的发展举世瞩目，各种“中国威胁论”陈调再起，各种威胁党和国家发展的“冷暴力”仍未去除。只有坚持党的领导地位不动摇，用纪律建设约束自身，才能抵御西方国家意识形态的渗透，才能坚持社会主义不变质，才能更好地为人民服务。改革开放40年来，只有清晰认识复杂多变的国际形势，积极采取应对措施，才能发展好中国，才能在国际竞争中处于优势，才能加快实现中华民族伟大复兴的中国梦。

2.党的纪律建设历史演进的国内因素

党的执政地位和社会主义事业领导核心作用要求党的建设、党的纪律的理论演进，国内经济社会的发展状况直接影响着党的建设、党的纪律实践发展。新中国成立之初，国内面临着一穷二白的局面，以毛泽东为代表的中国共产党人带领全国人民积极发展生产，“建立了比较完整的工业体系，培养了一批技术人才”④，在经济建设方面取得了很大成绩，这些都离不开党的领导，离不开纪律建设等方面的建设提升党的执政能力，这也为改革开放以来成就的取得奠定了良好的基础。科学认识改革开放40年来党的纪律建设演进，必须认真分析国内形势的变化。

第一，继续社会主义建设，纠正“文革”中出现的各种错误，确立以经济建设为中心的基本路线。十一届三中全会以来，中国结束了“文化大革命”十年来忽视经济社会发展的状况，根据国内实际，不断解放思想，在诸多方面进行了改革。农业改革、工业改

---

① ［美］弗朗西斯·福山：《历史的终结及最后之人》，黄胜强等译，中国社会科学出版社2003年版，第1页。

② ［美］弗拉季斯拉夫·祖博克：《失败的帝国——从斯大林到戈尔巴乔夫》，李晓江译，社会科学文献出版社2014年版，第470页。

③ 《邓小平文选》第3卷，人民出版社1993年版，第370页。

④ 《邓小平文选》第2卷，人民出版社1994年版，第163页。

革、法治改革等的推进，使得中国经济社会在短时期内得到飞速发展。十三大确立了以经济建设为中心的基本路线，作出了社会主义初级阶段经济发展分三步走的部署，为国内经济发展提供了明确的战略安排。邓小平清醒地认识到，中国特色社会主义的深化发展，必须在原来的基础上进一步深化改革，扩大开放。十四大报告确定“我国经济体制改革的目标是建立社会主义市场经济体制”①。这一系列重大政策方针为经济社会发展提供了强大的动力。改革开放近40年的成绩是显著的，国内生产总值实现了由1978年3678.7亿元到2017年80万亿元近218倍的巨大跨越，这不得不说是中国奇迹、世界奇迹。从党章中关于党的纪律处分等规定的变化中可以看出，国家调控在市场经济发展中的作用更加明晰、政党在处理同政府关系的过程中也更加尊重政治逻辑。

第二，积极回应发展生产中出现的贪污腐败等问题，用党的纪律严格约束党员及党组织思想行为。在以经济建设为中心的基本路线的指导下，全党全国上下都在追求经济社会发展水平的高速增长，在部分领导干部内出现了“唯GDP”的错误思想，片面地认为只要GDP能上去，其他都是次要的。这种错误思想的出现，不仅使部分领导干部漠视党的纪律，严重者直接侵犯了广大人民群众的根本利益，破坏了基层党群关系。邓小平曾严肃地指出，为了应对“当前在经济改革中出现的一些歪门邪道”和上有政策、下有对策的错误思想，“共产党员一定要严格遵守党的纪律”。② 社会主要矛盾的变化是国情变化的重要体现，影响着经济社会发展全局。

第三，新的历史方位、社会主要矛盾的新变化赋予党的纪律建设新的使命。1981年，十一届六中全会指出，“我国所要解决的主要矛盾，是人民日益增长的物质文化需要同落后的社会生产之间的矛盾”③，这就决定了我们当前的根本任务是集中力量发展社会生产力，大力推进改革开放。十八大以来，以习近平同志为核心的党中央根据国内实际情况，继续坚持改革开放，十八届三中全会决定持续推进全面深化改革，并制定相应法规进行保障。根据时代发展，十九大报告作出“中国特色社会主义进入新时代，我国社会主要矛盾已经转化为人民日益增长的美好生活需要和不平衡不充分的发展之间的矛盾”新判断。面对新矛盾“我们党一定要有新气象新作为”，必须“全面推进党的政治建设、思想建设、组织建设、作风建设、纪律建设”④，把党的纪律放在重要位置予以强调。党的纪律理论的演进和创新是在国内实际情况的变化下作出的调整，具有鲜明的时代性。

3.党的纪律建设历史演进的党自身变化

办好中国的事，关键在党。了解改革开放以来党的纪律的发展，必须了解党的建设整体发展状况。

---

① 中共中央文献研究室编：《十四大以来重要文献选编》(上)，中央文献出版社2011年版，第16页。

② 《邓小平文选》第3卷，人民出版社1993年版，第112页。

③ 中共中央文献研究室编：《三中全会以来重要文献选编》(下)，中央文献出版社2011年版，第168页。

④ 习近平：《决胜全面建成小康社会 夺取新时代中国特色社会主义伟大胜利——在中国共产党第十九次全国代表大会上的报告》，人民出版社2017年版，第62页。

第一,纪律建设是党的建设的重要组成部分。中国共产党历来重视自身建设,尤其是十一届三中全会以来,更是把自身建设作为一项伟大工程来开展。邓小平在《解放思想,实事求是,团结一致向前看》中就明确要求党的各级领导干部,尤其是高级干部,"要注意严格遵守党的纪律"①。刚进入20世纪80年代,邓小平就提出了"坚持和改善党的领导,必须加强党的纪律",并且强调"最重要的就是全党服从中央"。② 十二大报告提出"把党建设成为领导社会主义现代化事业的坚强核心"③,指出"在不少组织中,纪律松弛……是相当严重的现象","如果听任这种现象滋长,党还能有什么战斗力!"④十二大报告强调,只要大家高度重视、齐心协力,"我们就一定能够在全党范围内充分恢复党的纪律的严肃性,从而取得全国人民的高度信任"⑤。在党章中对"党的纪律"进行了明确规定和详细阐释,为恢复党纪的严肃性提供了保障。随着改革开放的推进和国际国内形势的变化,对党的要求也发生了改变。十三大报告指出,"在改革开放中加强党的建设",建成"一个勇于改革、充满活力的党,纪律严明、公正廉洁的党,选贤任能、卓有成效地为人民服务的党"⑥,再次指出必须重视党的纪律建设。

第二,正视新时期领导干部出现的各种问题,加强纪律建设,保持政党纯洁性。根据新形势,十四大报告强调要"加强党的建设和改善党的领导"。报告分析社会中出现的腐败问题,专门论述"密切党同群众的联系,坚决克服消极腐败现象",对不良作风和违纪行为要"点名",强调"坚持反腐败斗争,是密切党同人民群众联系的重大问题"。报告指出:"党员在党的纪律面前人人平等,任何人违犯党的纪律,都必须给以应有的处理",只有这样,才能"又有集中又有民主,又有纪律又有自由,又有统一意志又有个人心情舒畅、生动活泼"。⑦

第三,新时代要求党有新气象新作为,通过加强纪律建设,带动党整体建设的发展,为维护党的团结统一、完成党的任务提供保证。十八大以来,以习近平同志为核心的党中央高度重视管党治党,制定全面从严治党的战略部署。针对党内存在的部分党员干部和党组织纪律意识淡化、特权思想突出的问题,党中央开展了群众路线教育实践活动、"三严三实"教育,制定了"八项规定"等,对党的纪律建设起到积极意义。十九大报告明确要"坚定不移全面从严治党,不断提高党的执政能力和领导水平",建成"始终走在时代前列、人民衷心拥护、勇于自我革命、经得起各种风浪考验、朝气蓬勃的马克思主义执政党"。⑧ 习近平在十九大报告中专门提出党的纪律建设,并且把纪律建设作为党的建设重要方面进行论述,强调党"一旦脱离群众,就会失去生命力",必须

---

① 《邓小平文选》第2卷,人民出版社1994年版,第145页。

② 《邓小平文选》第2卷,人民出版社1994年版,第271页。

③ 中共中央文献研究室编:《十二大以来重要文献选编》(上),中央文献出版社2011年版,第39页。

④ 中共中央文献研究室编:《十二大以来重要文献选编》(上),中央文献出版社2011年版,第42页。

⑤ 中共中央文献研究室编:《十二大以来重要文献选编》(上),中央文献出版社2011年版,第42页。

⑥ 中共中央文献研究室编:《十三大以来重要文献选编》(上),中央文献出版社2011年版,第41、46页。

⑦ 中共中央文献研究室编:《十四大以来重要文献选编》(上),中央文献出版社2011年版,第33～38页。

⑧ 习近平:《决胜全面建成小康社会 夺取新时代中国特色社会主义伟大胜利——在中国共产党第十九次全国代表大会上的报告》,人民出版社2017年版,第61、62页。

“加强纪律教育，强化纪律执行，让党员、干部知敬畏、存戒惧、守底线”[①]，防止党群关系恶化，政党真正做到全心全意为人民服务。对纪律建设的重视，既是党的性质、地位、宗旨的必然要求，又是国家发展的迫切需要。

三、新时代加强党的纪律建设的基本要求

严肃党纪是党的建设的永恒主题。改革开放以来，历次党代会都对党章进行修订，对党的纪律建设提出新的要求。仅“党的纪律”这一独立章节，党章就进行了前后三次不同程度的修订，充分体现了党对纪律建设的重视，为我国经济社会发展提供了良好的政治保证。然而，在看到成绩的同时，我们还必须承认管党治党还存在短板，党的纪律建设还有一些问题。“我们党面临的执政环境是复杂的，影响党的先进性、弱化党的纯洁性的因素也是复杂的”[②]，“四个考验”是长期的、复杂的，“四个危害”是尖锐的、严峻的。中国特色社会主义进入新时代，绝不是意味着问题少了，党内存在的问题必须引起全党的重视与反思。新时代条件下，党的建设绝不能停停脚、歇一歇，必须要有新气象新作为，把党建设得更加坚强有力。

1. 加强党的纪律建设，必须牢固坚持问题导向

时代是思想之母，实践是理论之源。改革开放巨大成绩的取得，从根本上讲是中国共产党坚持解放思想、实事求是，制定符合实际的方针、政策，带领人民发展中国特色社会主义。过去的 40 年是快速发展的 40 年，同时是解决问题的 40 年。“问题就是时代的口号，是它表现自己精神状态的最实际的呼声。”[③]在这个过程中，时代对党的建设提出新的问题，党通过纪律建设等方面作出回应，推动时代发展。针对发展中遇到的问题，党适时提出反对“以党治国”观念厘清党政关系、坚持党委内部集体领导分工负责、通过选好接班人解决组织路线问题等等，这都是对时代的深刻回答，是改革开放顺利进行的政治保障。脱离了对国内外形势的清晰认识和深刻把握，人民的生活水平就不可能得到改善，国家也不会实现从站起来向富起来的伟大飞跃。新时代，深化发展中国特色社会主义，必须进一步解放思想、实事求是，坚持问题导向，重视调查研究，关注时代所需，倾听党内外声音，通过完善党的纪律建设等方面来增强党的生命力战斗力，确保党在新时代更好应对各种问题矛盾，推动改革开放向纵深发展。

2. 加强党的纪律建设，必须坚决维护党的团结统一

党章明确规定，党的纪律是党维护团结统一、完成任务的重要保证。团结和统一是政党的生命，是政党的力量所在。脱离了纪律的约束，政党的政治性质将难以体现、政治功能将难以发挥。只有在严格的纪律保障下，党的政治使命才能顺利完成。党的纪律内容丰富，其核心和关键是政治纪律。中国共产党从成立之初就肩负着“为中国

---

① 习近平：《决胜全面建成小康社会　夺取新时代中国特色社会主义伟大胜利——在中国共产党第十九次全国代表大会上的报告》，人民出版社 2017 年版，第 66 页。

② 习近平：《决胜全面建成小康社会　夺取新时代中国特色社会主义伟大胜利——在中国共产党第十九次全国代表大会上的报告》，人民出版社 2017 年版，第 61 页。

③ 《马克思恩格斯全集》第 40 卷，人民出版社 1982 年版，第 289～290 页。

人民谋幸福，为中华民族谋复兴”的伟大使命，无论任何时期，都十分重视维护自身团结统一，充分发挥自身在经济社会发展中的重要作用。邓小平在党的八大上就提出了“党的团结和统一是党的建设的最重要问题之一”，“维护党的团结，巩固党的统一，是每一个党员的神圣职责”。[①] 新时代，加强党的纪律建设，强化政治纪律和组织纪律，全体党员必须增强“四个意识”，坚决维护以习近平同志为核心的党中央权威和集中统一领导，维护党的团结统一，保证党的决定顺利执行。

3.加强党的纪律建设，必须高度重视党员主体地位

实践是主观见之于客观的活动。脱离了客观，实践便失去了科学性、准确性，成为臆断和妄想；离开了主观，实践便失去了主观意识的作用，成为机械的教条主义。党员是党的肌体的细胞，是党的重要组成部分。在改革开放过程中，解放思想同实事求是同等重要。邓小平十分重视民主的作用。在他看来，民主和法制“好像两只手，任何一只手削弱都不行”[②]。随着改革开放的深入，邓小平的党内民主思想越来越丰富，对党员主体作用的发挥也越来越重视，特别是强调党的领导干部“关键少数”要发挥关键作用。邓小平认为，管党治党最关键的就是干部问题。1981 年，邓小平指出，“老干部第一位的任务是选拔培养中青年干部”，“这是个战略问题，是决定我们命运的问题”。[③] 陈云也谈到，“必须成千上万地提拔中青年干部”[④]。党的纪律建设是党员权利义务的统一，既要求保护党员的基本权利，也要求党员必须履行自身义务。一方面，党的纪律是为了维护党的团结统一，这就离不开党员对党的价值认同和行为拥护。在政策、方针制定和纪律建设过程中，必须增强党员的参与意识，体现党员的主体地位。另一方面，严格执行和维护党的纪律是每名党员应尽的义务。广大党员必须自觉接受党的纪律的约束，党的领导干部要做好表率作用，带头遵守党纪，维护党内政治生态。

4.加强党的纪律建设，必须充分发挥纪委职能作用

制度的生命力在于执行。良好的纪律执行也需要专门的机关监督。党章规定“党的各级纪律检查委员会是党内监督专责机关”[⑤]。改革开放以来，党十分重视监督的作用，把民主监督和党内监督结合起来，建立了相对完善的监督体系。在民主监督方面，邓小平指出，党的领导不仅在于政权中的适当的数量，主要在于群众的拥护。只有充分发挥群众监督，党的性质才不会发生改变，执政地位才能得到群众的真心拥护。在党内监督方面，邓小平既注重党内民主监督，要求必须健全党内民主生活，又注重组织监督，认为对领导者最重要的监督来自党委会自身，而且越来越重视纪律检查委员会的职能作用，充分发挥它们在监督、执纪、问责等方面的职责。这不仅体现在具体实践上，还体现在通过党章制度化规定纪律检查委员会的地位作用。重视纪委的职能作用，是弘扬党优良传统的历史总结，是完善党纪律建设的时代需要，是政党法治化的必

① 《邓小平文选》第 1 卷，人民出版社 1994 年版，第 235～236 页。

② 《邓小平文选》第 2 卷，人民出版社 1994 年版，第 189 页。

③ 《邓小平文选》第 2 卷，人民出版社 1994 年版，第 384 页。

④ 《陈云文选》第 3 卷，人民出版社 1995 年版，第 302 页。

⑤ 《中国共产党章程》，人民出版社 2017 年版，第 54 页。

经之路。新时代，只有充分发挥纪律检查委员会的作用，才能进一步加强党的纪律建设，才能全面从严治党，才能把党建设得更富战斗力，始终走在时代前列，经得起各种风浪考验，真心真意为人民服务，朝着实现中华民族伟大复兴的中国梦奋勇前进。

综上所述，改革开放以来的成功经验告诉我们，纪律建设是党的建设之要。完善党的建设，必须加强党的纪律建设。对纪律建设的重视，是解决党长期执政难题、提升党长期执政能力的内在要求，是对公共权力制约监督、把权力关进制度笼子里的客观要求，是完善治理体系、推动治理现代化的核心要求，是密切党群联系、巩固执政合法性的现实需要。只有加强党的纪律建设，才能从根本上维护执政党的核心领导地位，才能从根本上解决党和国家行使公共权力、发挥治理功能的需要，确保在从严治党、依规治党的保障下，党得以依法执政，人民得以安居乐业，社会得以安定有序，国家得以长治久安。新时代，我们必须牢牢把握党的纪律建设不动摇，牢牢坚持党的核心领导地位不动摇，牢牢坚持习近平新时代中国特色社会主义思想指导地位不动摇，这样才能在国内外纷杂多变的环境中进行伟大斗争，将中国特色社会主义伟大事业推向前进，最终实现中华民族复兴的伟大梦想。

新时代我国社会主要矛盾的变化及其解决路径

刘　鑫

（山东大学当代社会主义研究所博士研究生）

习近平总书记在党的十九大报告中指出："中国特色社会主义进入新时代，我国社会主要矛盾已经转化为人民日益增长的美好生活需要和不平衡不充分的发展之间的矛盾。"①这是党在领导中国特色社会主义现代化建设的过程中，对党和国家事业的新发展、对人民需要和社会生产供需矛盾的新变化进行深刻思考和总结的结果，是党在改革开放以来对我国社会主要矛盾作出的重大理论调整，是中国特色社会主义理论体系的重大理论创新，明确了我国社会发展新的历史方位，具有重大的理论意义和实践意义。

新的矛盾需要新的目标和新的方略。现阶段我国人民的需求总体上呈现出复杂化、多层次、多样化的特点，社会生产的"不平衡不充分"已经成为制约人民满足美好生活需求的主要因素。认识和把握主要矛盾的两个方面，进而明确现阶段和下一步的工作重点和前进方向，探寻当前社会主要矛盾的解决路径，将统一于中国特色社会主义现代化建设的伟大实践之中，在实践中坚持以人民为中心，不断寻求新的突破。

一、新中国成立以来我国社会主要矛盾发展变化的历史进程

习近平总书记指出："我们党领导人民干革命、搞建设、抓改革，从来都是为了解决中国的现实问题。"②新中国成立以来，在不同的历史阶段，我们党关于社会主要矛盾的表述也随着社会实际状况而作出不同程度的修改。纵观新中国成立以来到新时代的历史进程，社会主要矛盾的变化大致有以下几个阶段：

第一个阶段是新中国成立后至"三大改造"完成前的新民主主义社会历史时期。关于这个历史时期的社会主要矛盾，毛泽东同志在七届二中全会上就有过表述："中国革命在全国胜利并且解决了土地问题以后，中国还存在着两种基本的矛盾。第一种是

---

①　习近平：《决胜全面建成小康社会　夺取新时代中国特色社会主义伟大胜利——在中国共产党第十九次全国代表大会上的报告》，载《人民日报》2017 年 10 月 28 日。

②　习近平：《坚持运用唯物主义世界观方法论提高解决我国改革发展基本问题本领》，载《人民日报》2015 年 1 月 25 日。

国内的，即工人阶级和资产阶级的矛盾。第二种是国外的，即中国和帝国主义的矛盾。”[①]所以，在新中国成立后的新民主主义社会时期，在推翻了三座大山和完成土改后，社会主要矛盾是工人阶级与资产阶级、社会主义与资本主义的矛盾。由此，我们党的主要任务由新民主主义革命转向社会主义革命，全国上下拉开了“三大改造”的序幕。

第二个阶段是“三大改造”完成至十一届三中全会前。实践证明，这一时期我们党关于社会主要矛盾的理论有正确也有失误。1956年，我国“三大改造”完成后，社会主义制度在我国建立起来。党的八大根据“三大改造”完成后的实际社会生产状况，作出了社会主要矛盾变化的重要判断，指出：“我们国内的主要矛盾，已经是人民对于建立先进的工业国的要求同落后的农业国的现实之间的矛盾，已经是人民对于经济文化迅速发展的需要同当前经济文化不能满足人民需要的状况之间的矛盾。”[②]实践证明，党的八大关于社会主要矛盾的判断符合当时的国情，我们党和人民在社会主义建设的道路上进行了成功的探索。然而，受国内外因素的影响，“左”的思想开始在党内占据主导地位，党和国家对社会主要矛盾的认识出现了失误。党的八届三中全会关于社会主要矛盾作出了不同于八大的表述，提出：“无产阶级同资产阶级的斗争，社会主义道路同资本主义道路的斗争，始终是我国内部的主要矛盾。”[③]在这种错误判断的指导下，全国上下掀起了“文化大革命”的浪潮。实践证明，这次运动严重影响了社会安定团结，破坏了社会生产力，是我们党探索社会主义建设道路的一段弯路。

第三个阶段是党的十一届三中全会至十九大期间。“文化大革命”结束后，邓小平等党和国家领导人纠正指导思想上的“左”倾错误，全面拨乱反正，重新确立了解放思想、实事求是的思想路线，进一步优化了党的八大关于社会主要矛盾的论断，在1981年党的十一届六中全会上作出了新的规范性表述：“在社会主义改造基本完成以后，我国所要解决的主要矛盾，是人民日益增长的物质文化需要同落后的社会生产之间的矛盾。”[④]1992年，党的十四大将社会主要矛盾的论断写入党章。在随后召开的党的十五大、十六大、十七大以及十八大都沿用了党的十一届六中全会关于社会主要矛盾的论述。这种认识与实践的一以贯之的统一成为我们中国特色社会主义建设的最大坚守。

第四个阶段是党的十九大至今。2017年在党的十九大上，以习近平同志为核心的党中央在总结新中国成立近70年、改革开放近40年的社会主义建设经验的基础上，特别是根据党的十八大以来我国社会出现的新情况、新变化，宣布中国特色社会主义进入新时代，作出了“我国社会主要矛盾已经转化为人民日益增长的美好生活需要和不平衡不充分的发展之间的矛盾”的重要论断。这是我们党审时度势对社会主要矛盾作出的全新概括，体现了我们党对社会主义建设规律和发展规律认识的进一步深化，丰富和发展了马克思主义矛盾学说。

---

① 《毛泽东选集》第4卷，人民出版社1991年版，第1433页。

② 中共中央党史研究室：《中国共产党历史》第2卷，中共党史出版社2011年版，第396页。

③ 中共中央党史研究室：《中国共产党历史》第2卷，中共党史出版社2011年版，第461页。

④ 中共中央文献研究室编：《三中全会以来重要文献选编》，人民出版社1982年版，第839页。

二、当前我国社会主要矛盾变化的主要依据

从党的八大正式确定社会的主要矛盾到党的十八大，主要矛盾的两个基本方面——落后的社会生产以及人民的物质文化需求虽有表述的不同，但并没有发生实质改变。而党的十九大作出社会主要矛盾变化的重要论断，则是有着重要的现实依据。下面从生产力的变化和需求的变化两个方面分析这一重要论断的科学性和合理性。

1.社会生产水平的纵向和横向比较

纵观改革开放近40年，我国当前的生产力水平产生了质的飞跃，经济建设取得了举世瞩目的成就，由此决定了我们已经摆脱了“落后的社会生产”这一状况，具体表现在以下几点：

第一，从GDP总量看，1978年我国的国民生产总值为0.57万亿元，合计0.09万亿美元；2017年为82.71万亿元，合计13.06万亿美元。改革开放近40年，如今我国国民生产总值已经变为改革开放初期的接近150倍。

第二，从人均GDP看，1978年我国的人均GDP为0.59万元，合计0.09万美元；2017年的人均GDP上升为5.97万元，合计0.94万美元。改革开放近40年，如今我国人均国民生产总值已经变为改革开放初期的约10倍。

第三，从城乡居民人均收入水平看，1978年，我国城镇居民人均可支配收入为343.4元，农村居民人均纯收入为133.6元；2017年，城镇居民人均可支配收入为3.64万元，农村居民人均纯收入为1.34万元。改革开放近40年，如今我国城乡居民人均收入水平已经变为改革开放初期的近100倍。

第四，从恩格尔系数看，1978年我国城镇恩格尔系数为57.5%，农村恩格尔系数为67.7%，平均恩格尔系数为62.6%；2016年，我国城镇和农村恩格尔系数分别降至29.3%和32.2%，平均恩格尔系数为30.7%。改革开放近40年，如今我国恩格尔系数已经降为改革开放初期的一半。

从横向比较的角度，无论是从各领域的国际排名，还是从各要素的国际评价标准，我国都已经摆脱了改革开放初期的贫穷落后状态，大踏步迈入中等发达国家的行列。

第一，从GDP总量看，2017年我国的国民生产总值为82.71万亿元，合计13.06万亿美元，是世界排名第二的经济体，是排在第三位日本经济总量的2.3倍，对世界经济增长的贡献率超过30%，高于美国、欧盟以及日本等发达国家的贡献率之和。①2013～2017年，国内生产总值年均增长7.2%，高于同期世界平均经济增长率2.6%。

第二，从人均国民总收入水平看，按照世界银行统计标准，2016年人均国民总收入达到4.1万美元为高收入国家，达到8200美元为中高等收入国家，达到4900美元为中等收入国家。而2016年，我国人均国民生产总值为8260美元。据此世界银行把

① 参见《2016全球各国GDP排名》，搜狐网，http://www.souhu.com/a/127330829-551041，2017年2月27日。

中国列入中高等收入国家的行列。[①]

第三，从恩格尔系数看，按照联合国制定的恩格尔系数划分标准，大于60%属于贫穷落后国家，30%～40%属于相对富裕国家，20%～30%属于富裕国家。2016年，我国平均恩格尔系数为30.7%，因此，我国已经从改革开放初期的贫穷落后国家发展成为接近富裕国家。

另外，从其他方面看，我国已经是世界第一工业大国，工业实力较改革开放初期有翻天覆地的变化，在500多种主要的工业品中，中国有220多种产品的产量居世界第一位。我国还是第一贸易大国，从2013年开始，我国的货物进出口贸易总额就一直居于世界第一位。社会消费品零售总额、服务贸易进出口总额稳居世界第二位，对外投资总额居世界第三位。

综上所述，当前我国的主要国情已经不再是社会生产落后的贫穷国家，而是综合实力排在世界前列的大国强国。

2.人民需求发生变化的主要表现

随着社会生产的极大发展，社会供给能力的不断提升，人民的需求也相应发生了改变。党的十九大将“物质文化需求”改为“美好生活需要”，既是对前者已经取得成绩的肯定，也是在“需求”概念的内涵与外延上的新发展。

从需求的结构上讲，这种新变化主要体现在需求的内容越来越多。一些基本的生活需求，如基本的物质生活、基本的社会保障服务等需求得到满足的情况下，一些隐性的高层次的需求，如自由公平、总体安全、社会尊重等新的价值追求开始受到重视，为需求的发展注入新的内涵，促进需求结构的进一步完善。从需求的质量上讲，这种新变化主要体现在需求的水平越来越高。无论是那些已经得到满足的基本需求，还是新产生的社会需求，开始要求高质量的获得感，从基本满足到更高层次的满足，推动需求质量的逐步提升。

具体来讲，从“物质文化生活”到“美好生活需要”的变化主要表现在以下几个方面：

一是物质生活方面，从解决温饱问题到追求更高的收入、更广的消费。2017年人民论坛开展的关于美好生活需要的社会调查数据显示，人们把美好生活需要首先考虑为更高水平的收入以实现更高的消费，如出国旅游的需求逐年上涨。

二是精神文化需求方面，从单一走向多元化。在教育领域，人们的受教育程度越来越高，从1985年的人均1.25年到2009年的7.85年；2015年与2010年全国人口普查情况相比，每10万人中大学学历人口由8930人上升为12445人。[②] 当前，在义务教育普及的情况下，人们向往更有竞争力的高等教育，人们对提高高等教育入学比例的呼声越来越高，对教育的优质、均衡、全面的要求越来越高。在大众文化生活领域，传

① 参见《2016年中国人均国民总收入》，中国社会科学网，http://ex.cssn.cn/jjx/jjx_gdxw/201710/t20171017_3662768.shtml，2017年10月10日。

② 参见《2015年全国人口抽样调查数据公报》，http://www.as.stats.gov.cn/tjsj/zxfb/201604/t20160420.html，2016年4月20日。

统文化传播媒介如收音机、广播、报纸、电视等传播模式已经难以满足人们日益增长的文化需求，取而代之的是互联网、手机、5G等新的媒体，人们的文化活动也越来越多元化。

三是政治生活方面，人们对政治参与的质量要求越来越高。在人们的民主权利得到保障的情况下，人们的公民意识、主体意识逐渐增强，对国家政治发展，尤其是对与自身利益相关的公共政策表现出更多的关注，希望得到更多的政治参与，切实表达自己的意愿。同时，随着经济和社会的发展、人们物质文化水平的提升，人们对民主与法治、公平与正义有越来越高的期待。人们对政府提供的社会保障服务，如医疗、卫生、教育、就业、养老等领域的需求也越来越高。

四是总体安全方面，人们在追求获得感的同时更注重安全感的保障。在物质财富日益丰富的今天，人们的获得感得到逐步满足的同时，对安全感的呼声日益高涨。生产安全、财产安全、食品安全等问题在人们日常生活中开始凸显。另外，民众对生态保护和环境治理的呼声也越来越高。

三、社会主要矛盾中发展不平衡不充分的主要表现

尽管我国经济社会发展已经取得巨大进步，成为世界排名第二的经济体，我国也已经迈入中等收入国家的行列，部分领域甚至位居世界前列，但当前我国社会发展仍然存在不平衡不充分的问题，制约着人民美好生活需要的实现。其中，发展的不平衡具体表现在以下几个方面：

1.经济发展的不平衡

第一，产业结构的不平衡。2016年国家统计局数据显示，我国国内生产总值中，第一产业占比8.6%，第二产业为39.8%，第三产业为51.6%。而发达国家的三大产业平均比例为5%、30%、65%。相比之下，我国的产业结构分布还是不平衡的，第一产业和第二产业比重依然较大，第三产业的比例明显不足，发展相对落后。

第二，生产供给结构不平衡，以中低端供给为主，而高端产品有效供给不足。科技含量高、附加值高、可靠性高的产品依赖进口，核心技术缺乏自主创新研发。传统行业产能开始过剩，新型产业比较薄弱。2015年，我国规模以上粗钢实际产能约11.27亿吨，但产量大约为8.2亿吨，产能利用率仅为70%，且高精钢材产量不高，钢铁企业出现亏损。[①] 按照国际标准，产能利用率低于75%即为严重产能过剩。单纯依靠自主研发生产，还无法满足人民群众的高品质物质生活的需要。

第三，实体经济与虚拟经济比例不平衡。在国民经济总量中，传统实体产业的比重在下降，虚拟经济的比重逐渐升高。实体经济的增速在下降，虚拟经济的增速却逐渐上升。尽管我国货币供应量并不短缺，但实体产业依然感到资金困难，资金向虚拟经济靠拢的问题越发严重，抬高房价与物价，经济泡沫膨胀，威胁资本市场和经济发展的稳定性，经济风险加大。

---

① 参见国家统计局：《中国统计年鉴(2016)》，中国统计出版社2016年版，第457页。

第四，经济发展与生态环境建设的不平衡。在经济发展最快的阶段，我们是以牺牲环境为代价的，尽管近几年在国家的重视下，环境的质量有了明显改善，但与人民对美好生活的需求相比还有较大差距。空气污染、水源污染催生防霾口罩、净化器成为人们的生活必需品。人们在追求“金山银山”的同时也渴望绿水青山。人们对生态的需要已经成为当前急需面对并解决的问题。

第五，收入发展不平衡。基尼系数是衡量一个国家收入分配公平与否的重要指标。按照国际标准，基尼系数低于0.3属于比较平均，0.3～0.4属于基本合理，0.4～0.5属于差距较大，0.5以上说明差距悬殊，两极分化。按照国家统计局的数据，2012～2016年我国的基尼系数为0.474、0.473、0.469、0.462、0.465，居民收入分配差距较大。

2. 城乡发展不平衡

第一，城乡居民收入不平衡。城乡居民人均收入是衡量城乡发展水平的重要指标。自改革开放以来，城乡居民收入在逐年增高的同时，城乡收入差距也逐渐拉大，比例差距最高时达到3.3倍。按照统计局的数据，2013年，城镇居民人均收入2.65万元，农村居民人均收入0.94万元，城乡收入之比为2.8倍；2014年的数据为2.88万元和1.05万元，比例为2.75倍；2015年的数据分别为3.12万元和1.14万元，比例为2.73倍；2016年城镇居民人均收入为3.36万元，农村居民人均收入为1.23万元，城乡居民人均收入比为2.7倍，城乡居民收入不平衡问题依然比较严重。

第二，城乡要素分配不平衡。除了城乡居民收入不平衡外，城乡基础资源、公共服务分配也存在着很大的不平衡。改革开放以来，生产要素随市场的价值规律流动。农村的劳动力和资本开始向城镇转移，致使农村资源越加贫乏，城镇资源越发集中，城乡差距不断拉大。城乡的基础设施建设，如道路、水电等，城乡的公共服务如教育、医疗卫生等也出现了明显差距。2015年，农村有线广播电视用户占农村家庭总户数的比重为33.17%，远低于全国的平均使用率52.75%。城镇每千人口医疗卫生床位为6个，而农村仅为2.6个。在农村，心脏病、脑血管病、肿瘤等主要致死疾病的致死率也都远远高于城市。①

第三，城乡二元结构的制度设计不完善。城乡二元结构、户籍制度和土地制度的不完善，仍然影响着城乡的不均衡发展。习近平总书记强调：“由于欠账过多、基础薄弱，我国城乡发展不平衡不协调的矛盾依然比较突出，加快推进城乡一体化意义更加明显、要求更加紧迫。”②虽然我国的城镇化建设不断在完善，但推进城乡共同发展、相互融合依然问题重重，城乡二元结构的制度依然是构建新型城乡关系的制约因素。

3. 区域发展不平衡

受自然区位因素的影响，我国按照地势自然划分为东部地区、中部地区和西部地

---

① 参见国家统计局：《中国统计年鉴（2016）》，中国统计出版社2016年版，第714页。

② 《习近平在中共中央政治局第二十二次集体学习时强调：健全城乡发展一体化体制机制　让广大农民共享改革发展成果》，载《人民日报》2015年5月4日。

区。也是受这种区位因素的影响，我国的经济发展带也明显地出现了东部发达、中部和西部落后的明显差别。虽然我国一直以来注重区域发展战略，但区域的发展依然很不平衡。

第一，区域经济总量与人均指标不平衡。从区域经济总量上说，2015 年我国东部、中部和西部地区的总产值在国民经济总量上占比分别为 59.6%、20.3%和 20.1%。东部沿海地区的产值比中西部地区的产值之和还要多。从区域人均收入指标上说，我国东西部地区的城乡居民收入也存在着明显的失衡。2015 年，我国东部、中部和西部地区的城镇居民人均收入分别为 3.67 万元、2.68 万元和 2.65 万元，农村居民的人均收入分别为 1.43 万元、1.09 万元和 0.9 万元。从人均可支配收入上看，我国东部地区跟中西部地区的差距还是比较大的。

第二，区域资源要素配置不平衡。受区位因素以及区域发展条件的影响，我国区域资源配置不平衡的问题也比较突出。

从劳动力要素讲，改革开放以来，我国出现了比较明显的人口迁移，劳动力从农村转移到城市，从中西部地区转移到东部地区，以至于中西部很多农村留守儿童的问题凸显。东部地区的人力资源较丰富，而中西部地区的人力资源相对匮乏。从资本投资角度讲，我国东中西部地区的投资差距也是比较明显的。2015 年，我国东部、中部和西部地区的社会固定资产投资占全国的比重分别为 50.1%、25.7%和 25.2%。东部地区的投资比重占到全国投资的一半，中西部地区的固定投资明显不足。从社会保障和基本公共服务角度讲，医疗、教育资源等公共资源的分布不均。东部地区的医疗卫生、教育以及社会保障明显优于西部地区。

发展的不充分主要表现在：

第一，实体经济发展不充分，质量与效益不高。所谓实体经济是指除房地产和金融行业以外的产业，以农业、工业、制造业、建筑业以及第三产业中的文化、旅游、服务等行业为主。我国实体经济的发展不充分主要体现在供给结构失衡，以中低端供给为主，满足中低端、低价格的需求，而科技含量高、质量先进的供给能力不足；传统制造业为主，先进制造业比例不高，粗放型、高能耗、高污染产业向集约型、低污染、低能耗产业转型较慢；服务业中，也以传统服务业为主，如餐饮、旅店等与人们日常生活相关的行业，而专业技术高、知识密集型的服务业，如法律顾问、投资理财顾问、教育培训等行业发展不足。

第二，创新能力发展不充分。首先是自主创新能力不强，特别是核心高端技术缺乏自主研发，对国外进口依赖较大。虽然我国已经在高铁、电力、建筑、清洁能源等领域取得较大自主建设成就，但在航天、软件、汽车等高端科技领域，许多核心技术还是依靠国外技术。另外，我国的创新成果转化利用率不高，科学技术转化为现实生产力的能力不强，研发与使用的结合不充分。清华大学发布的《国家创新蓝皮书：中国创新发展报告(2016)》指出，虽然我国有研发活动的企业数量、研发从业人员的比重以及每万人有效发明专利数等指标在逐步上升，但增长进度缓慢，创新成果转化和应用程度还比较低。2016 年世界知识产权组织的创新数据显示，我国的创新能力综合排名 22

位，但这是建立在我国创新投入第2的基础上的。投入与产出比有较大差距，充分显示我们当前的创新能力不足。

第三，市场经济改革不充分。在所有制改革方面，虽然我国已经实行多种所有制经济共同发展的制度，但在股份制改革，特别是国有企业混合所有制改革方面仍然面临不少问题，破解国有企业效率低、利润低的难题，全面深化国企的所有制改革依然任重道远。在供给侧结构性改革方面，虽然市场在资源配置中起决定作用，但是如何更好地发挥政府作用，解决好政府缺位甚至越位的问题，优化资源配置结构，更好地去产能、去库存，提高经济发展的质量与效益，依然问题重重。另外，我国对外开放不充分。我国参与全球化的竞争力还不够强，对国际规则和标准制定的话语权还比较弱，在有些行业开放的程度还不够高，市场准入限制较多，“走出去”依然面临较大的外部风险压力。

第四，民生保障建设不充分。虽然我国改革开放让人民富起来了，但是社会保障制度依然还有不少短板。从就业方面讲，就业压力依然比较严重。2017年的政府工作报告指出，2017年的新增城镇就业人口1100万，相对前几年压力更大，高校毕业生795万，创历史新高，就业结构性矛盾比较突出，就业难与招工难的情况并存，区域、行业分化的情况比较严重。从医疗卫生方面看，自新医改实施以来，我国建设覆盖城乡的医疗保障制度已取得显著成绩，但看病难、看病贵、医疗服务供不应求的问题依然存在。如何让人民不再因病致贫、因病返贫，是我们国家必须要解决的基本民生保障问题。从住房制度方面讲，随着人民住房需求的上涨，房价也普遍高涨，一线城市的房价已经远远超出普通工薪阶层的可承受能力。这完全背离了党中央“房子是用来住的，不是用来炒的”的价值定位，国家的房价调控政策不明显，住房保障制度建设依然困难重重。

第五，法律体系建设不充分。一方面，我国的法律体系建设还不完善，有些法律法规针对性不强，可操作性不强，还有修改完善的空间；另一方面，我国公民的法律意识虽有提升，但法律知识的普及依然不够，对法律的运用还不规范，而且用法律手段维权的经济成本和时间成本都太高。另外，执法过程中的执法不严、执法不透明、执法不文明的现象时而出现，损害执法部门的形象，影响法律的权威。完善依法治国，推动国家治理体系和治理能力现代化依然任重道远。

四、解决当前我国社会主要矛盾的路径思考

新时代社会生产的进步与人民需求的多样化，对中国特色社会主义现代化建设提出了新的要求。在社会主义建设过程中出现的新矛盾与新问题，最终还是要靠改革与发展去解决。针对新时代的社会主要矛盾，我们应该坚持两点论与重点论相统一的方法，既要认识主要矛盾的两个方面，更要抓住主要矛盾的主要方面，努力解决发展不平衡不充分的问题，才能更好地满足人民美好生活需要，推动人的全面发展和社会的全面进步。

第一，针对生产不充分的问题，要坚持创新驱动发展战略，贯彻新发展理念，进一

步解放发展生产力，提高发展的质量与效益。虽然当前我们已经取得了巨大的发展成就，我国的社会主要矛盾因此发生了变化，但我国处于社会主义初级阶段的基本国情没有变，最大发展中国家的国际地位没有变，发展依然是我们党执政兴国的第一要务。抓住发展这一根本要务就是抓住了解决当前社会主要矛盾的“牛鼻子”。当前，我国经济已经由高速增长阶段转向高质量发展阶段，转方式、调结构、新动力已经成为摆在党和国家面前的新难题。正确处理好生产力与生产关系、经济基础与上层建筑的基本矛盾，需要我们党和国家加强顶层设计，做好整体谋划。党的十九大报告指出：“创新是引领发展的第一动力，是建设现代化经济体系的战略支撑。”我们不能满足于已有的创新成果，不止步于航空、“蛟龙”、高铁、“北斗”等重大科技成果，要继续深化科技体制改革，加强科技体系建设。应继续加强基础应用研究，紧跟世界科技前沿，突破关键共性技术，推动我国原创科技新突破；加强对创新文化的培育和扶持力度，加强知识产权的保护力度，深化科技成果向实际生产力的转化；积极培育科技人才，依靠人才兴国，积极造就一批具有国际水平和视野的有强大竞争力的科技人才和创新团队；加强对企业创新的政策扶持，提高企业创新的主体地位，充分发挥企业创新的主动性和创造性，坚持市场导向的原则，积极促进“产学研”的高度融合。

第二，针对区域不平衡的问题，要统筹区域发展，强化西部大开发战略，继续振兴东北老工业基地，逐步缩小区域差距。改革开放以来，我国先后实施了西部大开发战略、振兴东北老工业基地、中部崛起战略，较大地改善了中西部地区贫穷落后的状况，中西部地区的基础设施建设、人民生活水平、生态环境等各方面都取得了较大成绩，区域协调发展取得显著成效。尽管如此，区域发展不平衡问题依然比较严重，中西部地区的短板依然制约着中西部地区的发展，进一步制约着我国总体的发展水平。为此，我们要打破行政壁垒，完善统一市场体系建设，实现资源要素的自由有序流动配置，在“一带一路”建设的带动下，实现中西部地区的进一步发展。要充分利用区域优势，进一步加强区域合作与区域互助，促进区域联动和协同发展，实现区域利益平衡。注重生态保护，加强政策扶持，促进中西部地区资源型经济转型，依靠新兴产业推动中西部地区经济社会发展。加强边疆地区建设，加大投入力度，提高边疆地区人民生活水平，确保边疆稳定，同时统筹海陆建设，特别加强南海海域地区建设发展，加快建设海洋强国，切实维护中华民族根本利益。

第三，针对城乡不平衡的问题，要加快推进城镇化、农业和农村现代化建设，加速推进乡村振兴战略，深化户籍制度改革，逐步打破城乡二元结构。长期以来，我国经济社会建设的政策就是优先发展城市，城市带动农村。社会资源都往城市聚集，而小城镇和农村在资源配置方面受到排挤，导致城乡发展的不平衡。而破解城乡发展不平衡的关键在于解决“三农”问题。“三农”问题作为关系国计民生的根本性问题，一直都是党和国家工作的重点。要巩固和完善农村基本经营制度，深化农村土地制度改革，推动农村土地有序流转，开展规模化、集约化、现代化的农业经营模式。要加强农村基础设施建设，提高医疗、交通、教育等领域的公共服务的标准和水平，逐步缩小城乡社会公共服务在范围和质量上的差距，维护好群众最关心、最直接的切实利益。要探索户籍制度改革，打破户籍限制和土地依赖，促进人才双向流动，培养一批有知识、有技术、懂“三农”、爱“三农”的队伍投身新农村建设，为农村发展注入新的活力，推动城乡一体化建设。另外，还要加强对农村产业的政策扶持力度，扶持农业项目，发展规模化农业生产经营体系，促进农村三大产业的融合发展，鼓励农民自主创业，拓宽自身增收渠道。按照“产业兴旺，生态宜居，乡风文明，治理有效，生活富裕”的总要求，实施乡村振兴战略，以农民为中心，积极推动农业农村现代化建设，积极构建新型工农城乡关系。

第四，针对民生不充分的问题，要进一步完善公共服务体系，加强社会保障体系建设。公共服务是人民群众生活中最直接、最现实的公共需求，在基本的公共需求如饮食、交通等方面得到满足后，保障性、发展性公共需求如教育、医疗等需求开始增长。而政府提供公共产品和公共服务的能力和水平则直接影响着人民美好生活需求的满足程度，影响着人民群众生存和发展的质量。因此，政府要持续加大在公共服务领域的投入，让改革成果更多更公平惠及全体人民。要把发展教育事业摆在重要位置，加大教育投入，建立高素质高水平教师队伍，办好从学前到大学的各阶段教育，完善教学体系，提高各阶段教育教学质量，高度重视农村教育，健全教育资助制度，努力缩小城乡教育水平差距。要完善社会保障体系建设，建立统一的城乡居民医疗保险制度，建成全民覆盖的社会保障体系，完善社会救助制度，提高最低生活保障标准，做好社会救助、社会福利和慈善事业，按照“兜底线，织密网，建机制”的要求，建立多层次、可持续的社会保障体系。实施健康中国战略，继续深化医疗卫生体制改革，完善医疗保障制度和医疗卫生服务，特别是加强基层医疗卫生服务体系建设，支持社会办医，全面取消“以药养医”，为人民群众提供全方位医疗卫生服务。总之，党和政府要以人民为中心，努力保障和改善民生，不断满足人民群众日益增长的美好生活需求。

“以人民为中心”视域下反腐败斗争的现实逻辑和实践路径

马　原

（同济大学马克思主义学院博士研究生）

十九大报告指出：“人民是历史的创造者，是决定党和国家前途命运的根本力量。”以人民为中心是习近平新时代中国特色社会主义思想的政治灵魂和本质特征，是构成新时代坚持和发展中国特色社会主义的重要基本方略之一。以人民为中心视域下进行反腐败斗争，是新时代反腐败斗争的价值追求和基本立场，指明了反腐败斗争“为了谁，依靠谁”的重要原则。以人民为中心为主线开展反腐败斗争工作，是新时代反腐败斗争的重要着力点和行动指南。

十八大以来，以习近平同志为核心的党中央高度重视反腐败工作，全面从严治党成效显著。五年来，反腐败斗争的成就是全方位的，已经形成了压倒性态势。十九大报告讲道：“不敢腐的目标初步实现，不能腐的笼子越扎越牢，不想腐的堤坝正在构筑，反腐败斗争压倒性态势已经形成并巩固发展。”[①]因此，新时代下需要党和国家不断调整方针战略，把“以人民为中心”作为反腐败斗争的主线和行动指南，坚持标本兼治，不断巩固反腐败斗争的战略性成果，进一步推进反腐败工作，为党和国家的事业提供坚强的政治保证。从十九大报告中可以看到，“以人民为中心”已经成为新时代下反腐败斗争的历史必然和逻辑主线。基于此，学术界有必要在新形势下对反腐败斗争进行深入的研究，确保党永葆旺盛生命力和强大的战斗力。但是，党和国家必须清醒地认识到，面对党情国情世情的不断变化，反腐败斗争将不断面临新的任务和形势，仍然存在许多不足之处。对于新时代下坚持怎样的反腐败斗争行动指南，如何构建反腐败斗争的制度体系，以及如何坚持标本兼治扩展反腐败斗争工作的实践路径，是当前学术界应该深入研究的重点。

通过相关文献分析，学术界十九大后关于反腐败斗争的文献主要集中在三大方面：一是对十八大以来反腐败斗争新发展的总结和研究。如有的学者对党的十八大以来标本兼治反腐败战略进行了一定程度的解析，有的学者是对十八大以来整个反腐倡

---

① 习近平：《决胜全面建成小康社会　夺取新时代中国特色社会主义伟大胜利——在中国共产党第十九次全国代表大会上的报告》，人民出版社2017年版，第8页。

廉建设的新进展进行了分析梳理。二是对反腐败斗争的具体路径的分析研究。主要集中在对反腐败制度体系的构建上，如有的学者提出构建网络反腐体系，有的学者提出要创新反腐倡廉监督、预防、惩治制度的构建。三是对反腐败斗争现实意义的分析。主要集中在新时代下反腐败斗争的重要性和价值层面。

通过以上文献分析可知，无论是针对反腐败斗争的现实意义、新发展还是具体路径分析上，目前学术界鲜有从"以人民为中心"的视角来对反腐败斗争进行研究的，因此本研究具有重要的理论与实践价值，本文首先对反腐败斗争的现实逻辑必然性进行研究，进而靶向精准地分析新时代下反腐败斗争面临的困境，从而提出了新时代坚持"以人民为中心"视域下反腐败斗争的实践路径。通过该方面的研究以期为党和国家治国理政提供坚强的政治保证。

一、"以人民为中心"视域下反腐败斗争的现实逻辑

(一)十八大以来反腐败斗争取得的成绩

2012年12月4日，党中央审议通过《关于改进工作作风、密切联系群众的八项规定》。2013年，中央提出"治标为治本赢得时间"的反腐败基本方针。五年来党中央召开36次中央政治局常委会会议、21次中央政治局会议，对贯彻执行中央"八项规定"、加强作风建设进行专门研究部署。截至2017年9月30日，全国累计查处违反中央"八项规定"精神问题18万多起，处理24万多人，平均每天超过140人。其中，省部级干部24人、厅局级干部2100多人因违反中央"八项规定"精神问题受到处理。自2015年全国累计查出违反"八项规定"问题趋于平缓，可见，十八大以来反腐败斗争取得了一定的成绩。

再者，对比十七大后的五年和十八大后的五年，十八大后建章立制的力度也是大大提高。尤其是2015年和2016年相继出台的一些列党内法规条例，是反腐败斗争强有力的制度保证。但是目前的党内法规还存在在地方落实不到位以及不够精准等问题，因此有待进一步完善和发展，建立基于广大人民利益的党内法规制度体系。而且党的十八大以来五年的实践经验也表明，以习近平同志为核心的党中央在新时代将会不断推进党内法规的建设，从而使党内法规的完善和执行更加精准，且能够切实落实到位。

基于以上分析，可以看到十八大以来反腐败斗争取得了显著的成效。无论是从制度体系的构建和法规的修订完善层面还是执行的实效性层面，反腐败斗争的压倒性态势已经形成，党内政治生态逐渐好转。

(二)反腐败斗争面临的新特点、新任务

十八大以来，虽然反腐败斗争取得了优异的成绩，但是"四大危险"和"四大考验"时刻考验着党和国家，反腐败形势依然严峻。尤其中国特色社会主义进入新时代，我国社会主要矛盾的历史性变化，对党和国家的工作提出了许多新要求，面临着新任务。

1.党情、国情、世情新变化的现实动因

中国正处于深刻的社会转型期和全球化的大背景下，中国共产党自身也发生着不可逆转的变化。因此，无论是中国共产党所处的时代背景，还是中国共产党自身的现实情况和肩负的使命都有了重大变化。首先，从党内局势来看，党员队伍的扩大、党员阶层结构的变化、党内法规制度的补充和完善等，都是党在新时代下针对国家和人民的需要作出的不同程度的调整，虽然一定程度上解了燃眉之急，但是仍旧面临一些根本的问题亟待解决。其次是经济全球化背景下催生经济社会政治环境的不确定性，导致西方国家意识形态的渗透和扩张。西方国家利用网络媒介发表自己国家意识形态的言论和主张，给我国主流意识形态话语权带来了极大冲击和挑战。凭借互联网技术应用产生的强大链接功能，“生活层面的东西已纳入了政治的视野，并开始获得政治的话语权”①。意识形态是上层建筑的核心，是一个国家经久不衰蓬勃发展的脉搏。意识形态的统一对于中国共产党治国理政，发挥其独有的权威和号召力是关键所在。西方意识形态的侵入使得我国党员干部受到了一定影响，西方的自由主义、享乐主义与当前我国的艰苦奋斗、勤俭节约的价值观念和评判标准相冲突，从而导致一些领导干部放弃自身与人民群众的坚定立场，转而向贪污腐败、以权谋私的奢靡之风看齐，破坏了党风国风，给我国当前全面从严治党带来了巨大挑战和困难。这些问题决定了只有坚持“以人民为中心”的基本方略，才能给腐败问题以重击。

2.适用于新时代主要矛盾的变化的逻辑必然

十九大报告指出：“中国特色社会主义进入新时代，我国社会主要矛盾已经转化为人民日益增长的美好生活需要和不平衡不充分发展之间的矛盾。”人民生活显著改善，对美好生活的愿望也更加强烈，尤其是对民主、法治、公平、正义有自己的愿景和期待。由此根据十九大报告中关于主要矛盾转化的相关论述，可知必须深入贯彻以人民为中心的思想和指导方针，坚决反对一切损害人民利益、脱离群众的行为，才能不断满足人民日益增长的美好生活需要和期待。因此，党要直面问题，消除一切损害人民利益的毒瘤。通过建设高素质的干部队伍，强化监督执纪问责，健全党和国家监督体系等一系列措施，为人民提供美好生活助益。因此，全面推进反腐败斗争是适应我国主要矛盾转化的逻辑必然。

3.“以人民为中心”基本方略提出的现实逻辑

十九大报告指出“我们党来自人民、植根人民、服务人民，一旦脱离群众，就会失去生命力。”这无疑肯定了人民在治国理政中的主体地位和权利。党和国家的权利是人民赋予的，人民是历史的创造者和根本推动力量。正如《共产党宣言中》提到的：“过去的一切运动都是少数人的，或者为少数人谋利益的运动。无产阶级的运动是绝大多数人的、为绝大多数人谋利益的独立的运动。”②正因为如此，作为领导人民走向国家富强的中国共产党，必须时刻加强与人民群众的血肉联系。领导干部、党员队伍必须保

① 红苇：《“生活政治”是一种什么政治》，载《读书》2002年第6期。

② 《马克思恩格斯文集》第2卷，人民出版社2009年版，第42页。

持风清气正的良好政治生态。在反腐败问题上坚持无禁区、全覆盖、零容忍，强化不敢腐的震慑、扎牢不能腐的笼子、增强不想腐的自觉，以人民为核心，夺取反腐败斗争的压倒性胜利。

二、“以人民为中心”视域下反腐败斗争面临的现实困境

1. 防范腐败的相关顶层设计欠缺，还未形成从根本上杜绝腐败发生的体制机制

主要集中在党内法规制度欠缺，尤其是党内监督制度有待完善。当前党内监督制度出现的不足，可以概括为“三多三少”：首先，原则性制度多，具体化的制度较少。从目前党内监督的现实状况来看，有着相对完善的原则性规章，但是缺少可操作性强的实施细则。其次，规定“不准”的多，明确怎么做的少。很多监督制度中都出现了很多“不准”“禁止”这一类似的规定，但关于正面指导的规则较少，权力在阳光下运行的监督机制欠缺。再次，“上墙”“上板”的多，检查落实的少。无论是在党的组织工作中还是在宣传工作中，都大力倡导落实党内监督制度，但对于党内监督制度的真正落实情况没有检查监督到位，这往往使党内监督工作流于形式。

2. 一些党员干部受资本腐蚀，理念信念不够坚定

市场经济是一把“双刃剑”，一方面促进了经济的发展，另一方面由于市场经济的影响一些党员干部在资本的魔力下意志不够坚定，从而走上了腐败道路。但是中国经过40年的改革开放表明，在社会主义市场经济体制下，我们要主动参与经济全球化的进程，发展更高层次的开放型经济，这是一条正确的道路，因此公平、自由、效率等价值观逐渐占据了主要位置。但是，由于市场经济具有开放性，导致西方享乐主义和自由主义思想的渗透，使得广大党员干部逐渐在非主流的价值观中迷失自我，追寻个人行乐主义，为实现个人的政治野心不择手段。更有甚者，在台后大搞权钱交易，将个人多年积累的“人脉”和“情分”用在家属身上经商谋利，大发不义之财，忘记了自己身处何位、应负何责，为官不为，弊病丛生。执政为民、立党为公的理想信念早已经抛之脑后，随之而来的是及时享乐的奢靡生活，“四风”问题改头换面，花样百出，严重损害了党同人民群众的血肉联系。

3. 既得利益阶层的掣肘

从近些年查处的腐败案件看，对于身处要职的既得利益阶层因为已经在权力分配中优先得到好处，便要牢牢抓住手中的权力，谋取个人私利，甚至利用手中的权力搞权钱交易，“潜规则”大行其道，形成家族利益群体，压榨人民群众。一些领导干部和企业勾连，如薄熙来等给大连实德的徐明输送利益等等。这些领导干部既想要官位，又想要收受不当利益，拉帮结派，利用职务之便大肆敛财，甚至扬言：“活着要进中南海，死了要进八宝山。”一些领导干部在十八大以后仍然不收手，不仅不执行中央的决策部署，还通过和利益集团勾连阻碍改革的推进，如原中央政治局委员、重庆市委书记孙政才在重庆期间不仅把一些重大市政工程等通过暗箱操作输送给其情妇，而且对于中央决策部署的各项改革搁置不干，推行自己的那一套，是典型的阻碍改革的“两面人”。在我国国有企业领域也存在一些权贵阶层阻碍改革的现象，对待国有资产像自家资产

一样随意使用，并且排斥其他资本进入该领域，达到排斥各种改革、满足自身利益的目的，从而与国家努力改革营造的公有资本和外资、民营资本有共同的待遇和市场发展机会相违背。在改革开放初期由于国家的法律法规还不够规范，一些人通过钻国家的空子从而富了起来，这部分也属于既得利益阶层，也不希望国家通过改革而损坏其不当利益。特别是这部分人有的和官员勾结，这些官员有的身居国家重要位置，本应该是反腐的中坚力量和基层干部的模范榜样，但是却为了自身的不当利益，成为腐败的保护伞，导致反腐工作难以推进。

三、"以人民为中心"视域下反腐败斗争的实践路径

1. 践行"以人民为中心"发展思想，建立权力多维度监督运行机制

中国共产党作为治国理政的核心和主体力量，需要良好的政治生态，更需要为政以德的优秀领导干部。党的八大规定任何党员和党的组织都必须受到党内自上而下和自下而上的监督[①]，但是由于党内政治生活复杂，尤其是中国进入新时代以来面临的艰巨任务和不断变化的党情国情，仅仅贯彻党内监督的法规条例已经不能全方位开展反腐败斗争。因此需要建立权力多维度监督运行机制，对各级组织和党员干部进行监督。

首先，可以设立各种便民举报渠道和平台。腐败问题是切断与人民群众血肉联系的根本问题，而人民是历史的创造者，人民群众具有无限的力量，党员干部要想群众所想，急群众所急。因此，要想充分发挥人民群众在反腐败斗争中的作用，就要设立方便群众进行监督的举报渠道和平台。其次，发挥新成立的监察委员会等的监督作用。2017 年 1 月 19 日，中共中央政治局常委、中央纪委书记王岐山在十八届中央纪委七次全会上的工作报告中提到，将在十三届全国人大一次会议审议通过国家监察法，设立国家监察委员会。随后，云南省、江西省、湖北省等各省、市、县完成监察委员会的挂牌组建工作，开始开展反腐败工作。十九大报告提出："深化国家监察体制改革，将试点工作在全国推开……制定国家监察法，依法赋予监察委员会职责权限和调查手段，用留置取代'两规'措施。"[②]由此可见，切实发挥检查委员会的作用，实现对所有行使公权力人的全覆盖监督，是建立权力多维度监督运行机制的重要举措。最后，建立各级媒体举报通道等。监督的初衷是为了捍卫人民群众的利益，监督的目的是为了实现零腐败。因此，建立各级媒体举报通道，不仅可以让人民群众知晓权利的运行过程，更能让权利在阳光下接受监督，让领导干部时刻保持警惕，警惕糖衣炮弹，时刻提醒自己为人民服务的职责和义务。

2. 践行"以人民为中心"发展思想，建立加强党内监督法规建设

腐败问题要想从根本上解决必须坚持标本兼治，除了需要建立常态化的巡视制度等

---

① 参见《习近平谈治国理政》第 2 卷，外文出版社 2017 年版，第 185 页。

② 习近平：《决胜全面建成小康社会　夺取新时代中国特色社会主义伟大胜利——在中国共产党第十九次全国代表大会上的报告》，人民出版社 2017 年版，第 67～68 页。

治标之策，而且还需要完善党内法规，只有通过党内法规的建设才能从根本上解决腐败问题。具体来讲，通过如下举措：一是建立健全党内监督法规体系。精准的党内监督法规体系是从法律层面防止滥用权力的保证，但是目前这方面明显欠缺，尽管党的十八大以来反腐败取得重大成就，但是大多属于治标之策，如果想从根本上解决这些问题必须从法律上完善，以法律的方式杜绝腐败的发生，因此应建立多维度、多视角的党内监督法规体系。二是加强党内法规体系的执行力，健全并细化党内监督制度。一项制度再好如果缺少执行力也不是一项好制度，因此必须增强其可操作性，增强制度的生命力。因此应通过建立党内法规，对于制定完善的党内法规进行精准执行，对于在执行中发现不够精准的党内法规向党内法规制定部门进行汇报及时纠偏。

3.践行“以人民为中心”发展思想，建立体现人民意愿的巡视常态化机制

2013年5月，十八届中央第一轮巡视启动，节奏持续加快，力度不断加强，向着全覆盖迈进。2013年开展了两轮中央巡视，2014年、2015年、2016年均分别开展了三轮中央巡视，2017年开展了一轮中央巡视。十二轮巡视共巡视277个单位党组织，对16个省区市开展“回头看”，对4个单位进行“机动式”巡视。根据巡视发现的问题线索，查处了苏荣、王珉、黄兴国等一大批高级领导干部，揭露了山西“系统性塌方式腐败”、湖南衡阳破坏选举案、四川南充拉票贿选案、辽宁拉票贿选案等一系列重大案件。据统计，党的十八大以来，中央纪委立案审查的中管干部中，50%以上是根据巡视移交的问题线索查处的。由此可见，巡视作为一把利剑，在反腐斗争中发挥了关键作用。

因此，在党的十八大以来巡视经验的基础上，应充分发挥人民群众在巡视中的作用，建立巡视组问题举报保密通道等方式捍卫举报者的权益，鼓励人民反映问题。把人民群众反映的问题作为巡视的重中之重，坚持问题导向，改进巡视工作方法和队伍，切实用好巡视这把利剑，实现治标和治本相结合。

4.践行“以人民为中心”发展思想，建立腐败终身追责机制

十九大报告中讲到要想夺取反腐败斗争的压倒性胜利，就要坚持反腐败斗争“无禁区、全覆盖、零容忍，坚持重遏制、强高压、长震慑”。因此，只有建立腐败终身追责机制，才能从根本上对腐败问题起到震慑作用。集中来讲，主要有两点：一是党内的自我监督，主要针对退休了的党员干部，要持续对其进行监督，一旦发现腐败问题即使已经退休仍然要进行追责。这一点目前中央层面做得比较到位，如对于中央军委原副主席郭伯雄、徐才厚等两位国家副国级领导干部，即使其已经退休发现了其腐败问题仍然要进行追责，但是目前地方在这一块有待加强。二是人民群众的举报监督，即使是离任或者调职的党员干部，在其位期间不为民所想，也要接受群众的监督，追究其责任。如江苏省委原常委兼秘书长赵少麟等即使离开了原工作岗位但是发现其在原岗位的问题仍然进行坚决处理。主要来讲，建立腐败追责机制，就是从党员成为领导干部的一开始，就要保持作风的优良，捍卫人民群众的切身利益。

5.践行“以人民为中心”发展思想，加强党员干部民本思想教育

在党的反腐败斗争过程中，领导干部既是反腐败的中坚力量和领导者，又是反腐败的对象，肩负着重大的历史使命和责任。因此，领导干部的理想信念直接影响反腐

败斗争的进程。因此，在推动反腐败斗争的过程中，必须加强对党员干部理想信念的培养和教育，培养一批敢于奉献的领导干部队伍。

首先，要强化敢于吃苦、甘于奉献的学习和教育，通过学习老一辈革命家和共产党人在革命时期不怕吃苦、乐于奉献的事迹，教育党员干部在新时代下更应该承担起自身的责任，把为人民服务、为人民奉献深化为自身永远的一个价值追求。其次，要通过民主生活会，使“红红脸”“出出汗”成为常态，尤其是要从现阶段和身边的一些腐败案列入手，对党员干部进行最直接的思想教育和培养。最后，要从选拔党员干部的用人标准上入手，制定符合党和国家要求的用人标准，从源头上杜绝作风不良的党员。

思想问题是党员干部最大的问题，也是党和国家在反腐败斗争中一直强调的问题。正如习近平总书记在十八届三中全会上所讲的：“在深化改革问题上，一些思想观念障碍往往不是来自体制外而是来自体制内。”因此，在推动反腐败斗争的过程中，必须加强对党员干部的培养和教育，从人生观、价值观、世界观上加强党员干部的理想信念教育，让党员干部时刻坚持“以人民为中心”的基本方略，深入推进反腐败斗争。

6.践行“以人民为中心”发展思想，建立为民务实的公平透明服务平台

党的十八大以来，以习近平同志为核心的党中央不断深化改革，为了更好捍卫人民利益、更好服务人民，在服务型政府建设方面取得显著成效，但是各级政府在落实方面离中央的要求还有明显差距，因此必须通过采取如下举措进行精准推进：一是建立公开透明的各级行政审批制度体系。在国务院“放管服”改革政策的宏观指导下通过成立“放管服”督促委员会等方式督促各级行政审批制度体系公开透明。二是建立政务服务便民利民、公开透明的一站式服务平台。通过“放管服”改革建立各级政府服务便民利民、公开透明的一站式服务平台，使得广大人民群众办事能够在阳光下进行，从而从根本上杜绝权力寻租的发生。通过以上举措从而深化行政管理体制改革，使得公职人员在行使权力的时候能够在阳光下进行，从而减少权力腐败的空间。

从历史经验看新时代民主党派思想建设

梁可妮*

(山东大学政治学与公共管理学院博士研究生)

党的十八大以来,随着社会主义协商民主制度建设的稳步推进,我国的多党合作和政治协商制度也在不断丰富和发展。2018年2月6日,习近平总书记在与党外人士共迎新春时强调:"中国特色社会主义进入新时代多党合作要有新气象,思想共识要有新提高,履职尽责要有新作为,参政党要有新面貌,引导广大成员增进对中国共产党和中国特色社会主义的政治认同,使新时代多党合作展现出勃勃生机。"这是新时代对民主党派的发展提出的新要求。而民主党派的自身建设特别是思想建设,应该也必须跟上时代的变化和要求。如何落实习近平总书记提出的"思想共识要有新提高",这是新时代给民主党派的新课题。要回答这一问题,就要从民主党派思想政治发展的历史经验中寻找借鉴和启示。

一、思想建设是核心

思想,也可称之为根植于人心的一种"观念",其活动的结果,是通过实践提升对社会的认知。人们的社会存在决定人们的观念。政党本身就是具有共同政治思想的人,为了实现共同的政治目标结成的政治组织。政党这种政治组织,其构成要素可以分为两大类:其一,属于党员、干部、组织等,这些构成了政党的硬件;其二是政党的软件,除了组织制度和组织原则外,政党的意识形态是政党的最重要的软件。政党是人们志愿组成的政治组织。这种"自愿"即出于共同的政治意愿和价值取向,它是以特定的意识形态为基础的。

意识形态作为与一定社会的经济、政治、社会和文化直接相联系的观念、观点、概念的总和,体现为政治法律思想、道德、文学艺术、宗教、哲学和其他社会科学等意识形式。意识形态往往在一定的社会经济发展的基础上形成,是一定时期人们思想、观念、认识过程的积累。"政党意识形态是政党对社会发展、政党追求的目标以及政党自身的行为的合理化进行辩护而形成的一套思想理论体系。当这种认识和解释为党员所

---

* 基金项目:山东大学政治学与公共管理学院科研基金资助项目"民主党派思想政治建设的发展与完善"(SDZG2018010102)。

认同和接受时，政党就产生了强大的内聚力；而一旦为民众所认同和接受，政党就得到了支持的力量。”①

“意识形态是政党的粘合剂，把具有共同政治意愿的人们聚合在一起。有了它，政党才成其为政党；没有它，政党便无异于乌合之众。”②所以，政党的意识形态建设对于凝聚党内共识、维护党内团结、提升政党组织行动能力、发挥政党功能具有重要意义。

政党的思想建设是政党意识形态建设的重要内容。政党的思想建设是指，政党在其党员内部有计划、有周期、有针对性地开展的一系列政治思想工作和思想道德教育，树立明确的政治思想意识形态，从而使党员具备明确的政党概念；了解政党职能，准确定位自身的政治地位，具有明确的政党意识；从根本上提高党员整体的政治理论水平，使全体党员具备统一的思想认识，形成全党统一意志形态，使党员内部具备基本政治认同，提高政治素质。有学者将政党的思想建设概括为：“通过在广大成员中开展政治思想工作和思想道德教育，以树立明确的政党意识，提高全党政治理论水平，统一全体成员的思想认识，形成全党的统一意志，增强政治认同感，提高成员的政治素质。”③

所以，思想建设，作为政党意识形态整合，凝聚共识的重要内容，在任何政党建设过程中都是起着至关重要的作用。特别是在新时代，在我国的新型政党制度巩固和完善过程中，思想建设更是居于民主党派自身建设的核心地位。思想建设既是民主党派凝聚共识、提高自身能力和素质的基本要求，也是巩固和扩大多党合作的共同思想基础，发挥我国政党制度效能，推动我国协商民主和国家治理体系治理能力现代化，实现“两个一百年”奋斗目标和中华民族伟大复兴中国梦的思想政治保障。

二、民主党派思想政治发展的历史经验

民主党派的自身建设，特别是思想建设，具有很强的政策内涵和现实意义。民主党派的思想变化最早可以追溯到1948年的“五一口号”发布之后，民主党派总体接受了中国共产党的领导，接受了新民主主义的政治方向和道路，民主党派经历了新政协召开前后从思想政治的转变，到新中国成立初期的思想改造，再到新时期的思想建设三个阶段。新中国成立后的思想改造和社会主义改造等重大思想政治运动，特别是毛泽东提出的“长期共存，互相监督”的方针，对于民主党派的思想变化发生了很大的影响。改革开放以来，1989年的《中共中央关于坚持和完善中国共产党领导的多党合作和政治协商制度的意见》首次明确了民主党派要做好思想建设和组织建设。经过了10年的实践和探索，在1999年，各民主党派中央出台了《关于加强自身建设的若干问题座谈会纪要》，明确了思想建设是核心，要围绕政治交接做好思想建设工作。在充分吸收民主党派自身建设探索成果的基础上，2005年的《中共中央关于进一步加强中国共产党领导的多党合作和政治协商制度建设的意见》明确了民主党派思想建设的内

---

① 王长江主编：《政党政治原理》，中共中央党校出版社2009年版，第103～104页。

② 王长江主编：《政党政治原理》，中共中央党校出版社2009年版，第102页。

③ 魏晓文等：《当代中国参政党建设研究》，中共中央党校出版社2009年版，第55页。

涵、目标和原则，民主党派各自也在此基础上对思想建设进行了长期的实践和探索。

总的来说，民主党派思想政治的发展经历了比较—选择和主动自觉的过程，纵观其思想政治发展过程，大致可以总结出以下几点经验和规律：

第一，思想建设要以政治认同为引领，认同党的领导，认同社会主义道路。民主党派思想建设的基本要求就是政治认同，即认同中国共产党的领导，认同中国特色社会主义道路。民主党派在中国走了一条独特的政治发展之路，由最早不认同中国共产党的政治主张和政治道路，到经过反复观察、比较和实践最终接受了中国共产党1948年的“五一口号”，接受中国共产党的政治主张，愿意在中国共产党的领导下成立联合政府，建设一个新民主主义共和国。1949年9月，在新政协会议上，周恩来就有关政协的几个问题指出，参加政协的党派标准就是在1948年“五一口号”前就建立了组织或已经开始建立组织，并很快响应了“五一”号召的。这事实上是对民主党派的一种界定。所以，是否接受“五一口号”即是否认同中国共产党的领导成为民主党派的一个基本政治原则和底线。

1949年新政协召开后，各民主党派以《共同纲领》作为各自新的政治纲领。新中国成立初期，中国共产党和各民主党派面对百废待兴的新中国，迫切需要恢复国民经济，巩固新生政权。社会主义改造完成之后，民主党派开始主动自觉地接受社会主义思想，并要求积极学习马列主义、毛泽东思想，思想改造形成一股热潮。“反右”之后，民主党派依然跟随中国共产党政策调整，加强思想教育运动，以求在政治思想方面与共产党保持一致。

1953～1978年，是民主党派和无党派民主人士与执政党进行思想磨合和自我思想调整的时期，也是多党合作初创和调整发展时期，民主党派和无党派民主人士经历了由新民主主义向社会主义过渡的思想改造和教育活动，即使经历了像“反右”和“文化大革命”这种大的政治运动，各民主党派仍然坚守信仰，矢志不渝，在政治思想方面与中共保持高度一致，真正做到了“肝胆相照，荣辱与共”。

第二，要紧密结合时代要求和党的中心任务确立思想建设的时代内容。民主党派的思想建设既有基本要求和永恒不变的主题，也同时必须与中国共产党在一定历史时期确定的政治目标和政治方向相适应，对基本国情、基本纲领、基本战略认识和把握。就中国宏观政治、经济和社会环境而言，国民经济恢复时期，民主党派的思想转变是围绕巩固稳定新民主主义国家经济政治秩序，所以民主党派参加几次大的政治运动，在实践中转变思想观念，建立基本的政治共识。在社会主义改造时期，民主党派转变观念，改造思想，与中国共产党一道投身社会主义改造运动，树立社会主义观念和信仰，共同建设社会主义新中国。在改革开放新时期，民主党派思想建设的主要任务是推动改革开放和为社会主义现代化建设服务。新世纪新阶段，发展成为中国共产党执政兴国的第一要务，也成为各民主党派参政议政的第一要务。民主党派的思想建设要要牢牢把握发展这个根本任务，树立和落实科学发展观，紧紧围绕经济建设这个中心，自觉服务于改革发展稳定的大局，把各方面的智慧和力量凝聚到实现全面建设小康社会的奋斗目标上来，促进社会主义物质文明、政治文明、精神文明的协调发展和人的全面发展，实现中华民族的伟大复兴。

民主党派思想建设不仅仅要着眼于多党合作的政治大局，围绕中国共产党在一定历史时期的主要任务，而且要从自身建设的角度出发，打造高素质的参政党，以适应多党合作的需要。所以，民主党派思想建设内涵丰富，必须随着时代的变化、社会环境和社会矛盾的变化以及民主党派内部成员思想状况的变化及时更新和调整，以适应内外变化的要求。只有准确地理解和把握中国新型政党制度的优势和特点，准确把握民主党派自身的性质、地位和职能，思想建设才能有明确的方向和准确的时代内涵。就民主党派自身来说，各民主党派的党纲中都明确要加强自身理论建设并将“以思想建设为核心”作为党的基本工作和长期工作，而党纲中所指的思想建设显然是将思想、政治、理论都囊括其中的。党建的总体布局形式概括为：以政治交接为主线，以理论建设为前提、以思想建设为核心、以能力建设为重点、以组织建设为基础、以党风建设为保证、以制度建设为保障、以机制建设为根本，形成相互联系、相互作用又具备本质区别的系统有机体，而其中各方面的建设工作都须首先经过思想建设，确定好政治意识、主张、立场，统一认知，达成共识。

第三，既要发挥共产党的引领作用，又要发挥民主党派自身的主观积极性。纵观民主党派思想政治发展的历史进程可以发现，民主党派的思想政治发展进步既有中国共产党引领和帮助的因素，同时也是民主党派自身主动积极追求思想政治进步的结果。

在民主党派发展成长过程中，中国共产党始终予以积极支持鼓励和帮助引领。新中国成立前，从国民参政会上与民主党派共进退，到协助民盟梁漱溟去香港办报，到共同抵制伪“国大”，鼓励和帮助民主党派发展壮大，这些过程中，中国共产党始终真诚地帮助和鼓励民主党派坚持正确的政治方向，一起携手推动中国的民族解放和民主进步事业。新中国成立后，毛泽东曾数次给黄炎培等民主党派领导写信交流民主党派思想发展状况，也曾多次在不同场合就民主党派思想状况与民主党派领导进行交流沟通。20世纪50年代民主党派的思想改造运动，就是民主党派与中国共产党为达成思想共识、夯实多党合作的思想政治基础共同进行的一场运动。

进入新时期，随着多党合作制度的日益巩固和完善，民主党派与共产党在思想建设方面的积极互动日益加强。1989年《中共中央关于坚持和完善中国共产党领导的多党合作和政治协商制度的意见》明确提出中共各级党委要帮助民主党派加强思想建设和组织建设问题。1999年5月11日，各民主党派中央公布了《关于加强自身建设若干问题座谈会纪要》，提出各民主党派要以搞好政治交接为主线，以领导班子建设为重点，以思想建设为核心，以组织建设为基础，以制度建设为保障。

民主党派积极主动探索自身建设的成果得到中国共产党的认可。2005年《中共中央关于进一步加强中国共产党领导的多党合作和政治协商制度的意见》中提出：“党委要把支持民主党派加强自身建设作为一项重要政治责任。支持民主党派根据各自章程规定的参政党自身建设目标，按照坚持中国共产党的领导，发扬社会主义民主，体现政治联盟的特点，体现进步性和广泛性相统一的原则，以思想建设为核心，以组织建设为基础，以制度建设为保障，把自身建设提高到新的水平。”这充分反映了民主党派思想建设是中国共产党和民主党派双方积极互动、互相支持的结果和产物。

第四，以重大政治社会实践为主题，积极推动思想建设与政治实践活动的深度结合。从历史经验来看，民主党派的思想政治发展总是伴随着一定时代环境下重大的政治社会实践展开的。解放战争时期，民主党派在国共内战的大背景下，积极主动地选择接受中共的“五一口号”，接受中国共产党的领导，与中共一起团结合作，协商建国。在此过程中，完成了政治思想的巨大转变，愿意在中国共产党的领导下走一条新民主主义的革命道路。

新中国成立初期，中国共产党和各民主党派面对百废待兴的新中国，迫切需要恢复国民经济，巩固新生政权。该时期的民主党派积极配合共产党，宣传共产党提出的路线、方针和政策，积极调动成员和所联系群体参加土地改革、抗美援朝、镇压反革命、“三反、五反”和知识分子思想改造等运动，民主党派在政治和社会运动中接受思想改造。

社会主义改造时期，为配合社会主义改造运动，各党派在此期间分别召开了各自的全国代表大会，宣传总路线和社会主义改造，并对自身的思想改造提出了任务和要求。1956年2月，李济深代表民革中央委员会向民革全国代表大会作报告。报告指出，在社会主义改造和社会主义建设事业迅速发展的新形势下，民革的首要任务就是团结、教育、改造原来与国民党有联系的中上层民主人士，特别是散处在社会上的中上层民主人士。报告要求民革党员要积极参加社会主义建设和社会主义改造事业，“要认识前途，掌握命运，积极学习，紧张工作，克服保守思想，努力自我改造，不断提高社会主义觉悟，为社会主义革命事业贡献一切力量”①。

十一届三中全会后，各民主党派成员积极投身于改革开放和社会主义现代化建设事业，与中国共产党一道创建了一条中国特色社会主义道路。在这个伟大的历史进程中，民主党派主动自觉地融入中国特色社会主义建设的各项政治社会实践活动，参加了中国共产党加强自身建设的重大活动，在执政党建设与参政党建设相互促进过程中，加强了思想建设，夯实了多党合作的共同思想政治基础。

三、新时代民主党派思想共识要有新提高

思想政治建设是一个政党得以生存发展的“灵魂”，没有政治意识形态支撑，那么这个政党将如同无本之木、无源之水失去存在的意义。新时代习近平总书记提出了“思想共识要有新提高”的要求，而民主党派的自身建设，特别是思想政治建设如何跟上时代的变化，达到“思想共识要有新提高”的要求，这是当前民主党派思想建设必须研究的重要课题。

总结民主党派思想建设的历史经验和规律，对于新时代民主党派的思想建设具有重要的借鉴和启示意义。

---

① 转引自刘延东主编：《当代中国的民主党派》，当代中国出版社1999年版，第266页。

第一,新时代的政治认同要着眼于深刻认识和领悟习近平新时代中国特色社会主义思想。习近平新时代中国特色社会主义思想是马克思主义与中国实际相结合的又一新成果,是中国共产党在现阶段科学分析当今国际国内形势、正确判断自身所处的历史方位的基础上所提出的,是中国共产党与时俱进的产物,是现阶段国际国内的形势对执政党的新考验与新要求。习近平新时代中国特色社会主义思想是我国特色政党制度的进一步完善和发展,指明了我国社会主义现阶段的前进方向,为社会主义自我完善与发展提供了新的具有划时代意义的强大思想理论武器。十九大将习近平新时代中国特色社会主义思想与马克思列宁主义、毛泽东思想、邓小平理论、"三个代表"重要思想、科学发展观一并列为党必须长期坚持的指导思想,是中国共产党的指导思想,是统一战线的指导思想,是多党合作的指导思想。新时代各民主党派要顺应时代发展的潮流,积极主动学习近平新时代中国特色社会主义思想,深入贯彻习近平总书记系列重要讲话精神,坚决拥护中国共产党的领导,牢固树立政治意识、大局意识、核心意识、看齐意识,自觉遵守本党派党纪党章,始终做执政党的亲密友党,坚定信念,经受住各种困难和风险的考验,为致力于社会主义现代化建设和努力践行习近平新时代中国特色社会主义思想而奋斗。

第二,新时代的思想建设要着眼于中国社会矛盾的深刻变化。十九大报告明确提出:"中国特色社会主义进入新时代,我国社会主要矛盾已经转化为人民日益增长的美好生活需要和不平衡不充分的发展之间的矛盾。我国稳定解决了十几亿人的温饱问题,总体上实现小康,不久将全面建成小康社会,人民美好生活需要日益广泛,不仅对物质文化生活提出了更高要求,而且在民主、法治、公平、正义、安全、环境等方面的要求日益增长。同时,我国社会生产力水平总体上显著提高,社会生产能力在很多方面进入世界前列,更加突出的问题是发展不平衡不充分,这已经成为满足人民日益增长的美好生活需要的主要制约因素。"①

我国社会主要矛盾的变化是关系全局的历史性变化,对党和国家工作提出了许多新要求。我们要在继续推动发展的基础上,着力解决好发展不平衡不充分问题,大力提升发展质量和效益,更好满足人民在经济、政治、文化、社会、生态等方面日益增长的需要,更好推动人的全面发展、社会全面进步。对于民主党派来说,不平衡不充分的社会矛盾容易造成价值观念和思维方式的冲突和对立,如何凝聚党内成员的思想共识,如何通过制度安排充分表达民意,化解矛盾,这是新时代民主党派思想建设的难点和重点。

第三,新时代民主党派思想建设依然既要发挥自身的主动性、积极性,又要发挥中国共产党的引领作用。民主党派思想政治发展的历史经验表明,要搞好思想政治建设,就要做好执政党建设与参政党建设相互促进,既要发挥民主党派的积极性、主动性,又要发挥好中国共产党的政治引领作用。新时代我国的新型政党制度更加巩固和

① 习近平:《决胜全面建成小康社会　夺取新时代中国特色社会主义伟大胜利——在中国共产党第十九次全国代表大会上的报告》,人民出版社 2017 年版,第 11 页。

完善。中国特色社会主义参政党的新的政治定位，民主党派“参加中国共产党领导的政治协商”新的政治职能的赋予，特别是社会主义协商民主制度建设的有序推进，都提升了多党合作制度的效能，密切了中国共产党和民主党派之间的团结合作，为彼此互相促进自身建设特别是思想建设提供了制度化的基础和保障。政党协商、高层协商、党派直通车制度、双周座谈会、脱贫攻坚民主监督等一项项重大制度安排都为新时代民主党派自身建设特别是思想建设提供了可靠保障。

第四，新时代民主党派思想建设依然要以重大政治社会实践为主题，积极推动思想建设与政治实践深度结合。民主党派思想建设绝不是一句空洞的口号。从民主党派思想政治发展的历史进程来看，多党合作的政治实践是民主党派思想建设的重要途径和渠道。抗日战争中的爱国理念，让民主党派与中国共产党有了共同的思想政治基础；解放战争中的“团结与民主”是民主党派与中国共产党能够携手前进的牢固基础；建设新中国的过程中，民主党派参加了“土改”“镇反”、抗美援朝、社会主义改造以及新时期的改革开放等重要的政治社会实践，在共同的政治社会活动中，民主党派与中国共产党彼此互相学习，互相提高，不断夯实共同的思想政治基础。新时代“思想共识要有新提高”，民主党派思想建设要有新发展也必须积极投入新时代建设中国特色社会主义的伟大实践中，在脱贫攻坚民主监督的履职过程中、参政议政和政党协商中、全力推进实现“两个一百年”的奋斗目标进程中、实现中华民族伟大复兴中国梦的实践中提升民主党派思想建设的水平。

专题四　社会主义运动的经验教训

列宁关于执政党干部建设思想及其当代启示

杨荣刚

（南京师范大学马克思主义学院博士研究生）

干部队伍建设是执政党建设的核心问题，事关党和国家事业发展的兴衰成败。在党的十九大报告中，习近平总书记围绕"建设高素质专业化干部队伍"作了重要阐述，为新时代如何做好干部队伍建设作了重要指示。列宁在领导俄国布尔什维克新型政党建设实践中，围绕干部队伍素质、选拔、培养、监督等方面提出了一系列具有开创性的战略思想和实施建议。重温并深挖列宁关于执政党干部队伍建设的思想理论和实践经验，对当前加强和规范干部人事改革，实现全面从严治党仍具有重要现实指导意义。

一、素质要求："任何管理都需要有特殊的本领"

十月革命后，布尔什维克党领导无产阶级推翻了剥削阶级，成功实现了从革命党到执政党的角色转变。此时，管理和建设新型社会主义国家的任务已经提上日程，而完成这一任务必然需要建设一支新型干部队伍。对此，列宁针对新时期执政党干部队伍的素质要求作了重要论述。

1. 坚定理想信念，增强管理素质

十月革命后，俄国建立了世界上第一个社会主义国家，开创了建设社会主义的历史先河。在俄国建设社会主义的过程中，部分领导干部对新社会建设中出现的困难和艰苦环境产生了悲观和失望情绪，理想信念发生了动摇。对此，列宁指出，在建设社会主义这一崭新、伟大、艰难的事业中，出现缺点和错误是不可避免的，"谁害怕社会主义建设中的困难，谁被这些困难吓到，谁见了这些困难就悲观失望或者张皇失措起来，谁就不是社会主义者"。在这里，列宁对党员干部提出了要求，要求党员干部树立坚定信念，直面困难，要始终把"共产主义理解为自己的事业"。[①] 此外，在列宁看来，建设社会主义不仅需要崇高的理想信念和政治热情，还需要具备一定的管理技能。他指出，

---

① 《列宁全集》第38卷，人民出版社1986年版，第344页。

不是任何一个粗工和厨妇都能管理国家的，“要管理就要懂行，就要精通生产的全部情况，就要懂得现代水平的生产技术，就要受过一定的科学教育”①。在晚年时期，列宁再次阐述了新型干部应该具备的基本素质，他在《宁肯少些，但要好些》一文中指出，机关工作人员应该由两种人组成：一种是一心一意为社会主义事业奋斗的人员，另一种是“有知识的、受过教育和训练的人”②。由此可以看出，在列宁看来，社会主义新型领导干部应该是具备坚定共产主义信念和专业管理技能这两种素质的“又红又专”的人才。

2.适应角色转换，转变思想方法

1918年春，苏维埃政府与德国签订《布列斯特和约》，退出帝国主义战争，赢得了和平喘息的机会。此时，列宁专门写作《苏维埃政权的当前任务》一文，他在文中分析了新型政权建立后所面临的客观形势，指出了苏维埃政权的当前任务是“组织对俄国的管理”，不断提高劳动生产率，恢复和发展生产力。而此时，很多党内领导干部还沉溺于革命惯性和政治激情之中，不能适应新形势，围绕新任务开展新工作。部分党员干部沉迷于“过去的兴奋”和“过去的热情”，竭力“规避费力的、艰苦的、长年的经济工作，规避这种需要坚韧不拔、经受严重考验、进行长期奋斗、具有严细而顽强的作风的经济工作，用‘我们过去做过大事’这类话来敷衍搪塞”③。他们对经济工作或“感到乏味”，或“嗤之以鼻”。由此可以看出，部分党员干部还不能适应由革命者向管理者的角色转变，还跟不上工作重心转移的客观形势和迫切要求，这种状况引起了工农群众的严重不满，也遭到了孟什维克和右派社会革命党人的攻击。针对此，列宁要求领导干部要积极“改变领导人的职能”，适应新条件和新任务，努力实现由“宣传鼓动家”向“实际工作组织家”的角色转变。他说：“如果领导人不能适应新条件和新任务，就应当对他们进行适当的重新评价、适当的调动。”④此外，列宁还要求干部要“讲求实际和求实精神”，努力转变思想方法和工作方式。他认为，在无产阶级革命时期，“实际主义和求实精神”是“最不受欢迎的口号”，因为这个口号掩饰了机会主义者对资本主义调和的意图，削弱了无产阶级的革命激情和斗争精神。但在无产阶级掌握政权以后特别是在恢复发展经济过程中，这个口号就应该成为“当前的主要口号”。意思是说，在革命时期，党员干部要有“激情”和“大无畏”的勇敢精神；而在夺取政权以后，干部就要转变思想方法，要从俄国落后的特殊国情出发进行社会主义建设。由此可以看出，积极适应客观形势的变化并转变思想方法和工作方式是新型党员干部必备的素质之一。

3.密切联系群众，反映群众诉求

十月革命时期，列宁领导布尔什维克党制定了契合俄国工人、农民和士兵的革命纲领，满足了人民大众对“和平、土地和面包”的诉求，赢得了民众的信任和支持，最终成功夺取政权。列宁认为布尔什维克之所以能够夺取政权并战胜国内外反革命叛乱

---

① 《列宁全集》第38卷，人民出版社1986年版，第240页。
② 《列宁全集》第43卷，人民出版社1987年版，第379页。
③ 《列宁全集》第42卷，人民出版社1987年版，第349页。
④ 《列宁全集》第34卷，人民出版社1985年版，第132页。

的重要原因之一就在于密切联系群众，依靠群众，“善于同最广大的劳动群众打成一片”。但是群众对于执政党的支持并不是始终如一的，如果执政党在领导组织社会主义建设的过程中忽视了群众利益，就必然会失去群众的拥护和支持，并最终威胁自身政权的稳定。随着布尔什维克党由革命党到执政党的角色转换，部分领导干部逐渐出现了脱离群众的倾向和危险。有的干部“官气十足”，故步自封；有的干部刚愎自用，腐化变质，滋生官僚主义。列宁意识到了这种危险，他认为，对于领导落后俄国建设社会主义的领导干部来说，“最严重最可怕的危险之一，就是脱离群众”[①]。对此，列宁要求执政党干部在“管理俄国”的过程中必须要密切联系群众，反映群众呼声，关注群众诉求。他说：“我们的政治和行政管理靠的是整个先锋队保持同全体无产阶级群众、同全体农民群众的联系。”“在人民群众中，我们毕竟是沧海一粟，只有我们正确地表达人民的想法，我们才能管理。”[②]由此可以看出，密切联系群众、克服官僚主义是新型党员干部必备的素质之一。

4.学会发展经济，抓住关键环节

苏维埃社会主义政权建立后，新型执政党组织管理国家的任务可谓千头万绪，错综复杂。对于经历过战火摧残和经济濒临崩溃的俄国来说，能否恢复发展经济直接关系到新生政权的生死存亡。而对于善于从事军事和政治工作的党员干部来说，开展经济工作是一个前所未有的重大考验。对此，列宁指出，经济任务是“目前全部政策的基础”，是刻不容缓、压倒一切的任务，党员干部必须要学习做经济工作，必须“向这门艰难、严峻、有时甚至是残酷无情的科学进军，否则就没有出路”[③]。此外，列宁对领导干部还提出了具体的可操作性意见。首先，要求党员干部要向资本家学习并同他们展开经济竞赛。他说：“如果共产党员能够用别人的手来建设经济，而自己能向资产阶级学习，使资产阶级走共产党员要走的道路，那我们就能管理这种经济。”[④]其次，学会经商，抓住商业这一关键环节。列宁领导苏维埃经过实践探索，认识到了商品流通在社会主义阶段存在的必然性。他指出，商业是“千百万小农与大工业之间唯一可能的经济联系”[⑤]，苏维埃只有抓住了商业这一环节，才能抓住社会主义经济发展的整个链条，才能巩固社会主义经济基础。第三，“要千方百计地利用”旧专家来建设社会主义。列宁认为，党员干部要树立正确认识，要像爱护自己的眼珠一样爱护旧专家并发挥其专业技能为社会建设服务。他认为：“没有各种学术、技术和实际工作领域的专家的指导，向社会主义过渡是不可能的。”[⑥]

---

① 《列宁全集》第 42 卷，人民出版社 1987 年版，第 372 页。
② 《列宁全集》第 43 卷，人民出版社 1987 年版，第 109 页。
③ 《列宁全集》第 42 卷，人民出版社 1987 年版，第 193 页。
④ 《列宁全集》第 43 卷，人民出版社 1987 年版，第 96 页。
⑤ 《列宁全集》第 42 卷，人民出版社 1987 年版，第 249 页。
⑥ 《列宁全集》第 34 卷，人民出版社 1985 年版，第 160 页。

二、培养路径："应当设法把多种素质和不同优点结合起来"

十月革命后，苏俄建设社会主义迫切需要大量党员干部和专业人才。对此，列宁在领导执政党建设过程中围绕如何选拔干部、培养干部、监督干部进行了探索和实践，取得了宝贵经验。

1. 干部选拔："关键是要研究人，要寻找能干的干部"

干部选拔是干部队伍建设的关口，没有高素质的干部队伍，党的"一切命令和决定不过是些肮脏的废纸而已"[①]。针对当时苏俄社会主义建设的干部需求，列宁提出了一系列具体措施来选拔优秀干部。第一，"深入下层，大胆起用新人"。列宁认为，苏维埃政权建立后，工农群众成为国家的主人，应该大量吸收优秀工农群众参加国家管理，要到"专政根基最深的地方去发掘新的力量"[②]。第二，破除旧观念，提拔青年干部和非党群众。列宁批评了在干部选拔问题上"没有经验""求全责备"等错误观念，主张大力提拔有才能的年轻干部，这会使"我们得到百倍的报偿"，同时要"特别热心地提拔成百成千的非党人员"[③]。第三，改造旧管理人员为新社会组织管理者。新政权建立初期，苏维埃一时难以培养出新的管理人员和"纯洁的共产主义专家"。再就是旧管理人员不同于剥削阶级分子，他们与无产阶级没有根本的利益冲突。因此，列宁主张积极改造利用旧管理人员，对其加强监督，使其担起管理社会和指挥建设的重任。

列宁在领导干部选拔的实践探索中还形成了一些基本原则。第一，"宁肯少些，但要好些"。列宁认为选拔干部不可匆忙行事，急躁冒进是有害的。他说："与其匆忙从事而毫无希望得到优秀人才，倒不如再过两年甚至三年好些。"[④]第二，重点岗位，再三审查。重点岗位的干部承担管理国家的重任，责任重大，必须慎之又慎。列宁指出："对每个准备担任这种高级职位的候选人的全部活动了如指掌，甚至了解他们的个人特点，他们的优点和缺点，他们的成功和'失败'。"[⑤]要遵循严格的选拔条件和程序，要按照"七次量，一次裁"的原则选拔真正称职的干部。第三，优化结构，合理配置。列宁指出，如果国家机关是由"一个模子出来的人组成的，那就糟糕透了"。因此，他主张要调整干部队伍的排列组合方式，优化干部结构，发挥干部队伍的整体效应。他说："把不同的性格和类型(人才、素质)这样结合起来，对于国家机关正确地发挥职能是绝对必需的。"[⑥]第四，不计前嫌，量才使用。列宁主张要辩证看待干部的历史问题，当他们放弃错误立场转向拥护党的政策时，要不计前嫌，量才使用，积极给干部提供施展才华的舞台。第五，精选干部，裁减冗员。列宁认为在选拔干部的同时也要裁减冗员，及时将混入党内的"欺骗分子""官僚化分子"从党的干部队伍中剔除出去。

---

① 《列宁全集》第42卷，人民出版社1987年版，第392页。
② 《列宁全集》第43卷，人民出版社1987年版，第373页。
③ 《列宁全集》第41卷，人民出版社1987年版，第230页。
④ 《列宁全集》第43卷，人民出版社1987年版，第380页。
⑤ 《列宁全集》第8卷，人民出版社1986年版，第88页。
⑥ 《列宁全集》第43卷，人民出版社1987年版，第346页。

2.干部培养:提升干部的“文化水平”和“管理能力”

由于苏俄教育文化水平的落后,所以选拔上来的领导干部普遍存在着文化素质低下和管理技能较差的状况。对此,列宁提出了一系列重要措施来加强对干部的培养和锻炼。第一,合理分配工作,发挥干部特长。列宁主张分配干部要遵循“人尽其才,才尽其用”的原则,充分发挥各干部优势和特长,将干部安排到最合适的岗位上进行培养锻炼。列宁将干部队伍喻作管弦乐队的队员,各施所长,才能奏出和谐乐章。他说,党中央要指挥乐队,就必须了解“什么人在什么地方拉什么提琴,过去和现在在什么地方学过什么乐器,学得如何;什么人在什么地方走了调,为什么走了调(音乐开始刺耳时),为了纠正不和谐的音调,需要调谁去,怎样调和调到什么地方,等等”①。也就是说,不同干部有不同的优点和长处,培养使用干部要用其所长。第二,多岗异地培养,克服官僚主义。为提升干部队伍的综合管理能力,列宁主张对党员干部实施多岗位异地锻炼。他要求干部要不断变换工作岗位“以便能接触与国家管理有联系的全部事务和一切部门”②。通过多岗位异地锻炼,既可以提升干部综合素质,又可以规避和降低因长期在同一岗位而滋生官僚主义的风险。第三,深入基层锻炼,加强干部流动。为密切联系群众,了解群众诉求,列宁提倡干部深入基层,将“提拔上来”与“下派下去”结合起来,促进干部上下流动。这样既可以及时发现并提拔优秀基层干部,又可以反映群众诉求,不断巩固党的群众基础。第四,建立各级学校,提升理论素养。为不断提升党员干部的执政能力和文化水平,苏维埃俄国举办了各级党校、苏维埃学校、讲习班,还成立了旨在培养干部专业技能的综合性技术大学。这些机构和措施为党员干部正规化培养提供了良好保障,能帮助党员干部及时掌握“必要的知识、必要的经验、必要的(除了知识和经验之外)政治嗅觉”③。

3.干部监督:防止由“社会公仆”变成“社会主人”

列宁十分重视对党员干部的监督和检查。他认为,加强对党员干部的监督和考察是防止干部蜕变腐化的重要手段,也是贯彻党的路线的重要保证。对此,列宁提出了一系列原则和措施。

第一,遵循公开原则,实现政务公开。政务公开是监督干部的前提。列宁指出:“没有公开性而谈民主制是很可笑的。”④他十分重视政务公开工作,并做了众多尝试。比如实行公职人员工作报告制,要求公职人员定期向工农群众作工作报告,“这样的工作报告每月至少安排一次,使广大非党工人和农民有机会对苏维埃机关及其工作提出批评”⑤;再比如完善党的领导机关公开会议制度,将重大问题交由人民公开讨论,接受党员和群众监督。

第二,遵循民主原则,健全监督机制。加强监督是发扬民主的重要内容,列宁主张

① 《列宁全集》第7卷,人民出版社1986年版,第16页。
② 《列宁全集》第36卷,人民出版社1985年版,第85页。
③ 《列宁全集》第39卷,人民出版社1986年版,第48页。
④ 《列宁全集》第6卷,人民出版社1986年版,第131页。
⑤ 《列宁全集》第41卷,人民出版社1986年版,第243页。

成立专门的监督机构，让所有的人都来执行监督和监察。在行政系统内部，1918年苏维埃成立国家监察部，1920年改组为工农检查院。此后，列宁不断思考改革完善工农检查院，扩大工农在工作人员中的比重，提高其地位和权限，保证群众对国家机关工作人员的监督效力。在党的系统内部，1921年俄共(布)十大成立监察委员会，规定中央监察委员有权参加政治局会议，审议政治局文件，有权监督党和国家最高领导干部。各级监察委员会由同级党代表大会产生并独立行使对同级党组织及干部的质询权、查处权等权力，具有高度权威性和独立性。

第三，遵循法制原则，严肃干部法纪。设立专门法律监督机关，组建司法人民委员部，制定相关法律法规，先后颁布《罢免权法令草案》《苏维埃机关行政条例草案》等法规，明确干部职责及要求，确保有法可依、执法必严，“对犯有官僚主义、拖拉作风、玩忽职守、粗心大意等过错的人给以行政处分。情节严重者必须撤职，送交法庭，由司法人民委员部组织威慑性的公开审讯”①。此外，强化党员干部纪律权威，对于违反党纪的干部严肃处理。

第四，遵循多线原则，完善监督体系。除了专门监督机构外，列宁还构建了立体化的监督体系。通过工会组织进行监督，发挥工会组织优势，落实工人监督作用；通过非党代表会议加强监督，完善非党员工农群众代表参与制度；通过信访渠道实行监督，实行来访登记，定时公开接待，保护群众监督权力；通过新闻媒体实行舆论监督，发挥报刊、广播等媒介对党员干部的监督作用，揭发各种负责人员和机关的犯法行为，指出苏维埃组织和党组织的错误和缺点。

三、列宁执政党干部队伍建设思想的当代启示

十月革命后，列宁领导执政党干部队伍建设的实践历程虽然不长，但是他关于干部队伍建设的原则精神和实践措施对当前我们党选拔和培养德才兼备的高素质干部队伍仍具有重大启示意义。

1. 明确干部选拔标准，科学选人用人

明确干部选拔标准和素质要求是做好干部工作的首要问题。如前所述，列宁在领导苏俄社会主义建设过程中针对新型党员干部在理想信念、管理素质、工作方式、工作作风等方面提出了素质要求，明确了苏俄新型干部的标准，为苏俄选拔干部提供了正确导向，这对当前我们党选人用人具有启示意义。我们党自成立以来，十分重视选贤任能，始终将选人用人作为关系党和人民事业的关键性问题来抓。正如习近平所言：“进行具有许多历史特点的伟大斗争……关键在人。”②但是，近些年来由于受到历史与现实中不正之风的影响，部分同志对好干部的选拔标准模棱两可或认识不清，党内出现了一些“带病提拔”“违规提拔”的不良现象，有些地方选拔上来的干部素质能力不合格，甚至还有一些投机取巧和德才平平之人得到了提拔和重用。对此，习近平强调

① 《列宁全集》第43卷，人民出版社1987年版，第153页。

② 《习近平谈治国理政》，外文出版社2014年版，第411页。

指出，好干部的标准就是德才兼备，但是这一标准又是具体的、历史的，在不同时期、不同职业又有不同的标准。在新时代，“好干部要做到信念坚定、为民服务、勤政务实、敢于担当、清正廉洁”①。在这里，习近平赋予了干部标准以新的时代内涵，为选拔新时代干部提供了鲜明的用人导向。为政之要，唯在得人，在新时代党员干部选拔工作中，各级党组织要明确干部选拔标准，努力做到坚持原则不动摇，执行标准不放松，真正将政治坚定、实绩突出、作风过硬、群众公认的干部选拔上来，为领导社会主义建设事业提供坚强的组织保证。

2. 加强干部教育培养，锻造“行家里手”

加强对干部的教育培养是提升干部素质的重要途径。如前所述，列宁十分重视加强对干部素质的培养，要求新型干部要积极适应角色转变和形势发展不断提升文化素质和管理技能，这对增强我国新时代党员干部本领和能力具有启示意义。当前，随着中国特色社会主义进入新时代以及社会主要矛盾的深刻变化，我国党员干部在领导组织社会主义建设事业过程中遇到的“陌生领域”越来越多，干部的知识结构和专业素养跟不上时代和形势发展所需，出现了一定程度的“本领不足”“本领落后”和“本领恐慌”。对此，习近平强调，形势越发展，越需要加强对干部的培养，“各级领导干部要加快知识更新、加强实践锻炼，使专业素养和工作能力跟上时代节拍，避免少知而迷、无知而乱，努力成为做好工作的行家里手”②。时代在变，环境在变，新时代我们党和国家面临的挑战和考验仍十分严峻，新问题、新矛盾、新任务依然不断涌现。而面对新形势和新要求，党员干部必须要坚持与时俱进，积极适应形势发展，努力掌握新知识、新本领，不断提高辩证统筹、科学决策、锐意创新的能力，不断提升把握方向、改革创新、化解难题、驾驭全局的能力。只有这样，才能适应时代发展需要，不断克服“本领不足”和“本领恐慌”，从而不断推动社会主义事业向前发展。

3. 加强干部队伍监督，防止权力腐败

列宁在领导执政党干部队伍建设过程中围绕公开、民主、法制等原则提出了一系列干部监督思想和实践措施，但因列宁英年早逝，很多干部监督思想并未贯彻实施下去，反而被干部任命制和职务终身制所取代，最终形成干部特权阶层，撕裂了党群关系，导致苏共败亡。回顾历史，列宁关于干部监督的思想对当前我国从严治吏仍具有重要启示意义。当前，我国正处于经济社会发展转型期，社会结构深刻变动，利益阶层日益分化，部分党员干部在权力和金钱的诱惑下，丧失理想信念和价值追求，背离党的宗旨和立场，滋生形式主义、官僚主义、享乐主义等不良作风。一些领导干部特别是部分高级干部违背党纪国法，滥用权力，搞权钱交易、贪污腐败，这些现象严重败坏了党的形象。对此，习近平提出了重要警示，他说：“大量事实告诉我们，腐败问题越演越烈，最终必然会亡党亡国！”③前事不忘，后事之师，在新时代建设中国特色社会主义的

① 《习近平谈治国理政》，外文出版社 2014 年版，第 412 页。

② 习近平：《在庆祝中国共产党成立 95 周年大会上的讲话》，人民出版社 2016 年版，第 25 页。

③ 《习近平谈治国理政》，外文出版社 2014 年版，第 16 页。

伟大实践中，我们要总结苏联共产党垮台的历史教训，吸取列宁干部监督思想的精髓，加强对党员干部权力的监督和约束，不断创新完善干部选拔、管理、监督制度，加强对领导干部权力运行的监督，用制度管权管事管人，努力形成科学有效的权力运行和监督体系。正如习近平所要求的，党员干部"必须敬畏权力、管好权力、慎用权力，守住自己的政治生命，保持拒腐蚀、永不沾的政治本色"[①]。这既是保持中国共产党先进性和纯洁性的内在要求，也是党在新形势下进行具有新历史特点的伟大斗争的根本保证。

① 《习近平谈治国理政》，外文出版社2014年版，第413页。

意识形态对利益诉求的误解

——沙俄土地改革中左翼知识分子与农民的交互关系探究

丁新宇

（山东大学当代社会主义研究所博士后）

马克思在《路易·波拿巴的雾月十八日》一书中讲道："各个小农彼此间只存在地域的联系，他们利益的同一性并不使他们……形成政治组织……因此，他们不能以自己的名义来保护自己的阶级利益，无论是通过议会或通过国民公会。他们不能代表自己，一定要别人来代表他们。"①马克思认为如果没有政治组织，即使召开议会，农民们也不能代表自己。我们且不说这一论断是否正确，但在以下两点上，马克思和反马克思的人应该都是同意的：第一，如果既没有政治组织也没有议会，农民们肯定代表不了自己。第二，如果既有政治组织也有议会，农民是能代表自己的。这两个结论不仅对于法国农民适用，对全世界农民都适用，当然包括俄国农民。1906年杜马（俄国版议会）召开之前的漫长历史中，俄国农民一直处于第一种情形；在第一、二届杜马当中，俄国农民转换到了第二种情形；1907年斯托雷平"六三政变"（解散不驯服的第二届国家杜马，它标志着俄国1905年革命的终结）之后，农民又回到了第一种情形；1917年二月革命之后，农民重新回到第二种情形……这段历史可以看作是"知识分子与农民互动"的两个回合。

如何理解"知识分子与农民互动"？在前述第一种情形下，农民只能由一些不畏牺牲的知识分子作为自己的发言人，而代表社会良心的俄国知识分子是俄国农民的"天生"代表。但这些发言人习惯用自己的思路套读现实，苏格拉底说未经反思的生活是不值得去过的，但经过反思的生活往往不是真正的生活，而是知识分子从某个角度或立场想象、建构起来的图景。总之，俄国知识分子常常按照自己的主义和理想去解读农民，左翼阵营的知识分子尤为突出。实践是检验真理的标准，第二种情形正好是对第一种情形下知识分子解读和描述的检验。俄国民粹主义和俄国社会民主主义作为左翼阵营的两股主要力量，似乎总号不对俄国农民的脉，感觉农民的行为和倾向无逻辑和规律可循。解读这种奇怪现象的钥匙在于意识形态逻辑和利益逻辑的交互关系：

① 《马克思恩格斯选集》第1卷，人民出版社2012年版，第762～763页。

知识分子遵从的是意识形态逻辑，把意识形态视作目的而把农民的利益诉求作为手段；而农民遵从的是利益逻辑，以利益为目标而只想把意识形态作手段。一个回合就是两种逻辑的一次碰撞、后一种逻辑对前一种逻辑的检验。本文聚焦考察第一个回合中左翼知识分子和农民的互动，尝试从中得出些许启示，窥探意识形态逻辑和利益逻辑、思想状况和利益诉求之间的关系。

一、俄国左翼知识分子对农民的解读

十二月党人起义，进步和自由之风开始在俄罗斯大地上刮起，但沙皇政权每逢对外战争获胜就不思改革，这次起义恰逢外战大胜之后，就连起义军官的新思想也是他们作为胜利国占领军在巴黎接受的，起义没有引发改革。克里米亚战争中，落后的传统俄国没能如上次战争中那样幸运，而是被新兴的近代欧洲打败，于是人心思变，沙皇政府开始改革。在改革之前，赫尔岑等知识分子就呼吁“农民和土地”一起解放，并且关于改革的第一个官方文件即“1857年11月20日上谕”基本符合这个精神，因此当时俄国公众和思想界普遍认可这一上谕，连以激进著称的流亡在海外的赫尔岑也公开发表了给尼古拉二世的“甜蜜的信”说：“伯利恒人，你胜利了！”赫尔岑同时对贵族说：“历史将同亚历山大陛下与俄国全国人民一起来审判你们。”可见俄国社会最初对改革方案是有共识的，无论当局还是反对派知识分子都明白农民的诉求和公平的改革方案是什么。俄国上下都知道俄国原来的土地是村社公有，而俄国贵族并不像西欧的贵族，只是个立了军功被沙皇从外部安插进公社的领主，他们对土地并没有所有权，所以接下来的从公有变为私有的土地产权改革应该是村社农民平分土地，即大众私有化。但经过三年多的研究讨论之后，“1861年2月19日法令”作为改革正式文件却给满怀憧憬的人们浇了一盆冷水，赫尔岑气得当即宣布：“人民受骗了！”①沙皇和贵族们揣着之前的明白装现在的糊涂，对农民不做“公民假设”而做“农奴假设”：本来什么都没有，要想获得人身自由和土地必须支付赎身费和赎地费。所以改革方案就成了：农民向贵族支付赎地费之后获得一半土地，而由于没有支付赎身费就仍不能获得人身自由，于是从贵族的农奴变成了国家和村社的农奴。

1.俄国民粹派对农民的解读

赫尔岑的后继者俄国民粹派目睹了沙皇的欺骗之后，发动了波澜壮阔的“到民间去”运动(1873～1874年)，但响应的农民寥寥，甚至反而遭到不少农民的举报。民粹派的口号可以归结为两点：反沙皇，保村社。但农民当时对这两点都不感兴趣，甚至对“反沙皇”的口号有所敌视，农民们当时认为1861年改革是贵族老爷们篡改了圣旨，一些地方的农民暴动都是以“保卫(按农民自己理解的)沙皇圣旨”为口号的。后来农民放弃对沙皇的幻想后说：“皇上独裁一切，他显然不愿得罪贵族或者贵族把他缠住了。要是得罪贵族就要违反所有权，而所有制是神圣的。不过在亚历山大二世时，所有制

---

① 转引自金雁、秦晖：《农村公社、改革与革命——村社传统与俄国现代化之路》，中央编译出版社1996年版，第145页。

并不神圣,他把土地拿过来给我们,可见现今皇上是不愿意这样做了。”[①]从这段话中可以看出,农民们对亚历山大二世的评价还是很高的,亚历山大二世于1855～1881年在位,“到民间去”运动正好发生在这期间,民粹派知识分子将沙皇作为头号敌人,鼓动农民们反对受自己爱戴的沙皇,结果可想而知。当然农民们不响应“反沙皇”的号召并不代表农民们骨子里爱沙皇,否则就不会有上述的后来那段话了,可是民粹派知识分子不这样分析,他们由此断定农民愚昧保守,并且“由此就发生——我们的知识分子的政治思想的不稳定,而有时是灰心和完全失望”[②]。

另外,农民们对民粹派“维护村社”的口号也不敏感,于是民粹派知识分子打算甩开农民自己单干,将工作重心从鼓动农民暴动转到密谋夺权和恐怖活动上去,终于在1881年3月13日于圣彼得堡将亚历山大二世刺杀。但这一“成功”并没有如他们所愿引起革命,他们还没来得及庆祝刺杀的胜利就被新沙皇清理得几近绝迹。随着保守的新沙皇亚历山大三世上台,一部分民粹派知识分子“两害相权取其轻”,发现新沙皇实行支持村社的政策,关心村社的沙皇就比不关心村社的农民更可爱,于是一些民粹派知识分子向沙皇投诚,形成了以吉霍米罗夫、萨宗诺夫等人为代表的“警察民粹派”,主张以警察手段保护村社不受侵犯。这样的民粹派显然无法得到农民们的追随,然而他们一直认为村社是农民的所爱,自己维护村社就是维护农民的利益,农民们也会支持他们和他们的政策。这种解读持续到杜马召开,当农民们在杜马自己发声时,真的会如民粹派分子所愿吗?

虽然对沙皇专制的态度不同,但在对村社的热爱方面,沙皇当局斯拉夫派贵族与俄国民粹派有共同语言。他们站在上层利益本位立场,基于对村社和沙皇的热爱,一方面接受了贵族地主对农民的“农奴假设”,另一方面却不认为沙皇和村社对农民的束缚是束缚。于是斯拉夫派贵族认为“2月19日法令”是他们为农民争来的一次重大胜利:土地本来应该全部归贵族地主私有,斯拉夫派逼贵族地主让出一半土地(虽然要向贵族地主付赎地费)给农民(虽然是以农民村社公有的形式),并且农民不再是贵族地主的奴隶(虽然成了国家和村社的奴隶)。所以当局的斯拉夫派觉得“2月19日法令”是很“激进”的,虽然农民看到的情况是自己既没得到人身自由也没得到土地,反而耕种的土地面积因为贵族割地而缩减了一半。

1881年亚历山大三世上台之后,俄国进入了“反改革时期”,收缩亚历山大二世时期实行的各种“自由化”政策,被称为“俄国人民历史古董的鉴赏家们”的斯拉夫派贵族强调农村公社是俄国文化的根基,大力强化“集体主义”,宣称“侵犯村社就是侵犯特殊的俄罗斯精神”。当然,保护村社的措施并不对准贵族——收回割地,而只对准农民——禁止农民转让份地,防止变相“私有”。19世纪和20世纪之交,统治者的政策又开始朝“改革”方向摆动。沙皇当局的斯拉夫派经过一段时间的蛰伏,终于在1905年

---

① [俄]谢·尤·维特:《俄国末代沙皇尼古拉二世:维特伯爵的回忆》第2卷,张开译,新华出版社1983年版,第405页。

② 《普列汉诺夫文选》,人民出版社2010年版,第103页。

把当局改革派维特伯爵排挤出政局，贵族斯拉夫派沿着他们解读农民的思路继续前行，在割地问题上与当局的改革派一样闭口不提，认为割地问题只是反对派知识分子蛊惑人心的一个伪问题，“纯粹是人为的、‘搜索枯肠想出来的’、别出心裁的臆造”①，以为农民不会因这点利益损失而改变对村社和沙皇的爱。日俄战争失败之后，国内人心思变，不满情绪大涨，召开国家杜马势在必行。当局保守派认为“知识分子反对沙皇及其政府，但全体人民过去和将来都拥戴沙皇”②。洛勃科和波别多诺斯采夫作为其中的代表提出：现在知识分子、市民乃至贵族都不可靠，“皇帝和国家可以依靠的唯一阶层是农民阶层”，即村社成员阶层。他们以这种认识为基础于1905年8月6日颁布了《杜马选举法》：“整个选举法的根据是，必须把最大的发言权交给农民；必须使杜马成为农民的杜马，至少是以农民为主的杜马。农民是保守精神的历史渊源。”③在这种宏观原则的指导下出台了一些具体的照顾农民的选举措施，致使第一、二届杜马“在很大程度上是由农民代表组成的”。农民代表是否会如当局斯拉夫派所愿而拥护沙皇和村社、不提割地问题呢？我们暂且按下不表，继续考察俄国社会民主派知识分子对农民的解读。

2.俄国社会民主派对农民的解读

俄国社会民主派在组织上是从民粹派中分离出来的，第一批俄国社会民主主义者大部分都是曾经的民粹主义知识分子，虽然与民粹派的很多观点不同，但在对农民保守性的判断上是一致的：“当他们(按：民粹主义者)为人民而大声疾呼的时候，很惊异地看见，人民对他们的号召是冷淡的。”④所以社会民主党不会重蹈民粹派的覆辙把反对沙皇专制的希望寄托在这些保守的农民身上，这种判断也符合马克思恩格斯关于农民的旺代(或译“万代”)式保守的观点，普列汉诺夫愤恨地说，革命几乎没有得到他们的任何支持、同情和理解，专制主义的最主要的支柱正寄托在农民政治上的漠不关心和智力上的落后上面。⑤ 列宁也认为：“专制制度的支柱应当(而且可以)不是贵族，也不是资产阶级，而是‘农民民主派’。”⑥他们看到了工业无产阶级比落后的农业人口更容易接受革命者们的号召，所以俄国的社会民主主义者们认为自己的首先的和主要的职责就是组织革命的工人党。

虽然认定农民们政治保守，但社会民主派仍然继承了民粹派把农民当作实现自己主义和理想的手段而不理会农民想要什么的传统，只不过主义从民粹主义换成了社会民主主义，理想从反对资本主义、维护村社换成了反对村社、追求资本主义了(然后等

---

① [俄]谢·尤·维特：《俄国末代沙皇尼古拉二世：维特伯爵的回忆》第2卷，张开译，新华出版社1983年版，第264页。

② [俄]谢·尤·维特：《俄国末代沙皇尼古拉二世：维特伯爵的回忆》第2卷，张开译，新华出版社1983年版，第387页。

③ [俄]谢·尤·维特：《俄国末代沙皇尼古拉二世：维特伯爵的回忆》第2卷，张开译，新华出版社1983年版，第264页。

④ 《普汉列诺夫文选》，人民出版社2010版，第103页。

⑤ 参见《普列汉诺夫文选》，人民出版社2010年版，第103页。

⑥ 《列宁全集》第22卷，人民出版社1990年版，第57页。

到资本主义高度成熟之后再实现社会主义）。于是俄国社会民主派在普列汉诺夫拟定的俄国社会民主党第一个土地纲领中提出的唯一要求就是退社自由，也就是不谈割地，只要求让农民带着缩水了一半的份地退社，走上资本主义，甚至退社之后只获得人身自由（净身出户）做农业雇佣工人也好。那样的状态的确有利于农村阶级斗争的展开，但显然这样的口号对农民没有吸引力。后来制定第二个纲领时，社会民主党看到“收回割地”已经成了正义人士的共识和农民的最重要诉求，于是加入了“收回割地”的口号，但他们为这个口号作的意识形态诠释是这样的：割地大部分采用的经营方式不是先进的资本主义而是落后的工役制，所以要反对割地。列宁在1902年提出要以“收回割地”为社会民主党的口号时，同为社会民主党人的马尔丁诺夫曾经“忧心忡忡地问到：‘现在在地主手中……有一些割地在按典型的资本主义方式经营，怎么处理这些割地呢？’”列宁让“好心的马尔丁诺夫放心”便是。[①] 他说当然不会没收这些已经走上资本主义的割地，“难道社会民主党人能够希望用小经济来代替可能是在被掠夺的农民土地上经营的资本主义大经济吗？这岂不是反动的措施！我们的回答是：毫无疑问，用小经济代替大经济是反动的，我们不应该这样主张。”[②]农民本来就是要追求资本主义的，“农民经济也在循着资本主义道路演进”，所以已经是资本主义经营方式的土地（即使是割地）也就没必要收回重新腾挪了，反正即使重新辗转最后也还是要实行资本主义的，只要实现了资本主义，农民们即使利益受了损失也不会说什么至少不能做什么，到时候“资本主义农业成分在俄国已经完全形成了……农民不可能进行‘农民土地革命’”了。[③]

另外关于村社，俄国社会民主党从马克思主义个体摆脱“人的依附关系”的民主革命理论出发，对束缚人身自由的村社共同体相当反感，欲除之而后快。普列汉诺夫说，“公社是把农业人口提供给国家去奴役的手段”，“变成了剥削农民的手段”，“俄国的‘人民’这样就分成了两个阶级：剥削者的公社和被剥削者的个人”。[④] 普列汉诺夫还认为村社阻止农民人格的提高和见识的增长，“阻碍了他们的智力的和政治的发展”[⑤]。于是带着这种对村社的仇恨，就出现了如前所述的极端主张，只要能得到退社自由，失去的家产可以不予过问。农民对这样的退社自由认可吗？农民会同意按经营方式区分割地的理论吗？凑巧的是，沙皇当局的改革派正是这样解释和宣传的。

当局的改革派与社会民主党在用理想替换利益方面有一致性，不同的是，后者是出于“己之所欲，施于他人”的理想主义，因为还未掌权故无私利可言；而当局的改革派这样做就有“明修栈道，暗度陈仓”“己之所欲，勿施于人”的老谋深算之嫌了！维特指出要给予农民自由，“要使他们从公民权利的观点来看成为一个人”，并大谈私有制的好处：“一个人如果没有意识到他的劳动的成果能为自己所得，是他后代的财产，那么

① 《列宁全集》第6卷，人民出版社1986年版，第299页。
② 《列宁全集》第16卷，人民出版社1988年版，第207页。
③ 《列宁全集》第16卷，人民出版社1988年版，第255～256页。
④ 《普列汉诺夫文选》，人民出版社2010年版，第102、228页。
⑤ 《普列汉诺夫文选》，人民出版社2010年版，第103页。

他是不会卖劲劳动的。"而阻碍公民权利和私有制发展的就是村社，所以维特认为必须解散村社，"否则天下就会大乱"。维特大谈公民权利、政治改革、市场经济、私有制……唯独不谈割地，维特认为，"农民问题实质"在于效率问题，而不在于公平问题，在于公社大锅饭式的各项制度，"不在于土地不足，至少不在于强制划出土地归农民所有"。[①] 如果说维特是自知割地不公而用理想分散转移大众的注意力，那么斯托雷平就是撕下伪装以称赞的态度直面割地问题，他认为地主私有土地是肉，而农村公社是疮，"挖肉补疮"是绝不能允许的，"哪里富足了，哪里就会有文明和真正的自由"[②]。针对沙皇政府历来标榜的"抑强扶弱"的姿态，斯托雷平公开声言："国家是为强者而存在的"，并表示他的改革法也"不是为弱者，而是为强者制定的"，即为统治者和地主的利益制定的。这倒契合了马克思说的"国家就是阶级统治的暴力工具"，这样的言论，连维特都觉得是"厚着脸皮宣布的"狂言，实际上等于说"俄国应当为13万名贵族老爷而存在"。[③] 农民真的会为了公民权利和自由而不过问面包吗？是不是真会热爱"为强者而存在的国家"甘愿自己忍受不公和贫穷？所有的猜测和解读将在第一、二届杜马会议中得到农民的回应。

二、第一、二届杜马中农民代表对各方解读的回应

之前各派都在隔着面纱解读农民，杜马的召开使得农民终于有机会表达自己的想法，各方政治力量似乎在等一个未知的开奖结果，拭目以待花落谁家，然而农民代表在杜马中的态度出乎当时所有人的预料。

1. 击碎了当局斯拉夫派的幻想

这些在选举时受到当局照顾的农民代表并没有领情，在杜马中几乎全部站到了反对派一边，从而使自由派(立宪民主党)和自由主义民粹派(劳动团)为主体的反对派控制了杜马，并立即在俄国政治舞台上呼风唤雨，大大加速了革命危机的进程。正如M.克拉索夫斯基在国务会议上指出的，头两届杜马的代表几乎半数是从农民中来的，然而当局斯拉夫派贵族的幻想命中注定要破灭，原来作为农民代表来到杜马的庄稼汉，竟是一群暴徒，他们盲目追随那些煽起他们欲望的任何领袖，而全然没有表现出农民的保守原则。当时已经失势的维特则冷眼旁观地斥责当局保守派："农民向第一届和第二届杜马提供了些什么呢？提供了极左分子和一大批革命家。这就是你们所谓的农民的保守精神！"[④]

---

① [俄]谢·尤·维特：《俄国末代沙皇尼古拉二世：维特伯爵的回忆》第2卷，张开译，新华出版社1983年版，第404页。

② 转引自[俄]A.A.伊斯肯德罗夫：《俄国的君主专制、改革与革命》，载《历史问题》1994年第1期。

③ [俄]谢·尤·维特：《俄国末代沙皇尼古拉二世：维特伯爵的回忆》第2卷，张开译，新华出版社1983年版，第175页。

④ [俄]谢·尤·维特：《俄国末代沙皇尼古拉二世：维特伯爵的回忆》第2卷，张开译，新华出版社1983年版，第265页。

2.冷落了俄国民粹派的热忱

他们曾经为了农民而放弃城市生活穿上粗布衣服冒着极大风险“到民间去”，又英勇刺杀专制沙皇，并且惨遭屠戮。但这些一心为农民打抱不平、提倡农民公社的英雄们在农民联合会和第一、二届杜马的各地农民代表中屡遭冷遇。如在第一届杜马中，社会革命党的“社会主义”遭到了一次最沉重的打击，只有少数农民代表赞成他们的主张，绝大多数人都支持“个人主义”的劳动团104人草案，社会革命党也承认：农民对村社“漠不关心”，这是“令人痛心的事实”。

3.出乎了俄国社会民主派的意料

社会民主派从马克思主义的本本出发，本以为农民具有旺代式保守，不会在民主革命中起来反沙皇，而会成为沙皇的支持者，“当时许多社会民主党人还觉得专制政府可能利用农民‘宁可全部土地归沙皇，只是不要归地主’的思想来采取某种冒险举动”[①]。但农民代表们竟出乎他们意料地表现出了强烈的反沙皇情绪。而按照马克思主义的解释，农民如果克服了旺代式的保守，那一定会形成路易·波拿巴式的保守，即进入资本主义社会之后固守私有制的保守性，但农民们在一、二届杜马中并没有表现出捍卫私有制的保守性，既没有明确要摧毁村社，更不捍卫私有财产，尤其是割地这类私有财产。

总之，在俄国历史上首次能表达自己意见时，农民们没有表现出旺代式保守，而是出现了强烈的反政府情绪或曰革命倾向，也没有表现出路易·波拿巴式保守；既没有表现出对村社的热爱，又没有表现出对村社的反感。

三、意识形态逻辑面对利益逻辑的反思

1.旺代式保守并不存在

旺代式反动，指农民作为传统力量对民主政治、现代化和资本主义的抵制倾向。但笔者认为旺代式保守是不存在的，这要从名称的起源说起，名称起因于“旺代叛乱”，这是法国大革命中的一个重大事件，马克思主义一直都把这次叛乱定性为农民们抵抗资产阶级民主政府、复辟波旁王朝的一次叛乱，我国主流学界一直沿用这个看法，历史词典、历史教科书、不少学者都采用这种解释，均将“旺代叛乱”的原因归于旺代农民的“愚昧”“保守”甚至“反动”，将其目的归于复辟波旁王朝、抵制共和政府。我国已有学者指出其实真相远不是选边站队这么简单，其性质也不是从意识形态能解释的。共和国成立之后接二连三实行一些违反启蒙精神与共和原则的政策，极大损害了法国农民的精神自由和物质利益：如以爱国主义为由强制旺代农民无偿履行各种义务，这种做法毫无“无代表不纳税”的进步的民主精神；再如1790年颁布教士法，1792年6月30日，旺代政府下令逮捕全部未宣誓的教士，紧接着驱逐和监禁反抗派教士，这种侵犯信仰自由和公民人身自由的政策引起了农民的极大不满，拿破仑后来与罗马教廷签订教务专约，承认天主教是法国大多数人的宗教，这一修正恰恰是对当年共和政府侵犯信

① 《列宁全集》第16卷，人民出版社1988年版，第296页。

仰自由的"反动"的纠正和对旺代农民捍卫信仰自由的"进步"的追认。旺代农民将共和国政府1793年3月10日的征兵令而不是1月份国王被处死作为积怨爆发、武装暴动的导火索，连同托克维尔提出的在保王意识最薄弱的旺代和布列塔尼却发生保王党叛乱的吊诡现象一道证明"旺代叛乱"的原因并非"保皇"。有人可能会指出一个事实：在"旺代叛乱"中起领导作用的大多是贵族，而这些贵族参与旺代农民暴动的目的是为了复辟波旁王朝，恢复旧秩序。这个事实描述是没有争议的，但叛乱并非贵族发起的，他们只是在农民暴动发生后才加入起义队伍，平民领袖卡特利诺说："让贵族领导我们……是因为他们更懂得战略和战术。"[①]而且事态的发展表明贵族无力左右这支旺代农民大军的命运。所以贵族的目的代表不了农民的叛乱动机。并且还有一个证据直接表明旺代农民对保皇这项任务并不感兴趣，叛乱期间设立了临时政府和中央委员会，这个委员会的成员大多不是军方人士，而是保王分子，它推出了一些具有保守意识形态性质但损害农民利益的强制规定：只许使用革命前流通的货币，革命期间发行的证券作废；宣告归还已出售的国有财产和被没收的财产；要求旺代每一个人和所有地方当局都必须宣誓效忠国王。这些规定引起了旺代农民的反感，对战争进程也有极大影响。可以看出，不管什么意识形态下的强制与侵犯，旺代农民都是一样要抵抗的。旺代叛乱可以说是由共和国的暴政引起的，这是一场旺代农民抵抗暴政的战争，与意识形态上的进步保守并无直接关系。其实这样的叛乱(或者叫"起义")与进步和保守、社会主义和资本主义、私有和公有都没有关系，只与强制和反强制、压迫和反压迫有关，叛乱者也不一定是农民和当局之外的人，也可以是曾经作为苏维埃政权坚定支持者的喀琅施塔得水兵，还可以是包括各色人等的"二二八事件"中的台湾人。总之，"旺代式保守"这种牵强附会的类描述是没有多少道理的，其实就是一个"哪里有压迫，哪里就有反抗""人不犯我我不犯人，人若犯我我必犯人"的简单道理。

具体到俄国农民对沙皇的态度，不能否认俄国农民曾经尊崇过沙皇，甚至有过如前所述"宁可一切土地归沙皇，只要不归地主"的思想，但那只是理性人权衡利弊之后作出的选择：土地归了地主就是地主的私有财产了，归了"亚历山大二世"那样的沙皇还可能无偿给农民耕种。有人说沙皇是地主阶级的总代表，不可能打压地主而帮扶农民，此言差矣，历史上的沙皇因为在利益上与贵族有冲突，常常扮演打压贵族扶持农民的角色，至少也是中间调停的角色。"没有无缘无故的爱"，农民热爱沙皇是以获益作为前提的，而不是"但尽臣节所当为，何论君恩之厚薄"式的无条件的爱，所以当"现今皇上"不再给农民保障、反而把农民的土地割给贵族地主的时候，也就"没有永远不变的爱"了，农民尊君的宗法情绪就会荡然无存。迟至1902年波尔塔瓦省农民起义时，农民们还谨慎地不去碰当地国家专卖的酒店，因为它是"沙皇的财产"，是动不得的。但是1905年农民骚动时，它却成了农民首先袭击的目标。列宁也注意到农民的保皇宣言是口是心非的、以利益为基础的，他读了一位农民代表的话之后分析道："他开头

---

① A. Taylor, *The Tragedy of an Army* : *La Vendee in 1793* , London : Hutchinson and Co. (Publishers) Ltd. , 1964, p. 49.

说他‘至死也要保卫沙皇和祖国’。右派都拍手叫好。但是接着就讲到‘缺地’问题。”[①]宗法大家庭中“父权”必须与“亲情”并存才能受到尊重，父不父则子不子，君不君则臣不臣，传统共同体中束缚者的权威必须来自硬币反面的保护者职能才能持续，专制者如果只享权力不尽义务必然难以久服众心。

2.村社的去留并不重要

村社给农民带来害处时，农民就反对村社。普列汉诺夫在与民粹派论战时举了一个生动的例子——“‘白白’付款的农民”：因为份地是与一定的义务捆绑在一起的，类似于强买强卖的关系，这种义务并不能因为你不要份地而免除。当干别的工作大于种份地的收益时，结果就是“白白付款远比种地划算”。这时农民就会只履行义务不享受权利，即只交份钱不种份地，相当于强买强卖关系中的消费者花钱买平安之后把商品丢掉。这种现象在我国农业税取消之前也出现过，就是免费甚至倒贴钱流转土地的现象。普列汉诺夫用这个尖锐的问题质问民粹主义者保留村社有利还是有害于农民。民粹派为了巩固村社“不择手段”，一方面让白白付了款的“农夫容忍一下”，另一方面与沙皇势力“亲热地接吻”。[②] 在一件事物有害于自己的情况下，不要说农民群体，无论哪个群体都不会患上斯德哥尔摩综合症。

村社给农民带来好处时，他们就支持村社。农民代表在前两届杜马中积极支持劳动团的“个人主义”土地纲领，对集体主义的村社并不关心。可是在基层农村中，农民广泛发动自发夺地斗争时，却几乎都是以村社为名义。从意识形态角度很难理解，但从形而下的利益和策略角度分析并不难理解，因为当时农民虽然未见得对维护公社原则有多热爱，但他们不可能一盘散沙地跟贵族地主斗争，村社组织给予了农民现成的组织资源与联络手段。其实我们设身处地地为俄国农民想一下，俄国的改革一直是上层利益本位，以权力侵犯权利，在农民们凭借村社抱团抵抗时尚不足以抵制沙皇和贵族的割地抢劫，一旦分家形成原子状态之后农民就更没有自卫之力了，所以农民并没有表现出对村社欲除之而后快的倾向。但我们也不能凭这一点认定农民对村社有不惜任何代价都要维护之的特殊感情。

3.路易·波拿巴式保守亦不存在

这涉及马克思恩格斯所讲的路易·波拿巴式保守，马克思主义认为农民作为私有者、小资产阶级和商品生产者会在无产阶级与资产阶级斗争时支持后者而反对前者。但笔者认为路易·波拿巴式保守同旺代式保守一样是不存在的，这也要从名称的起源说起，名称起因于1848年12月10日的总统选举，这次总统选举是法国历史上实行普选权后的第一次总统选举。马克思恩格斯认为“1848年二月革命的朦胧的社会主义的激情，很快就被法国农民的反动投票一扫而光”[③]，“法国人在从事革命的时候总不能摆脱对拿破仑的追念，12月10日的选举就证明了这一点。由于害怕革命的危险，

① 《列宁全集》第16卷，人民出版社1988年版，第346页。

② 《普列汉诺夫文选》，人民出版社2010年版，第228～229页。

③ 《马克思恩格斯选集》第4卷，人民出版社2012年版，第355～356页。

他们曾怀念埃及的肉锅”。[①] 这种将法国农民投了路易·波拿巴的票等同于法国农民钟爱资本主义和私有制的逻辑有附会之嫌，因为1848年选举中工人阶级也投了路易·波拿巴的票，而且不仅是农民和工人，除了资产阶级共和派之外，几乎所有的阶级都投了路易·波拿巴的票，如果按照上述等式推演，岂不得出包括无产阶级在内的“几乎所有的阶级”都反对社会主义和公有制而热爱资本主义和私有制，唯独“资产阶级共和派”相反的荒谬结论？一些理论工作者已经发现这一逻辑瑕疵，并试图以区分两种不同的“支持”去辩解：“除了农民阶级外其他阶级对于选举路易·波拿巴并不意味着他们真正拥护他，而是为了表明他们对共和国统治的痛恨。”[②]但这种解释明显苍白无力，在民主选举中“两利相权取其重”与“两害相权取其轻”并没有本质区别，都是权衡利弊的体现：一方面，其他阶级的选择也有期盼新总统结束无政府状态、恢复秩序的肯定性考虑；另一方面，农民阶级的选择也有“对共和国统治的痛恨”的否定性色彩，共和派的上台却要农民多付45生丁的税，于是，农民就构成了反革命方面的主力军。他们选举波拿巴为的就是推翻这个“富人共和国”。农民们给路易·波拿巴投票时的口号是：“取消捐税，打倒富人，打倒共和国，皇帝万岁！”[③]最后那一个占1/4篇幅的肯定性口号能“意味着他们真正拥护他”吗？法国农民选举路易·波拿巴的确是与对拿破仑·波拿巴的怀念有关，但与其说这种怀念是因为私有制，不如说是因为拿破仑用其一系列措施（包括巩固小农私有制）为法国农民带来了“福利”，如果这种“福利”是公有制带来的，农民们照样会怀念。追求“福利”的权利在改革开放之后得到越来越多的认同，这从马克思恩格斯文献的中文译文变化中可窥见一点端倪，“历史传统在法国农民中间造成了一种迷信，以为一个名叫拿破仑的人将会把一切美好的东西送还他们”[④]。20世纪90年代之前这句话的用词都是“失去的福利”，而在这之后不再使用“福利”一词，统一换成了“美好的东西”，似乎是在担心读者把马克思与“反福利主义者”联系在一起、不以马克思的批判为然。

如前所述，俄国社会民主派虽然对民粹派为了自己的目标（巩固村社）而“白白”牺牲农民利益的想法进行了批判，但事到自己时又犯了同样的错误，一度认为可以为了自己的目标（发展资本主义）而牺牲农民的利益，从一开始的只提“准净身出户”（带着剩下的份地退社）的人身自由而不提割地，到后来列宁以经营方式对割地进行分类无不体现着这种思想。其实后来列宁也意识到自己这种分类不得人心：“想把用于农奴制盘剥式经营的土地（‘1861年从农民那里割去的土地’）和按资本主义方式经营的土地大致地区分开来。这种大致的区分是完全错误的，因为实际上农民群众运动的矛头不可能指向某几种地主土地，而只会指向整个地主土地占有制。”[⑤]列宁认识到这个错误之后，转而指责与之前的自己持有相同观点的贵族说：在贵族们看来，“如果在特鲁

① 《马克思恩格斯选集》第1卷，人民出版社2012年版，第671页。
② 丰华琴：《法国农民与路易·波拿巴当选总统》，载《南京晓庄学院学报》1996年第3期。
③ 《马克思恩格斯选集》第1卷，人民出版社2012年版，第481页。
④ 《马克思恩格斯选集》第1卷，人民出版社2012年版，第763页。
⑤ 《列宁全集》第16卷，人民出版社1988年版，第222页。

别茨科伊老爷们的土地上建立独立农庄，这就算是'破坏'；而在破产了的村社农民土地上建立这样的农庄，这就算是'建设'了"[①]。列宁明白了农民真正关心的是土地归属而非经营方式，农民不可能毫无条件地支持进步的资本主义，原因很简单：效率再高，只要我不受益，与我何干？况且我不只是"不受益"而是"受损"！当时的俄国农民并不笼统地反对"进步的"资本主义和私有制，只要公平就行。他们对立宪民主党的支持正说明这一点，该党在整个1905～1907年民主运动中能够起主导作用，如列宁所言，只有"立宪民主党人既能说服庄稼汉，又能说服小市民"[②]，正是由于他们那种在公正的基础上走向私有和发展资本主义的立场。

四、坚持历史唯物主义，拨开意识形态迷雾

列宁的这种历史唯物主义式的反思非常宝贵，然而后来的马克思主义理论家并没有给予足够重视，有时仍然以意识形态逻辑生硬套读农民的利益逻辑，如从中苏农业集体化的顺利程度的不同中得出结论说中国农民更爱公有制和社会主义，而苏联农民反对公有制和社会主义，其实二者都敢怒——反对强制化公为私，区别只是在于前者由于一盘散沙没有组织资源而不敢言，后者凭借村社的强大组织资源壮胆敢言。改革开放之后我国的一些理论家依然没有吸取列宁的宝贵经验，仍然从意识形态出发，分析中苏农民在转轨改革中的意识形态时惊喜地发现了二者的"不同"，不过这一次是调了个个儿：中国农民变成了喜欢市场经济和单干并作为改革开放的排头兵再次"农村包围城市"，而苏联农民变成了热爱留恋计划经济而反对单干的社会主义者、转轨改革的阻力。其实，这与意识形态并无关系，只是两国农民结合自身处境权衡利弊的结果。中国联产承包改革之前也就是"大锅饭"时期，农民的状态是"既无保障，又无自由"：一方面，不像干部、工人那样有保障，从国家财政里按月领工资，俗称"吃国家粮"；另一方面，没有选择种什么作物的自由、外出打工挣钱的自由，饿死也不准出村讨饭变成"盲流"。改革之后农民虽然依旧没有从国家领工资的保障，但有了经营自由和迁徙自由。苏东国家虽然也发生过伤害盘剥农民的情况，但在完成原始积累之后就开始了工业反哺农业，20世纪60年代以后农民变成了按月领工资的"农业工人"，即有了保障。改革之后，农民自负盈亏，自然不能再从国家那里领工资了。

我国理论界一些学者提出一个"著名悖论"，这个"著名悖论"的内容是：小岗村村民冒着杀头的危险要求单干，而这个要求是以集体主义形式提出的，按手印的村民之间以及他们与承诺抚养其子女的其他村民之间都存在这强烈的集体主义色彩。那么农民到底是喜欢集体还是喜欢单干呢？如果学者将这个"著名悖论"拿到田间地头征求意见，肯定让农民哭笑不得。其实，"牛不喝水强按头""乱点鸳鸯谱"这些俗言俚语已经提供了答案。我强按牛头之后发现牛不喝水，就断言牛不喜欢喝水；等到牛想喝水的时候，我却不给它喝，反而指责牛出尔反尔。实际上，牛喜不喜欢喝水本身就是个

---

① 《列宁全集》第24卷，人民出版社1990年版，第343页。

② 《列宁全集》第14卷，人民出版社1988年版，第192页。

伪问题，它渴的时候就喜欢喝水，它不渴的时候自然就不喜欢喝水，至于渴或者不渴由牛自己说了算，除非这是头无完全民事行为能力的牛——傻牛或未成年牛。同理，人喜欢结婚还是喜欢独身、人喜欢单干还是喜欢集体也是同样性质的伪问题。说到底，农民们对意识形态概念并不关心，沙皇、村社、公有私有、单干集体……这些意识形态符号都不是分析农民行为逻辑的恰当理论。农民学中著名的"斯科特—波普金论题"也是如此，农民并不是天然的"道德"农民，也不是天然的"便士"农民，奥妙在于农民和其他人群一样，经过权衡利弊之后知道：在熟人圈子里，由于信息对称和重复博弈，人无信则不立，道德是不得不维护的立身之本；而一旦扩大到陌生人领域，道德的价值就大大下降，甚至"好人吃亏"。一些人指责农民工在家乡是好人，一到城里就变了个人，其实这不关乎职业和身份，而是人性之常情。

俄国农民代表在第一、二届杜马中的表现让持有浓厚意识形态逻辑的左翼知识分子惊讶至极，然而如果设身处地地为农民想想，其实并不难理解，在贵族把公有土地盗走一半的情况下，他们首先考虑的是要把"割地"追回来，至于追回来以后怎么办，是重新公平私有化还是继续维持村社公有，都可以到时候再商量，个体的家庭农场和集体的自由合作社完全可以百花齐放，并没有不可调和的矛盾。正如杜马中的一位农民代表所言："把现有的土地交给我们……至于我们应该怎么过活，是搞村团，是各户占有土地，还是搞独立农庄，我看还是让大家爱怎么过就怎么过吧。"同样，他们恨透了割地的贵族地主和听之任之的沙皇政府，至于这些盗贼冠以什么名头，是搞资本主义雇佣经营还是进行所谓的"系农奴制残余"的工役制经营，他们都不关心。他们只认定一条死理——"给我们土地，土地应当属于我们"，一位农民说出了这种心声："不管你们怎么讨论，你们总造不出另外一个地球来。就是说，得把现有的土地交给我们。"[①]其实马克思恩格斯很早就阐述过这个简单的道理：社会党超越所有其他政党，认识经济原因和政治后果的联系，这也是唯物史观的基本观点之一。总之，农民群体与其他群体一样，行为选择的基本依据是利益逻辑而非意识形态逻辑，并且最能通过权衡利弊知道利益所在的是他们自己。令人欣慰的是，在我国的新一轮农村改革中，我们从改革操刀者那里听到了一些这样的声音：进不进城农民自己说了算，流不流转土地农民自己说了算。这种坚持历史唯物主义、反对形而上学的改革思路理应成为中国特色社会主义理论体系的组成部分。

① 《列宁全集》第16卷，人民出版社1988年版，第346页。

西班牙共产主义政党理论分野的根源剖析

董玲玲　程晓辰

（吉林大学马克思主义学院博士研究生）

在西班牙政治和历史舞台上，一直活跃着包括西班牙共产党在内的多个共产主义政党，这些共产主义政党的共性在于多数都是不同时期从西共分裂并不断演化而来，并且在理论主张上又与西共存在着明显的分歧，这其中尤以西班牙人民共产党最为典型。西共与人民共产党一脉同根，但却走上了“革新”与“传统”两条截然不同的道路，这既反映了西班牙共产主义政党理论分野的现状，也成为当前国外非执政共产党理论分野的一个缩影。

一、两党分裂分歧的历史过程

1939 年 4 月，佛朗哥独裁统治正式建立，西共被宣布为非法，被迫转入地下继续进行斗争。在佛朗哥独裁统治时期，大部分的西共党员流亡海外，主要是在苏联东欧等社会主义国家，还有一部分西共党员则坚持在国内同法西斯独裁力量作斗争。在何塞·迪亚兹领导西共的时期（1932～1942 年），基于所面临的国内外形势，西共在政策上基本奉行全面接受苏共指导的方针，由此也在党内形成了一部分对苏共道路绝对服从的党员群体。1942 年 3 月，多洛雷斯·伊巴露丽接替何塞·迪亚兹担任西共总书记，西共的内外政策开始进行缓慢的改变，其中最明显的是西共逐渐放弃派遣共产党员潜伏回国进行地下游击战争，转而选择在国际上通过政治宣传这一非暴力方式来进行斗争。1954 年 11 月召开的西共五大上，通过了《西班牙共产党为争取西班牙的独立和民主，争取彻底改善西班牙人民生活的纲领》。《纲领》指出：“共产党作为忠于马克思列宁主义原则的工人阶级政党，它在社会发展方面的最高目标是推翻资本主义制度，在西班牙进行社会主义改造并建设共产主义社会。”[①]《纲领》明确提出在西班牙进行民主革命是实现社会主义的必然选择，而在实现社会主义的组织力量上，“必须建立

① 《西班牙共产党纲领》，载《新华月报》1955 年第 3 期。

一个以推翻佛朗哥政权和建立临时革命政府为目的的广泛的全国反佛朗哥阵线”①。从西共五大后，西共的工作中心逐渐转移到建立一个广泛的民族阵线上，而不是继续选择暴力革命来推翻佛朗哥政权。

1956年2月召开的苏共二十大对西共的理论转型产生了极为关键的影响，赫鲁晓夫在秘密报告中对斯大林主义的批判使得西共党内产生了严重的思想混乱和意见分歧。“西共中央的‘主流派’提出要自主探索符合西班牙国情的社会主义道路，摆脱过去盲目跟从苏共的做法，在内外政策上增加更多的自主性。”②1956年8月召开的西共中央全会（史称“八月全会”）上，正式宣布改变西共的斗争策略，逐步实行“民族和解政策”并通过和平方式实现社会主义。1960年1月在布拉格召开的第六次代表大会上，会议选举“革新派”代表卡里略为党的新一任总书记，并明确提出在有利的国际形势下，可以沿着议会道路和平过渡到社会主义。以卡里略为代表的“革新派”所进行的政治革新从一开始就遭到了党内“保守派”以及“亲苏派”的强烈反对，西共也面临着组织分裂的危险。

1976年6月在东柏林举行的欧洲共产党会议上，西共总书记卡里略、法共总书记马歇在会议发言中公开打出“欧共”的旗帜。1977年3月，西共、意共、法共领导人在马德里会晤，通过了西欧国家《在民主、自由中实现社会主义》的纲领，正式标志着“欧共”的诞生。1977年4月9日，西共重新在政治上恢复了合法化地位，党在理论战略上进一步全面转向“欧共”。1978年4月召开的西共九大上，西共将“欧共”的基本理论与政策写入党章，正式宣布放弃列宁主义的主张，并将“马克思列宁主义的党”改为“马克思主义、革命的、民主的政党”。西共九大后，党内矛盾进一步公开化，并在西共党内形成明显的三派：“以卡里略为首的‘革新派’，主张继续追随苏共的‘亲苏派’，以及主张进一步向自由化方向发展的‘欧共革新派’。”③1981年7月召开的十大上，党内的严重分歧已经充分暴露出来，持不同意见的各派相互攻讦，严重影响了西共的团结以及在大选中的表现。1982年西共在大选中失利后，党内派别斗争和矛盾白热化，并且由理论上的分歧和争论进一步演化为部分党员主动脱党退党，党的部分重要领导也被解除党内职务或被开除出党。1983年11月召开的十一大上，作出了“革新”西共的决定，但仍无法消弭党内存在的严重分歧，已于1983年10月辞去西共中央执委职务的加列戈在1984年1月离开西共，他带领党内倾向于支持苏联政策的部分党员，同从西共分裂出来的一些组织成立了西班牙人民共产党（PCPE）。

西共与人民共产党的分裂分歧与西共自身进行的理论转型是密切相关的，西共在“革新”的过程中抛弃了过去全面追随苏共的做法，同苏共的关系也在“布拉格之春”后全面恶化，这引发了党内“亲苏派”的严重不满。“亲苏派”作为苏联式革命道路的忠实拥趸，对西共全面转向“欧共”道路，并宣布放弃暴力革命，转而选择民主的、和平的议

---

① 《西班牙共产党纲领》，载《新华月报》1955年第3期。

② 王建、程晓辰：《西班牙共产党与人民共产党的理论分歧及其启示》，载《当代世界社会主义问题》2017年第1期。

③ 倪新兵、王勇：《当代西方的科学社会主义运动》，中山大学出版社2012年版，第88页。

会道路的方式是极为不满的，这也最终导致西共分裂和人民共产党的建立。两党分裂后，各自选择了“革新”与“传统”两条截然不同的道路，这是两党继承历史传统的结果，也反映了两党分裂分歧的本质根源。

二、两党分裂分歧的主要根源

西共与人民共产党作为走“革新”与“传统”两条截然不同道路的共产主义政党的代表，其经历了从党内分歧走向分裂再到两党相互攻讦的过程，究其分裂分歧的本质根源，包括了历史、制度、国内外政治环境等不同方面的影响，特别是苏联共产党的治乱兴亡对西共的转型和分裂产生了持续性的影响，而西班牙国内政治环境和政治力量的变动也促使西共由党内分歧进一步激化到党的分裂。导致两党分裂分歧的根源是互通的，即分歧导致了分裂，而分裂更进一步加剧了分歧，贯穿其中的核心点是西共进行的政治革新和转型。

1. 西班牙共产党党内民主制度尚不健全

从西共的组织结构和运行机制不难看出，西共一直倡导的是“完全民主”甚至是“绝对民主”，其主要表现是允许党内不同声音的存在，党的领导干部和普通党员都享有充分的自主发言权，并且党的运行机制是“联邦制”，各地方党组织均享有高度的自治权，可以发表和制定与党中央不完全一致的意见和政策，这也就使得西共党内长期存在着不同声音、不同意见和不同派别，从而滋生了两党分裂分歧的土壤。在西班牙实现民主化改革以来，西共将党的组织原则由“民主集中制”改为民主制，进一步降低了党内在政治策略和意识形态上的高度统一，党内由原初不同意见者的相互争论演变为党内的派别之争，其中最主要的是“革新派”“亲苏派”和“欧共革新派”之间的斗争，派别之争的严重后果是党内存在难以弥合的严重分歧，党始终无法形成统一的意见和斗争策略，也就导致党的执行力、战斗力和影响力不断衰减。同时，西共党内一直存在教条主义地维护卡里略立场的人，而卡里略本身又奉行较为独断专行的工作方法，这本身就是对党内民主制的破坏。“在一个机构中，如果运用的是这样的方法，即一个人可以用上述办法把自己的意见强加于人并且让别人围着他转，那么这个机构就不可能向前发展。”[①]1982 年西班牙大选失利后，围绕着党的发展方向和斗争道路的分歧更加严重，党内的派别斗争已经公开化和激烈化，卡里略也被迫辞去总书记职务，党内的严重分歧再也无法通过制度上的规约进行限制，反而一步步扩大，最终只能走向分裂。

2. 西班牙民主化改革中的政治妥协

佛朗哥独裁统治结束后，西班牙艰难地踏上了民主化改革的道路，而横亘其中的一个难题是西共的合法化问题。作为一个旨在推翻西班牙的封建主义、帝国主义和独裁统治，努力在西班牙建立社会主义的政党，其理论主张显然无法让统治阶级坐视共产党壮大并通过暴力革命推翻现有政权。在 1977 年西班牙首相苏亚雷斯与卡里略的会谈中，苏亚雷斯提出让西共合法化的条件，“共产党将宣布承认西班牙君主，采取王

① ［西班牙］曼·阿斯卡拉特：《欧洲共产主义的危机》，陈燕、吴丽译，东方出版社 1985 年版，第 135 页。

室的红黄红旗帜，遵从民主契约”①，卡里略选择妥协并接受条件，西共最终实现了合法化。西共为恢复党的合法化，作出了巨大的妥协和让步，西共宣布放弃暴力的、激进的革命主张，转而寻求通过和平的议会道路实现社会主义的方式，这一妥协不仅促使西共恢复了合法化地位，也扫清了西班牙进行民主化变革的重要障碍，但政治妥协带来的直接后果是西共在理论上必须进行转型，而这一转型必然会引起党内保守势力的不满，特别是党内一直存在的“亲苏派”的不满。“亲苏派”作为苏联式革命道路的忠实拥趸，一直认为只有通过暴力的革命方式彻底推翻资产阶级政权，才能够建立社会主义，而对资产阶级的任何妥协和退让都会损害共产党自身的发展前景。西共用妥协实现了党的合法化，但也激起了党内激进主义者的不满，以“亲苏派”为代表的革命激进派认为西共进行的政治妥协是对社会主义、共产主义的背离，因而这种妥协是错误的，由此也直接推动党内“亲苏派”公开与卡里略等主张政治革新的主流派进行争论，最终迫使西共由分歧走向了分裂。

3. 西班牙社会阶级结构的变迁

西班牙的社会阶级结构是影响西共政策导向的关键性要素，西共要在西班牙实现社会主义，必须紧紧依靠本阶级或其他支持者的力量，而随着西班牙社会阶级结构的日益多元化，传统的工人阶级力量日渐式微，新兴阶级力量成为西班牙政治舞台的主角，西共的政略策略必然随之作出适应性变革。佛朗哥统治时期，西班牙新一代的年轻人已经具有进步思想并急切地盼望变革，在独裁统治结束后，中产阶级开始解冻，社会进步势力也形成了新的阶级，这样除了原有的无产阶级，又形成了技术员和脑力劳动者阶级以及各种社会进步力量。现实的情况是，随着新阶级的出现，“共产党如果在新阶级中缺乏社会主义的基础，即使在马克思主义力量中它是‘它们的党’，它也并不是特别能够吸引它们的”②。西班牙进行民主化改革的过程也是实现现代化的过程，随着民主化进程的不断推进，西班牙的社会阶级结构发生变化，单纯依靠出卖劳动力的传统工人日益分化演变为新的中产阶级。社会阶级结构的变迁改变了西共赖以发展的阶级基础，新阶级的出现促使西共在政策上不断进行适应性的变革与调整，最直接的变化是西共不得不更广泛地联合其他阶级力量。西共认为，希冀通过单纯的暴力革命实现社会主义的方式已经不具备现实性，当前形势下党的任务应该是联合更广泛的阶级力量，这其中包括工人社会党、绿党、女权主义者、激进左翼等，西共在1986年成立的“联合左翼”就是一个“泛左翼联盟”。“泛左翼”联合策略的推出引起党内部分坚持无产阶级政党阶级性原则的党员的不满，认为丧失了工人阶级这一最可靠的力量只能加快党的腐化变质，使党失去同资产阶级进行革命斗争的有力武器。在如何认识新阶级以及联合新阶级力量的问题上，西共党内表现出明显的两种声音，这一原则性分歧也加剧了党的分化和最终分裂。

---

① 林达：《西班牙旅行笔记》，三联书店2013年版，第456页。

② [英]尼尔·麦金尼斯：《西欧共产党》，上海译文出版社1978年版，第102页。

4.苏联共产党的直接外部干预

苏共的大党大国主义由来已久，在西苏两党关系恶化后，苏共开始公开地支持西共党内的“亲苏派”脱离西共，另立新党。苏共自西共成立后一直对西共的内外政策提供指导，在佛朗哥独裁统治时期被迫在国外开展活动的西共实质上完全接受苏共的领导，并依照苏共的指示开展革命斗争。苏共的大党大国主义表现在肆意干涉甚至武装干涉他党他国的内部事务上。1948 年伊巴露丽在莫斯科同斯大林举行会谈，斯大林直指西共的观点是左倾的，他建议西共“利用游击战作为政治领导的后盾”，但这一意见在西共政治局会议上却引起了长时间的、激烈的争论。1968 年“布拉格之春”运动爆发后，西共公开发表声明抗议苏共的做法，这也是苏西两党面临的第一次严重分歧，这一分歧导致西苏两党的关系降至历史冰点。西苏两党关系恶化引起了党内“亲苏派”的严重不满，在西共提出不同于苏联式的“欧洲共产主义”道路后，党内“亲苏派”同“革新派”的分歧日益公开化。在“亲苏派”的原西共中央执委加列戈退出西共并另建西班牙人民共产党(PCPE)后，苏共中央公开表示出对人民共产党的支持，苏共代表在参加人民共产党成立大会时称它是“西班牙唯一真正捍卫劳动人民利益的党，将得到苏共的全部友谊、援助和支持”①。人民共产党则公开表示要坚决拥护苏共的国内、国际政策，并自称是何塞·迪亚斯的西共传统的继承者。苏共对西共政策的强加干预以及对西共党内“亲苏派”的公开支持加剧了党内不同派别间的矛盾和斗争，直接导致了西共的分裂以及西共与人民共产党长期的理论分野。

5.国际共产主义运动发展态势的急剧变化

苏共二十大后，国际共产主义运动中长期奉行的以“一条道路、一种模式、一个中心、一个阶段”为特征的社会主义发展战略遭遇严峻挑战，“苏联模式”不再成为各国共产党争相效仿的实现社会主义的唯一途径，并转而开始独立自主地探索具有本国特色的社会主义道路。在围绕国际共运总路线的问题上，20 世纪 50～60 年代爆发了国际共运大论战，造成了国际共运的严重分歧和世界多个共产党的分裂。70～80 年代，以意共、法共、西共为代表的欧洲共产党明确提出“欧洲共产主义”，倡导通过议会斗争的和平方式过渡到社会主义，欧共“革新派”与支持苏共的“传统派”再次引发激烈争论。国际共运内部的理论分歧影响了各国共产党的团结统一，削弱了社会主义力量，在与资本主义的较量中逐步陷入“资”强“社”弱的被动局面。80 年代末 90 年代初，社会主义阵营分崩离析，主要发达资本主义国家的共产党也难抵国际共运陷入低潮的洪流，而西共与人民共产党的分歧分裂正是当时国际共运内部分歧分裂和日渐式微的一个缩影。在国际共运形势急转直下的冲击下，西班牙共产主义政党的党员数量急剧下滑，在议会选举中的议席锐减并逐渐走向边缘化，更为重要的是，作为推动“革新”而提出的“欧洲共产主义”在欧洲共产主义舞台上失去了发展的机遇，最终走向消亡，这也让正处于转型攻坚期的西班牙共产主义政党处于更加内外交困的不利局面。

---

①　王兴斌:《战后世界共产主义运动(1945～1985)》，广西人民出版社 1987 年版，第 321 页。

三、两党分裂分歧的基本表现

西共与人民共产党一脉同根，但两党自分裂后各自选择了不同的发展道路，西共继承了欧共的理论内核，以“联合左翼”为活动载体，继续探索通过议会道路实现社会主义的模式。人民共产党则坚持认为只有通过无产阶级革命的方式才能从根本上推翻资本主义制度，因而仍坚持马列主义的指导思想，坚持民主集中制的组织原则，坚持激进的暴力革命的斗争方式，最终实现社会主义的完全替代。

1. 革新与传统：党对待列宁主义的差异态度

在对待列宁主义的问题上，西共采取科学扬弃的态度，提出既要充分吸取列宁主义的合理成分，又要摒弃与西班牙实际和当代世界社会主义运动发展不相符的部分。人民共产党作为一个马列主义政党，始终坚持将马列主义作为党的指导思想，并认为列宁主义是指导西班牙社会主义运动的科学真理。在西共九大上，正式提出要放弃列宁主义的提法，提出将革命的马克思主义作为党的指导思想，并批判地学习由列宁领导的十月社会主义革命的经验。西共十九大通过的党章中明确西共“以革命的马克思主义及解放斗争中总结的政治和文化理论为基础，践行马克思、恩格斯及其他马克思主义思想家的思想理论”①。需要明确的是，西共并不是彻底地否定列宁的理论主张，而是采取科学扬弃的态度，去粗取精，这与其努力实现马克思主义西班牙化的基本逻辑是相通的。人民共产党作为一个传统的马列主义政党，具有鲜明的列宁主义倾向，自党成立伊始就明确宣称“西班牙人民共产党的纲领和行动基础是马克思列宁主义的科学理论”②。人民共产党在成立近40年来，也在结合党情国情具体地看待列宁主义，但总体上对十月社会主义革命的斗争经验是完全认同的，对列宁探索并实践的通过暴力革命的方式实现社会主义的方式是呈积极态度的，党在理论探索和实践活动中也始终高举列宁主义的旗帜，笃定不渝地坚持和贯彻列宁的理论主张。

2 民主与集中：党在组织原则上的根本区别

西共取消了“民主集中制”的提法，将党的组织架构和组织原则进行了改革，主要表现在组织原则上的“民主化”、运行体制上的“联邦化”和意识形态上的“多元化”。人民共产党则始终坚持民主集中制的组织原则，实行党对基层组织的直接垂直领导，要求党内在意识形态上的高度统一，强调党的组织性、纪律性、集体性和统一性。西共在1991年召开的党的十三大上，正式决定取消民主集中制，党内实行民主原则。西共贯彻民主原则主要表现在三个方面：一是党内允许不同派别间的广泛讨论，各联邦党均享有独立的发言权，各党员也享有自由发言权。二是党的体制由“单一制”转变为“联邦制”，即西共由多个成员党组成，各党具有组织上的独立性，同时又接受西共中央的领导，“党是西班牙各民族和各地区共产党性质的政党以自由和自愿的协议方式成立

① ESTATUTOS PARTIDO COMUNISTA DE ESPAÑA，http://www.pce.es/xixcongreso/index.

② 钟清清：《各国共产党总览》，当代世界出版社2000年版，第442页。

的联邦政治组织，各成员党享有完全的自决权”[①]，西共目前由马德里共产党、安达卢西亚共产党、阿拉贡共产党等15个联邦共产党以及建立在德国、法国、卢森堡和瑞典的分支机构组成，并且与加泰罗尼亚社会统一党保持兄弟党的关系，这充分体现了西共已经成为一个具有联邦性质的政治组织。三是党在意识形态上的“多元化”倾向，西共党内允许包括马克思主义在内的不同思想存在，西共党员可以信仰宗教，在信仰上不要求全体党员的高度统一。人民共产党奉行列宁的建党理论，自党成立伊始就明确党的组织原则是民主集中制，强调要实行集体的民主领导。人民共产党认为民主集中制是一个列宁主义新型政党的典型组织方式，并且也是唯一一种能够保证破坏资本主义力量和建造一个新的把工人阶级和他们的利益当作根本的社会主义社会的巨大任务成功完成的政治结构体系。[②] 人民共产党的组织架构为由高到低的单一领导制，下级党组织服从上级党组织的领导，全体党员要保持思想上的统一，党的路线、方针和政策是高度统一的。

3. 世俗与革命：党在角色定位上的鲜明特色

西共是一个民主的、世俗的、群众性的政党，党的主要活动是围绕议会选举进行，理论策略也关涉政治、经济、文化、社会、生态、女权等方方面面，因而具有鲜明的现代“选举党”色彩；人民共产党坚持将领导无产阶级革命和发挥工人阶级先锋队作用作为党的中心任务，党的核心特质是一个坚持马列主义的传统“革命党”。西共十九大章程中指出：“西共是一个革命的、国际主义的、团结的、共和的、联邦的、女权主义的以及与宗教分离的世俗政党”[③]，西共的中心任务不仅是领导工人运动，还包括通过议会提出包括就业、医疗、生态、女权等方面的议案，以及在西班牙大选中阐明自己的理论主张，获得选举上的胜利。自西班牙进行民主化以来，西共的理论纲领愈来愈侧重于对选民意志的表达和选民意愿的满足，它提出的一系列理论主张都是为了维护选民的利益，这一表现已经表明了西共不再是依靠无产阶级革命获得政权的传统“革命党”，而是致力于通过提出议案和议会选举获得广泛支持，从而渐进地对资本主义进行变革的现代“选举党”。人民共产党一直致力于通过领导工人阶级夺取政权，彻底地推翻旧的资本主义国家机器，在西班牙建立新的社会主义共和国。人民共产党认为，资本主义经济危机的周期性爆发凸显出资本主义制度的历史局限性和落后性，只有彻底地推翻资本主义制度，实现社会主义的完全替代，才能够从根本上涤除资本主义的制度弊端，因而党的中心任务是领导工人阶级彻底推翻资本主义制度，建立新的社会主义社会。人民共产党认为，工人阶级是党实现共产主义奋斗目标的根本力量，工人阶级在其中充当着革命主体的作用，党最终要通过革命的方式在西班牙实现社会主义。人民共产党坚持将实现共产主义作为最终奋斗目标和崇高使命，坚持将暴力的革命方式作为实现这一奋斗目标的根本途径，充分彰显了人民共产党鲜明的“使命党”和“革命党”的特质。

---

① ESTATUTOS PARTIDO COMUNISTA DE ESPAÑA，http://www.pce.es/xixcongreso/index.

② Interview with Carmelo Suárezon the 30th anniversary of PCPE，http://international.pcpe.es/index.

③ ESTATUTOS PARTIDO COMUNISTA DE ESPAÑA，http://www.pce.es/xixcongreso/index.

4.温和与激进:党实现社会主义的不同策略

西共继承了欧共的理论纲领,放弃了无产阶级专政的暴力革命方式,强调以完全民主的方式实现对资本主义的辩证否定和超越,在斗争道路上选择渐进的、温和的议会斗争方式,在斗争策略上主张通过左翼联合对西班牙进行完全的民主变革;人民共产党坚持认为只有工人阶级才是实现社会主义的最核心力量,只有通过无产阶级专政的暴力革命方式才能够真正地推翻资本主义制度,在西班牙建立社会主义。在党的斗争策略上,“西共放弃了直接的、暴力的斗争和革命方式,逐步探索通过民主的、和平的方式来维护工人阶级利益的途径,利用议会内斗争和议会外斗争成为当前西共采取的主要方式”[①]。西共认为,暴力革命在当前阶段不具备现实性,这一方面是由于当前西班牙的共产主义力量还无法直接同资本主义进行直接的武装斗争,另一方面则是由于西班牙民主化以来人民的渴求在于民主而非革命,因而西共选择非暴力的“完全民主”方案,“党替代资本主义活动的中心任务是实现政治、经济、社会和文化的完全民主”[②]。在党实现社会主义的力量选择上,西共采取广泛的力量联盟政策,与西班牙的左翼力量进行广泛深入的合作,其中包括与工人社会党、“我们能”党、绿党等都建立了广泛的联系,2016年西班牙第二轮大选中,西共领导的“联合左翼”与“我们能”党共同组建Unidos Podemos竞选联盟,进一步表明其力量联合上的多元化、广泛性和超阶级性。与西共倡导温和式的民主方案不同,人民共产党认为,放弃暴力革命斗争是对资本主义的一种妥协,在资本主义力量仍然很强大的今天,单纯的议会斗争无法从根本上撼动资本主义的根基,反而会引起党自身的蜕化变质,因而必须加强工人阶级的斗争,这是实现社会主义的唯一有效形式。在实现社会主义的力量依靠上,人民共产党坚持认为只有工人阶级才是最可靠的力量,“我们运动的力量是由完全独立的阶级来实现,需要明确的是,在捍卫工人阶级的权利中,其余的阶级在这个特殊的时间是不能超过间接盟友并且推进到社会主义革命的,但是……别的阶级可能成为盟友”[③]。人民共产党认为对资本主义制度的社会主义化改革是一种政治投机方案,根本无法实现对资本主义的完全替代。人民共产党强调工人阶级的革命领导地位,强调无产阶级斗争的现实必然性,认为资本主义经济凸显了其制度性弊端,必须利用这一历史机遇加快推进西班牙的社会主义革命进程。

四、结语

西共与人民共产党作为西班牙社会主义运动的中坚力量,两党选择实现社会主义的道路却走向了“革新”与“传统”的两极,两党在理论上的分歧是导致“亲苏派”从西共分裂并另立人民共产党的根本原因。纵观目前存在于西班牙或已经消失的共产主义力量,基本都是不同时期从西共分裂演化而来,究其根本,都是西共党内长期存在的矛

① 王建、程晓辰:《西班牙共产党与人民共产党的理论分歧及其启示》,载《当代世界社会主义问题》2017年第1期。

② 刘洪才:《当代世界共产党党章党纲选编》,当代世界出版社2009年版,第589~590页。

③ 16 IMCWP, Contribution of PCPE, http://www.solidnet.org.

盾和分歧所致。西共的多次分裂以及同国内其他共产主义政党在理论和策略上的分歧，不仅对自身发展产生严重损害，更不利于整个西班牙社会主义运动向前发展。西班牙共产主义政党的理论分野是当前国外非执政共产党理论分野的一个缩影，从国际共运史以及当代世界社会主义运动的发展状况来看，一国内不同共产主义政党以及各国共产主义政党之间同样面临着理论上的分歧，由理论分歧所导致的各共产主义政党间的相互攻讦和组织分裂严重削弱了世界社会主义运动的根基力量，给正处于低潮中奋进的世界社会主义运动带来多重挑战。

当今世界社会主义运动已发生重大变化，一些非执政共产党在艰难转型中正独立自主地探寻符合本国国情的社会主义道路，越来越多的共产党则在议会选举中获得席位并成功在地方执政。2008 年经济危机以来，资本主义的结构性、制度性危机日益凸显，各国共产党也掀起一波工人运动的小高潮，世界社会主义运动的发展呈现出新的生机。但是“资本主义国家共产党争取社会主义的斗争是在资本主义体制内进行的，是在资本主义宪法和法律框架内进行的”[①]，在“资”强“社”弱的整体格局并未发生根本改变的前提下，各国共产党的斗争必然面临着帝国主义长期的疯狂反扑、迫害和威胁。因而，唯有各国内部的共产主义力量消除分歧，团结一致，全世界的共产主义力量共同制定符合当前形势的世界社会主义运动方案，并不断加强协调行动，才能更好地扩大共识、凝聚力量、增强实力、稳固根基，从而更好地推动世界社会主义运动向前发展。

---

① 聂运麟：《战役成功与战略困局：2008 年金融危机以来的世界社会主义运动发展态势》，载《马克思主义研究》2015 年第 10 期。

从“五一口号”看政治共识的形成逻辑

刘　森

(山东大学政治学与公共管理学院博士研究生)

2018年，习近平总书记在与党外人士共迎新春时指出：“中国特色社会主义进入新时代，多党合作要有新气象，思想共识要有新提高，履职尽责要有新作为，参政党要有新面貌。”[①]这是对多党合作提出的新要求。新时代提高思想共识，应当总结历史经验，把握客观规律，用历史的深度来把握当代的思想共识。2018年是“五一口号”发布70周年。中共发布“五一口号”之后得到民主党派热烈响应，形成了轰轰烈烈的新政协运动，奠定了中国共产党领导的多党合作和政治协商制度的基本格局。“五一口号”之所以能够产生巨大的历史作用，其重要原因就是凝聚了各方的政治共识，团结了最广泛的革命力量。

一、“五一口号”凝聚了多方的政治共识

“政治共识”是政治学的重要概念，其“规定了政治共同体的基本目标与基本结构，从而确定了政治实践的方向，并构成政治制度的基本支撑”[②]。政治共识作为不同主体之间通过交流沟通形成的共同政治意识，其可以分为不同的层次和不同的内容。著名学者萨托利把政治共识分为基本共识、程序共识、政策和政府的共识三个层次。第一个层次考察社会主体是否分享同样的机制信仰和价值目标；第二个层次包含的是大家都承认的规则，尤其是如何解决冲突的规则；第三个层次是作为异见的共识，即如何处理不同的意见的共识。[③] 现实政治生活中，“意识”“规则”和“意见”并不是凭空存在的，其必然会通过政治主体及其之间的关系表现出来。政党作为最为重要的政治主体，他们之间通过沟通、交流、妥协甚至斗争所得到的共同政治意识、共同的行事规则、共同的政治目标也就是政治共识的集中体现。“五一口号”由共产党在解放战争后期提出，其核心内容是中国共产党号召全国人民统一意志，集中力量摧毁国民党的反动统治，并通过协商建国的方式构建新的国家，从而实现全民族的解放。“五一口号”得

---

① 《习近平同党外人士座谈并共迎新春》，http://www.gov.cn/xinwen/2018-02/06/content_5264433.htm。

② 李风华：《政治共识：一种新的政治观念研究路径》，载《政治学研究》2012年第1期。

③ 参见[美]萨托利：《民主新论》，冯克利、阎克文译，上海人民出版社2009年版，第105～107页。

到了民主党派和广大爱国民主人士的热烈响应和拥护，其自身内容构成了政治共识的重要内容。民主党派对“五一口号”的热烈响应并在之后与共产党协商交流的过程中，扩展了共识的内容，深化了共识的程度。“五一口号”自身内容以及之后的讨论和协商成果共同构成了当时最重要的政治共识。可以从三个角度来认识当时形成的政治共识：一是政治关系的共识，二是政治道路的共识，三是政治目标的共识。

1.政治关系共识：接受共产党的领导

抗日战争胜利以后，中国社会处在向何处走的重大历史关头，中国人民渴望建立一个独立、自由、民主、统一和富强的新中国。但是，蒋介石反动派却倒行逆施，妄图恢复其在全国的独裁统治。和平还是战争，民主还是独裁，民主党派和广大民主人士面临“两种命运，两种前途”的选择。此时的共产党在解放区进行了卓有成效的政权建设，赢得了广大群众的真诚拥护，解放战争也从战略防御阶段转变到战略反攻阶段。“五一口号”发布于这个时间节点之上，共产党号召全国人民团结起来推翻国民党的反动统治，号召民主党派与之团结合作协商建国。“五一口号”发布之后，1949 年 1 月 22 日，李济深、沈钧儒、马叙伦、郭沫若等 55 名各民主党派负责人和民主人士在联合发表的《我们对时局的意见》中明确地表示：“愿在中共领导下，献其绵薄，贯彻始终，以冀中国人民民主革命之迅速成功，独立、自由、和平、幸福的新中国之早日实现。”[①]这是各民主党派、无党派民主人士第一次明确地提出在政治上接受中国共产党的领导。

2.政治道路共识：放弃“第三条道路”，选择新民主主义道路

“五一口号”第四条中提出：“全国劳动人民团结起来，联合全国知识分子、自由资产阶级、各民主党派、社会贤达和其他爱国分子，巩固与扩大反对帝国主义、反对封建主义、反对官僚资本主义的统一战线，为着打倒蒋介石，建立新中国而共同奋斗！”[②]民主党派是在国共两党的对立和斗争中产生的政治团体，曾对国民党实行民主抱有不切实际的幻想，但是这种幻想最后被国民党残酷的专制事实打破。“五一口号”坚定地指出，只有打倒蒋介石建立新中国，才有可能实现民族的独立与解放，这为当时处在困顿中的民主党派指明了方向。致公党回应“五一口号”时指出：“根据全国人民普遍的认识，清楚反动政府窃权卖国的凶残面目，觉悟的程度已到了空前的成熟。……全国人民和人民敌人之间的生死斗争已达到最尖锐化，革命与反革命已明显地划分为两个阵营，人民已没有第三条道路可以观望。”[③]民革在回应“五一口号”时指出：“在旧政协时代，人民深受八年抗战痛苦，因而渴望和平，对于当时的政府尚存有一线改革之期待。时至今日人民已因统治者之白食诺言，撕毁协议，发动内战，而对他们不存任何幻想了……今日之中国，只有革命或反革命两条道路，即爱国与卖国之分，民主与反民主之分，期间绝无中立徘徊之余地。苟且偷安，投机取巧，倚靠美帝扶持，轻视人民力量，都

---

① 《我们对于时局的意见》，http://www.tuanjiebao.com/tjej/2015-09/11/content_28487.htm。

② 陈竹筠、陈起城选编：《中国民主党派历史资料选辑》上册，华东师范大学出版社 1985 年版，第 17 页。

③ 陈竹筠、陈起城选编：《中国民主党派历史资料选辑》下册，华东师范大学出版社 1985 年版，第 421～422 页。

是自绝于民主、自绝于人民的死路。”[①]正是残酷的现实让民主党派和各界民主人士看清了国民党反动统治的真实面目，从而真正地放弃了“第三条道路”的幻想，坚定地选择了共产党领导的新民主主义道路。

3.政治目标共识：多党合作协商建国，为民族解放而奋斗

“五一口号”提出了明确的政治目标，这些政治目标得到了民主党派和无党派人士的充分认同。“五一口号”第五条提出：“各民主党派、各人民团体、各社会贤达迅速召开政治协商会议，讨论并实现召集人民代表大会，成立民主联合政府。”[②]这种政治的号召为民主党派和民主人士指明了实现理想愿景的现实路径。民革在回应“五一口号”时认为，召开新政协成立民主联合政府“诚为消灭卖国独裁的反动统治和建立独立民主幸福的新中国所应循的途径。这一建议完全符合二十四年前孙先生所提出的预备会议和国民会议的精神，亦为本会行动纲领所明白规定的”[③]。台盟在回应中认为，中共提出所要建设的联合政府，“是一个真正合法的中国政府，真正代表人民利益的政府”[④]。民盟认为，新的政权能够实现“真正人民大众的民主，彻底持久的和平，脱离任何帝国主义的侵略与奴役，建立在各被压迫阶层、各民主党派、各人民团体及国内各民族之民主统一战线基础上的统一”[⑤]。中共在“五一口号”最后三条提出：“中国劳动人民和一切被压迫人民的团结万岁！中国人民解放战争的胜利万岁！中华民族解放万岁！”[⑥]这指出了广大民主人士长期的、根本的政治愿景，就是中华民族的解放和一切被压迫人民的解放。农工党在回应中认为：“现对于新政协应以各民主党派、各人民团体为基础，实现以农工劳苦大众为中心，包括民族工商业家、知识分子及一切爱国人士的民主联合临时政权，制定共同纲领，对帝国主义、封建势力、官僚主义进行彻底斗争，务求其根本消灭而后止。进而与各被压迫民族、各进步国家及一切爱好和平的人民为世界永久和平而奋斗。”[⑦]在解放战争的决胜阶段，“五一口号”提出的解放压迫人民、赢得解放战争实现民族解放的政治目标凝聚了最广大人民的心声，得到了民主党派人士的衷心认同。

二、政治共识的形成逻辑

“五一口号”凝聚的政治共识，是在当时诸多的政治抉择中最终形成的选择，是共产党和民主党派在为国家未来发展进行的探究过程中最终形成的结果。民主促进会在回应“五一口号”中称：“五一口号廿三条是近百年来中国革命史的结晶，是今后中国政治运动舵向的指标。”[⑧]“五一口号”的发布成为共产党和民主党派达成政治共识的

① 陈竹筠、陈起城选编：《中国民主党派历史资料选辑》上册，华东师范大学出版社1985年版，第126页。
② 陈竹筠、陈起城选编：《中国民主党派历史资料选辑》上册，华东师范大学出版社1985年版，第19页。
③ 陈竹筠、陈起城选编：《中国民主党派历史资料选辑》下册，华东师范大学出版社1985年版，第484页。
④ 陈竹筠、陈起城选编：《中国民主党派历史资料选辑》下册，华东师范大学出版社1985年版，第484页。
⑤ 陈竹筠、陈起城选编：《中国民主党派历史资料选辑》上册，华东师范大学出版社1985年版，第171页。
⑥ 陈竹筠、陈起城选编：《中国民主党派历史资料选辑》上册，华东师范大学出版社1985年版，第19页。
⑦ 陈竹筠、陈起城选编：《中国民主党派历史资料选辑》下册，华东师范大学出版社1985年版，第243页。
⑧ 陈竹筠、陈起城选编：《中国民主党派历史资料选辑》下册，华东师范大学出版社1985年版，第29页。

标志性事件,但是这种政治共识并非自动就可以形成,政治共识的凝聚有其自身的客观规律。

1.政治关系共识的确立是多方合力的结果

恩格斯在致约·布洛赫的信中指出:“历史是这样创造的:最终的结果总是从许多单个的意志的相互冲突中产生出来的,而其中每一个意志,又是由于许多特殊的生活条件,才成为它所成为的那样。这样就有无数互相交错的力量,有无数个力的平行四边形,而由此就产生出一个总的结果,即历史事变,这个结果又可以看作一个作为整体的、不自觉地和不自主地起着作用的力量的产物。”[①]民主党派接受共产党的领导,是在多方面的作用下最终形成的结果。

第一,共产党的号召力和影响力。共产党所提出的主张和奋斗目标让民主党派相认同,共产党在革命当中的领导作用让民主党派能够真正信服。致公党在回应“五一口号”中指出:“中共这个政治立场和态度是代表全国革命阶级和一切爱国的民主的阶级的,它与本党一向对国是的主张和奋斗目标,也正相符合。……中共在中国革命艰苦而长期的斗争中,贡献最大而又最英勇,为全国人民起了先导和模范作用,因此,这次新政协的召开,无疑我们得承认它是领导者和召集人。”[②]

第二,国民党的反动暴行的外部推动力。国民党的反动立场在革命过程中是逐渐显现的,一系列的反动行径让民主党派逐渐认清国民党的反动暴行。1948 年 5 月 5 日,在港各民主党派与民主人士联名发表《响应中共“五一”号召致中共毛主席电》,指出“南京独裁者窃权埋国,史无前例”[③]。正是国民党的反动暴行,给了民主党派决心反对国民党暴行接受中共领导的直接推力。

第三,民主党派的清醒认识形成的向心力。民主是民主党派一贯的价值追求,如何在中国实现民主,民主党派经历了不断探索,最终形成了清醒的认识。民盟在 1945 年 10 月《中国民主同盟临时全国代表大会政治报告》中指出:“民主的意义是跟着时代在演变进步。民主的制度亦是跟着时代在演变进步。……我们对别人已经试验过的制度,都愿平心静气地取其所长,弃其所短,以创造一种中国的民主。……考验的唯一尺度是:人民是否有机会做人,人人是否自己的主人,人民是否国家的主人。”[④]而经历了历史的考验之后,民主党派充分认识到只有在共产党的领导之下,人民才能够真正当家作主,民主党派作为人民的一部分也才能够充分发挥其自主性,为民族复兴与国家建设贡献力量并实现自身价值。

从以上可以看出,多种主体的力量最终让民主党派坚定选择了共产党的领导。“五一口号”之后形成的这种合作关系的共识产生了深远的影响,不仅为之后形成的中国共产党领导的多党合作和政治协商制度奠定了基础,更影响了中国的政治格局,成

① 《马克思恩格斯选集》第 4 卷,人民出版社 2012 年版,第 478～479 页。

② 陈竹筠、陈起城选编:《中国民主党派历史资料选辑》下册,华东师范大学出版社 1985 年版,第 423 页。

③ 《各民主党派与民主人士李济深等响应中共“五一”号召致中共毛主席电》,http://cpc.people.com.cn/n/2014/0425/c384168-24944104.html。

④ 陈竹筠、陈起城选编:《中国民主党派历史资料选辑》上册,华东师范大学出版社 1985 年版,第 241 页。

为中国政治发展的基本条件。

2.政治道路共识的明确是在历史的对比中形成的选择

抗日战争胜利后，特殊的社会基础和时代背景让民主党派在民主革命中的政治取向是站在“中间立场”，奉行“中间路线，并企望调和国共两党的矛盾和斗争，从而达到“自保和发展”的目标。正如1945年10月《民盟临时全国代表大会政治报告》指出：“在各种实力对峙中，尤其是两大党派对峙中，树立一个独立的中立的集团，便为那种客观环境所要求。于是产生了这个民主党派联合体的同盟。”[①]但是，这种中间路线的思路很快被残酷的历史现实所打破。

随着革命形势的发展，两种道路的选择逐渐明朗。一方面，蒋介石一意孤行的独裁、专制逐渐显现，国民党对国内的民主势力进行迫害，策划和制造“较场口惨案”“下关惨案”“李闻惨案”等一系列惨案。1947年5月3日，国民党中央社发表了捏造的《中共地下斗争路线纲领》。当年7月1日，蒋介石发布《动员戡乱令》，之后宣布民盟为“非法团体”，宣布取缔其组织和成员的一切活动。面对国民党的高压政策，各民主党派为保存实力不得不转变斗争方式，由公开斗争转入秘密的地下斗争。在经历了残酷的现实的教训之后，民主党派对国民党的假民主有了新的认识。农工党指出：“抗战结束后，本党与各民主友党，为求政治民主化的初步实现，曾对统一集团力求让步，希冀由政治协商会议，达到妥协与和平，结果即极低级的民主决议，亦为反动统治集团所毁弃。”[②]另一方面，同时期共产党的民主建设取得了令人信服的成就。在抗日战争时期，根据地就实施了“三三制”新的民主实践形式，打破了“战争时期无法实现民主”“群众思想落后不能实现民主”“民主必然会导致动乱”等种种陈旧的认识，不仅实现了民主的政治发展，并且让自己的政权逐步壮大发展。

“五一口号”让民主党派对中共的新民主主义道路有了更深的理解。致公党在回应中指出：“由于反动政府对新闻的封锁和压迫人民舆论，使得解放区的真实情景不为蒋管区的人民和世界人民所全部了解，独裁统治者及其一切反动集团得以妖言惑众，对中共的路线和政策加以无耻的污蔑，诽谤中共为实行无产阶级专政，但在这次‘五一’号召中，我们看到它发展生产、繁荣经济，公私兼顾、劳资两利的保护工商业的经济政策，是注意到各社会阶层的人民的利益，这不啻给予独裁者的谰言一个有力的回击。”[③]“五一口号”的发表澄清了共产党的政治愿景，明了了其政治诉求。1948年6月14日，民盟发表《致全国各民主党派和人民团体各报馆暨全国同胞书》中认为：“中共‘五一’口号发布以来，各方纷纷热烈响应，足见政治协商与联合政府的主张，决非任何一党一派独有的主张，而是一切民主党派和民主团体乃至全国人民的共同要求。”中国共产党政治协商和联合政府的政治主张“是一切民主党派和民主团体乃至全国人民的共同要求”，“是今日救国建国的唯一正确途径”，也是民盟“一贯的奋斗方针”。[④] 中共

---

① 陈竹筠、陈起城选编：《中国民主党派历史资料选辑》上册，华东师范大学出版社1985年版，第252页。

② 陈竹筠、陈起城选编：《中国民主党派历史资料选辑》下册，华东师范大学出版社1985年版，第243页。

③ 陈竹筠、陈起城选编：《中国民主党派历史资料选辑》下册，华东师范大学出版社1985年版，第423页。

④ 陈竹筠、陈起城选编：《中国民主党派历史资料选辑》上册，华东师范大学出版社1985年版，第171页。

的新民主主义道路赢得了民主党派的深刻认同，从而坚定地迈向了中国共产党领导的新民主主义道路。

3.政治目标共识的形成是在政治互动中从抽象到具体的实践过程

政治目标的确定不仅仅只是结果的呈现，更是在过程中对于各个主体表达、沟通和互相理解的过程。“五一口号”能够得到各界民主人士的热烈响应，最终形成巨大的政治影响力，不仅仅是提出了一个政治目标的原因，更是因为在凝聚政治目标的过程中团结了人心，争取了力量。

从共产党方面来看，其在具体目标的形成过程中积极主动地征求民主党派的意见。“五一口号”发布的次日，毛泽东就致函民革和民盟的领导人李济深、沈钧儒，就召集政治协商会议、成立民主联合政府问题进行商讨。他在信中指出：“在目前形势下，召集人民代表大会，成立民主联合政府，加强各民主党派、各人民团体的相互合作，并拟定民主政府的施政纲领，业已成为必要，时机亦已成熟……但欲实现这个一步骤，必须先邀集各民主党派、各人民团体的代表开一个会议。在这个会议上讨论并决定上述问题，此项会议拟宜定名为政治协商会议。一切反美帝反蒋党的民主党派、人民团体，均可代表参加，不属于各民主党派各人民团体的反美帝反蒋党的某些社会贤达，亦可被邀请参加此项会议。”①为了确保工作的顺利推行，毛泽东中共中央名义分别致电中共中央上海局和香港分局，开列出多达 29 人的受邀名单，邀其前来解放区讨论召开人民代表大会并成立民主联合政府问题。5 月 7 日，中共中央致电中共华南分局，要他们就召开新政协问题同真诚反美反蒋的各民主党派、各人民团体及各界爱国知名人士交换意见。之后，在中共华南分局的领导下，在香港以“目前新形势与新政协”为题连续召开座谈会，各民主党派积极参与其中。

从民主党派方面来看，其进行了充分的协商讨论，提出了许多重要的建设性意见建议。“五一口号”之后，各民主党派对拟定中的政治协商会议的施政纲要进行了认真充分的协商讨论。7 月 31 日，民进在港理事会议通过《中国民主促进会拟提出政治协商会议之行动公约及政治纲领》，全面系统地提出了民进对于新政治协商会议的各项政治主张，包括政治协商会议的任务，加强统一战线的团结，筹备民主联合政权的施政纲领，筹备召开全国人民代表大会；并根据不同的任务都提出了自己的主张。民盟总部宣传委员会拟定了《新政协的提出与本盟的态度讨论提纲》，正确说明了新政协的根据、新政协的性质、新政协的意义及民盟对新政协的态度诸问题，发动广大盟员和群众开展讨论。中国民主同盟总部机关刊物《光明报》广泛开展对新政协的性质、特点及任务的讨论，向广大群众宣传新政协与旧政协不同，以及为什么应当由共产党来召集。这些问题的讨论调动了各方积极性，凝聚了智慧和力量，让政治目标不仅是一个概念，更是具有操作性的政治共识。在这个过程中，在整体政治共识的前提下，不同的意见得以发表和表达，很多意见可能虽然并不能体现在最终共识成果中，但是这个过程充分体现了民主的精神，使最终的政治共识让各方充分信服。

① 《毛泽东文集》第 5 卷，人民出版社 1996 年版，第 90 页。

三、新时代进一步提高多党合作的政治共识

每个时代都有每个时代的历史特征，政治共识也应当随着历史的发展而不断进步。“五一口号”发布70年来，中国经历了从站起来、富起来到强起来的历史性变化，各方面事业取得了举世瞩目的成就。在新时代回望“五一口号”，就是要不忘合作初心，继承光荣传统，用历史的眼光把握当下的政治共识。在新时代提高多党合作的政治共识，可以从政治关系、政治道路和政治目标三个方面来把握。

1. 在新时代坚定不移坚持中国共产党的领导

“五一口号”提出标志着民主党派选择共产党的领导，这是经过历史的检验之后的坚定选择，是对中国国情的深刻认识。今天我们进入了中国特色社会主义新时代，能够看到我国在经济、政治、社会等各个方面取得的伟大成就，与此同时也面临着一些新问题。从国内来看，我们经过长期的努力，在全面建设小康社会、推进社会主义现代化的实践过程中取得了举世瞩目的成就，但是仍然面临着发展不平衡不充分的深刻矛盾，改革处在攻坚期和深水区，一些改革措施和重大措施还需要进一步落实，国家治理体系和治理能力有待于进一步加强。这些复杂的问题面前，我们需要加强和坚持党的领导，统筹推进各领域的改革与发展。坚持中国共产党的领导，应当落实在坚持和完善中国共产党领导的多党合作和政治协商制度之中。中国共产党领导的多党合作和政治协商制度，是在继承和发扬“五一口号”所形成的共识和传统之中不断发展而来，是我国的一项基本政治制度。多党合作制度在调节政党关系、整合政治意识、凝聚政治共识方面发挥着独特的政治功效。当前，面对不同个体间经济、政治、文化、价值多元化的挑战，更应当加强和完善政治协商制度，搭建平等协商的矛盾调解平台，一方面可以使多元化带来的分歧与冲突在包容的制度环境下和平解决，这在很大程度上能增强多元主体对制度及决策程序的合法性认同；另一方面，政治协商制度为各民主党派提供了合法、有序的政治参与渠道，使各民主党派能够在对执政党的政治运作、政治决策和政治结果全面认知的基础上，通过平等协商、公平博弈、和平妥协的途径影响政府决策，并就多元化社会冲突达成决策共识。近年来，随着多党合作制度不断制度化、规范化和程序化，为在新时代凝聚新的共识提供了制度保障和现实依托。在新时代坚持中国共产党的领导，参政党应当认真履行参政议政、民主监督和参加中国共产党领导的政治协商三项基本职能，在履职之中体现政治共识，充分调动广大民主党派的积极性和能动性，为新时代民主政治的发展提供源源不绝的动力。

2. 在新时代坚定不移走中国特色社会主义道路

“五一口号”之后的协商建国标志着新民主主义革命的胜利，之后中国迈上了社会主义的道路。如何选择一条能够符合本国国情的发展道路，是各国人民都面临的重大问题。回顾近70年各国探索发展道路的历史，一方面，苏联式社会主义曾一度辉煌但最终经历了巨大挫折，以苏联解体、东欧剧变的悲剧收场；另一方面，西方推行的所谓“民主模式”在发展中国家遭遇破产，西方国家曾为之欢呼的“阿拉伯之春”变成了“阿拉伯之冬”，拉美等一些发展中国家陷入发展陷阱，一些按照其设想进行改造的发展中

国家依然一盘散沙甚至陷入动乱。历史证明,只有与本国实际相契合的道路才能真正取得成功。回顾我国社会主义道路的探索历程,我们在前进的道路上也并非一帆风顺,也经历了各种挫折甚至失败。但是,中国共产党坚持从中国国情出发,遵循社会发展规律,带领中国人民历经几十年艰苦探索、历经挫折而确立的中国特色社会主义,不仅开辟了国家富强、人民幸福的发展大道,而且日益在世界上展示其巨大优越性。民主党派与共产党合作共识的基础就是对中国特色社会主义道路的充分认同。回顾民主党派的历史,在中国共产党的影响和帮助下,在接受在共产党领导、与共产党团结合作的过程中经历了三个发展阶段,即从爱国主义走向新民主主义,从新民主主义走向社会主义,在新时期与中国共产党一道共同坚持和发展中国特色社会主义。在2013年年初中共中央召开的党外人士迎春座谈会上,习近平同志指出:"各民主党派是与中国共产党通力合作的中国特色社会主义参政党。"对民主党派社会主义参政党性质的论断,充分肯定了各民主党派在中国特色社会主义伟大事业中的重要地位和作用,是中国共产党同民主党派合作的新共识,必将进一步增强民主党派的主人翁责任感和使命感,进一步增强民主党派对中国共产党的领导、中国特色社会主义道路的政治认同。

3. 在新时代为中华民族伟大复兴的中国梦而奋斗

"五一口号"得到了全国各界民主人士的一致赞同,使建设和平、统一、民主的新中国的明确目标得到广大人民的认同,从而推动了事业进步。十八大以来,习近平总书记提出了中华民族伟大复兴中国梦的目标,这个目标是近代以来中华民族最伟大的梦想。我们从目标分解、问题认识和解决方案多个角度形成政治共识,拧成合力。

第一,目标分解。中华民族伟大复兴中国梦的目标并不是空洞的,其是包括了不同发展阶段、不同发展内容的具体目标。从时间划分上来看,划分为"两个一百年"的目标。第一个目标是在建党100年时全面建成小康社会。第二个阶段是在建国100年时建成社会主义现代化强国。十九大对第二个阶段又进行了划分,即从2020年到本世纪中叶可以分两个阶段来安排。第一个阶段从2020年到2035年,在全面建成小康社会的基础上,再奋斗15年,基本实现社会主义现代化。第二个阶段是从2035年到本世纪中叶,在基本实现现代化的基础上,再奋斗15年,把我国建成富强民主文明和谐美丽的社会主义现代化强国。通过这些阶段的划分,把中华民族伟大复兴的长期目标转化为具体的每一步的目标,使其更具有操作性。各民主党派和各界民主人士与共产党的政治共识也不仅仅是了解学习,更是深入到社会主义实践当中去,用实际行动去达成共识。

第二,问题认识。党的十九大报告指出,我国社会主要矛盾已经转化为人民日益增长的美好生活需要与不平衡不充分的发展之间的矛盾。这个重大判断,揭示了制约我国发展的症结所在。经过近40年改革开放和快速发展,我国在发展中出现了许多新的特征。一方面,我国综合国力和人民群众生活水平均有较大提升,经济总量排名第二,但另一方面我们的经济发展还面临着非常多的问题,包括人均GDP排名仍然比较靠后,国内发展不平衡不充分仍未得到解决,民生领域还存在诸多短板等。

第三,解决方案。对于当前面临的问题,明确的解决方案让各界都能够集中精力实现目标。2017 年 12 月中央经济工作会议指出，要今后三年要重点抓好决胜全面建成小康社会的防范化解重大风险、精准脱贫、污染防治三大攻坚战。各民主党派充分发挥自身优势和特点，履行参政党职能，是克服我国在前进中各种困难的有效途径。以精准脱贫攻坚战为例，民主党派当前积极开展的脱贫攻坚民主监督工作，既充分发挥了民主监督的特点，又能让中央提出的工作目标得以切实落地，共同实现当下的政治目标。正是通过这些实际的具体的工作，民主党派和共产党能够进一步巩固共识，协力推进国家的发展进步。

专题五　当代国外社会主义

21世纪意大利政党政治格局中的意大利重建共产党

何　森

（山东大学政治学与公共管理学院博士研究生）

自1847年马克思和恩格斯创建第一个共产主义政党——“共产主义者联盟”以来，共产主义事业已经经历了171年的光辉与坎坷。21世纪以来，世界社会主义运动在低潮中不断奋进和崛起。全球130个国家的共产党组织以及1亿多党员依然砥砺前行，在危机中迎来机遇。意大利的政党政治格局也发生了较大变化，政党碎片化现象严重，极端政党联盟不断崛起，政党内部派系分裂严重。意大利重建共产党（1991年成立）在27年的发展过程中，努力克服生存危机，保持党的活力，成为欧洲较有影响的左翼共产党力量。本文试图探究意大利重建共产党的理论与实践、现状与态势。

一、意大利政党政治发展的新变化

1.政党林立，派系众多，政党组织很不稳定

意大利是一个多党制国家，呈现出党派林立、一盘散沙的局面。无论是所谓的第一共和还是第二共和时期，意大利的政党数量都保持在30个左右。政党内部的派系纷繁复杂，派系之间各拥其主、互不团结，甚至互相拆台、互相对立。政党因为内部分歧矛盾不可调和而分道扬镳，由此引起政府垮台的现象时有发生。建立政党联盟是意大利政坛上的一种普遍现象，多党联合组阁是意大利政治上的一个重要特色。在实行多党制的国家，一般很少有一党单独执政。即使在第一共和时期，天民党一党居优，但是它单独执政也只有8年时间。绝大多数时间，天民党都是与几个小党联合组阁。第二共和时期，绝大多数政党都会与其他政党组成联盟，共同参与选举。像“五星运动”这样拒绝联盟的政党，只是个别现象。因为意大利议会很难出现一党控制议会多数席位的局面，通常必须由几个政党联合起来才能组成政府。然而，组阁难，执政更难，政府更迭频繁。由于政党林立，仅凭一党之力不能组成政府，组阁必须联合其他政党共同参与执政才能实现。因此，为了组阁，不得不在各个政党之间讨价还价，与之进行政治交易和利益交换。由于政党内部也是派系林立，派系利益和要求也必须在组阁安排

和政策实施上有所反映。负责组阁的人，不仅面临着与外部其他政党达成联合执政的压力，同时还要设法在党内派系冲突中寻求平衡，增加了组阁的难度。此外，意大利的中左翼力量进行重新分化与组合。左翼民主党与包括前天民党在内的中间政党——“民主即自由”以及其他小党合并，更名为“民主党”。而党内不愿意参加民主党的成员建立了民主左翼党，并尝试与包括重建共、共产党人党和绿党等众多左翼力量在内的力量，联合成立“彩虹左翼”左翼联盟，参加2008年的意大利选举。然而，意大利激进左翼遭遇前所未有的惨败。21世纪，意大利面临着金融危机和政治危机，变革的主要动力往往是社会运动和政党，这些政党有力地将反对紧缩与“旧政治”结合在一起，导致复杂的冲突结构。[①]

2.反建制政党和极端政党联盟崛起

意大利国内政治体系在20世纪90年代初经历了合法性危机(“净手运动”)和重大变迁(1994年新选举法)，过去左右分明的几个传统大党被“碎片化的政党联盟”所取代。1994选举之前，意大利政党也经历了或多或少的根本性转变，有些发生重大改变，有些分裂瓦解，有些完全消失，有些在危机中酝酿新生。在全球金融危机以及信息革命的冲击下，欧洲政党普遍呈现出主流政党碎片化、政党体系碎片化、政党联合更加常见、政府组建更加困难的现象。意大利的政党生态环境也发生了显著变化，以信息技术为标志的新科技革命，一方面改变了社会的阶级结构，使传统的产业工人规模大幅缩减，中间阶层的力量增长迅速，政党的传统阶级基础和选民基础因而发生较大变化；另一方面，科技改进了通信、交流方式，普通民众表达利益诉求的渠道、媒介增多，削弱了政党作为沟通社会与国家公权桥梁的功能，也分化了政党的利益综合功能。[②]

近年来，意大利的政党格局发生显著变化，诸如“五星运动”党的反建制政党和极端政党联盟正不断崛起，成为政坛“新主流”，影响着国家对内对外的政策走向。此类政党和联盟强势崛起的原因，既与国际金融危机以来意大利经济长期低迷、社会不平等持续加剧直接相关，也暴露了欧盟内部存在的日益尖锐的深层次矛盾。一些本来属于共产党和社会党的支持者抛弃了态度暧昧的左翼，选择了能宣泄其愤慨情绪的极右翼，反映出共产党在社会定位和塑造身份标识上的失败。

2018年意大利议会选举的形势不容乐观。意大利前总理贝卢斯科尼领导的中右联盟获得了超过37%的选票，赢得了大选的最终胜利，成为意大利最大的政党联盟。“五星运动”党作为单一党派得票率最高，为30%左右，成为意大利第一大政党；前总理伦齐所领导的中左联盟得票率为23.42%。中右联盟、中左联盟、“五星运动”党在意大利政党政治格局中占据一定的位置。中左派的橄榄树联盟，整合了部分共产主义和社会主义政党，逐渐演变为今天的意大利民主党；中右派的政党联盟主要包括了贝卢斯科尼的意大利力量党和极右的北方联盟。能够参与外交政策讨论的政党数量因

---

① Swen Hutter, Hanspeter Kriesi, Guillem Vidal, “Old versus New Politics: The Political Spaces in Southern Europe in Times of Crises,” *Party Politics*, Vol. 24, Issue 1, 2018.

② 参见靳呈伟:《政党研究的生态分析视角》,载《当代世界与社会主义》2010年第6期。

此大为增加，同时也使得意大利对外政策严重受制于政党联盟之间的竞争和联盟内部的分歧。[①]

3.意大利共产主义政党在低潮中谋求生存和发展

意大利共产党(1921～1991年)在70年的发展历程中取得了令人瞩目的成就，曾被认为是欧洲最大和最有活力的共产党，党员最多曾达到200多万人。但是随着意大利国内国际形势的变化，曾经辉煌的意共在于1991年解散，相继转型和分裂。1991年1月，原意共的多数派支持改名为左翼民主党，反对该决定的少数派共产党人建立了新党，名为“争取共产主义运动”，后改名为“意大利重建共产党”。意大利重建共产党保持了共产主义的火种，在困境中谋求自身的生存和发展。

当前，意大利的共产主义政党组织逐渐弱化和碎片化。现存的共产主义政党主要有：意大利共产党、意大利共产党人党、马列主义意大利共产党、意大利共产主义者网。1998年，意大利共产党人党从重建共产党内部分裂出来。2016年6月，在意大利共产党人党的基础上，重新建立了新意大利共产党。马列主义意大利共产党是1999年12月由“马克思主义文化与倡议中心”建立的，主张严格依据马克思、恩格斯、列宁、斯大林的主张阐释党的意识形态。该党与共产党人党、希腊共产党联系密切，目前约有2000名党员。意大利共产主义者网成立于1998年9月，前身是意大利艾米利亚—罗马涅大区的“共产主义倡议”与“共产主义论坛”两大协会，其性质是一个网络上的政治运动组织，目前拥有5万名支持者，进行马克思主义理论研究，组织并参与基层工会联盟的活动等。

意大利共产党、意大利重建共产党、意大利共产党人党在血脉上相通，但在内容上却各异。意重建共自诞生以来，经历了复杂的内部斗争和数次的分化、重组。当前，重建共与共产党人党的党员数量急剧衰落，面临着阶级基础变化、政党政治趋于中间化、党内矛盾悬而未决等问题。重建共建立时有15万余名支持者，1997年时仍有13万名党员，后来由于组织分裂，2010年的党员数量约为3.08万名，2015年仅剩1万多名。共产党人党自成立后发展迅速，2011年底从最初的3000人发展到2万余人。在金融危机后，与重建共一样党员人数减少，目前仅拥有党员1万余名。[②] 由于重建共产党与共产党人党存在着巨大的理念差异，也难以形成统一的斗争力量。

二、意大利重建共产党的理论与实践

1.关于党建理论的新认识

关于党的性质，意大利重建共将自己定位为新的群众性政党，是一个愿意为改变现状而努力的人们的自主联合体，“是意大利工人阶级、劳动者、所有男女、青年、知识分子和公民的一个自由的政治组织”，是意大利现实生活中一支生机勃勃的对抗性政

① 参见钟准：《意大利外交政策及其在欧盟中的新角色——政党政治的分析视角》，载《欧洲研究》2016年第4期。

② 参见于海青：《西欧共产党的变革与挑战》，中国社会科学出版社2017年版，第41页。

治力量。意大利重建共的目标是:坚定地建设一个群众性的共产党,一个以重建共产主义理念与实践为理想的党,一个在现实和日常生活中为建立“自由和公正”的社会而奋斗的党。意大利重建共政治上坚持共产党的称号和社会主义方向,把超越资本主义作为建设民主和社会主义社会的条件,把对现制度进行社会主义改造作为奋斗目标,提出要推动社会和国家向社会主义方向变革和改造,最终消除资本主义;主张“新共产主义”,坚持同一切阻碍人类个性自由发展的东西作斗争,特别是同资本主义全球化进程作斗争,实现各尽所能、按需分配的共产主义社会。

意大利重建共强调党的革新与开放,主张改变过去党存在和活动的方式,奉行“民主原则”。“永远抛弃党以革命先锋队自居的态度,向各种运动开放,向各种斗争经验开放,向不同的抗议文化开放。”[①]对现存制度作出理论和实践的批判,制定具有丰富内涵的政策,实现广泛的参与,建立同社会的实际联系,从而推动争取变革的运动和斗争,建立同受资本主义现代化和全球化奴役的人们的牢固关系,为建立广泛而多元的替代左翼而努力。[②]

2.关于组织建设的新反思

意重建共在党章中指出:民主集中制并非值得鼓励的方式。派别体制也同样如此。对于重建共来说,“正确”的选择是,一方面强化内部多元化,另一方面使党内生活完全民主化。此外,需要对内部讨论的组织形式进行反思。重建共并未执行民主集中制,而且肯定会造成同广泛的民主要求以及情感、政治文化、重建共内部根深蒂固的政治文化倾向之间的冲突。[③]

意大利重建共强调增强党的政治争论和立场观点的透明性,展开真正的自由的讨论。2008年召开的七大,强调要推动和鼓励多元的政治和理论讨论,指出要围绕非暴力、当代资本主义发展形态和新的阶级构成等议题展开深入分析和讨论,承诺新的领导层要大力推进党的改革。在党内民主建设问题上,针对党的领导层可能出现的内部争论,将党的统一领导界定为决策的参与过程,而非对所作决策的批评权。民主不仅是形式,而是党的成员真正参与党的生活,参与政治规则和决定的形成。[④] 意大利重建共在革新与开放中,一直强调要增强党的政治争论和立场观点的透明性,展开真正自由的讨论。

3.关于社会政策的新调整

意重建共的生存环境并不乐观,始终身陷两难的窘境。一方面,为了保持自身的共产党特色与性质,重建共不得不保留本党在维护人民利益方面的话语权,反对政府的某些政策。另一方面,为了自身的生存与发展,赢得更多的选票,增加国家政治生活

---

① 姜辉、于海青:《西方世界中的社会主义思潮》,社会科学文献出版社2012年版,第11页。

② “Opening and Innovation: Changing Ourselves to Transform Society”, 5th PRC Congress Preparatory Paper, April 7,2002, http:// www.rifondazione.it.

③ 参见刘洪才:《当代世界共产党党章党纲选编》,当代世界出版社2009年版,第678页。

④ “Let's Start again: A Shift to the Left”, July 27,2008. 意大利重建共网站,http://home.rifondazione.it/xisttest/content/view/3431/310.

中的筹码，重建共又不得不与主政的大党合作，在常规性问题上更多的是谅解与支持执政党，而不是扮演“坚定的反对派”角色。重建共的政治策略沿着“激进—温和—激进—温和”的波动曲线变化，这正是它身陷两难窘境的真实写照。①

意大利重建共产党建党20余年来，其理论政策在不同时期根据社会环境和政治形势的变化不断调整、变更。其政策主张的变化主要分为四个阶段：第一阶段，充当政府的坚定反对派，采取激进的政策，与左民党等其他左翼力量时有冲突。重建共第一次全国代表大会于1993年12月在罗马召开，会议主题是“为了替代——建立反对党”。第二阶段，以参政为目标独立进行议会斗争。1994年党的第二次全国代表大会的主题为“为了左翼替代——一支强大的共产主义力量”，提出了“以参政为目标”的政治纲领。第三阶段，与中左政党联盟，实行革新与开放。2002年以“重建，重建，重建”为主题的重建共五大，更加注重革新与开放。第四阶段，团结左翼，重新起航。在2011年底，重建共在八大提出“让我们联合起来”，主要是呼吁重建共党内的团结与联合，此外，也要与其他左翼力量联合进行斗争，走出生存危机。② 2013年底，重建共在九大提出“书写我们的未来”的主题。

意大利重建共理论政策的发展变化主要表现在：作为反对党还是“政府党”的选择；对待左翼合作态度的变化，重建共联盟政策的取舍与其斗争目标的选择紧密联系在一起；从强调党的身份特征到关注党的革新与开放。重建共频繁的党内分裂及其结盟政策反复摇摆，与该党具有双重政治目标紧密相关，它始终处于身份逻辑和竞争逻辑的矛盾之中，无法在斗争方式、结盟对象等问题上形成清晰、统一的认识。③ 意大利重建共在苏东剧变后经历了与中左政府的合作，也经历了与政府的分裂，经过反思，在2002年4月的第五次代表大会上指出，党的注意力从政治领域转向社会政治领域，从对参加政府的重视转向对社会力量、群众运动和群众斗争的重视。意大利重建共参政而不执政，在困境中求生存，在斗争中求发展，在探索中完善思想理论，在现实中制定鲜明的政策，拥有较严密的组织体制。④ 意重建共既坚持共产党的特征，又在具体的斗争策略上采取灵活的做法，注重保护劳动者的根本利益加强党的建设。

三、意大利重建共产党面临的发展困境

1.政党影响力日渐式微，党员数量不断下降

作为意共后继者的重建共产党，由于社会政治环境的变化以及党自身存在的矛盾和问题，其政治影响力和号召力不能与原意共同日而语。这种情况的出现，一方面是由于意共的分裂造成了力量的分散，左民党带走了原意共的多数成员，使重建共自成立之时在实力上就大大弱于左民党；另一方面，苏东剧变后世界社会主义运动整体低迷，重建共虽然保留了基本队伍，具备一定的群众基础和选民队伍，并利用各种方式坚

---

① 参见王长勇：《在困境中探索发展道路的西欧共产党》，载《当代世界与社会主义》2002年第3期。

② 参见李凯旋：《苏东剧变后意大利共产主义政党的发展》，载《科学社会主义》2013年第2期。

③ 参见刘光毅：《意大利重建共产党的演变与问题》，载《当代世界社会主义问题》2012年第2期。

④ 参见孙丽慧：《参政而不执政的意大利重建共产党》，载《当代世界》1997年第9期。

持斗争，但处境依然严峻，面临着选票下降、党的基层组织萎缩、支部活动停滞、党员队伍日益老化、党的经费不足等诸多困难。共产党的社会基础主要是工人阶级，尤其是传统产业工人，但是随着科技革命的日新月异、第三产业的迅速发展，工人阶级在西欧社会中的比重已大为下降，中间阶层队伍不断扩大，致使西欧共产党的阶级基础大大缩小。[①] 随着国内政治右倾化，重建共的得票率和支持率也在不断下降。在中左联盟执政的国内形势和欧洲国际政治气候下，重建共在与右翼的斗争中、在与中左联盟内部妥协合作及其党内势力的较量中面临诸多困难。若想在错综纷纭的政治舞台中赢得一席地位和生存空间，真正完成“从为生存作战到提出计划”的过渡，尚需不断努力。

原意大利共产党更名后，重建共一度是意大利社会主义运动的中流砥柱，在欧洲激进左翼政治领域也曾有很强的号召力，组织力量曾在20世纪90年代中期得到快速发展，巅峰时期的党员人数达到13万名。2008年的“选举滑铁卢”成为重建共衰落的重要转折点。在此之前，重建共在全国议会选举中的支持率一直稳定在6％左右。2008年之后，却在大规模分裂中走向衰落。重建共在历史上遭遇过大大小小十几次组织分裂。其中影响较大的分裂有：1995年，加拉尼为首的大约400人脱党，建立“联合共产党人”，后加入左民党的中左联盟。1998年，党内元老科苏塔带领3000人另行建立意大利共产党人党。2006年，托派出走建立了劳动者的共产党等。2008年之后，重建共发生了更严重的组织分裂，大批党员出走，要么参与组建其他激进左翼党，如2009年成立的左翼生态自由党；要么彻底放弃激进立场，加入中左翼民主党。2013年，重建共尚有32901名党员；2015年9月，重建共只有10299名党员正式在册。重建共在党章中规定：党员每年都需要上交并颁发新的党员证，从而导致大量被动的以及部分暂时心怀不满的党员退党。[②]

2.政党地位日趋边缘化，丧失议会选举的存在感

政党边缘化趋势是指一个政党持续远离主流政治，脱离公众视野，对政府公共政策的影响日趋薄弱的状态。分析一个政党是否边缘化的指标主要有：政党在选举中的得票率，政党在议会中的席位实力，政党政治动员实力。通过对意大利重建共参加议会选举的得票率、议席数及党员人数等指标进行分析，可知它虽然还有活动，但已经边缘化。在当今意大利社会，中左、中右两支联盟势力构成了政治舞台的主导力量，重建共产党在独立和联盟中摇摆，在政治夹缝中观望。在2001年的意大利议会选举中，除重建共之外的其他主要政党都分别加入了左翼或右翼联盟，重建共的得票率为5％，议席数为11个。在2006年的意大利议会选举中，重建共产党的得票率为5.83％，议席数为41个；意大利共产党人党的得票率为2.31％，议席数为16个。意大利共产党人党的议会得票率已经远低于4％。在2008年的议会选举中，意大利重建共产党与意大利共产党人党、绿党、民主左翼党组成“彩虹左翼联盟”参加议会下院选举，但是其得票率为3.1％，未达到议会准入门槛，议席数为零，从而成为议会外政党，完全远离

① 参见王长勇：《在困境中探索发展道路的西欧共产党》，载《当代世界与社会主义》2002年第3期。

② 参见于海青：《西欧共产党的变革与挑战》，中国社会科学出版社2017年版，第43页。

主流政治。意大利共产党已经完全边缘化。[①] 在2013年的议会选举中,重建共未获取席位。2018年的议会选举,意大利民主党、意大利力量党、极右派、社会民主主义者和中央集权主义者等组织参与。意大利重建共产党联合几个社会主义左派组织,建立了"权力归人民"选举联盟。尽管重建共并未获得席位,但他们却意识到欧洲问题对于理解意大利选民的重要性,试图通过经济手段改变欧洲经济一体化的定位。[②] 重建共的选举成绩受政治环境的影响很大,由于与选民之间缺乏稳固的联系,即使是与其他左翼建立联盟,提出替代纲领,也不足以推动起具有广泛性的社会主义人民运动。

3.政党碎片化严重,组织力量较为分散

意大利共产主义政党的碎片化特质,表现为组织力量分散以及内部派系分化严重。重建共和新意共是目前意大利共产主义政党的现存力量。意重建共深受党内派别斗争、分裂问题的困扰,在实际政治生活中,由于放弃传统原则较多,被认为与其他政党并无明显不同,过去那种"左翼中的左翼"身份已经模糊不清。[③] 党内的分裂与斗争严重削弱了重建共的力量。政党碎片化的历史原因是:意共的分裂造成了力量的分散,左民党带走了原意共的多数成员,使重建共自成立之时在实力上就大大弱于左民党;苏东剧变后世界社会主义运动整体低迷。意大利重建共虽然保留了基本队伍,稳住了阵脚,具备一定的群众基础和选民队伍,并利用各种方式坚持斗争,但处境依然严峻。现实原因是:组织上,放弃民主集中制原则,对内部派系分歧放任自流,疏于管控,自身的矛盾和分裂极大地限制了党的壮大与发展;思想上,对共产主义的认识不够充分,忽视理论创新,未能将马克思主义与意大利政治社会现实状况充分结合。此外,"文化危机"也引发重建共的关注。重建共在党章中指出:"当前的文化领域客观上发生着十分明显的结构性变化:这些年来资本主义革命侵入并企图占领所有文化生产领域。……我们不能只是谈论全球通信(从电视到网络)的迅猛发展对共同观念的形成、语言、人们的交往方式和生活方式及广义上的文化消费会产生直接影响,要讲改变知识分子在信息社会中的作用:一方面,信息传媒的大众化进程改变了'思想制造者'和掌握知识者承担民意中介的传统职能;另一方面,知识和科学资源直接纳入资本的范畴逐渐使'思想工作者'成为为自己服务的经营者。"[④]

四、意大利重建共产党超越困境的探索

1.重视自我革新,进行政策调整

21世纪以来,重建共面临着党内矛盾分歧加剧以及党员人数和力量下降的困境,党的自我革新与开放成为不可忽视的主题。意大利重建共产党在困难中谋求生存和发展,通过理论变革和政策调整占据了一席空间。意重建共不断调整政策,各项规章制度都力求实事求是,以增强自身的政党适应性。重建共自建立以来,致力于走出生

---

① 参见向文华:《西欧国家共产党的边缘化:数据分析》,载《当代世界社会主义问题》2011年第1期。

② PRC—Comitato Politico Nazionale. http://web.rifondazione.it/archivio/cpn/index.html.

③ 参见姜辉:《欧洲发达国家共产党的变革》,学习出版社2004年版,第261页。

④ 刘洪才:《当代世界共产党党章党纲选编》,当代世界出版社2009年版,第654页。

存危机和“内忧外患”，保持政党活力。意大利重建共变革幅度较大，“超越”传统原则较多，理论政策变化较大，在探索适应时代变化和本国实际情况的社会主义或共产主义理论和实践的新内容、新模式方面，提出了许多新的主张。重建共提出的“重建替代性左翼”方案便具有积极的探索意义。“建设一个开放、团结、务实的政党，应该重视做，而不只是重视说。”①重建共的变革在很大程度上是一个复杂而独特的过程，它不是我们在书桌中前就能拟就的，而是在实践中进行再创造。意重建共进行了较大的组织调整和变革，将政治选举作为主要的活动。强调增强政治争论和立场观点的透明性，展开真正自由的讨论。意重建共试图构建党与社会的多维关系，抛弃党以革命先锋队自居的态度。党必须能够进行真正自由的讨论，政治争论和立场观点要保持透明性。总的来说，重建共政策主张的调整，既是其积极适应国内政治形势变化的反映，也是它在社会主义运动的低潮中努力拓展生存空间的体现。②

2. 重视理论反思，加强制度建设

意大利重建共自建立以来，其理论政策并不是一以贯之的，而是根据社会环境和政治形势的变化不断调整、变更。但从总体上看，20 世纪 90 年代以来重建共的理论政策发展经历了一个从激进到温和再到激进的转变过程。重建统一的共产党之关键在于思想意识。该党代表指出，意大利的共产党人应当反思，为什么原意共在 20 世纪 90 年代末更名易帜后没有建立起一个具备政治、理论和组织根基，适应意大利社会现实和当今世界大环境的统一的共产党。对于意大利的共产党人而言，“共产党”就意味着以马列主义、葛兰西和陶里亚蒂的思想为指导的政党，但是适合目前情况的革命理论依然匮乏，克服自发主义的组织局限依然是共产党人党的中心主题。③

3. 扩大群众基础，寻求力量支持

为扩大群众基础，意大利重建共产党的活动方式也从传统封闭型向现代开放型转变。意大利重建共产党每年举办党报节，以灵活多样和群众喜闻乐见的手段发动群众，发展组织，筹集经费。④ 意大利重建共认识到政治和社会行动不能仅由党员和相关组织来完成，而应通过众多的个人和组织的群体来实现。党要与它们进行交流和沟通，而非囊括到自己的组织中来。20 世纪 30 年代，青年知识分子甚至秘密入党之前在理论上就展开了热烈的争论。努力在思想上同党同心同德是入党的一个重要组成部分。而后来则更多的是在感情冲动的情况下入党。⑤ 意重建共格外重视青年人的力量，在党章中提出：“要将党的自我革新进程进行到底，其核心动力是发动青年一代，并对其开展工作置于一切工作的首位，无论是在日常政治生活方面，还是通过对重建

---

① 刘洪才：《当代世界共产党党章党纲选编》，当代世界出版社 2009 年版，第 676 页。

② 参见于海青：《意大利重建共产党的理论政策调整及面临的问题》，载《当代世界社会主义问题》2004 年第 1 期。

③ 参见李凯旋：《团结左翼，重新建立共产党——意大利共产党人党第六次全国代表大会述评》，载《当代世界与社会主义》2012 年第 3 期。

④ 参见中央组织部党建研究所课题组：《国外共产党的革新调整》，载《组织人事报》2009 年 5 月 19 日。

⑤ 参见[意]那波利塔诺、[英]霍布斯鲍姆：《意大利走向社会主义的道路》，刘芸影、吴克良译，浙江人民出版社 1981 年版。

共青年组织的建设上。……共产主义青年从一开始就是我国建设和由多种运动组成的大规模反抗运动建设中最活跃的政治主体之一。"①然而，党员数量并不必然代表政党力量，党员人数的减少并不代表政党的衰落，也有意大利人政治参与热情低的缘故。党员的增加也可能是有利的政治环境或者随意吸收党员所致。② 此外，面对当前国内外的严峻形势，意重建共意识到与其他左翼力量相互联合、并肩作战的必要性，探索出多样的联合方式，加强联系和沟通，在一些重要问题上和事件中协调行动，努力谋求团结和共同斗争，壮大了抵抗资本主义右翼进攻的阵线和力量。

学界对欧洲共产党的走向也有"边缘论""过渡论""复兴论"的三种判断。意大利重建共产党的复兴之路仍面临许多方面的问题和挑战，重建共能否应对生存考验，保证党的存在，扩大党的影响，在很大程度上取决于党自身的政策调整和对策选择——是继续采取相对温和的斗争策略还是选择激进的"斗争性政策"，也取决于意大利共产党人是否能够恰当地解决如何将马克思主义与意大利的政治社会现实有效结合的问题。为此，作为中坚力量的重建共和新意共，在重建更为团结的共产主义政党组织的过程中，应对极端政党和联盟的崛起保持警惕，捍卫生存空间，坚持意识形态，克服政党碎片化，不断促进团结，积极面对金融危机爆发后的内忧外患。总体而言，意大利重建共产党对于社会主义的探索，是世界社会主义理论创新的有机组成部分，即便道路曲折，仍然前景可期。

---

① 刘洪才：《当代世界共产党党章党纲选编》，当代世界出版社 2009 年版，第 679 页。

② ［英］麦金尼斯：《西欧共产党》，上海译文出版社 1978 年版，第 11～12 页。

政党经费视野中加拿大共产党的边缘状态

杨新天

(北京大学马克思主义学院博士研究生)

成立于1921年5月的加拿大共产党①，是马克思列宁主义与加拿大工人运动相结合的产物，是发达资本主义国家社会主义运动的组成部分。加共曾在加拿大工人运动与世界反法西斯斗争中发挥过重要作用。但是，二战结束后，加共影响力日渐缩小。现今，加共已远离加拿大政党政治的主流，处于边缘状态。

加拿大共产党处于边缘状态的客观现实使得国内学界对其关注不多，且较为零散。但是，为数不多的中文研究成果大多涉及加拿大共产党被边缘化的现状并探讨了原因。国内学界认为，加共被边缘化是内外因共同作用的结果。内因包括加共理论及纲领与现实脱节，组织历经多次分裂等。外因则有加拿大政党制度与选举制度对小党发展形成制约，同属左翼的新民主党相较加共更能得到工人等社会中下层群体的支持等。

本文试图以政党经费为视角，以加拿大首席选举官办公室发布的数据为基础，试图分析政党经费对加拿大共产党边缘化的影响。政党经费贯穿政党政治活动的全过程。无论是竞选活动还是日常运转，政党都需要充足的财力保障。一个政党的活动水平与活动能力直接受制于该党的经费状况。加共陷入“经费匮乏——难以提升影响力以扩大收入——经费匮乏”的循环之中，很难摆脱边缘状态。

一、加共处于边缘状态的表现

多党国家的政党格局是非均衡的，只有少数的政党有执政或参政的可能。大多数政党虽仍在该国政党政治中活动，但其执政可能性小，对政府公共政策的影响微弱，远离公众视野。这些政党远离政党政治的主流，处于边缘状态。

乔万尼·萨托利认为，一个政党的实力首先是其选举实力。② 在选举政治高度成熟的欧美发达国家，判断一个政党是否处于边缘状态最直接的依据就是该党的选举成绩。在议会制国家中，如果一个政党的议席数或得票率长期在低位徘徊，无法形成对

---

① 1943～1959年，加拿大共产党曾改名为加拿大劳工进步党。为行文统一，本文以“加拿大共产党”代称这一时期的加拿大劳工进步党。

② 参见[意]G.萨托利：《政党与政党体制》，王明进译，商务印书馆2006年版，第172页。

主要政党造成影响的“联盟的潜力”或“讹诈的潜力”[①]，那么该党在该国的政治格局中就处于边缘状态。

加拿大是议会内阁制国家，联邦范围的选举活动主要围绕议会下院的议席展开。下院议席以单一选区相对多数制选举产生，获得议席最多的政党取得联邦的组阁权。所以，政党在下院的议席数是判定该党在加拿大政党政治中影响力大小的重要指标。但是，从全国范围看，单一选区相对多数制遵循的“胜者通吃”原则使得政党的议席数与得票数间并不存在正向比例关系，甚至存在扭曲关系：甲政党得到的议席数少于乙政党，但甲政党的得票率却可能高于乙政党。因此，在单一选区相对多数制下，得票率是补充议席数以反映政党受选民支持程度的另一项重要指标。

加拿大共产党在1930年以来的历次联邦大选中，仅有弗雷德·罗斯于1945年获得属于魁北克省的一个议席。[②] 此后，加共再无获得一个议席。从得票率(见表1)看，从第一次参选的1930年到20世纪50年代初，加共得票率整体呈现上升态势。在二战结束后的三次选举中，加共得票率处于历史最高水平。但是，1957年大选中，受苏共二十大赫鲁晓夫秘密报告与匈牙利事件影响，加共得票率骤然下跌。此后，加共得票率始终低于0.15%。2003年，加拿大废除限定政党参选资格的“50人门槛”[③]，大批新生小党获得了登记参选的资格。这些小党吸收了部分原属于包括加共在内的其他政党的选票，加共得票率进一步下滑。

表1　　加拿大共产党历届大选得票率　　单位：%

	得票率	年份	得票率
1930	0.12	1974	0.13
1935	0.46	1979	0.08
1940	0.36	1980	0.06
1945	2.13	1984	0.06
1949	0.56	1988	0.05
1953	1.06	1993	/
1957	0.12	1997	/
1958	0.13	2000	0.07
1962	0.08	2004	0.03

① “联盟的潜力”与“讹诈的潜力”是萨托利在判断一政党是否应纳入政党制度所涉及的“相关政党”时所提出的计数标准。前者指的是政党能为政党联盟所需要的能力。后者指的是政党影响政党竞争的战术，改变定位于执政的政党的竞争方向的能力。参见[意]G.萨托利：《政党与政党体制》，王明进译，商务印书馆2006年版，第173～174页。

② 此外，加共党员多丽丝·尼埃尔森于1941年以进步联盟成员的身份获得属于萨斯喀彻温省的一个议席，而当年以加共党员身份参选的9名候选人则全部败选。

③ “50人门槛”是加拿大选举法曾有的规定，即任何无法推选出至少50名参选人的党失去大选的参选资格。在加共领导人米格尔·菲格罗亚的持续推动下，加拿大最高法院于2003年裁定该规定违宪。

续表

	得票率	年份	得票率
1963	0.05	2006	0.02
1965	0.06	2008	0.03
1968	0.05	2011	0.02
1972	/	2015	0.02

数据来源："Communist Party of Canada", Wikipedia, https://en.wikipedia.org/wiki/Communist_ Party_of_Canada.

在1972年、1993年、1997年三次大选中，加共由于未推出50名候选人而丧失参选资格。伊万·阿弗阿库莫维奇认为，加拿大共产党的历史就是"少数人在加拿大政治的边缘而非主流中活动的历史"①。加拿大共产党低迷的选举成绩意味着其没有资格在议会中参与决策，也意味着其在选民中不具备足够的支持与影响力。所以，从选举层面看，阿弗阿库莫维奇在上世纪70年代的这一论断现今依然成立。加共在加拿大政党政治格局中已被边缘化。

二、加共经费收入远少于加拿大主要政党

经费是政党活动的重要物质保证。政党的经费收入情况直接影响该党的活动水平与活动能力，也是衡量政党实力的标准之一。

加拿大共产党处在经费匮乏的状态之中。加拿大选举法规定注册政党需每年公布该党的财务状况。根据加拿大首席选举官办公室网站公布的财务报告，加拿大共产党与加拿大主要政党在经费收入上的差距较为明显(见表2)。

表2　　加拿大各党年收入情况　　单位：万加元

	保守党	自由党	新民主党	加共
2011	4690.0	3146.1	2913.3	9.9
2012	2830.8	1587.3	1677.0	9.5
2013	2645.3	1950.0	1375.5	9.6
2014	2630.3	2169.9	1263.8	8.1
2015	5300.8	5489.4	4537.0	11.1
2016	2473.2	1866.7	5680.1	8.3

数据来源："Statements of Assets and Liabilities and Statements of Revenues and Expenses", Elections Canada, http://www.elections.ca/content.aspx? section=fin&document=index&dir=oth/pol/asset&lang=e. 本表为作者自制，制表时数据已按四舍五入原则简化。

① Ivan Avakumovic, *The Communist Party in Canada: A History*, Toronto: McClelland and Stewart Limited, 1975, pp. v-vi.

政党经费来源渠道是多元的，艾伦·韦尔指出政党经费来源有七种之多。① 加拿大政党的经费来源主要有公共财政资助、社会捐赠、党费三种。三种渠道都未给加拿大共产党提供足够的资金支持，从而使加共陷入经费匮乏的状态之中。

1.加共选举成绩差使其无法享受公共财政的资助

加拿大共产党无法享受政府提供的公共财政资助，这是其经费匮乏的重要原因。20世纪60年代以来，西方发达国家政党开支增大，但收入却并未同步增长甚至出现下降。为解决这一问题，西方国家开始由国家向政党提供公共财政补贴，并逐渐将其制度化、普遍化。卡特尔政党理论的提出者理查德·卡茨与彼得·梅尔将国家对政党的公共财政资助视为20世纪后期政党运行环境中最为重要的变化之一，并将其作为判断政党是否卡特尔化的重要指标之一。② 虽然包括卡茨在内的许多学者认为卡特尔政党理论并不完全适用于加拿大，但他们都认为国家补贴制度对加拿大政党政治的影响是重大而深远的。哈罗德·詹森与莉萨·扬指出，这是一场剧变。③

加拿大政府对政党的公共财政资助主要包括选举经费开支的返还与政党季度津贴两项。加拿大注册政党可以获得最高数额为该党在当届大选中总开支的50%的返还金，同时每季度获得金额为该党所获得的总票数与定值的乘积的政党津贴。④ 公共财政资助已成为加拿大主要政党的重要收入来源，特别是在2006年加拿大禁止企业、工会等团体向政党捐款并限定个人捐款最高额度后⑤，公共财政资助成为弥补这一资金缺口的主要方式，其地位更加突出。扬及安东尼·塞耶斯等学者发现，魁北克集团和加拿大绿党超过4/5的收入来自国家，而国家资助占新民主党收入的比重也约有3/5。⑥

但是，加拿大共产党却无法享受公共财政资助，因为其无法达到获得公共财政资助的准入门槛。加拿大选举法明确规定，注册政党只有当推出的候选人在全国取得至少2%的有效选票，或在其参选的某选区取得至少5%的有效选票时，才有资格获得选举经费开支返还金与政党季度津贴。⑦ 由于加共得票率不足0.1%，所以加共没有获得公共财政资助的资格。

---

① 参见[英]艾伦·韦尔：《政党与政党制度》，谢峰译，北京大学出版社2011年版，第283～289页。

② Richard S. Katz, Peter Mair, "Changing Models of Party Organization and Party Democracy: The Emergence of the Cartel Party," *Party Politics*, Vol. 1, No. 1 (Jan., 1995), pp. 5-28.

③ Harold J. Janson and Lisa Young, "Conclusion," in Lisa Young and Harold J. Janson (eds.), *Money Politics & Democracy: Canada's Party Finance and Reforms*, Vancouver: UBC Press, 2011, p. 198.

④ "Canada Elections Act", Justice Laws Website, http://laws-lois.justice.gc.ca/eng/acts/E-2.01/index.html.

⑤ "Bill C-2", Parliament of Canada, http://www.parl.ca/DocumentViewer/en/39-1/bill/C-2/royal-assent/page-4.

⑥ Lisa Young, Anthony Sayers, Harold Jansen and Munroe Eagles, "Implications of State Funding for Party Organization: The Canadian Experience", http://www.ucalgary.ca/iaprfiles/technicalpapers/iapr-tp-05009.pdf.

⑦ "Canada Elections Act", Justice Laws Website, http://laws-lois.justice.gc.ca/eng/acts/E-2.01/index.html.

事实上，尽管近年来大选中参选政党的数量逐步增加，但能获得公共财政资助的只有自由党、保守党、新民主党、魁北克集团与绿党。所以，加拿大选举法将获得公共财政资助的资格及数额与政党的选举成绩直接挂钩，客观上为自由党、保守党等主要政党巩固其既有地位提供了资金保障，同时也限制了加拿大共产党等小党的进一步发展。

2. 加共政党认同度低使其缺乏充裕的社会捐赠

相较主要政党，加拿大共产党没有充裕的社会捐赠，这是其经费匮乏的另一重要原因。表 3 仅将加共与同属左翼阵营、在主要政党中受赠相对较少的新民主党进行比较。无论是受赠的笔数还是金额，加共与新民主党都存在巨大差距。

表 3　　2011～2016 年加共与新民主党受赠情况

	新民主党		加拿大共产党	
	受赠笔数	受赠总额(万加元)	受赠笔数	受赠总额(万加元)
2011	90348	974.4	142	8.2
2012	107585	1173.7	121	7.1
2013	107370	995.3	130	7.9
2014	122526	1109.7	117	6.3
2015	223049	2241.6	354	7.8
2016	91036	600.9	321	6.7

数据来源："Search for Contributions", Elections Canada, http://www.elections.ca/WPAPPS/WPF/EN/PP/SelectParties?act=C2&returntype=1&period=0. 制表时数据已按四舍五入原则简化。

社会捐赠是加拿大各政党收入的重要渠道。主要政党在接受个人捐赠的同时还接受大量来自团体的捐赠。自由党与保守党的捐赠主要来自企业，而新民主党的捐赠则主要来自工会。[①] 虽然新选举法禁止团体捐赠以试图弱化社会捐赠对加拿大政治的影响，同时强化公共财政资助在政党收入体系中发挥的作用，但社会捐赠仍是主要政党在非大选年的首要资金来源。而对于加拿大共产党等小党，由于无法达到加拿大选举法所规定的获得公共财政资助的得票门槛，所以其经费收入主要依赖社会捐赠。

为了"在加拿大权利与自由宪章赋予之自由权利及加拿大选举法规定之公正与透明间寻求平衡"[②]，加拿大法律鼓励加拿大公民个人对政党提供小额捐赠。一方面，加拿大选举法严格限制捐赠主体与捐赠金额。只有加拿大公民和永久性居民个人可以向注册政党提供捐赠，企业、工会等团体的捐赠被禁止。个人的捐赠金额上限为 1500

---

① 参见[加]沃尔特·怀特、罗纳德·瓦根伯格、拉尔夫·纳尔逊：《加拿大政府与政治》，刘经美、张正国译，北京大学出版社 2006 年版，第 129 页。

② Elections Canada, *A History of the Vote in Canada*, Ottawa: Chief Electoral Officer of Canada, 2007, p. 125.

加元。[1] 另一方面，加拿大法律也通过提供税收抵免的方式鼓励公民个人对政党提供捐赠，最高抵免额为 650 加元。[2]

加拿大确立的个人小额捐款模式使得政党所获社会捐赠与公民个人的政党认同有紧密关系，即理性的公民只有在认同一个政党的前提下才会向该党捐款。政党认同是民众对政党的一种归属感与忠诚感，是对政党的一种积极印象。对于加拿大共产党等小党，由于民众对其认同程度低，所以个人小额捐款模式使其筹集资金十分困难。

政党认同受到政党的意识形态、组织原则、活动模式、执政绩效等多要素的影响。加拿大共产党难以通过上述渠道塑造出稳定的政党认同。加拿大共产党的意识形态是马克思列宁主义，但阶级政治色彩浓厚的马列主义为大多数加拿大民众所拒斥，因为他们认为自己是人数极多的中产阶级的一员。[3] 同时，奉行布尔什维克式政党的民主集中制的加共要求党员“对公共事务保持持续不断的兴趣”[4]，并积极投入政治活动之中，但加拿大民众在不涉及切身利益时对政治缺乏兴趣，政治参与度低，所以对加共集中制的组织体系与高投入的活动模式难以接受。另外，缺乏执政绩效甚至缺乏议会活动的成果使得加共缺乏塑造政党认同的重要渠道。菲格罗亚极力推动的废除“50 人门槛”行动并没有使加共的政党认同度有明显提高，所产生的红利更多反为其他小党所吸收。

总之，政党认同度低使加共得到的社会捐赠远不及主要政党，进而在总收入上与主要政党的差距再次被拉大。

3. 加共党员数量少使其收得的党费十分有限

与公共财政资助及社会捐赠相比，党费在政党收入结构中虽占次要地位，但也可起到补充作用。需要说明的是，不同于自由党、保守党、新民主党等主要政党，加拿大首席选举官办公室发布的财务报告缺乏加拿大共产党的党费收入数据。但是，通过党员人数可以大致推知，总收入极低的加共收缴到的党费应该是十分有限的。

加拿大共产党党员人数远小于其他主要政党。二战结束后，加拿大共产党历经多次分裂，党员人数不断下降，至 20 世纪 80 年代末只有党员约 3000 人。现今活动的加共是苏东剧变后又一次分裂的产物。1992 年 6 月，主张加共社民党化并取消加共的前总书记乔治·休伊森与大部分中央委员组建了从事科教活动的塞西尔罗斯学会，原加共正式分裂。12 月，以菲格罗亚为代表的坚持马列主义的原加共党员召开加共三十大重建加拿大共产党，党员人数仅剩 600 人左右。而加拿大的几个主要政党，如新民主党在全国约有 12 万名党员，自由党于 2011 年 2 月仅在不列颠哥伦比亚省就有 7

---

① “Canada Elections Act”, Justice Laws Website, http://laws-lois.justice.gc.ca/eng/acts/E-2.01/index.html.

② “The Electoral System of Canada”, Elections Canada, http://www.elections.ca/content.aspx?section=res&dir=ces&document=part6&lang=e.

③ 参见[加]沃尔特·怀特、罗纳德·瓦根伯格、拉尔夫·纳尔逊：《加拿大政府与政治》，刘经美、张正国译，北京大学出版社 2006 年版，第 108 页。

④ Ivan Avakumovic, *The Communist Party in Canada: A History*, Toronto: McClelland and Stewart Limited, 1975, p. 275.

万名党员，保守党于2011年10月仅在阿尔伯塔省便有7.8万名党员。①

另外，加共党员缴纳党费的额度与其他政党相近。加共党章规定，新党员被接纳入党后应交纳1加元的入党费。此外，党章根据党员每月净总收入的高低确定党员交纳党费的等级。每名党员根据所处等级规定的数额按月交纳党费，数额从每月1加元到40加元不等。同时，所有党员还需于每年9月1日至年底交纳一年一度的党代表大会的会议费，数额从每年1加元到40加元不等。② 加拿大主要政党的党费与其相近。保守党党员每年缴纳25加元。新民主党党员根据所处地区的不同缴纳每年0～25加元不等的党费。自由党党费更低。自由党在2016年时党费为每年10加元，而贾斯廷·特鲁多准备推出免党费的政策以吸引更多人入党。③

所以，与其他主要政党相比，虽然加拿大共产党的党费标准相近，但由于加共党员数量极小，加共的党费收入也远不及主要政党。

总之，加拿大几个主要政党已经形成了以公共财政资助与社会捐赠为主要来源、以党费等其他收入为补充的经费收入结构(见表4)。主要政党以此牢牢掌控政党资金最重要的两个来源，客观上在政党资金层面严重挤压加拿大共产党等小党的生存空间，使后者边缘化。

表4　　2007～2016年加拿大三大党经费收入结构　　单位：%

	保守党	自由党	新民主党
党费	3.6	2.9	0.8
财政资助	33.8	43.2	56.4
捐赠	60.3	49.6	40.4
其他	2.3	4.3	2.4

数据来源："Statements of Assets and Liabilities and Statements of Revenues and Expenses", Elections Canada, http://www.elections.ca/content.aspx? section=fin&document=index&dir=oth/pol/asset&lang=e. 本表为作者自制。

三、加共经费支出不利于扩大经费收入

支出与收入是各自独立却又相互影响的两个环节。对政党而言，收入是支出的前提。政党从多渠道获取经费收入，目的是保证政党日常运转或是参加选举等政治活动所必需的经费支出。

同时，支出也对收入产生影响。在加拿大，公共财政资助与社会捐赠是政党经费的主要来源。前者的获取资格及数额大小与政党的选举成绩直接挂钩。为在选举中获得更多的议席或选票，政党需要在竞选中开展大规模且有效的政治动员，这需要投

① 参见贺建涛:《加拿大左翼政党的理论主张与现实地位》，载《国外理论动态》2012年第10期。

② "Party Constitution", Communist Party of Canada, http://communist-party.ca/party-constitution.

③ "Trudeau aims to 'open' Liberal Party, offer free membership", The Globe and Mail, http://www.theglobeandmail.com/news/politics/trudeau-pushing-to-tranform-liberal-party-membership-rules/article29505140/.

入大量经费。后者依赖民众对政党的认同。政党虽是认同的客体却并非被动，政党可以通过实际行动来影响民众形成对政党的印象，主动塑造民众的政党认同。但是，无论是宣传自身的政治主张，还是开展活动增进政党与民众的联系，都无法避免必要的经费支出，有时投入甚至是巨大的。

加拿大共产党的经费支出可以从规模与结构两个角度考察。从规模上看，受经费不足的牵掣，加共的经费支出远少于主要政党。从结构上看，不同于主要政党，加共的支出主要集中于维持党组织的正常运转，而非扩大自身的影响力，增强与民众之间的联系。二者都使加共的经费收入无法得到扩大，无法为摆脱边缘状态提供资金支持。

1. 加共的支出规模远小于主要政党

支出规模指的是支出的数量大小。无论是参与选举还是日常运作，加拿大共产党的支出规模都远小于主要政党。在此仅以选举为例。

选举需要调动与考验政党的动员能力，即政党动用人、财、物等各类资源投入于选举中的能力。其中财力是关键，财力直接影响着人力与物力的使用，且其重要性日益突出。卡茨与梅尔认为，西方政党在选举模式上已经摆脱了传统的人力密集型模式，而是转变为资金密集型模式，或是二者兼具的混合模式。[①] 政党在选举中的支出项目包罗万象，主要包括竞选活动的广告产品或宣传材料制作、分发及在媒体或其他渠道发布、公开的费用，代理人等服务人员的报酬支出，举行公众集会的安全保障和照明费用，政府、国家公司及其他公共机构提供的各种服务和产品等。虽然不能简单地认为政党在竞选中投入的资金与其选举成绩呈正向关系，但显然，如果政党无法投入充足资金以调集必要的人力物力资源，那么其在与其他政党的竞争中将处于劣势。加拿大共产党即属此类。从表 5 可以发现，加拿大共产党在竞选中投入的经费极少，不足主要政党的 1/1000。可以说，加共的竞选活动基本流于形式。

表 5　　加拿大各政党近五届选举开支情况　　单位：万加元

	保守党	自由党	新民主党	加共
2004	1728.4	1660.5	1201.9	0.6
2006	1801.9	1744.0	1347.1	1.2
2008	1941.9	1452.0	1675.4	1.1
2011	1945.7	1948.4	2032.0	0.9
2015	4187.2	4311.9	2974.1	2.5

数据来源："Election Expenses and Reimbursements, by Registered Political Party", Elections Canada, http://www.elections.ca/content.aspx?section=fin&dir=oth/pol/remb&document=index&lang=e. 制表时数据已按四舍五入原则简化。

从另一个角度看，加拿大共产党在竞选中未能充分利用选举经费限额所提供的选

① Richard S. Katz, Peter Mair, "Changing Models of Party Organization and Party Democracy: The Emergence of the Cartel Party," *Party Politics*, Vol. 1, No. 1 (Jan., 1995), pp. 5-28.

举经费空间。为了降低金钱对选举的影响，加拿大选举法规定了各政党在竞选中所能支出经费的最大值，即选举经费限额。经费限额与政党的议席数或在上次大选中所获的票数无关。影响各政党间限额大小的只是各政党所涉及的选民名单上的选民数，以此为各政党创造相对公平的竞争环境。加拿大主要政党最大程度利用限额所形成的经费空间，将大量资金投入竞选活动。与之相比，加拿大共产党对限额的利用率相当低。加共在历届选举中所用经费只占选举经费限额的不足1%(见表6)。加共与加拿大主要政党在选举实际支出上的差距，远大于二者在选举经费限额上的差距。

表6　　加拿大各政党历届选举经费限额及实际支出占比　　单位：万加元，%

	保守党	自由党	新民主党	加共
2004	1759.4(98.2)	1759.4(94.4)	1759.4(68.3)	196.5(0.3)
2006	1827.8(98.6)	1827.8(95.4)	1827.8(73.7)	123.4(1.0)
2008	1999.9(97.1)	2001.4(72.5)	2006.3(83.5)	159.9(0.7)
2011	2095.5(92.9)	2102.6(92.7)	2102.6(96.6)	135.8(0.7)
2015	5493.6(76.2)	5493.6(78.5)	5493.6(54.1)	432.9(0.6)

数据来源："Election Expenses and Reimbursements, by Registered Political Party", Elections Canada, http://www.elections.ca/content.aspx? section=fin&dir=oth/pol/remb&document=index&lang=e. 制表时数据已按四舍五入原则简化。

2.加共的支出结构不利于提升自身影响力

如果说支出规模体现的是支出的量的大小，那么支出结构体现的是支出的质的情况，即政党将经费运用到的不同方面以及各方面之间的关系。支出结构反映出的是政党的活动模式及在一段时间内的工作重点。合理的支出结构可以使政党将有限的经费发挥出符合政党发展需要的最大效能。从加拿大首席选举官办公室发布的数据看，无论是否参与选举，加拿大共产党的经费支出主要用于维持党组织自身的运转，而非侧重通过资金投入提升自身的影响力。这与加拿大主要政党存在两点不同。

在选举中，加拿大共产党在竞选广告上的开支远小于主要政党。加共竞选经费主要用于选办的开支、领导人与工作人员的差旅支出以及酬劳的发放(见表7)，而主要政党则有过半数的支出用于竞选广告之上(见表8)。[①] 大众传媒在加拿大各政党竞选中所发挥的作用日益突出。为了使更多的选民了解自己的候选人与政策主张，各主要政党不惜将过半的经费投入媒体战之中。有加拿大分析人士认为："一直以来的情况是，更多资金令竞选更有效果，主要透过大量广告来落实。"[②]雄厚的资金支持使得主

① "Breakdown of Paid Election Expenses by Expense Category and Registered Political Party", Elections Canada, http://www.elections.ca/content.aspx? section=fin&dir=oth/pol/break&document=index&lang=e.

② 陈书笋：《加拿大选举制度研究》，中国政法大学出版社2012年版，第123页。

要政党的竞选广告铺天盖地,而加共等小党的政治主张自然被淹没。①

表 7　**加拿大共产党近五届大选支出明细**　单位:加元

	2004	2006	2008	2011	2015
广告(电视、广播)	407	0	96	700	0
广告(其他)	0	0	523	0	15528
各类调查	0	0	0	0	0
选办开支	1067	1651	2134	4722	0
专业服务	0	0	1900	1250	0
各类差旅	2379	2452	2873	1959	5321
竞选工作人员薪资	0	6019	3833	0	0
其他	1942	1939	31	0	4047

数据来源:"Breakdown of Paid Election Expenses by Expense Category and Registered Political Party", Elections Canada, http://www.elections.ca/content.aspx? section = fin&dir = oth/pol/break&document = index&lang=e. 本表为作者自制,制表时数据已按四舍五入原则简化。

表 8　**2011 年大选加拿大各党开支明细及各项占比**　单位:万加元,%

	保守党	自由党	新民主党	加共
各类广告	1057.7(54.4)	1190.2(61.1)	1095.7(53.9)	0.1(8.1)
各类调查	36.9(1.9)	100.2(5.1)	154.4(7.6)	0(0)
选办开支	39.7(2.0)	105.4(5.4)	63.3(3.1)	0.5(54.4)
专业服务	234.5(12.1)	16.9(0.9)	15.7(0.7)	0.1(14.4)
各类差旅	269.1(13.8)	361.0(18.5)	474.5(23.4)	0.2(22.6)
竞选工作人员薪资	75.8(3.9)	116.9(6.0)	186.7(9.2)	0(0)
其他	231.9(11.9)	57.8(3.0)	41.8(2.1)	0(0)

数据来源:"Breakdown of Paid Election Expenses by Expense Category and Registered Political Party—2011 General Election", Elections Canada, http://www.elections.ca/content.aspx? section = fin&dir = oth/pol/break&document=brk41ge&lang=e. 制表时数据已按四舍五入原则简化。

在选举外,加拿大共产党的支出基本运用于维系政党自身的运转。从加拿大首席选举官办公室网站公布的财务报告看,加共与加拿大主要政党一样,在竞选活动之外将大量支出用于党工薪水、差旅费用、办公开销、通信费用等维持政党组织正常运转的项目之中。但是,相较于加共,主要政党还将相当一部分经费运用于募款活动之中(见

① 这同时也与各政党在竞选期间所得到的广告播送时长有关。加拿大选举法规定,竞选广告播送时长的分配或由广播仲裁官牵头各政党协商形成分配方案,或按照各政党在上届大选中所获席位率与得票率进行分配。显然,两种方式有利于主要政党而不利于加共等小党。

表9）。举办募款活动既是主要政党获取社会捐赠的过程，同时也是主要政党维持和强化与选民之间的联系、争取选民支持的过程。前者使主要政党在扩大收入的同时降低了对与选举成绩直接挂钩的公共财政资助的依赖。多元化的收入结构可以避免政党收入因选举成绩变化而造成的巨大波动。后者有利于主要政党在选举中能获得更多的选票，进而巩固甚至扩大公共财政对主要政党的资助。主要政党通过募款活动使经费来源更为稳定持续，这是加共无法做到的。

表9　主要政党募款活动支出及占总经费支出的比重　单位：万加元，%

	保守党	自由党	新民主党
2012	6.4(0.3)	469.0(36.2)	357.5(23.7)
2013	17.8(0.8)	178.2(9.9)	283.0(25.8)
2014	587.5(23.3)	298.4(13.5)	204.9(18.0)
2015	886.4(11.8)	384.6(6.2)	292.0(5.6)
2016	685.6(31.2)	311.6(16.8)	31.6(3.8)

数据来源："Statements of Assets and Liabilities and Statements of Revenues and Expenses", Elections Canada, http://www.elections.ca/content.aspx?section=fin&document=index&dir=oth/pol/asset&lang=e. 本表为作者自制，制表时数据已按四舍五入原则简化。

综上所述，尽管有加拿大媒体评价加拿大共产党始终"忙碌如一"，但其已陷入"经费匮乏——难以提升影响力以扩大收入——经费匮乏"的循环之中，很难摆脱边缘状态。事实上，加拿大共产党在实践中更多地转型为使命型政党，不再追求选举成绩，而是以吸引更多民众信奉马克思列宁主义为主要任务。但是，仅从政党经费的角度看，加拿大共产党要想获得更大的发展空间，依然任重而道远。

德国社会民主党发展现状与态势研究

杜　敏

（山东大学当代社会主义研究所博士研究生）

进入21世纪以来，德国社会民主党（简称“社民党”，SPD）得票率日趋下滑，党员老化、党员不断流失现象严重，已经丧失了德国第一大党的地位。随着国际金融危机的爆发，新自由主义在西方乃至全球盛行20余年的进程被中断，人们重新开始关注左翼思潮，对奉行社会民主主义价值观的中左翼政党普遍看好。在此背景下，德国社会民主党却在2009年和2013年的联邦议会选举中没有取得人们预想中的胜利，连续遭遇了挫败。2017年德国第19届联邦议会大选，社会民主党遭受重创，虽然维持了德国第二大党的地位，但得票率创下了历史新低（20.5%）。可以说，近年来，与20世纪70年代的繁荣期相比，德国社会民主党正处在前所未有的困境与危机中。在这一背景下，探讨德国社会民主党当前的危机何在，它的发展前景如何，它如何才能摆脱危机实现复兴，是一项具有重要现实意义的课题。

一、危机现状

经过上百年历史的发展，德国社民党逐步完成了从革命党到改良党、从反对党到执政党的历史转变。但是，自上世纪90年代以来，社民党的指导思想不断右转，开始推行“新中间”路线，其最大特点是：政党意识形态色彩淡化，为了争取新中间阶层选民的支持，将自身定位于新中间阶层利益的代表者，不再是传统的产业工人的代言人，这就不可避免地与传统的选民基础发生冲突。2003年，施罗德政府推出“2010议程”，从长远来看，它确实有利于德国经济的发展，但却给社民党本身带来了破坏性的打击：改革削减了失业者的福利，使低收入岗位大幅增加，从而极大地触动了民众利益，遭到这部分选民的抗议和来自工会组织的强烈反对，并引发了党的分裂、选民流失。2017年德国第19届联邦议会大选社民党得票率仅为20.5%，是该党自1949年以来最糟糕的选举纪录。可以说，社民党当前正遭遇前所未有的危机，面临严峻考验。

1.得票率日趋下滑

2017年9月，时任社民党主席的舒尔茨在德国第19次联邦议会选举后的话能很好地概括社民党的心境：“这是苦涩而艰难的一天。”竞选结果出炉，社民党惨败，支持率仅为20.5%，是1949年联邦德国成立以来的历史最低。

在1966年首次进入大联合政府后，德国社民党1969～1982年同自民党联合执政，1998～2005年同绿党组成联合政府，2005～2009年、2013～2017年又与联盟党组成大联合政府。然而，从最近三次的联邦议会选举来看，德国社民党处于一种选举困境之中，即社民党正在慢慢丧失与联盟党抗衡的能力。在1998年选举中，社民党的政党得票率大幅领先于联盟党，在2002年和2005年选举中，社民党与联盟党的政党得票率几乎相当。而从2009年开始，联盟党的政党得票率远远领先于社民党：从2009年领先10.8个百分点，到2013年领先15.8个百分点，再到2017年大选中联盟党的政党得票率领先社民党12.6个百分点。简言之，社民党正在从原先的德国两大政党之一，逐步成为与第一大党差距越来越明显的第二大党。

德国联邦选举计票机构10月12日公布了2017年德国联邦议院选举最终结果：本次大选投票率为76.2%，高于2013年大选时的71.5%。基民盟获得26.8%的选票，低于2013年时的34.1%，获得了200个议席。基社盟获得6.2%的选票，低于2013年时的7.4%，获得46个议席。当前同联盟党组成联合政府的社会民主党获得了20.5%的选票，低于2013年时的25.7%，但维持了议会中第二大党地位，并获得了153个议席。首次进入德国联邦议院的选择党获得了12.6%的选票，高于2013年时的4.7%，一举成为议会第三大党，并获得94个议席。左翼党和绿党本次分别获得9.2%和8.9%的选票，均略高于上次。两党分别获得69个和67个议席。在2013年时因得票率未超过5%而未能进入联邦议院的德国自由民主党（自民党）此次获得10.7%的选票，得以重返联邦议院，并获得80个议席。

对于社民党而言，2017年选举意味着如下几点：第一，社民党的政党得票率日趋下滑，创下历史新低；第二，由于牙买加联盟谈判失败，而联盟党又需要寻求合作伙伴，所以社民党又获得了参与执政的机会；第三，社民党的选举困境日益明显，与联盟党相比，社民党的选举优势在2009年时已经完全丧失，而到2017年这样的选举颓势继续恶化，可以说德国社会民主党遭遇了十分严重的选举危机。

2.党员规模下降，特别是年轻党员数量减少

在过去数十年里，德国出现了政党改革的不同方面。有一个发展态势被视作德国政党结构性危机的症状，尤其在两大党即基民盟和社民党身上可以发现这些症状。[①] 最明显的症状是党员数量的持续减少，这一态势至今已经经历了30多年。党员数量的衰减对于所有政党来说是一种正常现象，但是，社民党的这一症状却尤其明显。社民党在20世纪70年代还有100多万党员，此后该党的党员数量就快速下降，到2011年，德国社会民主党的党员数已跌破50万人，向40万人下滑，而且这一衰减趋势还在持续。一些右翼政党人士甚至称社民党已经不再是人民党了。[②]

我们应该注意到一个现象：社民党党员数量的减少不仅仅是因为其党员离党并正

---

① 参见盖尔特·米尔克：《政党、党员动员与权力管理：以德国为例》，“中德政党联系民众的经验”研讨会，2010年6月11日。

② 参见张文红：《人民党缘何失去其人民？——〈汉堡纲领〉之后的德国社会民主党》，载《当代世界与社会主义》2009年第4期。

式放弃党员身份。虽然在若干年前社民党党员为了抗议党内领导层特定的政治决定放弃了他们的党员身份,但是这些退党的抗议行动不是党员数下降的主要原因。事实上的决定性因素在于目前只有一小部分较年轻的公民愿意成为政党的成员,这意味着,在党员内部正在发生广泛而又深刻的人口结构变化。一方面,德国政党党员方面较年老的党员数不成比例地增长,而另一方面较年轻党员却大幅减少。年老的党员和年轻的党员之间的比例完全失衡。据 2007 年统计,在社民党党员中,60 岁以上的占 43%,35 岁以下的青年只占 8%。德国当代青年对政党政治的热情度普遍不高,他们更重视个人自由、崇尚个性,对一些比较松散、民主性强、约束力小的组织兴趣更强。可以说德国政党尤其是社会民主党对青年人的吸引力不断下降。所以 2017 年大选,社民党果不其然地拿到了老年票仓。"明镜在线"的最新民调显示,目前社民党在德国的整体支持率仅有 16.5%,而且只有在 65 岁以上选民群体中的支持率超过 20%。

3.部分选民选择支持其他政党

德国是一个实行多党制的国家,在德国近些年的选举中,社会民主党的选票流向与其相比更激进的政党(不论左右),且流向右翼的比流向左翼的更多。一方面,在德国政治光谱的中左翼一侧,与社会民主党存在着竞争关系的还有三类政党:绿党、比社会民主党更左的左翼党、奉行自由主义的中派政党自由民主党。这样一来,社会民主党的票源势必就受到这三类政党的激烈争夺。以 2017 年的大选为例,流向左翼党和绿党的选民各有 40 万,倒向自由民主党的选民有 43 万。另一方面,国际金融危机后德国贫富差距不断拉大,两极分化越来越严重,社会对立和情感隔阂加深,"草根型政治领袖对现有政治体制和传统政党极端失望和不满,热衷于街头示威而不是正常选举"[①]。例如,德国的新兴政治力量选择党,其发展势头不减,活动范围不断扩大,抢占传统政党政治空间。这些政党的崛起削弱了社会民主党的选民基础。例如,2017 年的大选中,社民党倒向选择党的选民就有 50 万之多。

4.参与执政困境

当前对于社民党来说,更大的困境在于目前的参与执政。2018 年 3 月 4 日,德国社民党备受关注的基层表决结果出炉。表决的参与率高达 78.39%,约 66%的社民党党员投了赞成票。社民党的投票结果使德国得以组建一个稳定的政府,大选之后虚空了 5 个多月、令人不安的政坛终于又开始正常运转。曾任社民党党魁多年的加布里尔的评论可谓一语中的:"社民党人是靠谱的。"然而,担当起挽救了德国组阁危机的社民党却难自救。

2005～2009 年、2013～2017 年社民党的参与执政,实际上付出了很大的代价,选民习惯于把执政的主要成绩归到执政的联盟党那里,而如果执政期间出现问题则将主要责任归咎为社民党的合作不力,这对于社民党自身形象的塑造来说是极为不利的。例如,金融危机爆发后,默克尔领导的大联合政府制定了一系列的救市措施,如经济刺激计划、银行拯救计划等,这些措施对扭转德国经济劣势起到了积极作用。正因为如

① 柴尚金:《西方国家政党政治新变化与发展趋势》,载《当代世界与社会主义》2017 年第 1 期。

此，默克尔在2009年才会有非常高的支持率。在2009年大选前举行的电视辩论中，默克尔明确指出，她上任以来德国的失业率下降，大联盟在她的领导下工作出色。尽管大联盟政府采取的许多政策都是之前施罗德政府延续下来的，但是选民会把这些执政成绩更多地归给联盟党，而不是社民党。

同样，2017年之后社民党的参与执政也会给未来的选举带来更多的不确定性。如果大联合政府的执政绩效好，那么如同2005～2009年一样，选民会把这种成绩归结为联盟党。如果大联合政府的执政绩效差，选民会认为参与执政的社民党在拖联盟党的后腿，会认为是社民党的不合作导致了联盟党政策执行的力度不够。因此，对于一个成熟的大党而言，参与执政是一件非常尴尬的事情。可以说，对于中小规模的政党而言，参与执政可以更为有效地集聚资源、巩固选民基础以及增加执政经验，但是对于成熟的大党而言，这种参与执政很可能会得不偿失，这是许多人担心的事，也是这次社民党党内新生代反对“大联合”的最大原因。社民党青年团(Jusos)主席吉纳特(Kevin Kühnert)对社民党同意与联盟党组成大联合政府深感“失望”，并表示今后将“对新政府的作为紧盯不放”。

二、危机原因

1. 政党政治生态空间日益缩小

目前，在德国有一个由6个议会政党组成的政党体制，它们互相争夺选民，竞争激烈，因此社会民主党的生存空间日益缩小，影响力日益下降。在这些政党中，其中的两个可以被视为政党体制中的政治两极，即基督教民主联盟和德国社会民主党。在至今为止所有的联邦议会选举中，它们是最大的两个政党，而且，贯穿联邦德国历史，联邦总理也就是联邦政府的首脑均由它们的人出任。基民盟代表基督教尤其是天主教传统，以及乡村与农民传统，总体上说是德国保守党。社会民主党则是代表工人与雇员、代表工会的社民党人，他们的政治纲领关注于一个强大而又广泛的福利国家体制理念。但是，一段时间以来这两大党也在尝试赢得数量不断增长的新中间阶层选民的额外支持，并取得了一定成功。在这两个大党以外还有4个小党，获得了9%～13%的选票，它们分别是极右翼政党选择党、自由民主党、绿党以及左翼党。在西欧实行多党制的国家中，原来支持社会民主党的选民的投票一方面会因为对社会民主党失去信心而转投到中右翼政党或极右翼政党那里，另一方面也会投到左翼阵营内部比社会民主党更左的其他左翼政党。所以，在实行多党制的德国，左翼选民的选票极度分散，这种选票分散化的例子，正如2017年全国大选再次显示的那样，社会民主党的选票流失到左翼党和绿党的各有40万，流失到了自由民主党那里43万。在各类政党的激烈竞争下，社民党生存空间日益缩小，影响力日益下降。

2. 经济与社会政策的真空

20年前，施罗德与布莱尔共同倡导“第三条道路”(即试图超越“左”与“右”，在自由市场和福利社会之间寻找一条新的中间道路)。“第三条道路”一度席卷欧洲，被视为社会民主主义在战后欧洲的发展高潮。“新中间道路”更是一度成为德国社会民主党的执政方案和向选民进行宣传动员的工具。但随着“新中间”模式的失灵和失败，随着施罗德政府的下台，社会民主党的执政能力引起了选民的怀疑，而且也正是它为延及今日的社会民主主义认同危机埋下了隐患。

当前，和平与发展成为时代潮流，西方国家选民更多关心的是经济和社会发展，谁能发展经济就支持谁上台。一个政党如果不着眼于经济发展，还像过去那样拘泥于政治领域和权力斗争，不努力解决人民要求解决的民生问题，就会失去民众支持而被抛弃。面对金融危机的打击，社会党的经济政策显得无所适从。“第三条道路”被党内外批评者扣上“向自由主义投降”的帽子已无法延续，但是，回到传统的政府干预政策更难以解决经济疲软、失业率高这些民众高度关注的问题。德国社会学家、政治学家简·恩格斯指出：“社会民主主义政党在荷兰、瑞典、德国和英国等这些社会民主主义的大本营丧失了执政地位之后，与之相伴的是第三条道路也已终结。现在的社会民主主义政党既没有形成大家普遍认可的领导核心，也没有形成一种新的思想理论范式！因此这些政党缺乏一个清晰的政策方向。”[①]基于“全民党”定位，德国社民党通常按实用主义态度来解决现实问题，往往陷入理想与现实之间的矛盾中，既不能实现“社会公正”“全民福利”的竞选要求，又在政策调整中牺牲了部分民众利益，不断引发矛盾冲突。

3.巩固社会基础面临诸多挑战

历史上德国社会民主党最主要的支持者来自工人阶级和工会组织，全球化进程的加快和新科技革命浪潮的兴起导致产业结构和就业结构发生调整，使党的传统阶级基础受到冲击。具体来说：一方面，社民党的党员结构不再以工人阶级为基础，而且在党的政策制定上更加符合中间阶层的利益、响应中间阶层的呼声了。1998 年，德国社会党的联邦议会竞选纲领明确指出：“我们依靠我们社会中创造效益的人们：依靠高技能的和积极进取的雇员，依靠在家庭和学校中承担养育和教育儿童重任的妇女与男人，依靠富于远见的、有事业心的经理和企业主，依靠具有革新精神的灵活的中产阶级、手工业者和自由职业者，依靠勇敢的创业者，依靠训练有素的信息工作者、医生和工程师，依靠富有发明创造才能的技术人员和科学家，依靠有责任感的德国工会。……我们同我们社会中这些创造效益的人们一起组成德国的新中派。”[②]可见，在“第三条道路”那里，中间阶级业已成为社会党的最重要的阶级基础。正因社会民主党在 21 世纪初日渐变得中产阶级化，脱离了其传统的依靠对象——弱势群体、工人阶级，因此该党才遭到失败。另一方面，德国社会民主党与工会的关系面临着严峻的挑战。德国社会民主党和工会有着历时弥久的亲密关系，这种关系是德国社会民主党不断发展、不断强大并能够上台执政的一个关键因素。但是随着德国政治、经济、文化和社会结构的变迁，双方的关系逐步从合作走向疏远乃至冲突。也就是说，当社会民主党政府与工

① Jan Niklas Engles, Gero Maass, “The New Promise of Happiness: Current State of the Discussion on the Future of European Social Democracy,” *International Politik and Gesellsachaft*, No. 4, 2010, pp. 40-41.

② 殷叙彝：《热话题与冷思考（十）》，载《当代世界与社会主义》1999 年第 2 期。

会具有相同的目标的时候，它们能够团结合作，但当社会民主党政府与工会目标相悖时，工会则会优先考虑会员的工作稳定及工资的增长。“如果某个社会民主党偏离了左翼价值观，那么该政党的传统支持者——工会会员、社会中的弱势群体等——就会放弃支持该党，而对于那些目前经历了选举失败的社会民主党而言，这个因素是普遍存在的。”①

4.纲领的空洞化

政党政治危机首先体现在思想理论方面，而德国社会民主党思想理论的混乱，是由其纲领的空洞混乱所引起的。社会民主党是纲领党，经过多次修订，德国社会民主党的纲领越写越长，意识形态却越来越模糊，失去了其历史上曾经具有的鲜明特色。“社会民主党的特色在于许诺要进一步扩大雇员参与共决的权利，加强国民经济的计划化，在对外政策方面促进东西方的缓和。”②在当年，这些目标都可以动员起德国社民党党员及其选民的政治热情。现在，党内领导层对理论思考已然失去了兴趣，获得选举胜利才是他们的目标。尤其与基民盟的大联盟造成了社民党在纲领上的空洞化。在大联盟中，对于如何应对全球化、应对金融业的兴盛、应对贫富分化、应对数字经济的挑战等一系列现实问题社民党得以避免直接回答。对于社民党这样一个工人政党来说，这些涉及未来的劳动和分配的问题无疑是非常尖锐的。但回避问题就意味着放弃思考、放弃政治立场，意味着思想与纲领再难与时俱进，而理论与纲领上的空洞化会使社民党在现实中政治方向、政治立场不明确，并由此最终丧失自己的政治意义，以至于在2017年的竞选中，舒尔茨连究竟什么是左派政策、什么是社会民主主义政策都语焉不详。

此外，年轻党员数量的减少不仅仅影响到社会民主党党员规模的下降，更对本党政治纲领的规划、制定产生重要影响。老一代人经常只反映过去时光的政治需求与风格。但是，在变化的时代里，选民期盼的是新的理念和风格。为此，许多政党研究社会学家得出结论，认为老一代人的这种主导可能会破坏政党的学习与创新能力。从他们的批评性观点来看，各个政党在某种程度上有成为关注过时的问题与政策以及不愿面对未来挑战的“愚蠢组织”的危险。③

5.政党本身形象塑造不力

一方面，社会民主党的身份特征在全球化中不断丧失。自20世纪90年代以来，德国社会民主党在“新中间”政策的指引下，与保守党的执政理念出现趋同，慢慢丧失了自己的身份特征。“社会民主党不再被认为是社会正义的维护者，其他政党正在与社会民主党争夺这个角色。人们认为社会民主党近年来进行的改革是不公正的，其行

---

① 夏庆宇：《欧洲社会民主党的困境及前景——德国〈国际政治与社会〉杂志2010年末专刊述评》，载《当代世界与社会主义》2011年第3期。

② 张世鹏：《从德国看欧洲政党政治制度的危机与改革前景》，载《当代世界与社会主义》2002年第2期。

③ 参见盖尔特·米尔克：《政党、党员动员与权力管理：以德国为例》，“中德政党联系民众的经验”研讨会，2010年6月11日。

为不再与社会民主主义的核心价值观相符合。”[①]有学者指出：任何国家的社会民主党如果不能推行鲜明的社会民主主义政策就会遭遇选民的厌弃，这个事实“在德国表现得最为明显”[②]。例如在2005年大选中，德国社会民主党在体力劳动者中间的得票率为37%，在这种情况下，该党在这个群体中的得票率仅比基督教民主联盟高出5%，而在1998年时该党的这一数据曾比基督教民主联盟高出18%。[③]

另一方面，德国社会民主党缺乏独具魅力的领袖人物。通过近几年德国社民党领导人的频繁变更可以明显看出该党缺乏独具魅力的领袖人物。在全球化时代下，当“自由、公正、相助”几乎成为所有政党的价值表述，社民党将在何处立足？面对社民党的困境，施泰因布吕克、纳勒斯、屈内特……这些老中青社民党人纷纷发声，但除了重重怨气和空洞的鼓动，他们都没有提出任何建设性的方案。例如，社民党前党首马丁.舒尔茨2017年初宣布参选，一开始民调一路上升，但因为与基民盟政策重合度太高，提不出具有新意的竞选政策，选民对舒尔茨后来的支持率一再下滑。

2018年4月22日，社会民主党举行党主席选举，社民党议会党团领袖安德烈娅.纳勒斯以66.35%的支持率当选，成为社民党成立155年来首名女性党主席。受组阁波折等影响，社民党的民意支持在联邦议院选举后进一步走低。德新社报道，最新民意调查显示，社民党所获民意支持率为17%，远低于默克尔领导的联盟党，后者支持率为32%。另外，47%的选民怀疑，纳勒斯能否令社民党团结并提振党内士气。所以，纳勒斯当选之后能否弥合党内分歧，重塑政治形象，有待进一步观察。

三、发展态势探析

面对现阶段的重重危机，德国社会民主党应如何巩固自己在发展、变革过程中所形成的优势，争取选民支持，重新获得选举胜利？笔者认为，以下几个方面是其必须引起德国社会民主党重视的。

1.巩固已有的优势

当前，德国的政党政治格局并未发生根本性的变化。社会民主党在德国仍然具备很强的根基，仍然具有重要影响力。从意识形态上看，社会民主主义已经成为德国国家意识形态中一个不可或缺的组成部分。社会民主党在选举中遭遇失败属于正常现象，但是德国民众完全抛弃社会民主主义意识形态却不太可能，毕竟“现实中存在着对社会民主党的客观需要”[④]。从历史贡献来看，它在历史上对德国的发展有着重要贡献。从选民基础来看，社会民主党在国家中仍然具有一定的选民基础。从所扮演的角

---

① Jan Niklas Engles, Gero Maass, “The New Promise of Happiness: Current State of the Discussion on the Future of European Social Democracy,” *International Politik and Gesellsachaft*, No. 4, 2010, pp. 40-41.

② W. Paterson, J. Sloam, “Is It Left Alright? The SPD and the Renewal of European Social Democracy,” *German Politics*, Vol. 15, No. 3, 2007, p. 234.

③ 参见夏庆宇、张莉：《英、德、瑞典三国社会民主党衰落原因初探》，载《大连海事大学学报(社会科学版)》2018年第1期。

④ Anna Materska-Sosnowska, “The Crisis of Social Democracy in Poland, A New Start for the Left?” *International Politik and Gesellsachaft*, No. 4, 2010, p. 216.

色来看，在德国左、右翼对比的政治格局并未发生根本性改变的前提下，德国左翼政党的主要代表仍是社民党。另外，德国社会民主党一路走来掌握了一定的执政经验和执政规律。所有这些，都是目前社会民主党变革与发展的基础与优势。

2.消除党在思想理论上的混乱

社民党是纲领党，党纲对于社民党来说尤其重要。2007年10月，德国社会民主党在汉堡举行党代表大会，大会通过了该党的第七部党纲《汉堡纲领》。总的来说，这是德国社民党在时代变迁的背景下寻求自身变革的探索，社民党认识到当前在经济全球化和科技迅猛发展的浪潮下，国家和民众都面临着巨大挑战，想通过新纲领拉开与施罗德政府的“新中间”政策的距离，改变德国选民对社民党不再代表底层民众利益需求的印象。一个政党只有形成一套清晰明确的思想理论体系，才能明确自身定位，才能引领党对政治行动、经济社会策略进行深入的思考探索，但社民党的新纲领却未对这些问题作出明确的战略回答。此外，《汉堡纲领》是在社民党与基民盟组成大联合政府的背景下制定的，因而也是与基民盟彼此界定、确立自我形象的举措。但是与基民盟的大联盟造成了当前社民党在纲领上的空洞化。所以，面对竞选失利的处境，德国社会民主党不但要找到摆脱竞选失利局面的出路，而且要尽快形成一套能够说服选民、赢得选民支持的指导思想与理论体系，明确社民党自身的定位与发展方向，这样才能与之相应形成妥善应对国内外各类问题挑战的经济社会策略。

3.争取党员人数和选民支持率的提高

近年来社会民主党不断与联盟党争夺中间阶层选民，在政策取向上由工人阶级转向中间阶层，忽视了其传统的左翼和社会下层选民，导致社民党党员人数和选民人数不断下降。社民党对中间阶级的态度发生根本变化的原因在于，他们认为“要赢得大选胜利，就不能仅仅代表工人利益，必须成为跨阶级的党。不但要代表工人阶级，而且要代表中间阶级”①。但是，面对2017年大选再度失利的选举危机，社民党理应回归传统，突出其“人民党”的特性，将工作重点放到加强自身党的组织建设、提高党的凝聚力上，使党保持一个依然能够得到广大选民信赖、支持的老牌大党身份。同时，要加强与各种社会组织的联系，如工会、老年协会、各种社会救助协会、年轻社会主义者、妇女社会主义者等，更要注重吸引年轻人，增强党的生机与活力。著名学者、德国社会民主党理事会规划部成员安德雷亚斯·黑勒认为，面对新的利益冲突，德国社会民主党人面临的重要任务就是：社民党今天首先是个社会联系的政党和团结的政党。

4.锐意改革，使党重新焕发活力

正如新当选的社民党主席纳勒斯所讲，从现在起，社民党要走上重建之路。全球化和技术革命所带来的社会变革是巨大而深刻的，虽然吉登斯说“第三条道路已死”，但左、右仍然存在，劳动和分配领域的新现象、新挑战不断向社会民主党提出新的拷问。财产税、遗产税、最高税率、哈茨方案修改、最低工资……显然社民党并不缺少议

---

① [英]托尼·布莱尔：《新英国——我对一个年轻国家的展望》，曹振寰等译，世界知识出版社1998年版，第26页。

题，它缺乏的是直面问题、作出回应的勇气。“谋求执政或已执政而想长期执政的政党，能够取得成功的重要原因，大多是因为其务实的经济纲领或所取得的经济业绩的作用。”[①]无论如何，德国社民党必须在传统与创新、改革与继承方面有所突破，并且兼顾社会公正。正如德国《明镜》周刊指出，纳勒斯目前必须带领党内高层制订大刀阔斧的改革计划，同时，在联合政府中社民党也必须履行自己的政策承诺。历史上，社民党曾经一次次成功地化险为夷，取得辉煌政绩；当前，面对全球化引发的德国社会的深刻变革，社民党应当抓紧时间找出危机的根源并制定出切实有效的应对措施，采取加快经济增长、提高人民生活水平、创造更多的就业机会等经济社会策略作为改善本党的现实表现的措施，通过对本党进行新的定位，为选民提供更多实惠来提高自己的威望与选民支持。

事实上，在全球化时代，遭遇困境与危机的不仅仅是社会民主党，包括联盟党在内的几乎所有传统政党都面临同样的困境：随着社会的急速变化和分化，在旧的时代、以旧的政治和社会逻辑建立起来的政党与原本对应的选民群体之间发生了断裂和错位。在这个意义上，所有传统政党都站在同一条起跑线上。此时的德国社民党需要顺应时代潮流，要回归到“人民党”基于“人”的基本价值上来，面向未来寻找自己新的定位，塑造新的形象，有针对性地调整经济社会政策，争取党员人数的增加和选民支持率的提高。因此可以说，德国社会民主党在未来的成败，归根到底还是要取决于社会民主党自己在今后的表现。德国社会民主党能否摆脱危机重现昔日辉煌，我们将拭目以待。

---

① 权伟太：《执政党论》，中共党史出版社 2004 年版，第 94 页。

图书在版编目(CIP)数据

科学社会主义170年与新时代中国特色社会主义：第二届全国科社与共运专业博士生学术论坛(2018年)获奖论文集/蒋锐主编. —济南：山东大学出版社，2019.12

ISBN 978-7-5607-6599-0

Ⅰ. ①科… Ⅱ. ①蒋… Ⅲ. ①科学社会主义理论—学术会议—文集②中国特色社会主义—学术会议—文集 Ⅳ. ①D0-0②D616-53

中国版本图书馆CIP数据核字(2020)第003869号

责任编辑：谭学秋
封面设计：张　荔

出版发行：山东大学出版社
社　址　山东省济南市山大南路20号
邮　编　250100
电　话　市场部(0531)88363008
经　　销：新华书店
印　　刷：济南华林彩印有限公司
规　　格：787毫米×1092毫米　1/16
17印张　362千字
版　　次：2019年12月第1版
印　　次：2019年12月第1次印刷
定　　价：58.00元